全 世 界 无 产 者 ， 联 合 起 来 ！

列 宁 全 集

第二版增订版

第四十卷

1920年11月—1921年3月

中共中央 马克思　恩格斯　著作编译局编译
列　宁　斯大林

人民出版社

　　《列宁全集》第二版是根据中国共产党中央委员会的决定，由中共中央马克思恩格斯列宁斯大林著作编译局编译的。

凡　　例

1. 正文和附录中的文献分别按写作或发表时间编排。在个别情况下，为了保持一部著作或一组文献的完整性和有机联系，编排顺序则作变通处理。

2. 每篇文献标题下括号内的写作或发表日期是编者加的。文献本身在开头已注明日期的，标题下不另列日期。

3. 1918年2月14日以前俄国通用俄历，这以后改用公历。两种历法所标日期，在1900年2月以前相差12天（如俄历为1日，公历为13日），从1900年3月起相差13天。编者加的日期，公历和俄历并用时，俄历在前，公历在后。

4. 目录中凡标有星花 * 的标题，都是编者加的。

5. 在引文中尖括号〈　〉内的文字和标点符号是列宁加的。

6. 未说明是编者加的脚注为列宁的原注。

7.《人名索引》、《文献索引》条目按汉语拼音字母顺序排列。在《人名索引》条头括号内用黑体字排的是真姓名；在《文献索引》中，带方括号〔　〕的作者名、篇名、日期、地点等等，是编者加的。

目　　录

1921 年

附　　录

插　　图

前　言

　　本卷收载列宁在 1920 年 11 月至 1921 年 3 月期间的著作。

　　1920 年 11 月,红军彻底打垮了协约国的最后一个傀儡弗兰格尔的反革命军队。至此,外国武装干涉和国内战争时期以苏维埃俄国的胜利而告终。俄国共产党和苏维埃政府竭力巩固和平,发展同一切国家的政治和经济关系。苏维埃俄国在国内战争结束后同波兰签订了和约,又相继和波斯(伊朗)、阿富汗、土耳其等国签订了友好条约,从而为和平经济建设创造了有利条件。经过四年帝国主义战争和三年国内战争,俄国的经济遭到灾难性的破坏。1920 年同 1913 年相比,俄国的产业工人减少一半,大工业的产值几乎减少$^6/_7$,生铁产量仅为战前水平的 3%,煤减产$^2/_3$,石油减产约$^3/_5$。铁路运输瘫痪,1 700 俄里铁路线和 3 672 座桥梁被破坏,大部分机车和$^1/_4$的车厢不能使用。田地荒芜,农业产量仅为 1913 年的$^2/_3$。粮食和日用必需品严重不足,人民生活极其艰难。农民对余粮收集制产生不满。反革命分子利用农民的这种不满情绪,在一些地区掀起了反对苏维埃政权的叛乱。1921 年 2 月,武装叛乱分子达 3 万余人。与此同时,一部分工人由于缺吃少穿、生活艰难,在小资产阶级自发势力的影响下思想上也发生动摇,罢工不时发生。战时共产主义政策已经不适应新的情况,社会主义建设的许多复杂问题需要从理论上和实践上加以解决。

编入本卷卷首的列宁在莫斯科举行的庆祝十月革命三周年大会上的讲话(1920年11月6日)以及列宁1920年11月21日在俄共(布)莫斯科省代表会议上发表的题为《我国的国内外形势和党的任务》的讲话,论证了把全党和全国的工作重点转移到社会主义建设上来的必要性。列宁在前一篇讲话中指出,苏维埃政权成立三年来,依靠红军战士和工农群众的英雄主义、自我牺牲精神和坚韧不拔的精神,取得了伟大的胜利,现在全国上下必须满怀劳动热情和顽强精神来最迅速地恢复国民经济,夺取比以前在一切血战中获得的更巩固更可靠的胜利。在后一篇讲话中,列宁认为,苏维埃俄国经过三年残酷而激烈的战争以后,进入了一个新的阶段,取得了能够同资本主义列强并存的条件,即使全世界的社会主义革命推迟爆发,苏维埃共和国也能够存在下去。因此,现在应当把从事经济建设的任务提到首位。列宁指出:"为了彻底战胜资本主义,第一,必须战胜剥削者和捍卫住被剥削者的政权,这是用革命力量来推翻剥削者的任务;第二,担负起建设任务,就是建立新的经济关系,树立怎样做这件事情的榜样。实现社会主义变革任务的这两个方面是分不开的,这使我们的革命不同于以往的一切革命,以往的革命有破坏这一面就够了。""如果我们完不成第二个任务,那么在推翻剥削者和用武力来抗击国际帝国主义者的事业中的任何成就、任何胜利就会付诸东流,旧制度的复辟就会不可避免。"(见本卷第28页)列宁号召全国党政干部把全部精力集中于经济建设。

租让政策是苏维埃俄国为恢复国民经济而采取的重要决策。1920年11月,列宁签署了《关于实行租让的一般经济条件和法律条件》的法令。列宁针对广大工农群众对租让政策的不解和疑虑，在俄共(布)莫斯科组织支部书记会议上的讲话、在俄共(布)莫斯科组织积极分子大会上关于租让的报告、在全俄苏维埃第八次代表大会俄共(布)党团会议上关于租让问题的报告和关于这个报告的总结发言以及在代表大会上所作的全俄中央执行委员会和人民委员会关于对外对内政策的报告中，从政治上和经济上详细地论述了租让政策的正确性和必要性。

　　列宁指出，我国在经济上还很薄弱，应当利用资产阶级的资本来加速经济的发展，但租让不是和平，"租让是战争在经济方面的继续，不过在这场战争中我们已经不是在破坏而是在发展我们的生产力。"(见本卷第43页)苏维埃俄国实行租让政策的政治考虑是利用帝国主义者之间的对立和矛盾。他要求从帝国主义者之间由最深刻的经济原因引起的深刻分歧来观察有关租让的一切问题。他认为，租让的政治意义还在于它有可能创造一个较好的国际环境，恢复贸易联系，防止新的武装干涉。他详细介绍了租让法令的颁布在资本主义国家中所引起的强烈反应和它们之间的矛盾的加剧：同美国进行的关于租让堪察加的谈判使美国和日本之间的矛盾激化；法国资产阶级为在俄国取得租让的优先权而使英法两国很难结成反对俄国的军事同盟；德国出自对俄国租让耕地的兴趣，急于同苏维埃俄国媾和，等等。

　　列宁着重论述了租让对迅速恢复俄国经济的积极作用。他指出，把俄国无力开发的森林、土地、矿山租让出去，就可以利用资产阶级的资金，可以得到资本主义国家的机器、机车、电气器材等生产资料，可以学习先进的技术和管理。列宁说："不实行租让，我们就不能实行我们的纲领和国家电气化；没有租让，就不能在10年内恢复我国的经济，而只有我们恢复了经济，我们才不会被资本打败。"（见本卷第80页）当时有些工农群众担心实行租让后俄国会被出卖给外国资本家。列宁针对这种疑虑指出：租让同出卖俄国毫无共同之处，租让是战争在经济范围内的继续，不同的是租让不会破坏生产力，而只会使生产力得到发展；租让可能带来的损失同战争造成的破坏和千百万工人农民的伤亡相比是微不足道的。列宁强调指出："我们的任务是维持一个被资本主义敌人包围的孤立的社会主义共和国的生存，捍卫一个比它周围的资本主义敌人弱得多的共和国，从而使敌人无法建立反对我们的联盟，使他们难以实行自己的政策，使他们不能取得胜利，我们的任务是保证俄国有恢复经济所必需的工具和资金，因为我们一旦得到这些东西，我们就会牢牢地站立起来，那时任何资本主义敌人对我们来说都是不足惧的。"（见本卷第120—121页）

列宁在阐明租让的积极意义的同时，也清醒地预见到租让必然带来的某些消极影响。他说，租让在经济上对俄国有很大好处，但是也会带来资本主义习气的腐蚀，因此这也是一场战争，是共产主义和资本主义这两种方式、两种形态、两种经济的战争。他指出，必须监视敌人的每一个行动，要用各种管理、监督、诱导的办法防止资本主义的腐蚀，应该处处用共产主义的影响予以抵制。

国家电气化计划即统一的经济计划问题是列宁极为关注的重大问题。1920年底，俄罗斯国家电气化委员会制定了国家电气化计划，提交全俄苏维埃第八次代表大会讨论，并得到大会的一致赞成。这个计划是苏维埃俄国第一个国民经济计划。列宁1920年12月22日在苏维埃第八次代表大会上作的关于对外对内政策的报告中指出，俄国电气化计划是一个"表明怎样把俄国转到共产主义所必需的真正经济基础上去的伟大的经济计划"(见本卷第158页)。他把这个计划称为第二个党纲,指出党的纲领"应当用第二个党纲,即重建整个国民经济并使它达到现代技术水平的工作计划来补充"(同上)。他阐释了"共产主义就是苏维埃政权加全国电气化"的思想,强调指出:"只有当国家实现了电气化,为工业、农业和运输业打下了现代大工业的技术基础的时候,我们才能得到最后的胜利。""如果俄国布满了由电站和强大的技术设备组成的密网,那么,我们的共产主义经济建设就会成为未来的社会主义的欧洲和亚洲的榜样。"(见本卷第159、161页)

　　列宁还高度重视国家电气化计划的实施。他在《人民委员会经济委员会的决定草案》、《劳动国防委员会关于计划委员会的决定中一个主要条款的草案》、《论统一的经济计划》等文献中要求各个生产部门的一切计划严密地协调一致,相互联系,共同组成一个统一的经济计划。为了保证劳动国防委员会对统一的经济计划工作的全面领导,列宁考虑建立一个实施计划的专门机构。1920年10月底,人民委员会根据列宁的提议建立了经济委员会,以协调所有经济部门的计划。在苏维埃第八次代表大会上,列宁建议由劳动国防委员会对统一的经济计划实行总的领导。1921年2月,列宁又提出在俄罗斯国家电气化委员会的基础上建立隶属于劳动国防委员会的国家计划委员会,由它根据统一的经济计划对国民经济各部门实行领导。列宁主张科学技术专家和学者应在国家计划委员会中占绝对优势,并据此原则提出了计划委员会成员的初步名单。列宁审定的《国家计划委员会条例》和他提出的委员会名单遭到了弗·巴·米柳亭、尤·拉林、恩·奥新斯基和阿·伊·李可夫等人的反对。他们认为:国家电气化委员会计划是由技术专家而不是经济专家制定的,单靠技术专家是不行的,只有经济专家才能完成;国家计划委员会中"技术班子"占优势,而共产党员经济专家太少。列宁在《论统一的经济计划》一文中批评这些"共产党员著作家"和"共产党员行政管理人员"不宣传不实施已经制定的计划,却一味对怎样着手制定计划的问题发表空洞的议论。列宁说明国家计划委员会组成的重要意义和广泛吸收非党专家参加国家计划委员会工作的必要性,指出国家计划委员会内的党组织不要热衷于发号施令,而要向科学技术专家学习,要相信"他们将**通过自己那门科学所达到的成果**来接受共产主义"(见本卷第356页)。列宁告诫担任领导工作的共产党员:"必须学会谦虚,学会尊重那些'科学和技术专家'的切实工作";"必须学会切实仔细地分析我们的许多**实际**错误,并且学会一步一步地坚持不懈地改正这些错误";"少来一些知识分子的和官僚主义者的自负,多研究些我们在中央和地方的实际经验所提供的东西以及科学已经向我们提供的东西"(见本卷第357页)。

　　农民问题是列宁着重论述的又一个重要问题。1920年末,虽然国内战争已经结束,但苏维埃俄国实行的仍然是战时共产主义政策。在农业经济中过分强调国家的调节和强制,不仅用摊派的办法收集余粮,而且连播种面积和发放种子等也搞摊派和分配。余粮收集制和其他一些强制性措施已经引起农民的强烈不满,使农民问题和工农联盟问题日益尖锐。

　　列宁通过农民的来信和申诉以及他同农民的直接谈话,了解到农民的要求和情绪。他在苏维埃第八次代表大会上作的关于对外对内政策报告中,实事求是地分析了俄国的农村形势,指出"不使小农经济得到切实的大规模的改善,我们就没有出路,因为没有这个基础,任何经济建设都不能进行,无论多么伟大的计划都会落空"(见本卷第149页)。列宁认为个体农户还会相当长久地存在下去。他在1920年12月24日俄共(布)党团讨论人民委员会《关于加强和发展农民农业经济的措施》法案的会议上明确地说,集体农庄的问题并非当务之急,必须依靠个体农民,现在还不能设想向社会主义和集体化过渡。他在这次代表大会上反复强调必须把国家调整和强制措施同经济鼓励和说服措施结合起来。在苏维埃第八次代表大会之后,列宁进一步考虑调整农村经济政策问题。1921年2月8日他写了《农民问题提纲初稿》,提出用粮食税代替余粮收集制,减低粮食税额,扩大农民交足粮食税后的余粮投入地方经济流转的自由。这个提纲为俄共(布)第十次代表大会通过的关于以实物税代替余粮收集制的决议奠定了基础。

本卷的许多文献反映了列宁对人民群众在社会主义建设中的作用的高度重视。列宁在苏维埃第八次代表大会上阐述了马克思主义的一个重要原理:"历史活动的规模愈大、范围愈广,参加这种活动的人数就愈多,反过来说,我们所要实行的改造愈深刻,就愈要使人们关心这种改造并采取自觉的态度,就愈要使成百万成千万的人都确信这种改造的必要性。我们的革命所以远远超过其他一切革命,归根到底是因为它通过苏维埃政权发动了那些以前不关心国家建设的千百万人来积极参加这一建设。"(见本卷第142—143页)他强调指出,必须使人人懂得俄国是属于他们的,只有工农群众才能够以自己的活动和自己严格的劳动纪律来改造旧的经济生活条件,实现伟大的经济计划。他希望劳动人民不但要识字,还要有文化,有觉悟,有学识。为了发挥劳动人民的首创精神和积极性,列宁反复强调在全国范围内组织生产宣传的重要性。

列宁草拟的《关于生产宣传的提纲》就是这一方面的重要文献。这个提纲要求:指导性的报纸要扩大生产宣传的版面,对党和苏维埃机关施加影响,使它们用更大的力量来进行生产宣传,要经常而广泛地从工农群众中提拔能干的行政管理人员、组织工作者和发明创造者;生产性报纸应当是千百万人都能看懂的通俗报纸,但决不能庸俗化,不要降低水平迁就落后读者;要把生产检查工作和生产宣传工作配合起来;要广泛宣传模范企业,把掌握了国外先进技术的工人组织起来训练技术落后的工人,普及职业技术教育和综合技术教育,等等。

　　列宁一贯重视教育工作。《俄共(布)中央关于教育人民委员部设立人民委员助理的决定草案》、《俄共(布)中央全会关于改组教育人民委员部的决定草案》、《关于综合技术教育(对娜捷施达·康斯坦丁诺夫娜的提纲的意见)》、《中央委员会给教育人民委员部党员工作人员的指示》和《论教育人民委员部的工作》等文献,反映了列宁这一时期对教育工作的关心。

　　1920年12月31日至1921年1月4日召开的党内国民教育问题研讨会就开展综合技术教育和改造普通学校问题通过了一些决议。列宁批评这次会议的各项决议的主要缺点是空泛的议论和抽象的口号过多,具体措施太少。他指出,教育人民委员部工作的主要缺点是:缺乏实事求是和从实际出发的精神;不善于发现头脑清晰、学识渊博和有实际教育经验的人并把他们安排在适当的领导岗位上。列宁尤其重视青少年教育和成人教育问题。他提议建立起为全体工人、士兵和农民群众服务的图书馆网和阅览室网,努力设法把报纸和书籍免费分配给各图书馆和阅览室。他希望报纸成为启发群众、教导他们生活、教导他们建设自己经济的工具,少来一些政治上的喧嚷，少发表一些空泛议论和抽象口号，多作一些生产宣传。他希望给人民提供必需的各种教材和一切必需的世界文学、现代科学和现代技术的经典著作。为了解决经济建设急需的技术力量严重不足的问题，列宁主张大力推广综合技术教育。他在《关于综合技术教育》一文中提出，要"把立即向**综合技术**教育过渡，或者确切些说，立即采取许多马上就能做到的**走向综合技术教育的步骤**，规定为**必须绝对执行的任务**"（见本卷第229页）。他主张把第二级学校教育同职业技术教育结合起来，把第二级学校的高年级改为职业技术学校，但在职业技术学校里应当增加普通教育课程和共产主义、革命史课程。列宁还为开展综合技术教育制定了一系列措施。

本卷收载的《〈工会的任务及其实现的方法〉决议草案》、《论工会、目前局势及托洛茨基同志的错误》、《党内危机》、《再论工会、目前局势及托洛茨基同志和布哈林同志的错误》、在全俄矿工第二次代表大会俄共（布）党团会议上关于工会的作用和任务的报告和关于该报告的总结发言以及在莫斯科市党的积极分子会议上的讲话等文献，反映了列宁在工会问题争论期间对托洛茨基、布哈林以及其他反对派的错误观点和派别活动所作的斗争。

随着国家从战争转向建设，俄国共产党在1920年11月召开的全俄工会第五次代表会议上提出工会必须改变战时实行的军事化领导方法和扩大工人民主的问题。托洛茨基在这次代表会议的俄共（布）党团会议上提出反对意见，主张工会迅速国家化，要求按各个工业部门把经济机关同工会合并，执行行政管理和经济管理的职能。他建议对工会进行"整刷"，把善于"拧紧螺母"的人放到工会领导岗位上，使工会军事化，变为强制性的机关。他否认工会在教育群众、保护群众的经济利益方面的作用。托洛茨基的意见遭到与会者的反对和党中央十一月全会的否决。但他执意把分歧公开化,12月25日在全俄苏维埃第八次代表大会上又发表了他的纲领性的小册子《工会的作用和任务》,坚持其错误主张,并进行派别活动。托洛茨基挑起的这场争论使党内斗争日趋尖锐。1921年1月12日,党中央决定在党内对工会问题展开自由争论。继托洛茨基的纲领之后,"工人反对派"、"民主集中派"、诺根派、梁赞诺夫派和伊格纳托夫派又提出各自的纲领。布哈林起初企图在列宁和托洛茨基之间起缓冲作用,但后来布哈林的"缓冲"派却与托洛茨基合流,提出了以托洛茨基的观点为基础的联合纲领。为了避免党的分裂,列宁和他在党中央的支持者不得不放下紧迫的经济工作来解决党内斗争问题,纠正由托洛茨基所开始而由布哈林加深了的政治错误。列宁在上述有关著作和讲话中揭示了托洛茨基强加于党的这场争论的实质,对这场党内斗争的各个阶段作了评述,指出了托洛茨基和布哈林的错误观点和派别活动给党带来的危害。

列宁指出,在工会问题上同托洛茨基的真正的意见分歧是如何掌握群众、对待群众、联系群众的问题。列宁阐明了工会在无产阶级专政体系中的地位和作用,指出工会"不是国家组织,不是实行强制的组织,它是一个教育的组织,是吸引和训练的组织,它是一所学校,是学习管理的学校,是学习主持经济的学校,是共产主义的学校"(见本卷第202页)。列宁认为,说服教育的方法应当是工会工作的基本方法,强制的方法是次要的。工会的主要任务是教育工人认识提高劳动生产率和加强纪律的重要性。列宁从这一角度评价了工会在生产宣传、实物奖励和"纪律审判会"等方面的工作。列宁驳斥了托洛茨基所谓在工人阶级国家里工会不必保护工人利益的观点,肯定了工会维护工人群众的物质利益和精神利益使其不受官僚主义者损害的职能。

托洛茨基和布哈林指责列宁只从政治上看问题而不从经济上看问题。针对这种指责,列宁批判了他们把经济和政治割裂并对立起来的错误,阐述了政治和经济的辩证关系。他指出,"政治是经济的集中表现","政治同经济相比不能不占首位","一个阶级如果不从政治上正确地看问题,就不能维持它的统治,**因而也就不能完成它的生产任务**"(见本卷第 282、283 页)。列宁还揭露了布哈林在工会问题上的错误观点的认识论根源,指出"布哈林同志在这里所犯的错误的理论实质,就在于他用折中主义偷换了政治和经济之间的辩证的关系"(见本卷第 290 页)。列宁强调必须划清辩证法和折中主义的界限,并提出了辩证逻辑的四点要求:第一,要真正地认识事物,就必须把握、研究清楚它的一切方面、一切联系和"中介";第二,要从事物自身的发展、变化中来考察事物;第三,必须把实践作为检验真理的标准;第四,没有抽象的真理,真理总是具体的。

列宁对其他一些反对派的纲领也逐一作了深刻的具体的分析和批判。工人反对派主张国家工会化,使国家服从于工会,把管理国民经济的权力交给全俄生产者代表大会。列宁认为工人反对派的主张特别明显地暴露出工团主义倾向。民主集中派主张由工会推选最高国民经济委员会主席团,要求党内有派别和集团活动的自由,反对在企业中实行一长制和严格的纪律,反对管理上的集中制。列宁称这个集团为"喊得最响"派,它的主张是一种最恶劣的孟什维主义和社会革命党思想。列宁阐明了工会运动中的分裂的严重危害，指出这种分裂足以动摇和破坏整个政治大厦。列宁同时指出，这场争论"使党脱离了切实的、实际的经济生产工作而去纠正政治上和理论上的错误。但是古语说得好：'因祸得福。'"（见本卷第 306 页）。"党正在同派别活动这种新的病症（因为我们在十月革命之后已经把它忘记了）作斗争中学习和受到锻炼。"（见本卷第 307 页）

　　在《列宁全集》第 2 版中，本卷文献比第 1 版相应时期的文献增加 56 篇，其中有许多重要文献，如：在俄共（布）莫斯科组织积极分子大会上关于租让的报告的总结发言（1920 年 12 月 6 日）、在苏维埃第八次代表大会俄共（布）党团会议上关于租让问题的报告的总结发言（12 月 21 日）、在苏维埃第八次代表大会俄共（布）党团会议讨论关于对外对内政策的报告时的讲话和《给巴库同志们的信的提纲》。除此以外，新增加的文献还有《就关于恢复国民经济的基本任务的报告给俄共（布）中央委员的信》、《在索科利尼基区苏维埃全会、莫斯科市工厂委员会代表和企业管理委员会代表联合庆祝大会上的讲话》、《俄共（布）中央全会关于无产阶级文化协会的决定草案》、《人民委员会关于直接税的决定草案》、《人民委员会经济委员会的决定草案》、《俄共（布）中央全会关于改组教育人民委员部的决定草案》、《教育人民委员部条例草案》、在苏维埃第八次代表大会俄共（布）党团会议上就《关于加强和发展农民农业经济的措施》法案的补充意见发表的讲话以及对问题的答复、在莫斯科市党的积极分子会议上的讲话等等。《附录》中的文献全部是新增加的，其中《论工会、目前局势及托洛茨基同志的错误》讲话的提纲和《再论工会、目前局势及托洛茨基同志和布哈林同志的错误》小册子的一组材料，有助于阅读列宁的这两篇重要著作。

在本增订版中,本卷文献比《列宁全集》第2版相应时期的文献新增两篇,一篇是收入正文部分的同西班牙社会主义工人党代表团的谈话,列宁在这次谈话中主要回答了代表团提出的有关无产阶级专政这一过渡时期的问题;另一篇是收入附录的在全俄矿工第二次代表大会俄共(布)党团会议上作的讨论笔记和总结发言提纲。

弗·伊·列宁

（1921 年 1 月）

庆祝十月革命三周年的讲话

（1920 年 11 月）

1

在莫斯科苏维埃全会、俄共（布）莫斯科委员会和莫斯科省工会理事会举行的庆祝大会上的讲话

（11 月 6 日）

（长时间鼓掌）同志们，今天我们在这里开会，是为了纪念我们无产阶级斗争的日子，纪念我们革命的胜利。今天我们可以庆祝我们的胜利了。尽管生活空前困难，敌人空前猖狂，我们还是取得了胜利。我们在三年内不断取得胜利。这是从前我们谁也不会相信的巨大胜利。三年以前我们在斯莫尔尼的时候，彼得格勒工人的起义向我们表明，起义者的团结一致超出了我们的预料，但是，如果在那天晚上有人对我们说，再过三年就会出现今天这样的局面，就会取得我们现在这样的胜利，那是任何人甚至最乐观的人都不会相信的。那时我们知道，只有我们的事业在全世界取得胜利，我们的胜利才会巩固，因为我们在开始我们的事业时，就把全部希望都寄托在世界革命上。帝国主义战争改变了我们以往的全部生

活方式，我们当时并不知道，这场持续时间大大超出我们预料的斗争将具有怎样的形式。现在过了三年，可以看出我们比以前不知强大了多少倍，但是全世界的资产阶级也还很强大。尽管如此，尽管他们比我们强得多，但是仍然可以说，我们胜利了。我们曾经以全力来瓦解这个资产阶级，在这方面，我们不是没有成绩的。这是因为我们的希望是寄托在国际革命上的，而这在当时无疑是正确的。我们知道，现在整个世界日益遭到破坏，我们知道，在帝国主义战争之后，一切照旧是决不可能的，因为帝国主义战争根本破坏了一切旧的经济关系和法的关系，破坏了旧秩序一向赖以维持的全部生活条件。帝国主义战争所造成的破产比我们的宣传所造成的要大一千倍，在这种情况下，即使只有一个国家的无产阶级获得胜利，也足以摧毁国际资产阶级的力量了。

如果我们现在总起来看一看国际关系——我们一向强调我们是从国际的观点来看问题的——并且看一看反苏维埃俄国的战争的历史，我们就会看到，我们几乎同周围所有的资产阶级小国缔结了和约，而这些国家都在屠杀和迫害本国的布尔什维克。这些国家完全是协约国[1]的奴仆，总想要摧毁和消灭苏维埃俄国，尽管如此，我们还是同它们签订了和约，使协约国的希望落了空。英、法、美这样三个强大的国家无法联合起来对付我们，并且在它们用联合的力量对我们发动的那场战争中打了败仗。为什么会这样呢？因为它们的经济、它们的国家生活已被破坏，因为它们已经半死不活，因为它们已经不能照老样子活下去了，因为支配它们的那个阶级，即资产阶级已经腐朽了。资产阶级把1 000多万人送上了帝国主义战争的战场，断送了他们的性命。为了什么呢？为了由一小撮资本家来瓜分世界。这使资产阶级精疲力竭，破坏了自己的基础,不管资产阶级现在在军事方面看来是多么强大,它们的内部是虚弱的。现在这已经不是布尔什维克的宣传,而是由火与剑证明了的事实。不管它们多么富有,多么强大,它们是走向灭亡的阶级,而我们是走向胜利的阶级。尽管我们比它们弱,但是三年来我们不断获得胜利,我们有权利毫不自夸地说,我们胜利了。

当我们这样说的时候,也不应当忘记另外一方面,不应当忘记,我们至多才获得一半的胜利。我们获得胜利,是因为我们顶住了那些比我们强大并且同我国逃亡国外的剥削者地主和资本家勾结起来的国家的进攻。我们一向懂得并且不会忘记,我们的事业是国际的事业,因此在一切国家(包括最富有和最文明的国家)的革命还没有完成以前,我们的胜利只是一半,也许一半还不到。只是现在,我们对弗兰格尔的战斗[2]才在胜利地进行。就在这几天我们预期的消息即将到来。我们相信,如果我们不能在最近几天收复克里木,稍迟几天也一定会收复的,但是我们绝不能保证说,这是世界资产阶级反对我们的最后一次尝试。相反,我们有材料说明,他们明年春天还会再干。我们知道,他们成功的可能性是很小的,我们也知道,我们的军事力量将比任何一个强国都可靠,都强大,尽管这样,危险并没有消除,危险还存在着,直到革命在一个或几个先进国家里取得胜利为止。

我们知道,问题就在这里,我们知道,今年夏天在莫斯科举行的第三国际第二次代表大会[3]做了一件空前巨大的工作。也许你们中间有些人听了季诺维也夫同志的报告,他详细地叙述了在哈雷举行的德国独立党代表大会[4]的情况。大概你们已经知道了一个最可能发生革命的国家的具体情景。但是目前在一切国家中都在发生这样的事情。在一切先进国家中共产主义得到了发展和巩固,共产主义者组成了政党。在这一期间,国际革命事业在一些小国遭到了一系列的失败,因为有些大强盗帮助镇压这些国家的运动,例如德国帮助镇压了芬兰革命[5],资本主义巨头英国、法国、奥地利镇压了匈牙利革命[6]。它们镇压了这些国家的革命,却因此而千百倍地增加了本国的革命因素。现在它们在斗争中软弱无力的基本原因,就在于它们的后方没有保障,因为一切国家的工人和农民都不愿意同我们作战,因为不只是在我们的喀琅施塔得才有水兵英雄,在它们那里也出现了。在整个法国,一提起到过我国黑海的水兵的名字,人们就回忆起俄国革命;法国工人知道,那些现在在法国服苦役的人,曾经因为不愿意做屠杀俄国工农的刽子手而在黑海举行过起义[7]。现在协约国很虚弱,而我们却可以泰然自若地说我们在国际方面是有保障的,其原因就在这里。

同志们,但是我们的胜利还远不是完全的胜利,我们获得的胜利还不到一半。的确,由于俄国工人和农民的自我牺牲精神和热情,我们获得了巨大的胜利,我们已经表明,俄国不仅能够产生那些当时还得不到工农支持而在反对沙皇制度的斗争中前仆后继的单枪匹马的英雄。不仅仅是这样,我们说得很对,俄国还会产生来自群众的英雄,俄国还会出现几百个、几千个这样的英雄。我们说,一定会这样的,那时资本主义的事业就会失败。我们现在获得胜利的主要原因、主要根源是:在前线流血牺牲的红军战士和饱经苦难的工农,特别是这三年来大多遭受了比资本主义奴隶制初期更大苦难的产业工人,在斗争中表现出了英雄主义、自我牺牲精神和罕见的坚韧不拔的精神。他们忍饥挨冻,饱经苦难,只是为了保住政权。他们就靠这种坚韧不拔的精神和这种英雄主义建立了一个后方,这是当前互相斗争着的几支力量中唯一巩固的一个后方。

因此我们是强大的，是巩固的，而协约国却在我们眼前不断分崩
离析。

但是只靠满腔热情、高昂的斗志和英雄主义是决不可能完成
革命事业，取得革命事业的完全胜利的。当敌人扑向我们，掐着我
们脖子的时候，我们可以靠这种精神来击退敌人，可以靠这种精神
在血战中获得胜利。但是要把事业进行到底，仅仅依靠这一点就
不够了。这是因为现在我们面临的是另外一大半任务，是更加困
难的任务。我们应当把我们今天的胜利，把我们的胜利信心变成
力量，使这一半任务也获得同样的决定性的胜利。在完成这后一
半任务时，只靠工农的满腔热情和牺牲决心是不够的，因为这后一
半任务是最困难的、建设性的、创造性的任务。资本主义给我们留
下的，不仅是被破坏了的文化，被破坏了的工厂，悲观绝望的知识
分子，还有一盘散沙似的、愚昧无知的群众，单干的业主。资本主
义还使我们缺乏能力，缺乏齐心协力地共同工作的习惯，不懂得必
须彻底抛弃过去的一切。

这些是我们现在要解决的。我们应当记住，要利用今天的情
绪，使我们的工作经常保持这样的情绪，来消灭我们经济生活中的
一切涣散状态。复旧已经不可能了。我们由于推翻了剥削者的政
权，已经完成了一大半的工作。现在我们应该把所有男女劳动者
集合在一起，让他们一道工作。我们进入这个领域就像一个拓荒
者进入一片新天地，不管整个工作条件如何，我们在前线仍然获得
了胜利。我们看到，现在我们的工作做得比去年好。我们知道我
们还不能让大家都吃饱，我们也没有把握认为从此家家户户、农舍
茅屋再也不会有饥寒的光顾，尽管如此，我们知道，我们是胜利了。
我们知道，即使是现在，经受了艰苦的帝国主义战争和国内战争之

后，我们的生产力也是巨大的。我们知道，我们可以保证工人和农民不受饥寒之苦，但是要做到这一点，就必须计算我们拥有的一切并且合理地进行分配。我们还不能做到这一点，因为资本主义教每一个小业主主要考虑自己怎样才能发财，怎样才能更快地当上富翁，而不是为了某种主张共同去进行斗争。现在我们应该担当起另一种领导。现在我们担负着另一半的、更艰苦的任务。现在我们所感染的那种热情可能再持续一年，再持续五年。但是我们应当记住，在我们所必须进行的那场斗争中，都是一些琐碎的事情。包围我们的是一些细小的经济事务。此外，你们知道，那些推动这种经济生活的一个个小单位的工作人员都是一些旧人员，一些习惯于利己主义旧思想的小官吏、小官僚。同这种现象进行斗争应当成为我们当前的任务。在我们的节日里，在我们庆祝胜利的日子里，在苏维埃政权成立三周年的时候，我们必须满怀劳动热情、劳动意志和顽强精神，因为现在只有这样才能最迅速地拯救工人和农民，拯救国民经济。这样我们将会看到，在完成这个任务的时候，我们获得的胜利会比以前在一切血战中获得的更巩固更可靠。（长时间鼓掌）

载于 1920 年 11 月《莫斯科工人和红军代表苏维埃速记记录》第 15 期

译自《列宁全集》俄文第 5 版第 42 卷第 1—6 页

2

在索科利尼基区苏维埃全会、莫斯科市
工厂委员会代表和企业管理委员会代表
联合庆祝大会上的讲话

（11月7日）

简 要 报 道

列宁同志在讲话中指出，我们所取得的胜利是最主要的胜利。国际资产阶级不让我们从事生产劳动，因此三年来我们把全部力量都用来同他们作战了。现在必须在国内战线上取得胜利。资产阶级曾使我们丢下这项工作。列宁同志指出了列入下次苏维埃代表大会议程的问题，如运输问题、农业问题等等。他谈到，应当做到把全部热情和纪律都转而用于和平经济建设的工作，应当争取普通群众参加到这一事业中来。

此外，还必须同官僚主义和官僚作风进行斗争，在这方面也需要取得胜利。达到这一目的的办法只有一个，这就是提高工人群众本身的觉悟和发挥他们的主动性。列宁同志在结束讲话时满怀信心地指出，我们定将战胜寒冷和饥饿。

载于1957年《苏共历史问题》
杂志第1期

译自《列宁全集》俄文第5版
第42卷第11页

就关于恢复国民经济的基本任务的
报告给俄共(布)中央委员的信

1920 年 11 月 6 日

致俄共中央委员

我建议考虑一下并在 11 月 8 日全会上通过:委托俄罗斯国家电气化委员会主席格·马·克尔日扎诺夫斯基在 1920 年 12 月 20 日苏维埃代表大会上,就第二项议程"恢复国民经济的基本任务"作一报告[8]。

我们将**按照一个总的计划**有效地恢复国民经济。没有电气化,这样一个计划就等于零,而离开这个计划来谈论什么"基本任务",那是不严肃的。

为了使大家事先了解情况,现附上:

(1)克尔日扎诺夫斯基的简要报告**《俄罗斯国家电气化委员会工作状况》**的副本。

(2)小册子《北部地区电气化设计基础》,共三本,分送托洛茨基、李可夫、布哈林;其他中央委员,明天我也可以给;如果想要,请给三楼总机打电话联系。

(3)几张电气化规划图。

(4)《伏尔加河地区电气化计划》一文的校样。 一份送托洛茨基同志,然后转李可夫同志,再转其他中央委员。

（5）斯琼克尔的提纲。

（6）克鲁格的提纲。

（7）俄罗斯国家电气化委员会材料一览表（计著作200余篇）。

从这些文件中可以清楚地看出，我们完全能够（只要我们及时修改提纲和克尔日扎诺夫斯基的报告大纲，并以中央委员会的名义把报告大纲发出去）在苏维埃代表大会上得到党和国家所需要的东西：一份切实可行的，同时又是内容广泛和鼓舞人心的工作计划——关于"恢复国民经济的基本任务"的报告。

人民委员会主席　弗·列宁

载于1959年《列宁文集》俄文版第36卷

译自《列宁全集》俄文第5版第42卷第7—8页

对人民委员会关于实行工人供应基本标准的决定草案的补充⁹

（1920 年 11 月 6 日）

鉴于粮食人民委员部减少供应标准量的政策完全正确，责成粮食人民委员部提出一项关于减少粮食配给标准量的法令，并附上这些标准的准确清单。

载于 1945 年《列宁文集》俄文版
第 35 卷

译自《列宁全集》俄文第 5 版
第 54 卷第 433 页

《工会的任务及其实现的方法》决议草案[10]

（1920 年 11 月上旬）

根据俄共第九次代表大会[11]的决议，代表会议再一次提请各工会注意坚决执行这些决议的必要性，并且指出，统一的经济计划要求经济建设分别轻重缓急，因此执行计划时贯彻重点制是无可争辩的。同时，在目前，正如 1920 年九月党代表会议所认定的，应该开始逐步而坚决地从重点制转到平均制[12]，特别是要从各个工会抽调许多优秀的组织力量来加强整个全俄工会中央理事会，改善全俄工会中央理事会的机构，使各个工会的工作更加有条不紊，从而加强整个工会运动。

这一点也应该适用于运输工会中央委员会[13]，不顾同其他工会的比例关系，过分加强运输工会中央委员会的现象应予制止，新增加的优秀力量应该把已经在实践中取得良好效果的种种方法，如发扬民主和主动性、参加工业管理以及开展竞赛等等，运用到整个工会运动中去。

代表会议认为，根据俄共第九次代表大会的决议，开展、扩大和加强工会参加生产管理的工作是绝对必要的，因而委托全俄工会中央理事会立即总结优秀工会和企业在这方面的实际经验，拟定出尽可能详细的指示，以便帮助各工会利用这些经验，责成它们更坚决更经常地利用这些经验。

包括吸收专家方面的经验。

载于 1950 年《列宁全集》俄文   译自《列宁全集》俄文第 5 版
第 4 版第 31 卷   第 42 卷第 9—10 页

俄共（布）中央全会关于
无产阶级文化协会的决定草案[14]

（1920 年 11 月 10 日）

中央委员会批准政治局的决议,基本上赞同政治教育总委员会[15]在此决议的基础上进一步制定的指示草案,并委托政治局对草案进行最后审定,以便更确切地表达下面的主要思想:把无产阶级文化协会在科学教育和政治教育方面的工作并入教育人民委员部和各省国民教育局的工作中去;协会在艺术(音乐、戏剧、造型艺术、文学)方面的工作仍保持自主权,经俄共特别审查过的教育人民委员部各机关,只是在对明显的资产阶级倾向作斗争方面保持领导作用。

载于 1958 年《苏共历史问题》
杂志第 1 期

译自《列宁全集》俄文第 5 版
第 42 卷第 12 页

俄共(布)中央全会关于起草
给外贸工作人员的指示的决定草案[16]

(1920 年 11 月 10 日)

委托季诺维也夫起草一个给柯普和对外贸易人民委员部的其他同志以及在德国工作的同志们的详细指示。

说明我们接受并且非常珍视广大工人,其中包括参加最反动工会的工人们,在完成俄国订货方面所给予的帮助。

同时,揭露列金之流及其同伙想为他们个人或他们一伙勒索金钱的企图,而且分文不给他们。

把指示稿提交政治局。

载于 1959 年《列宁文集》俄文版
第 36 卷

译自《列宁全集》俄文第 5 版
第 42 卷第 13 页

人民委员会关于
租让问题的决定草案[17]

（1920 年 11 月 16 日）

　　责成由列宁、米柳亭、库尔斯基、列扎瓦和谢列达等同志组成
的委员会于一周内①修改并审定完租让法令草案中适合在国外发
表的部分，即第一，关于提供租让的总的亦即原则性的决定；第二，
极简短地说明租让的一般经济条件和法律条件；第三，开列租让项
目，并对每个租让项目的经济意义作出相当清楚的说明。

载于 1959 年《列宁文集》俄文版
第 36 卷

译自《列宁全集》俄文第 5 版
第 54 卷第 433—434 页

---

① "由列宁……于一周内"这段话是莉·亚·福季耶娃手写的。——俄文版编
者注

关于生产宣传的提纲[18]

（草　　稿）

（1920 年 11 月 18 日）

1. 现在,由于俄罗斯联邦在军事上的胜利和它所处的整个国际形势,生产宣传应当重新放在第一位,应当加强并且从组织上予以落实。

2. 指导性的报纸,首先是《消息报》和《真理报》,应当做到：(一)减少政治方面的篇幅,扩大生产宣传的版面；(二)对党和苏维埃机关施加影响,使它们在全部工作中用更大的力量来进行生产宣传；(三)尽量在全国范围内经常地进行生产宣传工作,制定多种措施来开展和改进生产宣传,特别是检查它确确实实已经取得了哪些成绩。

3. 从工农群众中提拔能干的行政管理人员、组织工作者和发明创造者的工作同样也应当经常化,并广泛开展。

4. 为了节省力量和更正确地指导工作,俄罗斯联邦全国的生产宣传应当在一个机关的领导下统一进行。同时地方和工会绝对必须有极广泛的自主权。对于任何重大成绩都要经常给予恰如其分的奖励(实物奖励或其他)；对于成绩要组织公正的、内行的检查。

5. 生产宣传的统一领导机关,应当是一个发行量为 50 万份到

100 万份的群众性的通俗报纸的编辑部。

《贫苦农民报》[19]就应当成为这样的报纸。

把这类报纸分成工业报和农业报是有害的，因为社会主义的任务是使工业和农业接近并且统一起来。实际上，工业无产阶级无论在城市中还是在农村中，特别是在农业生活都市化方面以及在全国电气化事业中要发挥领导作用，就需要有既适合工人又适合农民的统一的生产性报纸（和对生产宣传的统一领导）。

6. 领导小组应由 5 人组成：(1)全俄工会中央理事会 1 人；(2)最高国民经济委员会 1 人；(3)农业人民委员部 1 人；(4)政治教育总委员会 1 人；(5)俄国共产党中央委员会 1 人（或者说一个主编）。领导小组和报纸应直属于全俄工会中央理事会。（或者再加上职业教育总局 1 人？）

7. 生产性报纸应当是千百万人都能看懂的通俗报纸，但决不能庸俗化。不要降低水平迁就落后读者，而要不断地——十分谨慎地、逐渐地——提高这部分读者的水平。不多的篇幅，大约不超过 $\frac{1}{4}$ 用于政治。主要的篇幅应当用于如下问题：统一的经济计划、劳动战线情况、生产宣传、训练工农参加管理、检查苏维埃机关和经济机构各项法令和措施的实际执行情况、广泛地和定期地同做群众工作的读者交换意见。

8. 刊登在报纸上的和投寄给报纸的材料以及其他材料，都应当经常地定期地印成小册子和活页文选，义务供应图书馆及有关生产部门的工厂和企业（小册子和活页文选应按生产部门整理材料）。这些材料同课本和外国技术简介一样，都应当为普及职业技术教育**和综合技术**教育服务。

其中，如何向俄罗斯联邦**所有**图书馆更合理地分配报纸以及有关生产的小册子和活页文选,也应当特别加以注意。

9. 必须按照计划有组织地、经常地吸收工程师、农艺师、教师以及具有某种专长的苏维埃职员参加生产宣传工作(与扫盲工作结合起来)。

组织讲演、座谈、报告会等等。

一切能够向居民介绍电气化、泰罗制等等的人,都有义务进行宣传。

10. 更广泛地和更经常地利用电影进行生产宣传。同电影局合作。

利用苏维埃唱片。在俱乐部、农村阅览室、街头等地方展出图表和图片。在大小工厂、技术学校等附近张贴海报和宣传画。

11. 和劳动人民委员部及其他机关共同组织生产检查。把生产检查工作和生产宣传工作配合起来,指导员、指导列车、指导船等的工作也应和生产宣传配合起来。

12. 挑选出模范企业来广泛加以宣传。在一些特殊的工厂、地区或基层单位等等,把掌握了国外工业经验的工人组织起来。依靠他们来训练落后工人,普及职业技术教育和综合技术教育,等等。

尼·列宁

1920 年 11 月 18 日

载于 1928 年《列宁全集》俄文第 2、3 版第 25 卷

译自《列宁全集》俄文第 5 版第 42 卷第 14—16 页

在俄共（布）莫斯科省
代表会议上的讲话²⁰

(1920 年 11 月 21 日)

1

我国的国内外形势和党的任务

（鼓掌）同志们！谈到苏维埃共和国所处的国际形势问题，自然主要应当谈对波战争[21]和弗兰格尔的覆灭。党的工作人员当然都很注意党报，而且不止一次地听过关于这个问题的重要报告，因此我认为在党的工作人员的会议上，我没有必要详细说明这整个事件的各个细节、对波战争过程中的每一个转折、我们进攻的性质以及华沙城下失败的意义等，这样做也是不合适的。我想，大多数同志对这方面的情况已经十分熟悉，我要讲也只能是重复，只会使同志们感到不满。因此，关于我们对波战争某些情节和转折的经过，我就不谈了。我只谈谈现在的结局。

在红军取得夏季辉煌的胜利而在华沙城下遭到惨重失败之后，在同波兰订立初步和约之后（这个初步和约目前正是在里加将要成为或者一定会成为正式和约），由于弗兰格尔的覆灭，这个初步和约真正成为正式和约的可能性大大增加了。现在，弗兰格尔的覆灭已成定局,协约国的帝国主义报刊已经开始摊牌,承认他们以前竭力隐瞒的东西。

我不知道你们是不是注意到了,今天报上还是前几天报上有一篇短评,说法国帝国主义资产阶级的主要报纸,法国的《时报》(«Temps»)[22]认为,波兰缔结和约违反了法国的忠告。毫无疑问,资产阶级代表在这里把资产阶级极想隐瞒而且长期以来一直竭力隐瞒的真相说了出来。如果没有发生华沙城下那种非常严重的情况,我们本来会取得更多的成就,从这个观点来看,对波和约的条件是不利的(虽然比今年4月我们为了避免爆发战争向波兰地主提出的那些条件有利),尽管如此,我们毕竟还是取得了一些使帝国主义总计划的很大一部分遭到失败的条件。法国资产阶级现在承认,他们曾坚决主张波兰继续作战,反对缔结和约,因为它们担心弗兰格尔覆灭,希望支持这次对苏维埃共和国新的武装干涉和进攻。尽管波兰帝国主义的情况现在和过去都驱使它同俄国作战,尽管如此,法帝国主义者的计划仍然遭到了失败,结果,我们现在已经取得一种比单纯的喘息时机更为重要的东西。

过去三年内,在早先属于前俄罗斯帝国的各个小国中,波兰是最敌视大俄罗斯民族并且最想占领非波兰人居住的大片土地的国家之一。我们同芬兰、爱沙尼亚、拉脱维亚缔结和约[23]也是违反帝国主义协约国的愿望的,但是我们所以比较容易做到这一点,是因为芬兰、爱沙尼亚和拉脱维亚的资产阶级没有他们自己的帝国主义目的,非要同苏维埃共和国作战不可,而波兰资产阶级共和国不仅垂涎立陶宛和白俄罗斯,而且还垂涎乌克兰。此外,波兰过去几百年来的斗争也驱使波兰资产阶级共和国走这条路。波兰当初是一个强国,现在则同强国俄罗斯相对峙。波兰即使在现在也不会放弃这几百年来的斗争。因此波兰在推行它的反对我们共和国的军事计划时表现得更为好战、更为顽固。因此现在我们违反协约国的意愿缔结和约这一成就就显得更为巨大。在与俄国接壤的保留资产阶级制度的各国中,如果说有哪个国家是协约国在推行其蓄谋已久的军事干涉时可以依靠的话,那就只有波兰,所以在目前资产阶级国家普遍仇视苏维埃政权的时候,各国都把波兰地主占领加利西亚东部①看做与切身利益有关。

其次,波兰觊觎乌克兰和立陶宛。因此,进攻来得特别激烈,特别顽强。对波兰的军需供应,自然就成了法国和其他强国主要关心的事情。它们在这方面花的钱是无法估算的。因此,尽管红军在华沙城下遭到了失败,但它最后取得的胜利的意义是特别伟大的,因为红军已使波兰处于完全无力继续作战的境地。波兰不得不同意签订和约,而这个和约给它的东西要比1920年4月波兰进攻前我们所提出的少,当时我们不愿意中断经济建设工作,所以提出了一条对我们十分不利的边界线。当时我国社会革命党人和孟什维克这些小资产阶级爱国主义者的报纸,责备布尔什维克妥协忍让,说苏维埃政权差不多采取了托尔斯泰式的态度。这些报纸所说的托尔斯泰式的态度,就是指我们同意根据当时的皮尔苏茨基线来签订和约。根据这条线,明斯克仍归波兰,边界线比现在划定的偏东50俄里,有些地方则达100俄里。当然,我没有必要在党的工作者的会议上来详细说明,为了使我们的经济工作不致被真正打断,我们为什么同意而且不得不同意那条不利的边界线。结果,波兰虽然保存了资产阶级制度,但战争却引起了全国经济的

---

① 加利西亚东部即今乌克兰西部一带。——编者注

极端混乱，引起了不满情绪的急剧增长，导致了资产阶级不仅对产业工人而且对雇农肆无忌惮地实行恐怖政策。波兰资产阶级的整个状况变得极不稳定，因此根本无法继续作战。

苏维埃政权在这方面取得的成就是巨大的。三年前当我们提出关于俄国无产阶级革命的任务及其胜利的条件的问题时，我们总是明确地说：没有西欧无产阶级革命的支持，这个胜利就不可能巩固；只有从国际的观点出发才能正确估价我们的革命。为了取得巩固的胜利，我们必须使无产阶级革命在一切国家或者至少在几个主要的资本主义国家取得胜利。经过三年残酷而激烈的战争，我们看到，我们的预言在哪些方面没有得到证实，在哪些方面已经得到证实。我们没有能迅速而轻易地解决这个问题，在这方面我们的预言没有得到证实。当然，我们谁也没有想到，俄国抗击世界资本主义列强这样一场力量悬殊的斗争竟能延续三年之久。结果，无论这一方还是那一方，无论俄罗斯苏维埃共和国还是整个资本主义世界都没有获得胜利，也没有遭到失败；其次，虽然我们的预言没有轻易地、迅速地、直接地实现，但是主要的一点我们办到了，就这方面说预言实现了，因为主要之点就在于：即使全世界的社会主义革命推迟爆发，无产阶级政权和苏维埃共和国也能够存在下去。所以在这方面应该说，共和国现在所处的国际形势，最好地最确切地证实了我们的一切估计和我们的整个政策都是正确的。

俄罗斯联邦的军事力量根本不能同所有资本主义强国的军事力量相比，这一点是用不着证明的。在这一方面，它们比我们强几十倍，几百倍，然而，经过三年的战争，我们迫使几乎所有这些国家都放弃了继续干涉的念头。这就是说，三年前在帝国主义战争还没结束的情况下我们认为可能出现的局面，即长期僵持、双方最后不分胜负的局面终于形成了。但是，这种局面是由于什么原因形成的呢？这不是因为我们在军事方面比较强，协约国比较弱，而是因为协约国各国内部瓦解日益加剧，相反我国内部却日益巩固，战争已经证明了这一点。协约国已经不能用它们本国的军队同我们作战了。资本主义各国已经不能强迫工人和农民同我们作战了。资产阶级国家在帝国主义战争结束后保住了资产阶级国家。它们延缓并推迟了直接面临的这个危机，然而却从根本上动摇了自己的地位，它们尽管拥有庞大的军事力量，但在三年以后却不得不承认，它们无法摧毁几乎没有任何军事力量的苏维埃共和国。由此可见，从根本上说，我们的政策和我们的预言在各方面都证明是正确的，而任何资本主义国家的被压迫群众果然是我们的同盟者，因为使战争打不下去的正是这些群众。我们现在的情况是：我们虽然没有获得国际胜利，即对我们来说是唯一可靠的胜利，但是却给自己争得了能够同那些现在不得不与我们建立贸易关系的资本主义列强并存的条件。在这场斗争的过程中，我们给自己争得了独立生存的权利。

因此，只要总的看一下我们所处的国际形势，就会发现：我们已经取得了巨大的成就；我们不仅有了喘息时机，而且得到了某种更为重要的东西。我们通常所说的喘息时机是一个短暂的时期，在此期间，帝国主义列强往往有可能更为猖狂地再次企图对我们发动战争。我们现在并不能自我陶醉，也不能否定资本主义国家将来对我国的事务进行武装干涉的可能性。我们必须保持战斗准备。然而，如果我们回顾一下我们是在什么条件下粉碎了俄国反革命的一切尝试并同西邻各国正式缔结了和约，就会清楚地看到，我们不仅有了喘息时机,而且进入了一个新的阶段:尽管存在着资本主义国家的包围,我们已经基本上能够在国际上生存下去。任何一个强大的资本主义国家的国内情况都不允许它派军队进攻俄国;这就说明这些国家内部的革命已经成熟,使它们不能迅速地战胜我们,而它们本来是可以做到这一点的。在这三年里,英国、法国和日本的军队都曾在俄国的领土上待过。毫无疑问,这三个强国只要稍微再加一把劲就完全可以在几个月甚至几个星期内战胜我们。我们所以能够抵挡住它们的进攻,完全是因为法军内部发生瓦解,英国人和日本人开始不满。我们一向就是利用帝国主义利益上的这种分歧的。我们所以战胜了武装干涉,只是因为帝国主义本身的利益使它们四分五裂,而使我们团结巩固。我们就是利用这一点取得了一个喘息时机,并使德帝国主义在布列斯特和约[24]时期不能取得完全的胜利。

最近以来,特别是由于要同美国一批极其凶残的资本主义豺狼(为首的是一个想把亿万富翁集合成整个集团的财阀)拟订一项租让合同草案[25],这种争斗更加激烈了。我们知道,现在几乎任何一条来自远东的消息都证明,日本对签订合同一事极为愤怒,虽然这个合同还没有签订,还只是一个草案。但是,日本已经舆论哗然,我今天又看到一条消息,说日本谴责苏维埃俄国想挑动日本反对美国。

我们正确地估计了帝国主义竞争的这种紧张局面,并且认为我们必须不断地利用它们之间的争斗,使它们难于同我们作斗争。英法关系中也存在着政治上的不和。现在我们要谈的已经不只是喘息时机,而是比较长期地进行新建设的重要机会。实际上,在这以前我们在国际方面还没有任何基础。现在我们已经有了这种基础,原因就是那些无论在军事方面或经济方面都完全依赖大国的小国家态度起了变化。现在,波兰也不顾法国的压力同我们缔结了和约。波兰资本家对苏维埃政权的仇恨是很深的,他们用前所未有的残暴手段镇压最普通的罢工。他们很想同苏维埃俄国作战,尽管如此,他们还是愿意同我们签订和约而不愿意履行协约国提出的条件。我们看到,帝国主义列强统治着全世界,但是它们只占世界人口的很小一部分。而一个抵抗全世界的帝国主义达三年之久的国家的出现,大大改变了全世界的国际形势,因此,占世界人口多数的一切小国都倾向于同我们和平相处。

有一个极大的因素,使我们能够在这种复杂而又十分特殊的情况下存在下去,这一因素就是一个社会主义国家开始同各资本主义国家建立贸易关系。

我曾经看到,一个类似我国右派社会革命党人、孟什维克的美国社会沙文主义者,第二国际活动家,美国社会党[26]党员斯帕戈(他像是一个美国的阿列克辛斯基,后者写过许多反对布尔什维克的书)责备我们,把我们谈论同资本主义列强做生意说成是共产主义完全破产的证明。他写道:我想象不出还有什么能更好地证明共产主义已经完全破产,共产主义纲领已经完全失败。我觉得,只要仔细考虑一下实际情况,谁都会得出相反的结论。那些曾经因为我们采取的恐怖手段或者因为我们的整个制度而对我们发动战争的列强,明知同我们建立贸易关系会增强我们的力量,现在却不得不违心地走上这条道路,这正是俄罗斯苏维埃共和国在物质上和精神上战胜了全世界资本家的最好不过的证明。如果我们曾经保证或幻想用俄国一国的力量来改造全世界,那倒可以拿这一点来证明共产主义的破产。然而,我们从来没有这种狂想,我们总是说,我们的革命只有在得到全世界工人支持的时候才能取得胜利。结果是,他们给了我们一半支持,因为他们削弱了向我们打来的拳头的力量,但是他们毕竟是帮助了我们。

我不想多谈这个问题了,不过我要指出,目前高加索的情况错综复杂,很难弄清楚,而且战争随时都可能强加给我们。然而,由于同波兰的和约几乎已有保证,由于弗兰格尔已被彻底消灭,再打起来也没有什么可怕。如果有人硬要把战争强加给我们,那它就会比以前更能加强和巩固我们的地位。报纸上关于亚美尼亚和土耳其的消息会使你们对这一点有所了解[27]。情况是极端混乱的,但是我完全相信,我们一定能摆脱这一处境,在目前这种从某些方面看确实对我们很有利的基础上,在使我们满意而且经济上能够生存下去的基础上保持和平局面。我们正在尽一切力量做到这一点。但也可能形势会直接引起战争,或者间接导向战争。我们完全可以泰然处之,因为这将是在边远地区进行的战争,我们拥有绝对的优势,甚至可能赢得比对波战争更大的胜利。对波战争是两条战线的战争,因为当时还受到弗兰格尔的威胁;对波战争也不能称为边远地区战争,因为皮尔苏茨基线距离莫斯科并不很远。关于国际形势,我就谈到这里。

现在我来谈谈国内形势。由于一连串武装干涉的尝试遭到破产,我国的经济状况已经大大好转。过去我们的处境所以危急万分,其根本原因就在于我们中部的俄罗斯,工业的俄罗斯,无产阶级的俄罗斯,如彼得格勒、莫斯科、伊万诺沃-沃兹涅先斯克等同盛产粮食的西伯利亚、南部、东南部地区的联系被切断了,同主要燃料产地之一的顿涅茨煤田的联系被切断了,同石油产地的联系被切断了,因此在当时看来,很难相信共和国在这种情况下能够真正支持下来。你们知道，由于同盛产粮食的地区和最重要的经济地区的联系被切断，我们遭到了多么深重的灾难和多么巨大的困难，我们缺乏粮食，挨饿受冻。现在情况有了改善，在很大程度上是因为我们同这些地区已经连成了一片。由于能够把西伯利亚和高加索加进来，由于乌克兰社会状况正在发生愈来愈有利于我们的变化，在最近即将展开的征粮运动中我们的征粮工作不但不会像今年那样落到粮袋空空，而且能充分保证全体产业工人的粮食需要。由于运输工作确已开始改善，我们可以预料，国家将掌握25 000万到3亿普特的粮食储备，这样规模的征粮运动还是第一次。有了这批粮食，我们不仅能像现在这样谈论社会主义建设，做些微不足道的事情，而且能真正用上名副其实的劳动军[28]，让几十万产业工人即正在为工业搞粮食的工人去从事刻不容缓的迫切的工作，并且改进这项工作，就像燃料状况的改善已经使我们恢复了纺织工业那样。伊万诺沃-沃兹涅先斯克省的工厂已经开工，最初不到25万纱锭，现在已有50万—60万纱锭了，年底我们计划扩大到100万纱锭，明年打算扩大到400万纱锭。直到现在，我们才开始改变消耗旧有的储备、苦苦挣扎的局面，使国家能够着手恢复被破坏了的生产，能够在向农村征收粮食的同时，向农民供应食盐、煤油以及为数不多的纺织品。没有这一点就根本谈不上社会主义建设。

如果说，在国际方面我们打退了许多次武装侵犯，同许多国家签订了和约，从而取得了立足之地，那么，在经济方面，我们直到现在才有可能获得一定数量的供给产业工人的粮食和供给工业的粮食——燃料，这样我们才能够开展社会主义建设。而这才是我们的主要任务，这才是问题的关键所在，这才是我们几次尝试要作的转变。我记得,1918年4月我在全俄中央执行委员会会议上曾经说过:我们的军事任务似乎就要结束了,我们不仅说服了俄国,不仅为劳动者从剥削者手里夺回了俄国,而且我们现在应当转到管理俄国以从事经济建设这一任务上来①。当时我们赢得的喘息时机,实际上是极其短暂的。从1918年夏季捷克斯洛伐克军的叛乱[29]开始的、强加给我们国家的战争是极其残酷的。但是,我们曾经几次作过这种尝试:1918年春季作过一次,今年春季在实践中提出劳动军问题的时候又以较大规模尝试过一次。现在我们必须再一次把这种转变提到首位,并尽一切力量加以实现。从国际观点,即从彻底战胜资本主义的观点来看,这是整个社会主义变革最重要的任务。为了彻底战胜资本主义,第一,必须战胜剥削者和捍卫住被剥削者的政权,这是用革命力量来推翻剥削者的任务;第二,担负起建设任务,就是建立新的经济关系,树立怎样做这件事情的榜样。实现社会主义变革任务的这两个方面是分不开的,这使我们的革命不同于以往的一切革命,以往的革命有破坏这一面就够了。

如果我们完不成第二个任务,那么在推翻剥削者和用武力来抗击国际帝国主义者的事业中的任何成就、任何胜利就会付诸东流,旧制度的复辟就会不可避免。对于这一点,从理论上来说是不可能有两种意见的。这个转变非常大又非常困难,要求采用另外的办法,要求重新配备和使用力量,要求把注意力和心思等等集中在另外一方面。现在我们应当采用组织、建设的办法,来代替用革命方式推翻剥削者和抗击暴力者的办法,我们应当向全世界显示

---

① 见本版全集第34卷第155页。——编者注

和证明，我们不仅是一种能够抵抗军事扼杀的力量，而且是一种能够树立榜样的力量。那些权威的社会主义著作家的一切著作，都指出了社会主义革命任务的这两个方面。这一任务的两个方面，既同外部世界，即那些还掌握在资本家手中的国家有关，也同本国非无产者群众有关。我们已使农民相信，无产阶级给他们的生活条件比资产阶级给他们的好，我们通过实践使他们相信了这一点。农民虽然也不满意布尔什维主义制度，但是他们通过实践把布尔什维主义制度同立宪会议制度、高尔察克制度以及其他各种制度作了比较以后，便得出结论：布尔什维克使他们的生活更有保障，并且在军事上保卫他们免受全世界帝国主义者暴力的蹂躏。可是，在资产阶级条件下，有一半农民按资产阶级方式生活，他们也不可能按其他方式生活。无产阶级现在应当完成第二个任务，向农民表明，无产阶级能够为农民提供另一种经济关系的榜样和实例，它要比每户农民各自经营优越。直到现在农民还是只相信这种旧方式，认为它是天经地义的。这是毫无疑问的。要农民听了我们的宣传就改变他们对切身问题即对经济的态度，那纯粹是一种空想。农民现在处于观望状态，他们已经由对我们采取敌视的中立态度转变到对我们采取同情的中立态度了。他们宁愿要我们而不愿要任何其他政府，因为他们看到，工人国家，无产阶级国家，无产阶级专政并不像有些人所描绘的那样，是横蛮的暴力和篡权，而是农民的保护者，它比高尔察克、邓尼金等匪帮好得多。

　　但是这还不够，我们没有做到我们应该做到的主要事情，那就是表明无产阶级一定能恢复大生产和公共经济，使农民转到更高的经济制度上去。我们既然已经证明，我们依靠革命组织能够抵抗加在被剥削者身上的暴力，那么我们在另一方面同样应当证明，我们能够树立这样的榜样,即不是用言语来说服,而是用事实向全体广大农民群众和小资产阶级分子以及其他国家表明,在战争中取得胜利的无产阶级能够建立起共产主义制度。这项任务具有全世界的意义。我们要获得具有国际意义的后一半胜利,就要完成后一半任务——经济建设方面的任务。在最近这次党代表会议上我们已经谈到这一点①,所以我觉得,在这里没有必要而且也不可能详细谈论各个方面,因为这项任务包括经济建设事业的一切。我已经扼要地指出了保证产业工人得到粮食和保证工业得到燃料的条件。这些条件是保证今后能够进行建设的基础。我应当补充一点,在即将召开的苏维埃代表大会上,正如你们从报纸公布的议程上已经看到的那样,这个经济建设问题,一定会是讨论的中心问题。整个议程都是为了使出席大会的全体代表和全国所有苏维埃工作者和党的工作者能把全部注意力集中在经济方面,集中在运输业、工业的恢复和"帮助农民经济"上,"帮助农民经济"是一种谨慎的说法,其实它的含义要广泛得多,就是要采取一整套办法和一系列周密的措施,把还会存在相当长时间的农民经济提高到应有的水平。

因此,在苏维埃代表大会上将要提出关于俄国电气化的报告,以便从技术方面把我们所谈过的那个恢复国民经济的统一经济计划确定下来。如果不把俄国转到比先前更高的另一种技术基础上,就根本谈不上恢复国民经济,谈不上共产主义。共产主义就是苏维埃政权加全国电气化,因为不实行电气化,要振兴工业是不可能的。这项任务是长期的,至少需要 10 年,并且还要吸收大批技

---

① 见本版全集第 39 卷第 302—303、314、321 页。——编者注

术人员参加这项工作,这些技术人员将向苏维埃代表大会提出详细阐述这一计划①的一系列文件。没有 10 年的工夫,我们就不能实现这个计划的基本部分,即建立能使全部工业转到现代基础上的 30 个最大的电站区。显然,全部工业不按照大机器生产的要求来改造,社会主义建设就只能是一大堆法令,只能是工人阶级同农民在政治上的一种联系,只能使农民挣脱高尔察克和邓尼金的统治,只能给世界各国提供一个榜样,然而却没有自己的基础。共产主义是以苏维埃政权这一能使被压迫群众完成各项事业的政治机构为前提的,否则共产主义便是不可想象的。我们在全世界都可以看到这方面的证明,因为苏维埃政权思想、苏维埃政权的纲领不容置辩地正在全世界取得胜利。这一点我们从反对第二国际的每次斗争的情景中都可以看到,因为第二国际是靠警察、神父和工人运动的资产阶级旧官吏来维持的。

这是政治方面的保证,但是经济方面,只有当建立在现代技术基础上的大工业机器的一切脉络真正布满无产阶级的俄国时,才算有了保证,而这就意味着电气化。要实行电气化就必须懂得使用电力的基本条件,同时也要懂得工业和农业。任务是巨大的,实现这一任务的时间也比我们抗击武装侵犯、捍卫自己生存所用的时间要长得多。但是,我们并不害怕这样长的时间,我们认为我们已取得了如下的成就:我们吸收了几十、几百个满脑子资产阶级观点的工程师和科学家,把改造整个经济,改造工业和农业的任务交给了他们,引起了他们的兴趣,获得了大量的材料,这些材料正在汇编成许多小册子。每个电气化地区都单独有一本小册子加以说

---

① 指《俄罗斯联邦电气化计划。俄罗斯国家电气化委员会向苏维埃第八次代表大会作的报告》。——编者注

明。北部地区的电气化计划已经拟妥,关心这个计划的人都可以得到它。在苏维埃代表大会开幕前,将出版一批有关每个地区的情况和载有整个改造计划的小册子。目的是要每个地方、每个党支部、每个苏维埃机关,都按照这个为期多年的统一计划有系统地进行工作,以便在不久的将来,我们能够具体地了解,我们前进了多少,我们是怎样前进的,而不是自己欺骗自己,掩盖我们面临的困难。现在摆在全国面前的任务,就是要坚决实现这项统一的经济计划。共产党应该根据这项任务来安排全部宣传鼓动工作和党的工作。关于这一点在理论上已经谈过不止一次,也没有人反对,但是,在这方面所做的未必达到应做的百分之一。

当然,我们已经习惯于政治战争时期,我们都在政治军事斗争中受过锻炼,因此,现在苏维埃政权已经做到的,还只是着手去完成这样一项任务,就是要立刻把列车转移到另一条轨道上去,而这列火车应当拉着千百万人前进。要让这列火车转上另一轨道,而有些地方连轨道都没有,那就需要集中精力,需要知识,需要极大的毅力。由于农民和工人群众的文化水平不能适应这一任务,同时我们几乎99%的人都已习惯于军事政治任务,我们这里官僚主义又复活了。这是大家公认的。苏维埃政权的任务就是要彻底消灭旧的机构(就像十月革命时那样),把权力交给苏维埃。但是,我们在自己的纲领中又承认,在我们这里官僚主义已经复活,真正的社会主义社会的经济基础还没有。许多工农没有文化,不识字,更谈不上较高的文化。这是因为无产阶级的一切优秀分子过去都忙于军事任务。无产阶级为完成军事任务作出了巨大的牺牲,同时不得不动员千百万农民去完成这项任务,而且必须吸收满脑子资产阶级观点的分子参加工作,因为再没有其他什么人了。因此,我们必须在党纲这样的文献中指出，官僚主义已经复活，应当不断地同它进行斗争①。显然，在苏维埃机关中复活了的官僚主义也不会不在党的组织中产生有害的影响，因为党的上层领导就是苏维埃机构的上层领导，这是一回事。这就是说，既然我们意识到了，旧官僚主义这种坏现象可能在党的机构中表现出来，那么在党的组织中有这种坏现象的各种迹象，就是很明显，很自然的了。因此，这个问题已经列入苏维埃代表大会的议程，还引起了这次代表会议很大的注意，这也是理所当然的，因为全党代表会议决议②所承认的党的病症，不仅莫斯科有，而且正在向全国各地蔓延。这是由于当时必须进行军事政治工作，我们必须把农民群众吸引过来，不可能提出更高的要求，提出一个较广泛的计划来提高农民经济的水平，提高农民群众的水平。

最后请允许我对在座的人都很熟悉的党内状况、党内斗争、反对派的出现稍微谈几句，这个问题在莫斯科市和莫斯科省的代表会议上花去了我们许多精力，也许比我们大家愿意花的多得多。国家在三年的斗争中从无产阶级和党那里吸取的力量已经消耗净尽，在这种情况下实现的大规模的转变，自然使我们难以完成无法确切估计的任务。我们应当认识到，我们还不知道坏现象蔓延的确切范围，我们还不能确定坏现象的相互关系和确切类别。党代表会议的主要使命在于提出问题，不掩饰现有的坏现象，促使党注意这种坏现象，并号召全体党员努力加以克服。当然，我认为，

---

① 见本版全集第36卷第408页。——编者注

② 指俄共(布)第九次全国代表会议决议《关于党的建设的当前任务》(参看《苏联共产党代表大会、代表会议和中央全会决议汇编》1964年人民出版社版第2分册第37—45页)。——编者注

不论在中央委员会看来还是在大多数党内同志看来,有一点是不容置疑的(据我所知,谁也没有放弃这种观点):在党内发生危机的时候,不仅在莫斯科而且在全国都有的反对派表现出许多完全健康的因素,这些因素在党自然成长的过程中和从一心注意政治军事任务转向建设和组织工作的时期,是必然的和不可避免的。在这个转变时期我们必须一下子掌握几十个官僚机关,而无产阶级和农民的大多数的文化水平却同任务的要求不相适应。要知道,工农检查院[30]多半还形同虚设,过去所以开动不起来,是因为优秀的工人都派到前线去了,而农民群众限于文化水平又不能大量提供工作人员。

反对派把尽快实现转变、尽量吸收年轻的新生力量、吸收地方工人担任比较重要的职务作为自己口号,他们的这种意图、倾向和纲领自然是非常健康的。不论在中央委员会中,还是在担任比较负责工作的同志中间,就他们所说的来看,大家在这一点上没有不同的意见。但是下面这一点也是毫无疑问的:除了在实现代表会议决议的基础上团结起来这种健康的因素以外,还有其他的一些因素。在一切会议上,包括在人数比这次代表会议更多的预备会议上,你们也不可能听到对这个问题有两种意见。我们的总纲领必须实现,这是毫无疑问的,现在我们面临着艰巨的工作。当然,就问题的本质来说,这里已经不能只限于推翻这种敌人,回击这种敌人。要知道,现在出现在我们面前的小资产阶级自发势力,人数有几千万,他们包围着我们,我们是少数,我们同小资产阶级群众比起来人数是很少的。我们应当教育这些群众,训练他们,可是,过去我们却必须把能训练他们的一切有组织的力量用于另一件非常有意义的、艰巨的和非常危险的事情,用于要作出重大牺牲的事情,即用于战争。这已经是战争的惯例,是摆脱不了的。

正是由于这种情况,我们必须心中有数:为了把经济建设置于比较正确的基础上,为了使工农检查院不仅在法令意义上存在,而且能够真正吸收工人群众参加,我们的党是否已经充分健全起来,官僚主义是否已经被彻底战胜。这是一项艰巨的工作,拿党的任务来说,我们的主要任务应当是尽快地粉碎所谓的反对派路线。至于各种观点、对正在发生的事情的各种看法以及各种纲领,哪怕是涉及今后行动的纲领,中央在有不同观点的政治局会议和中央全会上都必须采取极端审慎的态度。全党同心协力的工作将能保证这项任务的实现。我们认为这一点是非常重要的。现在摆在我们面前的经济工作,比军事工作更加困难,军事工作我们是依靠农民的热情完成的,因为,毫无疑问,农民宁要工人的国家而不愿要高尔察克的国家。现在的情况就完全不同了,因为现在需要把农民群众引导到他们十分生疏的建设事业上去,对这种事业他们既不理解,也不相信。这项任务要求更加持之以恒,更加坚韧不拔,要有更强的组织能力,而在组织能力方面,俄国人大概是最差的。这是我们最薄弱的方面;因此,如果有什么东西妨碍这项工作,我们就要努力尽快地消除它。毫无疑问,反映了这一转变的特点的反对派,本身具有某种健康的因素,但是当他们变成为反对而反对的时候,那就应当坚决地结束这种状况。我们在争吵、互骂和斗气上已经浪费了许多时间,因此应当对自己说"够了!"并且无论在什么情况下都要努力把工作做好。对那些不满现状、以反对派自居的人,最好作这样那样的让步,宁多勿少,以便能够同心协力地工作,因为在我们被国内外敌人包围的情况下,不这样做就不能生存。

毫无疑问,旧的、小资产阶级的自发势力,小业主的数量比我们大得多。它们比根据工人需要而联合起来的社会主义经济生产更强大。凡是同农村接触过并且见过城市里的投机倒把的人都十分了解，这个以小经济建设为基础的社会阶层人数比我们多，因此，这里绝对需要同心协力地工作，我们无论如何都要做到这一点。当我看到莫斯科组织内的争论和斗争，看到会上发生了那么多辩论、争吵、攻击时，我得出了一个结论，就是要立刻结束这种现象，大家都应当以代表会议的主张为基础团结起来。必须指出，我们认识到这一点是付出了很大代价的。当时看到下面这些情况，令人感到痛心，比如说，在党的会议上，时间都花在争论某人是否按时到会、某人表现怎么样等等问题上。难道大家开会就是为了这些事情吗？为了这些事情还成立了一个委员会，来讨论名单上所提出的人的表现如何如何。在这里就牵涉到会议的内容问题。拿布勃诺夫这位有经验的党员同志来说吧。我听了他就代表会议提出的主张所作的发言。这个主张归结为要求更多的批评自由。但是要知道，代表会议是在 9 月召开的，而现在已经是 11 月了。批评自由是个好东西，但既然我们大家都已经赞成批评自由，那么不妨来研究一下批评内容的问题。孟什维克、社会革命党人和其他一些人长期以来就用批评自由来吓唬我们，但是我们并没有被吓倒。如果批评自由是指维护资本主义的自由，那我们就要取消这种自由。我们已经前进了。批评自由已经宣布过，现在需要考虑的是批评内容的问题。

在这里应当承认一个令人痛心的情况：批评没有内容。走到区里一看，你就会想，批评究竟有什么内容。在党组织的帮助下，用旧的官僚主义的办法是扫除不了文盲的。除了吸收工人和农民参加，还有什么别的办法可以克服官僚主义呢？在区的会议上批评涉及的都是一些小事,而关于工农检查院,连一句话也听不到。我也没有听到有哪个区吸收工人和农民来做这件事情。真正的建设工作就是要运用批评,就是要注意批评的内容。而在莫斯科,每一幢不大的房屋的管理组织、每个大工厂都应当有自己的经验。如果我们要同官僚主义作斗争,那我们就应当吸收基层群众来做这项工作。我们应当知道:某个工厂有些什么经验,它们为驱逐某些官僚主义者做了些什么,某个街区的管理组织和消费合作社有什么经验。整个经济管理机器都要以最大的速度转动起来,但是,关于这点一句话都听不到,而互骂、斗气的事情却多得很。当然,这样巨大的变革中不可能不掺杂一些垃圾,不可能不出现一些肮脏的泡沫。我们现在不仅应当提出批评自由的问题,而且应当提出批评内容的问题。现在应该指出:我们应当根据自己的经验作一系列让步,我们应当向自己说,今后我们决不容许再有丝毫斗气的倾向。我们应当同过去诀别,着手进行真正的经济建设,改造党的全部工作,使党能够领导苏维埃的经济建设,取得实际的成就,并且多用行动少用言语来进行宣传。要知道,现在用言语既不能说服工人,也不能说服农民,只有用榜样才能说服他们。必须使他们相信:没有资本家他们也能改善自己的经济;为了消除冲突,他们既不需要警察的棍子,也不需要资本家制造的饥饿,而是需要党员的领导。我们应当抱有这样的观点,这样在今后的经济建设中我们就会取得成就,使我们在国际方面取得彻底的胜利。

载于1920年12月俄共(布)莫斯科委员会出版的《党的当前工作中的迫切问题》一书

译自《列宁全集》俄文第5版第42卷第17—38页

2

关于选举莫斯科委员会的讲话

　　同志们,我参加过的选举是很多的,也许是太多了。我既参加过党内各集团、各流派乃至各派别组织斗争后所进行的选举,也参加过在互相监督造成的最激烈的斗争形式下的选举,这种互相监督甚至弄到这种地步,在任何一个党支部里,如果不是两派代表都带着记事本到场,没有算出他们代表的人数,任何一次投票都不能生效。但是,在选举彼得格勒委员会、莫斯科委员会或中央委员会这些领导机关时,却从来没有实行过比例制原则。如果在选举时有两个集团、两个流派或派别组织进行斗争,那么,为了召开作为决策机关的党代表会议或党代表大会,实行代表比例制是必要的。但是,建立一个进行实际工作的执行机关,从来没有采用过代表比例制,而且这样做也不见得正确。我觉得,前面那个发言人自己在这一方面就违背了比例制原则,他和伊格纳托夫一起声明,说他们提出的名单的优点在于能使 11 个人获得通过。我没有可能从 38 个人当中审查这 11 个人,我认为,让步应当比与会的多数或自称拥护莫斯科委员会的那个集团所愿意作的更多一些。持这种看法的理由我已经陈述过了,但是主要的应当是保证现在能把人挑选好。名单上列的大多数同志我都不熟悉,但是,你们这些在会上有表决权的人,当然熟悉这些同志,所以我想,你们一定会设法挑选你们自己熟悉的同志来组织一个能够同心协力地进行工作的集体，使任何一种健康的倾向，代表党内派别的倾向，无论是已经形成的和没有形成的或者在某些方面还没有固定的，在这样的集体中都能反映出来，然而，整个来说这是一个掌握实际政策的集体，它不是按比例来代表参加这次会议的各种派别，而应该进行战斗的工作，即根据代表会议决议的精神同我们的内外敌人进行斗争，并且要杜绝不融洽和不协调的现象。因此，具有决定意义的一点，应该是你们这些会议代表亲自了解每个候选人并选择一个能够保证同心协力地进行工作的集体，而不是在选举执行机关时采取比例制原则，这种原则从来没有采用过，现在采用也未必是正确的。

载于 1952 年《列宁全集》俄文
第 4 版第 31 卷

译自《列宁全集》俄文第 5 版
第 42 卷第 39—40 页

在莫斯科印刷业工厂委员会
代表会议上的讲话[31]

（1920 年 11 月 25 日）

简 要 报 道

（列宁同志就第一项议程——共和国的国内外形势和工人阶级的当前任务问题作了内容丰富的报告，受到全场的热烈欢迎。）列宁同志指出，世界帝国主义扼杀无产阶级共和国的意图未能实现的原因，主要是资本主义制度的瓦解和各国工人革命运动的发展。我们红军的语言是最能使强盗和掠夺者信服和理解的语言，因此他们不得不同我们进行贸易谈判。但是，如果我们不能完成振兴工业和改善国民经济这一更加困难、更加巨大的任务，那红军的胜利就不会是彻底的和巩固的。

列宁同志谈到国家复兴所不可缺少的电气化的问题。报告人在谈了关于吸收外国资本和租让的问题以后，又谈到印刷业在整个国民经济中的作用。最后他满怀信心地说，俄国的工人和农民一定会在和平战线上树立光辉的胜利榜样，正像他们在军事战线上屡次做过的那样。（掌声经久不息）

载于 1920 年 11 月 30 日《真理报》第 269 号

译自《列宁全集》俄文第 5 版第 42 卷第 41—42 页

在俄共(布)莫斯科组织
支部书记会议上的讲话³²

(1920年11月26日)

报　道

在第一张字条里有一位同志问：所有的机关都要搬到彼得格勒去的消息是否确实。这是不确实的。产生这种传闻的原因是：莫斯科苏维埃鉴于房荒，曾经想把一些次要的机关由莫斯科搬到彼得格勒去。其实，彼得格勒顶多只能接受1万苏维埃职员，而他们在莫斯科却有20万。为了从各方面弄清这个问题，曾经成立了一个委员会，这个委员会正在进行工作，委员会的决定将由大人民委员会³³通过。由此可见，这种传闻在某些方面是不确实的。

在第二张和第三张字条里都谈到租让问题。现在我来谈谈这个问题吧。

美国社会党人斯帕戈同我国的阿列克辛斯基一样，疯狂地仇视布尔什维克，他在一本书里把租让说成是共产主义破产的证明。我国的孟什维克也是这样说的。他们已经提出挑战，我们准备应战。我们要实事求是地看问题。是谁遭到破产，是我们还是欧洲资产阶级？三年来欧洲资产阶级一直在诽谤我们，说我们是篡夺者，是强盗，用尽一切办法想打败我们，而现在他们不得不承认并没有打败我们，这对我们来说已经是一个胜利了。孟什维克说我们想单独地战胜世界资产阶级。然而我们一贯说,我们只是世界革命链条上的一环,从来没有给自己提出只靠自己的力量去夺取胜利的任务。世界革命还没有到来,但是我们也没有被打败。军国主义正在瓦解,而我们却日益巩固,遭到破产的是他们而不是我们。

现在他们想用合同来使我们俯首听命。在革命还没有到来以前,资产阶级的资本对我们是有利的。当我们国家在经济上还极其薄弱的时候,怎样才能加速经济的发展呢?那就是要利用资产阶级的资本。目前我们有两种租让合同草案。一种是堪察加为期10年的租让合同草案。这里来过一位美国亿万富翁,他十分露骨地说出了订合同的动机,那就是万一发生对日战争,美国想在亚洲有一个基地。这位亿万富翁说,如果我们把堪察加卖给美国,那么他可以向我们保证,美国民众的热情很大,一定会使美国政府立刻承认俄国的苏维埃政权;如果我们只能出租,那么热情就要小些。现在他已经回美国去报告,说苏维埃俄国完全不是他们所想象的那样。

我们过去所以打败世界资产阶级,是因为世界资产阶级不能团结起来。无论布列斯特条约还是凡尔赛条约[34]都使他们分崩离析。现在美国和日本之间疯狂的敌对情绪日益增长。我们正利用这一点,提议出租堪察加,而不是把它白白送掉,因为日本已经用武力霸占了远东的一大片土地[35]。所以,不是去冒险,而是出租堪察加,从那里得到一部分产品,对我们有利得多,何况事实上我们反正无法支配和利用堪察加。合同还没有签订,而在日本人们谈起这件事就怒不可遏了。我们利用这个合同更加加深了我们敌人之间的分歧。

第二种租让就是我们出租阿尔汉格尔斯克省的数百万俄亩森

林,这些森林即使我们尽一切努力也无法利用。划成棋盘格式的布局,使租让地段和我们能够开采的区域相间,这样,我们的工人就可以向他们学习技术。这一切对我们都是十分有利的。

现在来谈谈这个问题的最后一个方面。

租让并不是和平,它也是战争,不过是用另外一种、对我们比较有利的形式进行的战争。从前战争是靠坦克、加农炮等等进行的,而这些东西妨碍了我们的工作,现在这场战争将在经济战线上进行。也许他们将竭力恢复贸易自由,但是他们没有我们就不行。其次他们必须服从我们的一切法律,我们的工人可以向他们学习,而一旦发生战争(我们应当时刻准备同资产阶级作战),根据战争法规全部财产都归我们所有。我再重说一遍,租让是战争在经济方面的继续,不过在这场战争中我们已经不是在破坏而是在发展我们的生产力。毫无疑问,他们会设法欺骗我们,并且逃避我们的法律,但是我们有全俄肃反委员会、莫斯科肃反委员会、省肃反委员会等等相应的机关来对付这种情况。我们相信,我们一定会取得胜利。

一年半以前,我们希望签订和约[36],根据那个和约很大一部分土地仍旧要由邓尼金和高尔察克统治。他们拒绝了那个和约,结果丧失了一切。我们正确地确定了走向国际革命的道路,但是这条道路并不是笔直的,而是曲折的。我们已经把资产阶级削弱了,它无法用武力来战胜我们。从前他们禁止我们进行共产主义宣传,现在这已经完全失败了,再提出这样的要求,那是很可笑的。现在他们内部正在瓦解,我们会因此得到巩固。我们并不幻想光凭武力来打败世界资产阶级,而孟什维克硬说我们要这么干,那是毫无根据的。

　　我没有听加米涅夫同志在这个会上介绍代表会议情况的报告,但是我可以说,代表会议给我们上了一课,因为,尽管有过种种斗争,尽管旧事重提,但是必须彻底结束一切;必须记住,最主要的任务就是团结一切力量。我们就要转向经济建设的任务。在打了六年仗之后,这种转变是困难的,必须团结一致,在必须切实执行的全俄代表会议决议的基础上前进。反对官僚主义的斗争、经济工作和行政管理工作,都要求我们团结一致。我们需要用榜样来进行宣传,因为必须拿出榜样来给非党群众看。实现这些决议是困难的,应当集中一切力量,转入实际工作,这就是我要号召你们做的事情。

载于 1920 年 11 月 30 日《真理报》
第 269 号

译自《列宁全集》俄文第 5 版
第 42 卷第 43—46 页

俄共（布）中央政治局关于
支援阿塞拜疆的决定草案[37]

（1920 年 11 月 27 日）

委托粮食人民委员部完成一项极重要的政治和经济任务：务必准时按粮食定额的 100% 供应巴库。

放宽对阿塞拜疆的粮食政策，就是说：对穆甘①以外的阿塞拜疆农民，完全不征粮，而对穆甘的农民，征粮也必须极其慎重。

立即责成弗鲁姆金必须绝对做到：每月两次向中央委员会和国防委员会[38]准确报告这些指示的实际执行情况。

对格鲁吉亚、亚美尼亚、土耳其和波斯采取最大限度的和解政策，即尽量避免战争的政策。

不要提出向格鲁吉亚、亚美尼亚或者波斯进军的任务。

把保卫阿塞拜疆和牢固控制整个里海定为主要任务。

为此，要全力以赴尽快将至少 7 个师调到阿塞拜疆。

采取一切措施在阿塞拜疆加强宣传鼓动工作，加紧发展贫苦农民委员会[39]和开展苏维埃建设工作；为此，委托斯大林同志通过组织局从各方面物色尽量多的穆斯林共产党员到阿塞拜疆去工作。

---

① 穆甘即穆甘平原，阿塞拜疆境内部分在库拉河与阿拉斯河汇合处以南。——编者注

委托交通人民委员部和最高转运委员会设法每天至少运送 8 列车部队到巴库,同时不削减对俄罗斯的粮食供应。

载于 1959 年《列宁文集》俄文版
第 36 卷

译自《列宁全集》俄文第 5 版
第 42 卷第 47 页

对全俄苏维埃第八次代表大会上关于改进苏维埃机关工作和同官僚主义作斗争的报告提纲的意见[40]

(1920 年 11 月 27 日)

提纲要作相当彻底的修改,各点都要修改,大大删减极不明确的、模棱两可的和不着边际的许诺。

重点放在那些具体的、实际的、确实可望在短期内实现的建议上。

在一周内拟出苏维埃第八次代表大会决议草案作为对提纲的补充。

载于 1959 年《列宁文集》俄文版
第 36 卷

译自《列宁全集》俄文第 5 版
第 54 卷第 434 页

在莫斯科河南岸区
全体共产党员大会上的报告

(1920 年 11 月 29 日)

报　道

列宁同志相当详细地谈了同官僚主义作斗争的问题。我们的所谓"反对派"把这个问题几乎当做他们同省代表会议多数人有意见分歧的原则问题提了出来。列宁同志认为"反对派"提出这个问题本身是正常的,但同时他又尖锐地批评了反对派对待这个问题的轻率态度。列宁同志指出了官僚主义在我们苏维埃国家复活的原因和现在官僚主义得以滋长的根源,断然地告诫同志们不要以为靠纸上的决议和没有内容的批评就可以克服这种坏现象。要知道,想在这个问题上捞到资本的孟什维克或社会革命党人,责备我们不能克服我们苏维埃机关中的官僚主义。以前这班先生说我们保卫不了自己的苏维埃国家,而现在他们又说:"保卫是保卫住了,可是官僚主义在苏维埃机关中仍然存在,尽管列宁在某一本书上说过,在苏维埃政权下官僚主义将被消灭。"

其实完全不是这样。

首先应当改善一般生活条件,使工人不必拿着口袋四处奔走找粮食,使几十万、几百万劳动者通过工农检查院受到锻炼,学会管理国家(要知道,谁也没有教过我们这一点),使他们能够代替几十万资产阶级官僚。

顺便谈一谈工农检查院。这个机关成立将近一年了,但是它作为培养管理国家能力的学校,目前做得还很少。在这方面,那些真正想加速反官僚主义斗争的同志不妨下一番功夫,吸取一些有益的教训。

列宁同志指出,同官僚主义作斗争的问题,在莫斯科显得特别尖锐,因为同志们在这里不仅要同莫斯科的官僚打交道,并且由于这里有中央机关,还要同管全国的官僚打交道。莫斯科有 20 万苏维埃职员,其中只有 1 万人在不久的将来可以随同所在机关搬到彼得格勒去。

苏维埃机关的官僚主义不能不渗透到党的机关里来,因为党和苏维埃机关错综交织,联系密切。反对这种坏现象的斗争现在可以而且应当提到日程上来,但是,不应当为批评而批评,而要实事求是地指出这一斗争的方法,最好就在提出批评的同志们工作的那些机关展开真正的斗争,并且报道这一斗争的成果和教训。

————

总 结 发 言

列宁同志在总结发言中相当尖锐地向"反对者"指出,不拿出一件事实而毫无根据地批评中央委员会,不分青红皂白地进行非难,糟蹋专家名流的名声,不弄清这些专家究竟是什么样的人就把他们统统叫做"资产阶级"专家,这样做简直不像共产党人。列宁同志举出了许多工人的姓名,他们在同专家一起工作时表现得很好,能恰当地处理同专家的关系,并从专家那里获得所需要的知识。这些工人不埋怨专家,只有那些在工作中不称职的人才会发牢骚。就拿施略普尼柯夫同志来说吧(他是反对者之一,自称是"工人反对派"[41]的一分子),正像列宁同志所说的,他竭力想"制造意见分歧",他反对列宁同志在报告中提出的我们欠了农民的债的说法,并且说,在这一点上"反对派同列宁同志发生了分歧"。还是这位施略普尼柯夫竭力装做看不见自己的工作做得很糟糕,而把派他去阿尔汉格尔斯克这件事情硬说成是中央委员会对他的流放。或者拿布勃诺夫同志来说吧,他大谈同官僚主义作斗争,但是丝毫没有谈到他在自己的纺织企业总管理局里是怎样同官僚主义作斗争的,而纺织企业总管理局的官僚主义并不比其他机关少,也许还要多一些。弗拉基米尔·伊里奇告诫莫斯科河南岸区的同志们说,因此,当你们听到这种毫无内容的、为批评而批评的批评时,就应当提高警惕,寻思寻思,是不是进行批评的同志的自尊心被什么东西伤害了,是不是他个人被什么事情得罪了或者激怒了,以致使他走到了毫无道理的反对立场上,走到了为反对而反对的立场上。

最后,列宁同志回答了递上来的字条,详细地谈了有关租让的问题。

载于1920年12月4日《真理报》
第273号

译自《列宁全集》俄文第5版
第42卷第48—50页

政治局决定草案

（关于契切林提出的暂时召回
克拉辛的建议和征询克拉辛的意见）

（1920 年 11 月 29 日）

关于外交人民委员部提出的暂时从英国召回克拉辛代表团[42]，以便对大不列颠政府施加压力的建议，政治局不立即作出决定，请克拉辛从速提出自己的意见。这并不是要与英国决裂，而仅仅是施加压力，因为事情很明显，丘吉尔、寇松及其同伙是在玩弄拖延和欺骗手法，所以暂时撤离很可能有利，能加强行动委员会[43]的鼓动工作。

译自《列宁全集》俄文第 5 版
第 54 卷第 435 页

人民委员会关于直接税的决定草案[44]

(1920 年 11 月 30 日)

第一条　(1)委托专门委员会在一星期内补充研究以下问题:

第一,能否取消**地方**货币税和搜集彼得格勒省、莫斯科省以及(尽可能)其他各省的确切数字;

第二,取消货币税和把余粮收集制改为实物税这两项工作是否必须同时准备同时实施。

第二条　(2)委托内务人民委员部向全俄中央执行委员会主席团提出请求:要求各地方执行委员会就第一条中涉及的所有问题在苏维埃代表大会召开之前提供各种情况和材料。

第三条　(3)委托财政人民委员部根据专门委员会的决定,就第一条中所指出的那些问题向人民委员会提出一项人民委员会的决定草案。

载于 1945 年《列宁文集》俄文版第 35 卷

译自《列宁全集》俄文第 5 版第 42 卷第 51 页

俄共（布）中央关于教育人民委员部设立人民委员助理的决定草案[45]

（1920 年 11 月）

暂缓教育人民委员部的全面改组，以便对问题作更仔细的讨论。

立即采取下列措施：

（1）设立**人民委员助理**一职，责成他全面负责整个行政管理工作，并在这方面领导人民委员部下属各部、司。

（2）任命利特肯斯同志担任此职[46]，吸收他参加教育人民委员部部务委员会并责成他继续担任政治教育总委员会的工作，用于这一工作的时间不得少于一半；同时立即责成政治教育总委员会挑选接替利特肯斯同志在该委员会工作的人，并让他开始工作。

（3）责成利特肯斯同志拟定一项关于人民委员助理职权的明确的工作细则草案。

载于 1945 年《列宁文集》俄文版第 35 卷

译自《列宁全集》俄文第 5 版第 42 卷第 376 页

人民委员会经济委员会的
决定草案⁴⁷

（1920 年 12 月 1 日）

鉴于俄罗斯联邦国内外形势有所好转，人民委员会认为，必须把劳动国防委员会的工作重心比过去更多地转移到经济建设的任务上来，

现提请全俄中央执行委员会正式批准下列措施：

（一）1. 增补农业人民委员参加劳动国防委员会。

被┃   2. 委托劳动国防委员会经过讨论把委员会的会议分成
代┃   一般的会议和专门的经济会议。^①
替┃（三）3. 扩大劳动国防委员会的主管范围，包括：

    （1）(a) 统一经济系统的各人民委员部的一切工作；

    （2）(b) 批准并实施俄罗斯联邦统一的经济计划；

    （3）(c) 根据这个计划指导经济系统的各人民委员部的工
       作，必要时可对例外情况作出规定。

委托分委员会更详细地研究它的草案（最后定稿）第六条，并制定出一个准确的表格，说明统一经济系统各人民委员部工作的现有各委员会同第六条规定的那些"专门委员会"的相互关

---

① 　手稿上第 2 点被列宁删去。——俄文版编者注

系和联系。

载于 1959 年《列宁文集》俄文版
第 36 卷

译自《列宁全集》俄文第 5 版
第 42 卷第 52—53 页

给亚美尼亚
革命军事委员会主席的电报[48]

(1920 年 12 月 2 日)

埃里温　亚美尼亚革命
军事委员会主席卡西扬同志

谨通过您向摆脱了帝国主义压迫的劳动人民的苏维埃亚美尼亚表示祝贺。我相信您一定会全力促成亚美尼亚、土耳其、阿塞拜疆劳动者之间兄弟般的团结。

人民委员会主席　**列宁**

1920 年 12 月 2 日于莫斯科

载于 1920 年 12 月 4 日《真理报》
第 273 号

译自《列宁全集》俄文第 5 版
第 42 卷第 54 页

俄共（布）中央政治局关于
对英通商条约的决定草案⁴⁹

（1920 年 12 月 4 日）

政治局赞同契切林同志就对英通商条约问题提出的建议，并特别强调指出：

未经中央特地明确表示同意，克拉辛谈及宣传和债务问题时绝对不许超出 6 月 29 日致英国照会的内容和提法⁵⁰；

所有细节均交有关和约的专门谈判解决。

说明理由时可举出他们对弗兰格尔的援助。①

载于 1959 年《列宁文集》俄文版
第 36 卷

译自《列宁全集》俄文第 5 版
第 54 卷第 435 页

---

① 手稿上最后一句已被勾去。——俄文版编者注

在俄共(布)莫斯科组织
积极分子大会上关于租让的报告

(1920 年 12 月 6 日)

1

报　　告

同志们,我看到租让问题引起很大的注意,感到十分高兴,虽然,说实话,也有点惊异。到处都在大声疾呼,而且这些呼声主要来自基层。人们在问:我们把本国的剥削者赶走了,又要把外国的剥削者请进来,怎么能这样呢?

为什么这些呼声使我高兴,这是可以理解的。既然基层发出了担心旧日的资本家卷土重来的呼声,既然这种呼声是因为像租让法令这种极其次要的法令引起的,那显然说明,人们还是极其强烈地意识到资本主义有多么危险,低估对资本主义进行的斗争有多么危险。这当然很好,尤其好的是,正如我刚才已经说过的,这些担心来自基层。至于说到法令,主席同志已经指出,这个法令没有对这些问题作出明确的解释。确实如此,但是问题是,作这样的解释并不是法令的任务。法令的任务是吸引外国资本家先生。要吸引他们,显然就不能像在党的会议上那样说话。而《真理报》恰恰把不该登的登了出来。在党的会议上我不能以人民委员会主席的身份出现，也不能像对外国资本家那样说话。在党的会议上讲的，不应该让外国资本家知道。《真理报》不仅面向党员，而且面向国外。我非常感谢斯捷潘诺夫同志对我的发言作了澄清[51]。为了今后不再让我陷于这样的境地，我请求不要发表党的会议上的讲话，如果要发表，就必须经过再三检查，而且要由确实懂得向外国资本家该说什么不该说什么的人审定。我在讲了这几句开场白之后，现在来谈实质问题，也就是租让问题。我先谈谈政治上的一些考虑。

租让问题上的基本原则，从政治上来考虑（对这个问题有政治上的考虑，也有经济上的考虑）就是：应该利用两个帝国主义之间、两个资本主义国家集团之间的对立和矛盾，使他们互相争斗。这个原则我们不仅理论上已经懂得了，而且实际上已经在运用；对我们来说，社会主义在全世界最终胜利以前很长的时期内，这将是一个基本原则。只要我们还没有夺得全世界，只要从经济和军事的角度来看我们仍然比资本主义世界弱，就应该坚持这样一个原则：应该善于利用帝国主义者之间的矛盾和对立。如果我们不坚持这个原则，我们大家早就被绞死了，这正合资本家的心意。这方面的基本经验，我们在缔结布列斯特条约时就有了。不能由此得出结论说，条约只能像布列斯特和约或凡尔赛和约那样。这是不正确的。也可能有对我们有利的第三种条约。

布列斯特和约的重大意义，在于我们能够在困难重重的情况下第一次在很大的范围里利用了帝国主义者之间的矛盾，从而归根到底有利于社会主义。在缔结布列斯特和约时，有两个特别强大的帝国主义强盗集团，即德奥集团和英美法集团。它们在进行一场要决定近期内世界命运的激烈的斗争。当时,我们在军事方面等于零,在经济方面一无所有,并且在急转直下地走向崩溃的深渊,可是我们支持下来了,这种奇迹所以发生,完全是因为我们正确地利用了德美帝国主义之间的争斗。我们向德帝国主义作了极大的让步,我们向一个帝国主义作了让步,一下子就避开了两个帝国主义的夹攻。德国无论在经济上或政治上都不能扼杀苏维埃俄国,它顾不上这一点。我们把乌克兰割给它,那里的粮食和煤炭要多少可以拿多少,当然,这也要有本领、有力量去拿才行。英法美帝国主义者无法进攻我们,因为我们一开始就向他们建议媾和。现在美国出版了罗宾斯的一本厚厚的书,他说:我同列宁和托洛茨基进行了谈判,大家同意缔结和约。虽然他们曾帮助捷克斯洛伐克军,把捷克斯洛伐克军卷入武装干涉,他们却忙于自己的战争,无法进行干预。

结果可能使人觉得,似乎第一个社会主义共和国同德帝国主义结成了一种反对另一帝国主义的类似联盟的东西。但是,我们并没有同他们结成什么联盟,我们在任何地方都没有越轨,没有破坏或损害社会主义政权,我们倒是利用了两个帝国主义之间的矛盾,结果是它们两败俱伤。德国除了拿走几百万普特粮食,再没有从布列斯特和约得到任何东西,却把布尔什维主义催发的瓦解带到德国去了。我们则赢得了时间,在此期间开始建立红军。甚至乌克兰所受的巨大创伤已证明是可以治好的,虽然为此历尽了艰辛。我们的敌人曾指望俄国的苏维埃政权迅速崩溃,但是这并没有发生。我们正好利用了历史给予我们的喘息时机来巩固自己,使敌人不可能用武力征服我们。我们赢得了速度,我们赢得了一些时间,不过我们为此交出了很多空间。记得当时有人大谈哲理,说要赢得时间必须交出空间。我们在实践上和政治上所采取的行动，正好符合哲学家的时空理论；我们交出了许多空间，但是赢得了使自己得以巩固的时间。在这以后，一切帝国主义者再想对我们发动大规模的战争，那已经不可能了，因为他们既没有财力又没有人力来发动大规模的战争。当时我们并没有牺牲根本的利益，我们牺牲了次要的利益而保存了根本的利益。

在这里顺便谈一下机会主义的问题。机会主义就是贪图暂时的局部的好处而牺牲根本的利益。如果要在理论上给机会主义下个定义，这就是它的中心内容。这一点很多人都弄不清楚。我们正是在布列斯特和约中牺牲了从社会主义观点看来是俄国的次要利益（这里说的是从爱国主义意义上所理解的利益）；我们承担了巨大的牺牲，但这毕竟是次要的牺牲。德国人恨透了英国。他们也仇恨布尔什维克，但是我们招引了他们一下，他们就进来了。他们一直要人相信，他们不会像拿破仑那样长驱直入，确实，他们没有到达莫斯科，但是到了乌克兰，并且在那里遭到了失败。他们以为从拿破仑身上学到了很多东西，事实上却不是那样。而我们则赢得了很多好处。

布列斯特和约这个例子教会了我们许多东西。现在我们处在两个敌人之间。如果不能同时战胜这两个敌人，那就应该想办法使他们互相打起来，因为两贼相争，好人总会得利，但是，一旦我们强大到足以打倒整个资本主义，我们立刻就要把它推翻。我们的力量正在增长，并且增长得很快。如果说布列斯特和约是我们永远不会忘记的一课，从中得出的结论要比任何宣传说教都更为丰富，那么现在我们得到的好处是已经站稳了脚跟。我们受帝国主义国家的包围，它们恨透了布尔什维克，它们耗费了大量的金钱，动用了思想界和出版界的许多力量,等等。虽然我们在军事和经济方面力量极弱,但是它们三年来在军事方面也没有能够战胜我们。我们的力量赶不上联合起来的帝国主义国家的力量的百分之一,但是它们却没有能扼杀我们。它们没有能扼杀我们,是因为它们的士兵不听指挥,它们的工人和农民已被战争弄得疲惫不堪,不愿再同苏维埃共和国打仗。现在的情况就是这样,一切都应当从这一情况出发。几年之后情况如何,现在还不知道,因为西方列强正在一年年地恢复战争中所伤的元气。

从第三国际第二次代表大会以来,我们在帝国主义国家中站稳了脚跟,不仅在思想上而且在组织上都站住了。现在,各国都有这样的一些核心,它们正在进行独立工作,而且将要进行下去。这件事情已经办到了。但是,资本主义国家革命发展的速度比我们慢得多。显然,当各国人民得到和平之后,革命运动必然会缓慢下来。因此我们不能根据对未来的猜测把希望寄托在这个速度会变快上面。我们的任务是决定我们现在怎么办。人们生活在国家里,而每个国家又生存在由许多国家构成的体系中,这些国家彼此都处于一定政治均势的体系中。

如果注意到世界各地大多数盛产原料的地方都被资本家买下了,即使没有被买下,也在政治上被侵占了;既然这种均势存在于资本主义的基础之上,那就应该善于估计到这一点,善于利用这一点。我们不能对目前的协约国进行战争。我们的鼓动工作一直都做得很出色,我们是相信这一点的。在政治上我们应该利用敌人之间的分歧,并且只利用由最深刻的经济原因引起的深刻分歧。如果我们企图利用微小的偶然的分歧,我们就会成为渺小的政客和一钱不值的外交家。而这样做是干不成大事的,玩弄这套把戏的外交家大有人在,他们混上几个月,飞黄腾达于一时,然后就销声匿迹了。

在当前的资本主义世界中有没有我们应该利用的根本性的对立呢? 有三种根本性的对立,这是我想指出来的。第一种对立,也是同我们最有关系的对立,就是日本和美国的关系。它们之间正在酝酿战争。虽然太平洋两岸相隔 3 000 俄里,但是它们不能和睦相处。这种角逐无疑是由它们的资本主义关系产生的。现在有许多书刊谈到未来的日美战争问题。战争正在酝酿中,战争不可避免,这是毫无疑问的。和平主义者竭力回避这个问题,用泛泛的议论来掩盖这个问题,但是每一个学过经济关系史和外交史的人,都丝毫不会怀疑这场战争在经济上已经成熟,在政治上正在酝酿中。读了任何一本论述这个问题的书,都不会不看到战争已经成熟。世界被瓜分完了。日本侵占了大量的殖民地。日本有 5 000 万人口,它在经济上比较弱。美国有 11 000 万人口,虽然它比日本富裕很多倍,但是它没有任何殖民地。日本侵占了拥有 4 亿人口和世界上煤的蕴藏量最大的中国。怎么保住这块地盘呢? 如果认为比较强大的资本主义不会抢走比较弱小的资本主义所掠夺到的一切东西,这种想法是很可笑的。在这种情况下难道美国人能够漠然置之吗? 难道大资本家能同小资本家相处在一起而不会去抢夺吗? 那他们还有什么用处呢? 在这种情况下,我们共产党人能够漠然置之,只是说"我们将在这些国家里宣传共产主义"吗? 这样说是对的,但是这还不够。共产党的政策的实际任务是利用这种仇视,使他们互相争吵。这就产生了一个新的情况。拿日本和美国这两个帝国主义国家来说,它们想打仗,它们将为占据世界首位,为取得掠夺的权利而打仗。日本将为继续掠夺朝鲜而打仗,它把一切最新的技术发明和纯粹亚洲式的酷刑结合在一起,空前残暴地对朝鲜进行掠夺。不久以前我们收到了一份朝鲜报纸,上面谈到日本人在朝鲜的所作所为。日本人在那里把沙皇政府的一切办法,把一切最新的技术发明,同纯粹亚洲式的酷刑和空前的残暴行为结合了起来。但是,美国人也想夺取朝鲜这块肥肉。在这样的战争中,保卫祖国当然是极大的犯罪,是对社会主义的背叛。支持一个国家去反对另一个国家,那当然是一种违反共产主义的罪行,但是,我们共产党人应该利用一个国家去反对另外一个国家。这样做,我们是不是犯了违反共产主义的罪行呢?不是,因为我们是作为一个社会主义国家采取这种做法的,这个国家正在进行共产主义宣传,而且不得不利用形势给予它的每一小时尽快巩固起来。我们已经开始巩固了,但是巩固得很缓慢。美国和其他资本主义国家在经济和军事力量上发展得非常快。不管我们怎样聚集自己的一切力量,我们的发展还将缓慢得多。

我们应当利用既成的局势,这就是租让堪察加的全部实质。有个叫万德利普的到我们这里来过,据他自己说,他是一个有名的亿万富翁的远亲,可惜我们全俄肃反委员会工作出色的反间谍机关还没有掌握北美合众国的材料,我们暂时还不能断定这两个万德利普之间的亲戚关系。有人说,他们甚至根本不是亲戚。我不来判断这件事情,因为我知道的只限于我读过的万德利普的一本小册子,写小册子的不是到过我们这里的那个万德利普,而是另一个万德利普,有人把他描写成一位显贵,连国王和大臣都以隆重的礼仪接待他,由此应该断定,他的钱包是塞得满满的,而他同这些人谈话的口吻,就像在我们的会议上人们彼此谈话的口吻,他不慌不忙地谈论着如何复兴欧洲的问题。既然大臣们很恭敬地和他交

谈,可见万德利普同亿万富翁们是有关系的。万德利普的那本小
册子说明了生意人的眼光,这种人除了生意什么也不知道。他们
在观察欧洲时说:"也许事情不妙,一切都要完蛋。"这本书充满了
对布尔什维主义的仇恨。他还谈到如何安排好生意方面的关系。
从鼓动的意义上说来,这也是一本非常有意思的小册子,它比任何
其他共产主义的小册子好,因为它的最后结论是:"我担心这位病
人难以治好了,虽然我们可用来治病的钱和药很多。"

　　万德利普随身带来了一封给人民委员会的信。这封信很有
意思,因为他用美国盘剥者十分露骨、无耻、粗鲁的口吻说道:
"1920 年我们是很强大的;到 1923 年我们的海军还要强大,可是
日本妨碍我们扩张势力,所以我们要同它打仗,而打仗没有煤油和
石油是不行的。假如你们把堪察加卖给我们,那我敢向你们保证,
美国人民的热情就会大大高涨,使我们能承认你们。3 月新总统
的选举,我们党将获得胜利。假如你们把堪察加租给我们,我可以
说,那时就不会产生这样的热情。"①这就是他那封信的几乎一字
不差的全部内容。在我们面前的完全是一个赤裸裸的帝国主义,
它认为它是那样的了不起,甚至不需要有任何掩饰。当我们接到
这封信时,心里就在想必须紧紧抓住这个机会。美国共和党即将
取得胜利,这证明在经济上他的说法是对的。美国南部有人投票
反对民主党,这在美国历史上还是头一次。显然,这就是说,我们
听到的这个帝国主义者的议论在经济上是正确的。堪察加属于前
俄罗斯帝国。这是对的。现在它究竟属于谁,还不知道。它好像
属于那个叫做远东共和国⁵²的国家所有,但是这个国家的疆界还

---

　　①　此处和本卷第 99—100 页都是转述华盛顿·万德利普来信的内容,而不是引
　　　　用他的原信。——编者注

没有确定。诚然,有关这方面的某些文件正在起草,但是,第一,这些文件还没有拟好,第二,这些文件还没有得到批准。日本统治着远东,它在那里可以为所欲为。如果我们把法律上属于我们而事实上却被日本占领的堪察加让给美国,我们显然会得到好处。这就是我的政治论断的基础,根据这个论断,我们立即决定必须同美国订立合同。当然,这要讲讲价钱,如果我们不讲价钱,任何商人都不会尊重我们。因此,李可夫同志就去讲价钱,我们还起草了合同草案。到了快要签字时,我们说:"大家都知道我们是什么人,而您的身份是什么呢?"原来,万德利普并不能向我们提供保证。于是我们说,我们可以让步,本来这只是个草案,您自己说过,你们的党在大选获胜以后,这个草案才能生效,但是你们的党还没有获胜,因此,我们就等一等吧。事情的结果就是这样:我们起草了一个合同草案,还没有签字,草案规定把堪察加这块位于西伯利亚最东头和东北角的大片领土租给美国人60年,他们有权在那个有石油和煤炭的不冻港建造军港。

合同草案并没有什么约束力,我们随时都可以说还有不明确的地方而拒绝签订。即使如此,我们也不过是浪费了与万德利普会谈的时间和很少的几张纸而已,可是我们现在已经得到了好处。只要看看欧洲的消息就可以知道我们已经得到了好处。来自日本的每一条消息都谈到日本对拟议中的租让表示极大不安。日本声称:"我们不能容忍这样做,这侵犯了我们的利益。"——那就请你们去打败美国吧,我们对此是不会反对的。说得粗鲁些,我们已经挑唆日本和美国干起来了,并且我们从中得到了好处。在对美国人方面,我们也得到了好处。

万德利普的身份是什么? 我们没有弄清楚,但是资本主义世

界已经证明他是什么人,为一个普通公民,人们是不会向全世界发
电讯的。当他启程离开我国时,电讯传向世界各地。他一再说取
得了有利的承租权,并且到处赞扬列宁。这倒有点幽默的味道,但
是,我想指出,在这种幽默中有一点政治。万德利普在这里结束了
所有会谈之后,希望同我会晤。我同有关部门的负责人商量了一
下,问他们我是否应当接见他。他们说:"让他更满意地回去吧。"
万德利普来了,我们谈到所有这些事情,他还谈起他到过西伯利
亚,熟悉西伯利亚,他和美国多数亿万富翁等等一样是工人出身,
他还说他们只重视实际,只重视亲眼见到的东西。我就回答他说:
"你们这些重视实际的人,可以看一看苏维埃制度是怎么一回事,
你们在国内也来实行这种制度吧。"他朝我看了一下,对这种谈话
方式感到吃惊,并且用俄语(全部谈话都是用英语进行的)对我说:
"也许吧。"我惊奇地问他从哪里学的俄语。"那有什么,我在 25 岁
的时候,骑马走遍了西伯利亚的很大一部分。"我再谈一个万德利
普的带有幽默味的看法。在我们分别时,他说:"我回美国后一定
说,密斯特列宁(密斯特就是我们所说的"先生")头上没有长犄
角。"我没有马上悟过来,因为总的说来,我的英语不好。"您说什
么? 请再说一遍。"他是一个很有风趣的小老头儿,他用双手在太
阳穴做了一个手势说:"没有长犄角。"当时有翻译在场,翻译说:
"就是这个意思。"在美国,大家都以为我的头上一定长了犄角,也
就是说,整个资产阶级都说我是魔鬼。万德利普说:"现在我应当
说,没有长犄角。"我们非常客气地道别了。我表示,希望在两国友
好关系的基础上,不仅签订租让合同,而且正常地发展经济互助。
一切都是在这种气氛中进行的。后来就发表了报道从国外归来的
万德利普谈话的一篇篇电讯。他把列宁比做华盛顿和林肯。万德

利普曾经向我要一张亲笔签名的相片。我拒绝了,因为送相片就要写"送给某某同志",而写"送给万德利普同志"是不行的。写送给同我们签订租让合同的万德利普,也不行,因为租让合同将由正式上台的政府来签订。究竟该怎么写,我不知道。把自己的相片送给一个分明是帝国主义分子的人总是不合情理的。尽管如此,这种电讯还是传来了,由此可以明显地看出,整个这件事在帝国主义的政治中起了一定的作用。在万德利普取得承租权的消息传出以后,哈定(他现在已经当选为总统,但到明年3月才能就职)正式辟谣说:"我一点也不知道,我同布尔什维克没有来往,没有听说过什么租让。"这是在选举时说的,要是在选举时期承认同布尔什维克有来往,恐怕难免会失掉选票。所以他正式否认这一点。他们把这种消息提供给正在攻击布尔什维克的各家报纸,这些报纸完全控制在各帝国主义政党手中。我们从美国和日本得到的政治上的好处无疑是明显的。这种报道是有作用的,因为它具体地说明了我们愿意在什么样的条件下签订什么样的租让合同。当然,在报刊上不能谈论这些情况。这些情况只有在党的会议上可以谈,在报刊上我们不应该隐瞒这笔生意,它是有好处的,凡是会妨碍做这笔生意的话,我们一句也不应该讲,因为这件事对我们有极大的好处,它会削弱美帝国主义和日本帝国主义对付我们的力量。

这整个生意都是为了把帝国主义势力从我们这里引开,现在帝国主义者正坐在那里喘气,等待有利时机以便扼杀布尔什维克,而我们则在推迟这个时机。当日本在朝鲜干冒险勾当的时候,日本人对美国人说:"当然,我们能够战胜布尔什维克,但是你们为这件事给我们什么报酬呢?把中国给我们吗?中国我们本来就能占领,我们要走上1万俄里路去打布尔什维克,而美国人却在我们的背后。不，不能实行这样的政策。"假如当时有一条双轨铁路和美国在运输上的援助，日本人不消几个星期就会战胜我们。日本正在蚕食中国，不可能再穿过整个西伯利亚向西推进，因为后边有美国，它不愿意为美国火中取栗，正是这种情况解救了我们。

假如帝国主义列强打起仗来，那就更能解救我们。既然资本主义强盗个个都在磨刀霍霍，想杀死我们，而我们又不得不容忍这些恶棍，那我们确有必要让这些拿着刀子的人厮杀起来。两贼相争，好人得利。另外一个好处是纯粹政治上的好处，即使这项租让不能实现，只是一个租让草案也会带来好处。经济上的好处，就是它可以提供一部分产品。即使美国人拿走一部分产品，这也是有利的。堪察加有那么多的石油和矿藏，这些东西我们显然没有力量去开采。

我向你们指出了我们应该加以利用的帝国主义的一个矛盾，这就是日本和美国之间的矛盾；另一个矛盾是美国和其余资本主义国家之间的矛盾。几乎所有的资本主义"战胜国"都在战争中发了大财。美国很强大，现在所有国家都欠它的债，一切都仰赖于它，所以它们也就愈来愈恨它，它掠夺它们大家，而且是用非常独特的方式进行掠夺的。它没有殖民地。英国在战争中夺得了很多殖民地，法国也是如此。英国要把它抢来的一块殖民地的委任统治权（现在通用这样的说法）让给美国，但是美国不接受。美国商人显然打的是另一种算盘。他们看到，战争无论对于经济破坏还是对于工人的情绪来说都起了很明显的作用，并且断定，接受委任统治权对他们没有好处。当然，他们也决不容许其他国家来利用这块殖民地。一切资产阶级的书刊都证明反美情绪正在增长，而在美国主张同俄国达成协议的呼声也愈来愈高。美国同高尔察克缔结过关于承认和支持高尔察克的条约,然而他们吃亏了,得到的只是损失和耻辱。可见,我们所面对的是世界上最强大的一个国家,它到1923年将有一支比英国的还要强大的海军,然而这个国家却日益遭到其他资本主义国家的仇视。这种事态的发展我们应当估计到。美国不可能同欧洲国家和解,这是历史证明了的事实。谁也没有像英国派往凡尔赛的代表凯恩斯在他的小册子中那样生动地描绘了凡尔赛条约。他在这本书中嘲笑了威尔逊,嘲笑了他在签订凡尔赛条约时所扮演的角色。威尔逊在那里成了一个十足的傻瓜,被克列孟梭和劳合-乔治当做傀儡任意摆布。可见,一切都表明美国同其他国家是不能和解的,因为它们之间有着极严重的经济上的矛盾,因为美国比其他国家有钱。

因此,我们考察有关租让的一切问题要从这样一个角度出发:任何能够加剧美国和其他资本主义国家矛盾的最小机会,都要用双手抓住不放。美国必然同殖民地发生矛盾,如果它试图进一步触犯它们,那就会给我们以十倍的帮助。在殖民地,愤怒的情绪在沸腾,一旦触犯它们,那就不管你是否愿意,不管你是否有钱(愈有钱愈好),那你就是在帮我们的忙,而万德利普先生们就会完蛋。正因为如此,这个矛盾是我们主要的着眼点。

第三个矛盾是协约国同德国之间的矛盾。德国战败了,受到凡尔赛条约的压制,但是它拥有极大的经济潜力。按经济发展程度来说,如果美国占世界第一位,那德国就占世界第二位。专家们甚至认为,在电力工业方面,它超过了美国,你们知道,电力工业有极大的意义。在广泛使用电力方面,美国领先,而在技术的完善方面,德国居上。凡尔赛条约正是强加在这样一个国家头上,它当然不能忍受。德国是最强大最先进的资本主义国家之一,它不可能忍受凡尔赛条约,德国本身是个帝国主义国家,然而是一个被征服了的国家,所以它必然要寻找同盟者来反对全世界的帝国主义。这就是我们应当加以利用的一个情况。凡是能够加剧美国和协约国其他国家之间、整个协约国和德国之间对抗的因素,我们都应该从租让的角度加以利用。因此必须设法吸引他们,因此米柳亭答应送来而且已经送来、即将散发的小册子中刊载了人民委员会的法令,这些法令的写法就是为了使目前这些租让项目具有吸引力[53]。这本小册子还附了地图,加了说明。我们要把它译成各种文字,想方设法广泛发行,争取德国去反对英国,因为对德国来说租让是一条生路。我们要争取美国反对日本,争取整个协约国反对美国,争取整个德国反对协约国。

这就是完全打乱了帝国主义者的一切阴谋诡计的那三个矛盾。这就是关键所在。因此从政治观点看来,必须真心赞成租让,或者不说什么真心,而是经过通盘考虑赞成租让。

现在我来谈谈经济。当我们谈到德国时,我们已经谈到了经济。在凡尔赛和约缔结之后,德国在经济上是不能生存的,而且不仅是德国,一切战败国都是如此,例如原来的奥匈帝国,尽管它的一部分成了战胜国,但是它在凡尔赛条约束缚下也不能生存。在中欧,这是一个有着强大的经济和技术实力的最大的联盟。从经济观点看来,恢复世界经济是需要它们的。如果仔细地读几遍11月23日的租让法令,你们就可以看出,我们强调世界经济的意义,并且是有意这样做的。这无疑是正确的观点。要恢复世界经济,就必须利用俄国的原料。不利用俄国原料就不行,这样说在经济上是正确的。研究经济学并且从纯粹资产阶级观点看问题的十足的资产者承认这一点,写《和约的经济后果》一书的凯恩斯承认这一点。走遍整个欧洲的金融巨头万德利普也承认这一点,他认为经济所以不能恢复,是因为现在全世界原料太少,战争把原料消耗殆尽。他说,必须依靠俄国。于是俄国现在出现在全世界的面前了,它声明:我们正着手恢复国际经济,这就是我们的计划。这样说在经济上是正确的。苏维埃政权在这个时期巩固了,不仅本身巩固了,并且还提出了恢复全世界经济的计划。提出把国际经济同电气化计划联系起来在科学上是正确的。我们依靠自己的计划确实不仅得到了全体工人的同情,也得到了明智的资本家的同情,尽管他们认为"这是些可怕的布尔什维克恐怖分子"等等;因此,我们的经济计划是正确的,一切小资产阶级民主派读了这个计划,都会倒向我们这一边,因为帝国主义者已经厮打够了,而我们提出了连技术专家和经济学家也无法反对的计划。我们正在转向经济方面,并向全世界提出积极的建设纲领,阐明在经济上有根据的远景,俄国考察远景,不再把自己当做像以往那样破坏其他国家经济的利己主义的中心,俄国是从全世界的角度来提出恢复经济的建议的。

我们再从反对资本主义这一方面来考察一下这个问题。我们经常说,我们要把全世界建立在合理的经济基础上,这无疑是正确的。毫无疑问,如果很好地采用现代化的机器,那么依靠科学的帮助便可以迅速地恢复整个世界经济。

我们是在进行一种特殊的生产宣传,我们向老板们说:"资本家先生们,你们真不中用;你们在破产,我们却在按照自己的方式进行建设,因此,先生们,不是到了同我们妥协的时候了吗?"全世界所有的资本家尽管有些犹豫,但不得不回答说:"大概是时候了,让我们来签订通商条约吧。"

英国人已经拟了一个草案送给我们[54]。这个草案正在讨论中。现在一个新的时期到来了。他们在战争中已经失败了，现在要在经济方面作战了。这一点我们完全懂得。我们从来也没有幻想我们打完仗，和平就会到来，社会主义牛犊和资本主义豺狼就要互相拥抱了。没有这样想。你们要在经济方面同我们作战，这是一大进步。我们向你们提出一个世界性的纲领时是从世界国民经济的观点来考察租让问题的。这在经济上是不容争辩的。任何一个提出国民经济问题的工程师和农艺师都不会否认这一点。很多资本家也在说："没有俄国，就不会有巩固的资本主义国家体系"，但是，我们是作为按另一计划来建设世界经济的人提出这个纲领的。这有很大的宣传意义。即使我们一项租让也没有实现（我认为这是完全可能的），即使纷纷谈论租让，结果只是召开几次党的会议，颁布若干法令，而租让一项也没有实现，我们还是得到了一点好处。且不说我们已经提出了经济建设计划，我们正在把一切遭受战争破坏的国家吸引到我们这边来。我在第三国际即共产国际的代表大会上说过，全世界已经分成被压迫民族和统治民族①。被压迫民族至少占全世界人口的 70％。凡尔赛和约又使被压迫民族增加了 1 亿或 15 000 万人口。

的确，我们现在不仅是全世界无产者的代表，而且是各被压迫民族的代表。不久以前共产国际出版了一种叫做《东方民族》[55]的杂志。共产国际为东方各民族提出了这样的口号："全世界无产者和被压迫民族联合起来！"有同志问道："执行委员会是在什么时候下命令更改口号的？"这一点我确实想不起来了。当然，从《共产党

---

① 参看本版全集第 39 卷第 232 页。——编者注

宣言》的观点来看,这样的提法是不正确的,但是,《共产党宣言》是在完全不同的条件下写成的,而从现在的政治情况来看,这样的提法是正确的。各种关系已经尖锐化了。整个德国在沸腾,整个亚洲在沸腾。你们知道,印度正在酝酿革命运动。中国对日本人的仇恨是很强烈的,对美国人也是如此。德国对协约国的那种切齿仇恨,只有见过德国工人怎样仇恨本国资本家的人才能体会到;结果俄国就成了全世界一切被压迫的人民的直接代表;事物的进程已使各族人民习惯于把俄国看做向往的中心。不久以前格鲁吉亚的孟什维克报纸写道:"现在世界上有两种力量:协约国和苏维埃俄国。"孟什维克是什么样的人呢? 这是一些看风使舵的人。当我们在国际上软弱无力的时候,他们高喊"打倒布尔什维克"。当我们开始强大起来的时候,他们高喊:"我们是守中立的"。当我们打退了敌人的时候,他们说:"是的,现在有两种力量。"

　　在租让法令中,我们代表全人类提出了在利用世界各地原料的基础上恢复世界经济力量这样一个在经济上无可非议的纲领。对我们来说,重要的是使什么地方都没有饥饿。你们资本家不能消灭饥饿,而我们能够消灭它。我们是全世界70%的人口的代表。这一点将产生影响。不管草案结果如何,它在经济上是不容争辩的。甚至不管租让合同是否签订,它在经济方面是具有意义的。

　　正如你们所见到的,我不得不作了很长的说明来证明租让的好处。当然,从获得产品的意义上说来,租让对我们也是很重要的。这是绝对正确的,但是主要点还在于政治方面。在召开苏维埃代表大会之前,你们会拿到一本厚达600页的书,这是俄罗斯电气化计划。这个计划是许多优秀的农艺师和工程师周密考虑过的。没有外国的资本和生产资料的帮助,我们就不能很快执行这个计划。但是,要取得帮助,就必须付出代价。在这以前,我们同资本家打仗,他们向我们说:我们不是扼死你们,就是强迫你们清偿200亿债务。但是,他们并不能扼死我们,我们也不会向他们清偿这些债务。现在我们还能拖一些时间。我们需要经济援助时,我们就同意偿付你们,这就是问题的提法,其他任何提法在经济上都是毫无根据的。俄国的工业已经破产,工业水平降到战前的1/10,甚至更低。如果三年以前有人对我们说,我们要同整个资本主义世界打三年仗,我们是不会相信的。现在有人对我们说:但是,在战前的国民财富只剩下1/10的情况下,要把经济恢复过来,这是更加困难的任务。的确,这比打仗更困难。打仗只要依靠工人群众的热情和农民防备地主的热情就可以了。现在不需要防备地主了,现在是在农民从未经历过的条件下来恢复经济。在这方面要取得胜利不是靠热情、冲击、自我牺牲精神,而是靠枯燥的、琐碎的每天的日常工作。这项工作无疑是更加困难的。从哪里取得所需要的生产资料呢?要吸引美国人,就得付给他们代价,因为他们是做买卖的。而我们拿什么来支付呢?拿黄金吗?可是,黄金我们不能随便浪费。黄金我们剩得不多了。我们的黄金甚至还不够实现电气化纲领用的。制定这个纲领的工程师认为,至少要11亿金卢布才能实现电气化纲领。但是我们没有这样多的黄金储备。给原粮是不可能的,因为我们还不能养活我国所有的人。当人民委员会讨论给意大利人10万普特粮食问题时,粮食人民委员部的人就站起来拒绝了。我们对每一列火车的粮食都要进行争论。没有粮食就不能发展对外贸易。那么,我们到底给什么呢?不值钱的东西吗?不值钱的东西他们自己有的是。有人说,我们拿粮食来做买卖吧,可是我们拿不出粮食来。因此,我们要靠租让来解决问题。

现在我来谈下一点。租让会产生新的危险。我指的是我在开始时已经谈过的那一点,就是来自基层,来自工人群众的呼声:"不要听从资本家的,这是一些精明狡猾的家伙。"听了这种话令人很高兴,因为可以看到,誓与资本家斗争到底的广大群众正在成长起来。斯捷潘诺夫同志在他的一些文章中像讲课似地作了全面论述(我先把反对租让的理由一一列举出来,然后再说明为什么必须实行租让。但是,有的读者还没有读到精彩的部分,就会以为不需要租让,而把这些文章丢下不读了),他的文章中有正确的见解。不过,他认为不要对英国实行租让,以免招来洛克哈特,这一点我不同意。当肃反委员会刚刚成立,还没有像现在这样严密的时候,我们就已经能够对付洛克哈特了。如果在三年战争之后我们还不会抓特务,那应当说,这种人不配管理国家。我们正在完成无比困难的任务。例如,克里木现在有30万个资产阶级分子。这是将来投机倒把、间谍活动以及给资本家各种帮助的根源。但是,我们并不怕他们。我们说,我们要掌握他们,安排他们,制服他们,改造他们。

所以,认为某些租让项目引来的外国人对我们很危险,或者说我们管不了他们,那是可笑的。如果是这样的话,那何必多此一举,何必去管理国家。这纯粹是一种组织任务,不值得多谈。

但是,如果认为租让就是和平,那当然是极其错误的。完全不是这么回事。租让不过是战争的新形式。欧洲同我们作过战,而现在战争正转入一个新的领域。以前战争是在帝国主义者无比强大的方面即军事方面进行的。如果计算一下双方的加农炮和机枪的数目,计算一下双方政府能够动员的士兵的数目,就会知道,我们本来在两周内就会被击溃。但是,我们在这方面挺住了,而且我们正在继续打下去,正在转向经济战争。我们说得很明确,租让的地块、租让的方格一边将是我们的方格,接下去又是他们的方格;我们要挨着他们开办自己的企业,学习他们如何经营模范的企业。如果我们做不到这一点,那就什么也不用说了。按照现在最新的技术成就进行装备,不是一项容易的任务,这需要学习,在实践中学习,因为依靠任何学校、大学、训练班都不能做到这一点,因此我们要按棋盘的格式设置租让企业:来吧,就在这里学习。

租让企业在经济上对我们有很大好处。当然,它们在建设一些工人村时,将带来资本主义习气,腐蚀农民。但是应该加以注意,应该处处用自己的共产主义影响加以抵制。这也是一场战争,是共产主义和资本主义这两种方式、两种形态、两种经济的军事较量。我们一定能够证明,我们更有力量。有人对我们说:"好吧,你们在外部战线上挺住了,开始建设吧,去建设吧,看看究竟谁胜利……"当然,任务是艰巨的,但是,我们过去和现在一直在说:"社会主义有榜样的力量。"暴力对那些想要恢复自己政权的人能起作用。但是暴力的作用也仅限于此,超出这个范围,起作用的则是影响和榜样。必须实际地表明,即用榜样来表明共产主义的意义。我们没有机器,战争破坏了我们的经济,战争耗费了俄国的经济资源,但是我们仍然不怕这种较量,因为它在各方面对我们都有利。

这也将是一场不能作丝毫让步的战争。这场战争在各方面对我们都有利,由旧的战争转到这场新的战争对我们就有利,何况对和平还有某些间接的保障。我在一次会议(《真理报》对这次会议的报道是不成功的)上说过,我们现在已由战争转向和平,但是我们并没有忘记，战争还会死灰复燃①。只要存在着资本主义和社会主义，它们就不能和平相处，最后不是这个胜利，就是那个胜利；不是为苏维埃共和国唱挽歌，就是为世界资本主义唱挽歌。这是战争的延期。资本家是会找借口来打仗的。如果他们接受建议，签订租让合同，他们就会更加困难。一方面，一旦战争爆发，我们有最有利的条件；另一方面，那些要打仗的人是不会接受租让的。租让的存在就是反对战争的经济根据和政治根据。如果那些可能同我们作战的国家接受租让，这就使它们受到约束，不能同我们作战。我们十分重视这种约束，所以我们不怕付出代价，况且我们是用自己开发不了的生产资料来支付的。为了开发堪察加，我们要付出 10 万普特石油，我们自己得该数的 2％，我们是用石油偿付的。如果我们不付出代价，那我们连两普特石油也得不到。不错，这是重利盘剥的价格，但是只要资本主义存在一天，就不能期待它会同意公道的价格。但是好处是明显的。从资本主义同布尔什维主义冲突的危险性来看，应当说租让是战争的继续，但这是另一种范围内的战争。必须监视敌人的每一个行动。需要用各种办法来进行管理、监督、影响和诱导。这同样是一场战争。我们已经在一场规模比较大的战争中战斗过，而在这场战争中我们要动员比上次更多的人来参加。要动员每一个劳动者参加这场战争，要向他们说明："如果资本主义做了一点事情的话，那么你们工人和农民在推翻资本家之后，就不应当比他们做得少。学习吧。"

我相信苏维埃政权一定会赶上和超过资本家，我们将不仅赢得纯粹经济方面的好处。我们将得到这微不足道的 2％，这确实

————————

① 见本卷第 43 页。——编者注

很少,但毕竟有了一点东西。此外,我们一定会获得科学知识和技能。如果没有实际本领,任何学校、任何大学都是一钱不值的。你们会从米柳亭同志要拿给你们的小册子所附的地图上看到,我们要租让的地方大部分是在边疆地区。在俄国欧洲部分的北部有7 000万俄亩森林。要租让的有1 700万俄亩。我们的林场已经按棋盘格式划好,这些森林都在西西伯利亚和北部边远地区。我们任何东西都不会丧失。主要的企业在物产无限丰富的西西伯利亚。我们在10年内连这些宝藏的1%也无法开发。如果我们把一个矿租让给外国资本家,在他们的帮助下,我们就有可能开发自己的矿。至于租让哪些地区,我们是有选择的。

从监督的观点来看怎样安排租让呢?他们企图腐蚀我们的农民、我们的群众。作为小业主的农民,其本性是倾向自由贸易的,而我们则认为这种行为是犯罪的。国家要同这种行为进行斗争。正是在这方面我们应当让社会主义和资本主义这两种经营方式较量较量。这也是一场战争,在这场战争中我们也应当进行坚决的战斗。我们这里发生了严重的歉收,饲料缺乏,牲畜死亡,此外,还有大片土地弃置未耕。最近将颁布一项关于尽力争取全部播种和改善农业的法令[56]。

其次,我们还有100万俄亩荒地没有开垦,因为我们没有耕畜,没有必要的工具。如果用拖拉机,这些土地要耕多深就可以耕多深。因此,出租这些土地对我们有利。即使我们交出一半甚至四分之三的产品,那对我们还是有好处。这就是指导我们行动的政策,而且我可以说,不仅经济上的考虑和世界经济的形势应该是行动的基础,政治上的深谋远虑也应该是行动的基础。对这件事情的任何其他看法都是目光短浅的看法。如果提到租让在经济上的利害问题,那它在经济上的好处是无可争辩的。不实行租让,我们就不能实行我们的纲领和国家电气化;没有租让,就不能在10年内恢复我国的经济,而只有我们恢复了经济,我们才不会被资本打败。租让并不是同资本主义讲和,而是一场新领域内的战争。经济战争正在代替用武器和坦克进行的战争。诚然,这场战争也包含着新的困难和新的危险。但是我相信,我们一定能够克服这些困难和危险。我坚信,如果这样提出租让问题,我们就容易使党内大多数同志相信实行租让是必要的,而我所谈的那种本能的恐惧则是一种有益的和健康的恐惧,我们要把这种恐惧变成一种动力,来推动我们在即将到来的经济战争中更快地取得胜利。

载于1923年《列宁全集》俄文
第1版第17卷

译自《列宁全集》俄文第5版
第42卷第55—78页

2

总 结 发 言

同志们！递给我的字条太多了，我不能全部答复。不过，大部分论据在辩论中已经遭到了反驳，因此我先就《论租让》这本小册子发表一些意见。我要谈得比较详细一点。洛莫夫同志在一页半的序言中把问题叙述得太简略了。接着是 11 月 23 日的法令，这个法令阐明了关于世界经济利益的思想。"恢复俄国生产力以及整个世界经济的过程，可以通过如下途径而大大加速，这就是吸引外国的国家机构和地方机构、其他国家的私人企业、股份公司、合作社和工人组织来参加开发和加工俄国的天然财富。"当然，这只有宣传上的意义，但是在经济上也是无可争辩的。世界经济需要恢复。资本主义正是这样在行动，我们也提出了自己的建议，然而现在世界经济仍然是资本主义的经济。

我们想吸引外国人。因此，在法令的结尾部分列举了如下一些条件：

第一条："承租人将按照合同规定，得到一部分产品作为报酬并有权运出国外。"不这样规定他们是不会干的。至于多大一部分，没有讲。在这种情况下，将为这一部分产品而发生斗争。我们将同他们讨价还价，将同他们争来争去，而且我们中的任何一方都会盘算得失。这里有同志说，要特别注意。这是完全正确的。

第二条:"如果大规模地采用特殊的技术革新,承租人将获得贸易上的优惠权(例如:在机器采购方面,在签订大宗订货的专门合同方面,等等)。"什么是贸易上的优惠权呢？这就是我们把签订合同的优惠权给予某个公司,而不给予其他公司。而如果哪个公司获得承租权的话,我们也可以从它那里把租让企业赎回来,也许我们要多付给它一点钱。但最主要的是,他们要给我们机器。我觉得这个想法是够清楚的了,因此我们将仍然对宣传要点表示支持。

第三条:"长期租让的期限将根据租让企业的性质和条件来定,以保证充分补偿承租人所担的风险和投入租让企业的技术设备。"这里谈的是租让期限的长短问题。这种期限根本没有规定,我们不可能用另外的条件把堪察加租出去。费多托夫和斯克沃尔佐夫同志讲得对,这是一种特殊的租让。我们实行这种租让是基于一些重大的政治上的考虑。在这种条件下实行租让,我们愿意把我们自己所不需要的东西租让出去;虽然失去一些东西,但我们无论在经济上还是在政治上都不会吃亏。

第四条:"俄罗斯联邦政府保证承租人投入企业的财产既不会收归国有,也不会没收或征用。"而你们没有忘记我们还有法院吧。这是一句仔细斟酌过的、对我们极有利的话。起初我们想讲明这一点,后来作了反复考虑,决定还是不讲为好。开口为银,闭口是金嘛。既不会没收,也不会征用,而法院还在嘛,况且法院是我们的。据我所知,我们的法院是由苏维埃选派的人组成的。至于我个人,那我根本没有那种阴暗的看法,认为我们的法院不行。因此我们就是要利用法院。

第五条:"承租人有权为自己在俄罗斯联邦境内的企业雇用工

人和职员,但要遵守劳动法典或专门合同的规定,专门合同要保证遵守对工人和职员所规定的劳动条件,以保护他们的生命和健康。"这里没有任何要小心谨慎的地方。如果工人举行罢工,而且罢工又是合理的,那我们就可以暗中支持罢工者。资本家拿什么来威胁呢?"我们要把你赶到马路上去,你就得挨饿。"而这时,罢工者也许会从一个什么地方得到口粮,要知道这是由我们掌握的。我们可以而且要发给他们口粮。而如果罢工是不明智的和不合理的,那可以把他们送交苏维埃,在那里把他们好好地批一下,就像让他们洗一个澡。这里已经写上,说有一个专门的合同,这一点说得很谨慎。不过,这是一个例外,只适用于堪察加,因为我们还无法在那里建立任何苏维埃机关。在这种情况下,万德利普一定会说:那就订立一个专门合同吧。但是,把我们的法律用于堪察加,我们自己还没有试过。

第六条:"俄罗斯联邦政府向承租人保证决不以政府的任何命令或法令单方面改变租让合同的条款。"我们不会单方面改变合同条款,因为那样的话谁也不会来承租。这就是说需要一些中间人。谁来当中间人呢? 中立国家都是资本主义国家。工人组织来当吗? 也许我们不得不邀请孟什维克的工人组织来当。在西欧,这种组织占多数。也许孟什维克将按数序来决定:双数的话,他们支持布尔什维克,单数的话,他们支持资本家。如果我们不能达成协议,可以撕毁合同。就是存在着这种危险,但是,如果合同是财产方面的,这是允许的。从国际法的基本原则来看,这是一种私人合同,你可以撕毁它,但要赔偿。如果你撕毁了合同,你就得赔偿。在以往实行国际法方面有过这种情况:在战争期间因误会而击沉了别国的船只。原以为这是敌国的船只,而结果却是中立国的船只。怎么办？赔偿。这里的情况也是这样，在万不得已时只有赎免。摆脱战争的出路始终是存在的。当然，战争归根到底是主要的和根本的理由。当然，在世界上还存在资本家的时候，只要你是一个社会主义国家的话，就要准备打仗。再说，现在我们已经焦急了，可是还没有一个人来承租。有些同志说："好啦，战争终于结束了，现在人们会纷纷向我们涌来了"，而我一再说，还有可能根本没有人想来承租。

第一章：《西西伯利亚的森林租让》。北方的海路已打通，我们可以向外运输了，但是我们没有船只。一位同志告诉我说，到我们这里来了一些代表，他们想得到按棋盘格式划分的6 000俄亩森林。一本关于北方的小册子谈到，如果把彼得格勒目前多余的电站拿出来，我们就可以把它们用于北部地区木材的外运，还可以发展这种生产，使我们一年能得到50万金卢布。而实行全部电气化，根据国家委员会的计算，要花11亿金卢布。我们能否做到这一点，还是个问题。但是实行租让就能使我们易于完成这项任务。要是日子好过，就不会提出租让，但是现在过着挨饿的生活，需要想方设法摆脱困境，让人民休养生息，那就只好另作打算了。

第三章：《西伯利亚的矿业租让》。西伯利亚的铜矿资源极为丰富。铜在世界经济中非常有价值，它是电气化所需的主要金属之一。我们提出租让，不知道谁会来承租。是美国呢，还是德国人？美国会考虑，如果它不承租，那德国就要承租。

一旦我们实行了电气化，我们在经济上就会强大百倍。那时，我们将用另一种语言来讲话。那时，我们将要谈赎买问题。他们知道，社会主义社会不仅能很快地建立起红军，而且在某些其他方面也能取得较快的进展。

　　下面讲讲单项租让。光是在俄国的欧洲部分,就有 300 万俄亩土地。其中,在原先的顿河军屯州有 80 多万俄亩。没有建立国营农场,也没有耕畜。沿乌拉尔河一带,整个整个的村镇被破坏,大片上好的生荒地无人开垦。我们即使把种出来的小麦的$\frac{3}{4}$给人家,那还将得到$\frac{1}{4}$。我们的运输需要加强,我们可以谈好条件,争取买到较便宜的拖拉机。

　　如果我们不能开垦这 300 万俄亩上好的土地(每俄亩可以提供 100 普特麦子),那这究竟是一种什么样的经济呢?那这究竟是一种什么样的政策呢?

　　这件事对意大利人有好处,意大利正处于革命的前夜。在意大利,人们反对革命的主要论据是:"我们会没有吃的,资本主义列强是不会给我们粮食的。"而一个社会主义强国则说:"我有 300 万俄亩土地,我有石油和汽油。"应当懂得,鼓动可以从各方面进行,说明资本主义是一只快死的野兽,应当把它勒死。我们看到了很多情况。欧洲人所处的情况正如过去俄国人从痛苦的战争走向革命的情况一样。在他们那里,战争已经结束;他们现在靠掠夺别的民族来生活。因此,这个论据就更有分量。他们不能够恢复经济,而我们却提出现在开始恢复经济的问题。这里既有政治上的论据,又有社会主义的鼓动,二者结合起来,不过形式不同罢了。应当善于进行宣传鼓动,否则国民经济计划就要落空。而我们不仅是鼓动家,我们还是一个反对世界上一切资本主义国家的社会主义共和国。你们不会经营管理,而我们却会。这方面是可以比一比的。

载于 1963 年《苏共历史问题》　　　　　译自《列宁全集》俄文第 5 版
杂志第 4 期　　　　　　　　　　　　　第 42 卷第 79—83 页

给全俄各省妇女工作部
工作会议的贺词⁵⁷

致全俄各省妇女工作部部长工作会议主席团

1920 年 12 月 6 日

同志们！非常遗憾，我不能参加你们的代表大会。请向与会者转达我衷心的祝贺，并且祝他们取得良好的成就。

目前战争已经结束，和平的组织工作已经提到首位，但愿长久如此，妇女在这种时候参加党和苏维埃的工作具有巨大的意义。妇女应当在这一和平的组织工作中起极重要的作用，当然，她们也一定会起这种作用。

人民委员会主席

弗·乌里扬诺夫（列宁）

载于 1920 年 12 月 19 日《真理报》
第 286 号

译自《列宁全集》俄文第 5 版
第 42 卷第 84 页

В президиум
Всеросс. Совещания
заведующих Губжен-
отделами.

Товарищи! Я глубоко сожалею,
что мне не удалось повидать приехать
сюда. Прошу передать участ-
ницам и участникам мои
искренния приветствия и
пожелания лучшаго успеха.
Участие работниц в партийс-

1920 年 12 月 6 日列宁
《给全俄各省妇女工作部工作会议的贺词》手稿第 1 页
（按原稿缩小）

俄共(布)中央全会关于
改组教育人民委员部的决定草案[58]

(1920 年 12 月 8 日)

1. 在教育人民委员部设立人民委员助理一职,整个行政管理工作全部由人民委员助理负责。

3. 认为对教育人民委员部实行全面改组是必要的,但是改组的准备工作应做得更周密些,特别是要在筹备苏维埃代表大会的一些会议上对这个问题进行讨论。会上还要讨论并明确规定教育人民委员部的中央机关和地方机关的职权范围。

4. 认为把第二级学校(或其高年级)教育同职业技术教育结合起来,原则上是必要的,但必须具备下列两个条件:(1)必须在职业技术学校里增加普通教育课程和共产主义教育课程;(2)保证立即在实际上转到综合技术教育,为此,可利用任何电站和任何合适的工厂。

在全面改组以前,这个改革应暂缓实行。

5. 任命利特肯斯同志为人民委员助理,责成他抽出不少于½的工作时间兼顾政治教育总委员会的工作,直至该委员会的工作人员配齐为止。

6. 委托组织局迅速给政治教育总委员会配备工作人员,必须充分保证它在这方面的需要。

载于 1959 年《列宁文集》俄文版
第 36 卷

译自《列宁全集》俄文第 5 版
第 42 卷第 87 页

对俄共(布)中央全会关于
生产宣传的决定草案的意见[59]

(1920 年 12 月 8 日)

(1)成立全俄生产宣传局,隶属于全俄工会中央理事会,

同时增加教育人民委员部的代表,并不是把机构搬出教育人民委员部,而是使教育人民委员部这个机构完全从属于全俄生产宣传局。

载于 1959 年《列宁文集》俄文版
第 36 卷

译自《列宁全集》俄文第 5 版
第 54 卷第 436 页

向俄共(布)中央提出的建议[60]

(1920年12月9日)

我的意见：

（1）允许出版；

（2）**俄罗斯国家电气化委员会**和**各人民委员部**仍然优先；

（3）如果在这种情况下不能出版，就寄往彼得格勒；

（4）征求全体中央委员或政治局委员的意见。

列　宁[①]

译自《列宁文集》俄文版第37卷
第271页

---

① 签署这个文件的还有约·维·斯大林。——俄文版编者注

同西班牙社会主义工人党
代表团的谈话[61]

(1920 年 12 月 10 日)

报　　道

我们同列宁的谈话似乎不宜列入关于在莫斯科讨论我党上一次代表大会决议的情况汇报,因为谈话并未涉及这方面的内容。但是对列宁的言论的兴趣以及他支持第三国际理论的论据,使我们更有理由认为这个谈话非常重要。

第三国际秘书处安排西班牙代表团 12 月 10 日同列宁会谈。一辆公车把我们送到克里姆林宫。我们办完例行手续后走进列宁的办公室,他非常热情地接待了我们。起初他询问了我们同布哈林同志的正式和非正式会谈的内容,提了几个有关西班牙的问题,他问我党是否要加入第三国际。安吉亚诺对他说,加入国际的 21 个条件对西班牙社会党来说太苛刻了。列宁回答说,条件确实苛刻,但为了防止改良主义者和机会主义者一窝蜂地加入第三国际,只能如此。

代表团在同列宁会谈之前准备了几个非常重要的、反映了我们的疑虑的问题,这种疑虑同研究俄国的现状有关,也同我们近来与人交谈时发现的普遍存在于善于思考的劳动群众中的不安情绪有关。

　　为了解除我们的疑虑,代表团问列宁:"您认为称做无产阶级专政和过渡时期的现阶段将在何时以何种方式过渡到那个工会、出版和个人都享有完全自由的制度?"

　　列宁回答说:"我们从来没有谈过自由,我们只说过无产阶级专政;我们把无产阶级专政当成遵循无产阶级利益的政权来实施,因为本来意义上的工人阶级即产业工人阶级在我国占少数,于是专政的实施就是为了这部分少数人的利益,这一专政将一直继续到其他的社会成分全都服从共产主义所要求的经济条件时为止。农民的心理同我们的制度是相抵触的;他们的思维方式是小资产阶级的;反革命首领(邓尼金、高尔察克和弗兰格尔)在农民中找到了拥护者;然而大多数农民却得出了这样的结论,即如果说布尔什维克不好的话,那么其他的人就更令人无法容忍了。我们对农民说:要么你们服从我们,要么我们就认为你们是在宣布跟我们打一场国内战争,就认为你们是我们的敌人,这样一来我们就要以国内战争来回答。农民的心理在发生变化,尽管变化得很缓慢,他们在逐渐接近政府。我们所遇到的困难是工业品短缺,我们本可用工业品作为我们向农民征用农产品的补偿;因此我们不得不继续发行纸币,我们这样做不费吹灰之力,因为我们有纸张和印刷机;可见,这些纸币只能表示我们对支付购粮款的承诺。"列宁接着说:"过渡时期,即专政时期,不瞒你们说,将是非常漫长的,也许是40年或者50年;其他国家,例如德国和英国,由于本国工业更加发达,可以缩短这个时期;但是这些国家却有我们所没有的其他问题;其中某些国家的工人阶级是在对殖民地的依赖的基础上形成的。……　是的,是的,在我们看来问题不是一般意义上的自由,因为一谈到自由,我们总是要问:是谁的自由?"

我们问列宁："既然让人和物服从社会化措施的整个期间都是过渡时期，那么您是否认为，租让给外国资本主义的企业在以有利于外国资本主义的条件吸引新的资本流入的同时，仅凭国家政权的一纸法令即可延长这一过渡时期，以致有朝一日工人阶级只得再来一次革命，才能控制在这些租让企业巩固后建立起来的那些企业呢?"

列宁回答说："你们说得对，这将延长无产阶级专政的时间而且要求进行新的斗争;但是我们无法战胜得到工人群众支持的外国资本主义，我们必须从经济上改造俄国。这三年俄国是靠付出空前巨大的牺牲才坚持下来的;但是俄国已不能再忍受目前的这种困苦了，我们要摆脱这种困苦，不是通过提供租让企业，就是指靠世界革命的爆发，我们不仅希望发生世界革命，而且绝对相信这场革命已经开始，只不过发展得比我们所希望的要缓慢罢了。"

列宁非常令人鼓舞地向我们讲述了电气化计划和该计划对新经济的重要意义。

最后，列宁对我们说:

"我们通过1917年的宣传在我国唤起了捍卫和平思想和捍卫苏维埃的政治热情，而苏维埃是我们可能设想的最民主的组织;后来我们又告诉人民资产阶级国家是如何联合起来反对我们的，从而唤起了人民的作战热情;而现在我们正努力唤起从经济上改造俄国的热情。"

载于1921年1月18日《社会党人报》(马德里)　　　　　　译自未刊印的《列宁文集》俄文版第41卷

关于把决议提交
苏维埃代表大会表决的程序[62]

(1920 年 12 月 20 日)

(1)中央委员会责成各部门今后无条件地严格遵守以下程序：一切须提交全俄苏维埃代表大会表决的稍为重要的法案和决议案,均应事先向人民委员会提出。

(2)中央委员会责成全体党员把向苏维埃代表大会提出的建议无条件地事先交全俄苏维埃第八次代表大会俄共党团讨论。

(3)中央委员会建议即将召开的党代表大会讨论使俄国共产党代表大会和全俄苏维埃代表大会召开时间靠近的问题。

译自《列宁文集》俄文版第 38 卷
第 343 页

对俄共(布)中央全会关于
创办专门的生产性机关报的
决定草案的补充[63]

(1920 年 12 月 20 日)

　　(1)指示《消息报》和《真理报》改成**生产性**比政治性更强的机关报,并引导俄罗斯联邦的**所有**报纸作同样的改变;

　　(2)把《**贫苦农民报**》改为生产性报纸,该报必须登载**具体**材料,并担负密切农民和工人的关系、农业和工业的关系的任务。

载于 1959 年《列宁文集》俄文版
第 36 卷

译自《列宁全集》俄文第 5 版
第 42 卷第 88 页

全俄苏维埃第八次代表大会文献[64]

(1920 年 12 月)

1

在俄共（布）党团会议上
关于租让问题的报告[65]

(12 月 21 日)

同志们！你们决定先在党团会议上谈一谈租让问题，我认为这是完全正确的。根据我们所知道的情况，租让问题不仅在党内和工人群众中，而且在广大的农民群众中，到处都引起了不小的波动，甚至引起了不安。同志们都指出，自从今年 11 月 23 日租让法令公布以后，在讨论不同议题的大多数会议上，人们都常常提出许多问题，递来许多询问租让问题的字条，而这些字条或议论有一个共同点，就是担心我们把本国的资本家赶走以后，现在又要把外国资本家放进来。我认为，这种担心、这种决不仅仅限于党内同志的对租让的普遍关心，是一个好兆头，它向我们表明，在三年艰苦无比的斗争中，工农政权已经相当巩固，同资本家打交道的经验已经扎了根，因此，广大群众认为工农政权十分巩固，不需要实行租让；他们还认为自己已经有足够的教训，不是绝对需要，决不同资本家做什么生意。来自下面的这种监督,来自群众的这种担心,党外人士的这种波动都证实群众对我们同资本家的关系是非常注意的。我认为,从这方面来看,我们无疑应该欢迎这种表明广大群众情绪的担心。

但是,我认为我们终究会相信,在租让问题上决不能只受这种革命本能的支配。我们权衡了这个问题的各个方面以后,深信我们所采取的政策即实行租让的政策是正确的。我可以简略地说,我的报告的主要内容,或者确切些说,我所要重复的不久以前在莫斯科同几百位负责工作人员的谈话①(因为我没有准备,所以不能作报告)的主要内容,就是要证明两点:第一,任何战争都是和平时期的政治的继续,只不过采取了另一种手段;第二,我们所实行的,我们不得不实行的租让,就是战争以另一种形式,通过另一种手段的继续。为了证明这两点,或者确切些说,只是证明第二点,因为第一点不需要专门来论证,现在我从这个问题的政治方面谈起。我先谈现代帝国主义列强之间的关系,因为这些关系对于了解现在整个对外政策,是很重要的。这对于了解我们为什么要实行这种政策,也是很重要的。

美国人万德利普给人民委员会写了一封信,他在这封信里说:"我们美国共和党,这个历史可以远溯到南北战争时期的大金融资本政党,现在没有执政。"这还是他在11月选举以前写的,他写道:"我们在11月的选举中一定会胜利〈现在他们已经获胜〉,到明年3月总统就是我们的了。我们不会再实行那些尽干蠢事的政策了,不会再使美国卷进欧洲事务中去了,我们要关心自己的利益。

---

①　见本卷第58—85页。——编者注

我们美国的利益使我们同日本发生冲突，我们将要同日本作战。也许你们会不无兴趣地知道，到1923年我们的海军要比英国的还强大。要打仗，我们自己手里就要有石油，没有石油，我们便不能进行现代的战争。不仅要有石油，而且要设法使敌人没有石油。日本在这方面的条件是很差的。日本近旁的堪察加有一个海湾（我忘记了它的名字），是一个蕴藏石油的地区，我们不想使日本人得到那里的石油。如果你们把这块地方卖给我们，那我敢保证我国人民的热情将会很高，使我们能立刻承认你们的政府。如果你们不愿意出卖，只愿意租让，那我虽然不能说我们会拒绝研究这个方案，但是，会不会有那种能够保证承认苏维埃政府的热情，我就不能肯定了。"

万德利普的来信十分露骨地、极其无耻地叙述了一个帝国主义者的观点，他清楚地看到，对日战争就要到来，于是直接地公开地提出问题：快和我们做生意吧，这样你们会得到一定的好处。问题就是这样摆着的：远东，堪察加和西伯利亚的一部分现在事实上为日本所占有，因为日本的军事力量在那里发号施令，因为正像你们所知道的，形势促成了远东共和国这个缓冲国的建立，我们很清楚，日本帝国主义的压迫使西伯利亚的农民遭受着实在令人难以置信的灾难，日本人在西伯利亚犯下了大量闻所未闻的兽行。从西伯利亚来的同志都知道这一点，因为不久前他们的出版物曾经详细地叙述了这一点[66]。但是，我们不能同日本打仗，我们不仅应该尽力设法推迟对日战争，如果可能的话，还要避免这场战争，因为根据大家都知道的情况看来，我们现在无力进行这场战争。同时，日本还切断了我们通过太平洋同全世界的贸易联系，使我们遭到很大的损失。为了控制太平洋和占领太平洋沿岸地区，日本和美国之间,几十年来都在进行着无休无止的争斗,而有关太平洋及其沿岸地区的全部外交史、经济史、贸易史都十分肯定地表明,这种冲突正在日益加剧,美国和日本之间的战争不可避免。在美日之间的纠纷和冲突日益加剧的情况下,我们的处境仍然和过去三年一样:一个社会主义共和国被各帝国主义国家包围着,它们在军事方面比我们强大得多,它们使用各种宣传鼓动手段来加深对苏维埃共和国的仇恨,它们不会放过任何一个机会来进行它们所说的武装干涉,也就是扼杀苏维埃政权。

如果我们记住了这一点,并且根据苏维埃共和国所处的国际形势总起来看一看过去的三年,那就很清楚,我们所以能够支持下来,能够战胜受到我国白卫分子支持的空前强大的协约国列强联盟,只是因为这些强国一点也不团结。我们迄今为止所以能够取得胜利,只是由于帝国主义列强之间存在着极其深刻的争执,完全是由于这些争执不是偶然的党派内部的争执,而是帝国主义国家之间经济利益上的最深刻的、无法消除的矛盾。这些国家以土地和资本私有制为基础,不能不实行掠夺政策,而在这种政策下,要想把它们的力量联合起来反对苏维埃政权,那是徒劳的。我们就拿日本来说吧,日本几乎控制了整个西伯利亚,它当然随时都能够帮助高尔察克,但是,它没有这样做,其主要原因就在于它的利益同美国的利益根本不一致,它不愿意为美国资本火中取栗。我们知道了他们这个弱点,自然就只能采取利用美日矛盾的政策,而不能采取任何其他政策,以便巩固自己,推迟日本和美国可能达成反对我们的协议的时间。但是,达成这种协议是可能的,我们已经有过一个例子,美国报纸上登过所有答应援助高尔察克的国家之间所达成的协议全文。[67]

　　当然，这个协议是完蛋了，但是，它们一有机会就试图恢复这个协议，这并不是不可能的。共产主义运动发展得愈深入，声势愈浩大，它们就愈是会一而再、再而三地试图扼杀我们的共和国。因此，我们的政策就是利用帝国主义列强的矛盾，使这种协议难以达成，或者尽可能使它暂时不能达成。这就是过去三年中我们政策的基本方针，它要求我们必须签订布列斯特和约，必须同布利特签订对我们极端不利的关于和平和停战的条约。而根据这个方针，我们现在必须紧紧抓住租让这样的建议。我们现在把堪察加租给美国，反正堪察加现在实际上不在我们手中，因为日本军队盘踞在那里。我们现在还不能同日本打仗。我们租给美国这块领土，是为了从经济上加以利用，在那里我们根本没有陆军和海军，也不能把陆海军调到那里去。我们出租这块地方，是让美帝国主义去反对日本帝国主义，去反对离我们最近、至今还控制着远东共和国的日本资产阶级。

　　由此可见，在租让谈判上，我们的主要利益是政治上的利益。最近的事态也十分清楚地证明，光是谈谈租让问题，我们就得到了好处。我们还没有实行租让，并且在美国总统就职（这不会早于3月）以前，我们是不能租让的。此外，我们还保留了在拟订详细合同时拒绝签字的权利。

　　这就是说，这个问题在经济上是十分次要的，它的全部实质是在于它的政治意义。从我们收到的报刊来看，一切消息都证明，我们已经得到了好处。万德利普自己主张，租让草案暂时还要保密，直到共和党取得胜利为止。我们同意既不公布他的信件，也不公布整个合同草案。但实际表明，这种秘密是隐瞒不了多久的。万德利普一回到美国，立即就有人开始作种种揭露。在美国大选以前,总统候选人是哈定,他现在已经取得了胜利。这位哈定曾经在各报发表声明,对所谓他曾通过万德利普同苏维埃政权往来一事进行辟谣。他的辟谣很坚决,几乎是这样说的:我不认识万德利普,更不承认同苏维埃政权有任何往来。然而,作出这种辟谣的原因是十分清楚的。在资产阶级美国大选前夕,如果让人知道哈定主张同苏维埃政权达成协议,这就可能使他失去几十万张选票,因此他赶快宣布他不认识什么万德利普。但是大选刚一结束,我们就从美国得到了完全不同的消息。万德利普在报上发表很多文章,竭力主张同苏维埃政权达成协议。他在一家报纸上甚至把列宁比做华盛顿。这样一来,我们在资产阶级国家里就有了主张同我们达成协议的宣传员,而我们的这些宣传员不是苏维埃大使,也不是任何新闻记者,而是像万德利普那样的最坏的剥削者的代表人物。

当我在负责工作人员的大会上谈到我刚才所说的话的时候①,有一位从美国回来的、曾经在万德利普工厂工作过的同志向我们叙述了他的悲惨的遭遇,他说他在其他任何地方都没有看见过像万德利普工厂那样厉害的剥削。而这样一个资本主义豺狼却成了主张同苏维埃俄国建立贸易关系的宣传员,即使我们除了拟订的租让合同以外,什么东西也没有得到,那也可以说我们得到了好处。我们收到很多消息,当然是秘密的消息,说明资本主义国家并没有放弃明春重新同苏维埃俄国开战的打算。我们还得到很多消息,说明某些资本主义强国正在为此作准备,而白卫分子,可以说是正在一切大国内进行准备工作。因此,我们最关心的就是恢

---

　　① 见本卷第64—68页。——编者注

复贸易关系,而为了做到这一点,我们必须把资本家争取到我们这一方面来,哪怕是一部分资本家也好。

在英国,斗争已进行很久了。我们已经得到了好处,因为有一些最残暴的资本主义剥削者的代表人物主张实行同俄国恢复贸易关系的政策。对英条约,即同英国的贸易协定还没有签订。克拉辛现在正在伦敦加紧进行这方面的谈判。英国政府已向我们提出了自己的草案,我们也提出了自己的草案,但是,我们毕竟看出:英国政府在拖延协定的签订;好战的反动派正在那里加紧活动,它们到现在为止一直是占上风的,并且在阻挠贸易协定的缔结。我们所直接关心的,我们的直接的职责就是支持一切能够加强愿意同我们缔结这个条约的党派的事情。万德利普就是这样的一位拥护者,这不仅是偶然的事情,也不能把这件事情单单解释为万德利普特别精明强干,或者万德利普十分熟悉西伯利亚的情况。这里有更深刻的原因,这些原因同拥有无数殖民地的英帝国主义的利益扩张有关系。在这方面美英帝国主义之间的矛盾是很深刻的,利用这种矛盾我们是责无旁贷的。

我已经说过,万德利普是西伯利亚通。当我们的商谈快要结束的时候,契切林同志说,应当接见一下万德利普,因为这对于他今后在西欧的活动会起良好的影响。当然,要同这样的资本主义豺狼谈话是不会令人愉快的,但是,既然我由于职务关系,甚至非常客气地同已故的米尔巴赫谈过话,现在我当然也不怕同万德利普谈话。有趣的是,当我和万德利普互相寒暄以后,他开玩笑说,美国人是非常讲求实际的,在他们没有亲眼看见以前,他们不相信任何人,我也半开玩笑地回答他说:"您现在可以看一看苏维埃俄国有多么好。你们美国也来实行这种制度吧。"他不是用英语,而是用俄语回答我这个问题说："也许吧。""您怎么还懂俄语?"他说:"多年以前,我在西伯利亚走了5 000俄里,我对西伯利亚很感兴趣。"同万德利普客气的笑谈结束时,他告辞说:"是的,应该承认密斯特列宁头上没有长犄角,我应该把这件事告诉我在美国的所有朋友。"如果我们今后在欧洲报刊上再也看不到关于苏维埃政权是妖魔鬼怪以及不能同它往来的消息,那当然不是一件无足轻重的事情。我们已经得到了一个向这潭死水里投一块石头的机会,这块石头就是主张同我们恢复贸易关系的万德利普。

来自日本的每条消息,都谈到日本商界现在极为不安。日本的舆论说,它决不放弃自己的利益,它反对同苏维埃政权搞租让。总之,我们大大加深了日本和美国之间的仇恨,从而无疑地缓和了它们两国对我们的攻击。

我在莫斯科那次负责工作人员大会上曾经把这一事实告诉大家,在讨论的时候有人提出了这样一个问题:"这样说来——像一位同志所写的那样——我们在挑动日本和美国打仗,但是作战的却是工人和农民。虽然这是帝国主义列强,但是,我们社会主义者难道应当挑动两个强国打仗而让工人流血吗?"我对这个问题回答说:如果我们确实是在挑动工人和农民打仗,那是犯罪行为。但是,我们的一切政策和宣传决不是为了挑动各国人民去打仗,而是为了结束战争。经验也充分表明,唯有社会主义革命才是摆脱接连不断的战争的出路。因此,我们的政策不是挑起战争。我们从来没有直接或间接地说过日美之间的战争是正确的。我们的一切宣传和报纸上的一切文章都在阐明这样一个真理:日美之间的战争,跟1914年英国集团同德国集团间所进行的战争一样,将是一场帝国主义战争;社会主义者应该考虑的不是保卫祖国,而是推翻资本家的政权，进行工人革命。我们正在竭力促使这场革命尽快发生，但是，既然我国现在还是一个常受帝国主义强盗攻击的很弱的社会主义共和国，那么我们利用它们之间的矛盾、使它们难以勾结起来反对我们，这种政策是否正确呢？当然，这种政策是正确的。我们三年多来一直在实行这种政策。布列斯特条约就是体现这个政策的主要事实。当时德帝国主义还在挣扎，由于我们利用了帝国主义者之间的矛盾，我们甚至在红军还没有建立的情况下，也坚持了下来。

这就是形成我们租让堪察加的政策的情况。这种租让是相当特别的。我在下面还要谈谈其他租让项目是怎样形成的。现在我只谈谈这个问题的政治方面。我要指出，日本和美国之间的关系可以说明为什么提出租让的建议或以租让相招引对我们是有好处的。实行租让就得先这样或那样地恢复和平协定，恢复贸易关系，就使我们能够直接大批购买我们所需要的机器。我们必须竭力办到这一点。这一点我们现在还没有办到。

一位同志提出关于同英国恢复贸易关系的问题，他问，为什么同英国的协定迟迟没有签订？我回答说，拖延的原因是英国政府犹豫不决。英国工商业资产阶级的多数人都主张恢复往来，他们清楚地看到，采取支持战争的步骤，就意味着冒极大的风险和加速革命的到来。你们都记得，当我们向华沙进军的时候，英国政府曾用最后通牒来威吓我们，说它要命令舰队进攻彼得格勒。你们记得，当时英国到处都成立了"行动委员会"，英国工人阶级的孟什维克领袖也声明他们反对战争，不准进行这场战争。另一方面，英国资产阶级中的反动分子和宫廷好战集团却主张继续进行战争。毫无疑问，贸易协定迟迟未能签订是由于它们的影响。我不想叙述这种同英国的贸易关系,这个同英国贸易关系的条约谈判中的某些周折,因为这样会使我离题太远。党中央委员会,最近对这个棘手的问题讨论得很热烈。我们多次复议这个问题,并且在这方面我们的政策显然是要作最大的让步。现在,我们的目的就是同英国签订贸易协定,以便较正常地进行贸易,使我们能够尽快地买到实现恢复国民经济的庞大计划所需要的机器。这个工作进行得愈快,我们不依赖资本主义国家的经济独立就愈有基础。正是在目前,它们在对俄国的军事侵略中碰了壁,因而不可能立刻考虑重新挑起战争的问题;我们应当抓住时机,尽一切力量,哪怕以最大的让步为代价,建立起贸易关系,因为我们从来都不相信能同帝国主义列强保持牢固的贸易关系,这只是暂时的间歇。历次革命和大规模冲突的历史经验告诉我们,战争,一系列的战争,都是不可避免的。有些事情,比如,被资本主义国家包围着的苏维埃共和国与资本主义国家共存,这是资本主义不能容忍的,它们一定要抓住一切机会重新挑起战争。现在帝国主义战争已经使人民精疲力竭,再打仗就会激起他们的愤怒,但是不能排除几年后资本家重新发动战争的可能性。因此,既然有机会,我们就应当竭力加以利用,来缔结贸易协定,我可以在这里谈一谈下面这一点(请不要作记录)。我想,我们采取的共产国际不是政府机关这一坚定立场,最终必将获得胜利。况且英国资产阶级理智地想一想,就一定会认识到,反对第三国际的做法是荒唐的。第三国际建立于1919年3月。1920年7月召开了第二次代表大会,而大会之后,各国都公布了莫斯科的条件。[68]现在争取加入共产国际的斗争正在公开进行。共产党的组织基础到处都有。在这样的情况下,试图向我们提出清算共产国际这样一个严重的最后通牒式的问题,是令人不能容忍的。他们坚持这一点，表明这一点正是他们的痛处，正是我们的政策中使他们感到不高兴的地方。他们不说我们也知道，我们政策中有哪些地方使他们感到不高兴。另一个可以在党的会议上谈谈的引起英国不安的问题，就是东方问题。英国想让我们承担义务，不做任何损害英国在东方的利益的事情。我们很乐意承担这样的义务。例如，东方各民族代表大会[69]，即共产主义者代表大会，是在独立的阿塞拜疆共和国的巴库举行的，而不是在俄罗斯联邦举行的。英国政府无法指责我们做了什么损害英国利益的事情。他们对我国的宪法不甚了了，有时把阿塞拜疆共和国和俄罗斯苏维埃共和国混为一谈。我们的法律在这一点上的表述是精确的，可以轻而易举地驳倒英国大臣们的曲解。但是在这个问题上的意见分歧仍然存在。克拉辛正在同大臣们就这两个棘手的问题进行讨论。

在7月，当波兰将要遭到彻底失败，红军就要击败波兰的时候，英国提出了一份协定书，其中说：在原则上你们必须声明，不进行官方的宣传，不做任何损害英国在东方的利益的事情。这将由以后的政治会议来研究解决，而现在我们要签订的是这个贸易协定。你们愿意签订吗？我们回答说：愿意。就是现在我们也还是说我们要签订这个协定。英国在东方的利益将由政治会议更确切地加以规定。我们在东方也有某些利益，如有必要我们将详细加以说明。英国不能公开说它要放弃7月的建议。因此，它就拖延，并对本国人民隐瞒谈判的真相。谈判还没有结果，我们不能担保协定一定能签订。在英国，影响最大的宫廷势力和军方势力都反对这个协定。然而，我们现在准备作最大的让步，并且认为我们关心的就是得到贸易协定，尽快地购买恢复运输业所需要的主要东西即机车,以及购买恢复工业和实行电气化所需要的主要东西。这一点对我们最重要。如果我们能够得到这些东西,那我们在几年之内便能大大巩固起来,万一在几年以后再发生武装干涉,这种干涉也一定失败,因为那时我们要比现在强大。我们中央委员会的政策就是对英国实行最大让步。如果这班先生想要我们作出什么承诺,那我们可以声明,我国政府将不再进行任何官方宣传,我们不打算触犯英国在东方的任何利益。如果他们想在这方面给自己找点小便宜,那就让他们试试吧,我们是不会因此而吃亏的。

我来谈谈英法关系问题。它们的关系是错综复杂的。一方面,英法都加入了国际联盟[70],有义务一致行动;另一方面,每当形势紧张起来的时候,它们总是不能一致行动。当加米涅夫同志和克拉辛一起在伦敦进行谈判的时候,这一点暴露得很明显。法国主张支持波兰和弗兰格尔,而英国政府却声明:"我们不同法国走一条路。"英国与法国相比,比较愿意接受租让,因为法国还在幻想收回债款,而精明一点的英国资本家已经不再考虑这一点了。从这方面看来,利用英法之间的矛盾,对我们是有好处的,因此应当坚持向英国提出关于租让的政治建议。现在我们拟订了关于北部边远地区森林租让的合同草案。我们现在处于这种情况:由于英法在政治上不一致,我们的任务就是甚至不惜冒一定的风险,只要能够使英法难于结成反对我们的军事联盟就行。一旦爆发了由英法支持的反对我们的新战争(即使我们能够赢得这场战争,就像现在击败弗兰格尔一样),那就会给我们带来巨大的困难,阻碍我国经济的发展,使工人和农民的生活状况恶化。因此,我们应当采取各种措施,使我们少受损失。至于租让带来的损失,同耽误我国的经济建设和造成成千上万工人和农民的死亡(如果我们不能制止帝国主义者联合的话)比起来,是算不了什么的,这一点是很清楚的。而制止他们联合的办法之一,就是同英国进行租让谈判。这就是这个问题的政治方面。

末了,谈谈最后一个方面,就是英国和整个协约国同德国的关系。除美国以外,德国是最先进的国家。就电力发展方面的技术水平来说,它甚至比美国还要高。而这个被凡尔赛条约所束缚的国家,现在却处于不能生存下去的境地。这种情况自然会促使德国同俄国联合。当俄国军队逼近华沙城下的时候,整个德国都沸腾起来了。这个备受压迫但又蕴蓄着巨大生产力的国家要同俄国联合,这就引起了德国政治上的混乱:德国的黑帮分子竟和斯巴达克派[71]一道同情起俄国布尔什维克来了。这是完全可以理解的,因为这是由于经济原因造成的,这就是整个经济形势和我国对外政策的基础。

当我们孤立而资本主义世界还很强大的时候,我们的对外政策就是必须利用分歧(能战胜所有的帝国主义强国,这当然最好,但我们在相当长的时间内还不能做到这一点)。我们的存在,一方面取决于帝国主义列强之间存在着根本的分歧,而另一方面则取决于协约国的胜利和凡尔赛和约已使德意志民族的绝大多数人无法生活下去。凡尔赛和约造成了这样的情况:德国连想喘息一下,想不遭到抢劫,生活资料不被夺走,居民不致挨饿和死亡,都成了不可能的事,因而它的唯一的自救办法,自然只有同苏维埃俄国联合,所以它就把目光转向苏维埃俄国。他们疯狂地反对苏维埃俄国,仇恨布尔什维克,他们像地道的白卫分子一样在枪杀本国的共产党员。德国资产阶级政府疯狂地仇恨布尔什维克,但是,国际形势的利害关系却促使它违心地同苏维埃俄国和好。同志们,这就是我们的国际政策,即对外政策的第二个支柱,它向那些意识到资产阶级压迫的民族证明,只有苏维埃共和国才能拯救他们。既然苏维埃共和国在三年中顶住了帝国主义者的压力,这就说明世界上已经有一个国家,只有一个国家,成功地抵抗了帝国主义的压迫。就算这是一个"蠹贼"、"土匪"、"强盗"、布尔什维克等等的国家吧,就算是这样吧,但是没有这个国家,经济状况毕竟是不能改善的。

在这种情况下,租让问题还有另外一方面。我手里拿的这本小册子,就是11月23日颁布的租让法令。这本小册子将要分发给代表大会的全体代表。我们打算把这本关于租让的小册子用几种文字在国外出版。我们的目的是立即尽一切可能使绝大多数国家的居民,尤其是那些最受压迫的国家的居民感到租让是有利的。日本和美国的利益很不一致。它们两国为了瓜分中国和许多岛屿而相持不下。德国和协约国之间利益上的不一致则是另外一种情况。协约国给德国造成的条件,使德国无法生存下去。那里的人民奄奄待毙,因为协约国抢走了发动机和牲畜。这种情形促使德国向苏维埃俄国靠拢。我不知道德国和协约国所缔结的条约的详细内容,但至少有一点是清楚的,这个条约禁止德国同苏维埃俄国建立直接贸易关系。我们做了一笔购买德国机车的生意,但是出面做这笔生意的不是德国,而是瑞典。德国在1921年4月之前恐怕不能和我们恢复公开的贸易关系。但是我们同德国建立贸易关系的步子要比同协约国建立贸易关系的步子快。生存条件迫使全体德国人民,包括德国的黑帮分子和资本家在内,设法同苏维埃俄国往来。德国通过一些贸易关系已经同我们有了联系。德国同我们还会有更多的联系,因为我们向他们提出了粮食方面的租让建议。因此，很显然，甚至不管草案能够在多大程度上实现，我们都必须把租让当做一种经济办法提出来。对租让的兴趣是十分明显的，即使我们连一项租让也不能实现，连一个合同也没有执行（而这是完全可能的），即使果真如此，我们还是会得到好处的，我们还是要执行这个政策的，因为这样做就能使帝国主义国家难于对我们发动进攻。

尽管如此，我们还是必须向一切被压迫民族指出，凡尔赛条约造成的结果是，少数几个国家压迫着其他民族，这些民族公开地或隐蔽地，自觉地或不自觉地呼吁我们给予援助，但是它们已经习惯地意识到，在经济上必须联合苏维埃俄国，反对国际帝国主义。因此，粮食方面的租让已经超出以前的资产阶级租让的范围，已经不同于以前的资本主义租让。但它仍然是资本主义租让，因为我们对德国资本家说：只要运多少多少拖拉机来，我们就给你们提供上好的生荒地和粮食。我们现在正用巨额利润来吸引资本。就这一点来说，租让仍然是纯资本主义的措施，但是它有重大得多的意义，因为德国这个国家，还有奥地利和其他国家都无法生存下去，因为它们需要粮食援助，因为尽管资本家可以赚100%或200%的利润，尽管有反布尔什维主义的偏见，但是全体人民已经看到，布尔什维克所建立的完全是另外一种国际关系，这种关系使一切被压迫民族有可能摆脱帝国主义的压迫。因此，我们过去三年来的胜利一定会使我国的对外政策在这一年中取得更大的胜利。我们的政策正在使那些受帝国主义压迫的资本主义国家聚集在苏维埃共和国的周围。所以，关于租让的建议不仅具有资本主义的意义；所以，这不仅是一只向德国资本家伸出的手："只要给我们运几百部拖拉机来，每一个卢布你们甚至可以赚300%的利润"；而且这还是一只向被压迫民族伸出的手,这是被压迫群众的联盟,这个联盟是即将到来的无产阶级革命的因素之一。在先进国家内还有这样的怀疑和顾虑,认为俄国所以能够冒险实行社会主义革命,是因为俄国是个大国,有自己的生活资料,而我们这些欧洲的工业国家就不能这么做,因为我们没有同盟者——这些怀疑和顾虑是毫无根据的。我们说:"你们已经有了苏维埃俄国这个同盟者。"既然我们要实行租让,这就是一个能够巩固反对世界帝国主义联盟的联盟。这一点决不能忽视,它证明了我们租让政策的正确性,并且指出了签订这些租让合同的必要性。

其次是几个纯粹经济上的考虑。我现在来谈经济上的考虑,并且把法令中的某些条文念一下,虽然我相信在座的同志们都已读过11月23日颁布的这项法令。但是我还想简要地提一下,法令上规定:给承租人一部分产品作为报酬;如有特殊的技术革新,我们准备给以贸易上的优惠权;租让期限的长短根据费用的多少和性质来决定。我们保证,不没收不征用投入企业的资产。

当然,不这样做私人资本和私有主就不会同我们打交道。但是,这里去掉了合同草案中起先提到的法院问题。后来我们看出这样提对我们没有好处。反正我国境内的司法权现在仍然掌握在我们手里。一旦发生争执,将由我们的法官来审理。这不是征用,而是运用我国司法机关合法的司法权利。

第五条谈的是劳动法典。在合同最初的草案中,我们已和万德利普预先商定,劳动法典不适用于不发达部落(我们不知道有哪些)居住的地区。在这些地区实施劳动法典是不可能的。所谓不适用,就是签订一项保障工人的专门合同来代替劳动法典。

最后一条是我们向承租人保证,不允许单方面的改变。当然,没有这一点也就谈不到实行租让。不作单方面的改变是什么意思，这个问题还没有解决。这取决于每项租让合同的条文。可以由某些中立国来仲裁。这一条有可能产生分歧，并且在确定租让条件时会留下一定的余地。必须指出，例如，在资本主义世界中，工人中的孟什维克领袖们算是可靠的人物。他们参加资产阶级政府，资产阶级政府很难拒绝欧洲各国的孟什维克或社会主义叛徒这样的人来担任中间人或仲裁法官。同时，经验告诉我们，这些欧美孟什维克先生同俄国孟什维克一样，只要情况稍微紧张，他们就不知所措，尽管他们仍然是革命的敌人，却不得不屈服于革命群众的压力。这是一个尚待解决的问题。我们不能事先就决定。

从我所读的这些条款中你们会看出，承租的资本家和社会主义共和国之间的经济关系是很不巩固、很不稳定的。显然，保持私有制和剥削关系的资本家，在社会主义共和国内不能不是一种异物。由此便产生了我的报告的主要论题之一：租让是战争的继续，只不过采用了另一种形式。我现在再来详细谈谈这一点，首先我想说明三种主要的租让形式或租让项目。

在这本小册子里，我们已经列了一张主要租让项目的单子。最高国民经济委员会的同志为这本小册子提供了资料并作了审定，附上了清楚标明这些租让项目的地图。在这些地图上可以看到，租让项目分为三种主要形式：第一种是北部边远地区的森林租让，第二种是粮食租让，第三种是西伯利亚的矿业租让。

在俄国欧洲部分的北部边远地区有几千万、几亿俄亩森林，这些森林我们根本不能采伐，因为我们没有交通线，缺乏生产资料以及不能运送粮食给那些地方的工人，而拥有强大船队的国家可以在这里正常地采伐商品木材，并且把它们大量运出来——这些地区的森林租让对我们的经济意义是很明显的。

既然我们想同外国进行商品交换，我们想这样做，我们懂得进行商品交换的必要性，那么我们主要应该关心的是尽快地从资本主义国家获得机车、机器、电气器材等等生产资料，没有这些生产资料，我们便不能稍许像样地恢复甚至根本不可能恢复我们的工业，因为我们得不到工厂所需要的机器。要用加倍的利润收买资本主义。资本主义将得到额外的利润——这种额外的利润由它去吧——我们所得到的将是能使我们巩固起来，最终站立起来，并在经济上战胜资本主义的主要的东西。要获得优良的机器等等，我们就必须付出代价。拿什么来偿付呢？我们有接收下来的几百万金卢布的储备。你们从俄罗斯电气化的专门计划中会看到，包括工业恢复工作在内的这个为期几十年的计划，根据大约的估算，必须支出将近 170 亿金卢布。单是电气化一项的费用就要超过 10 亿金卢布。我们不能用我们的黄金储备来抵偿，输出粮食我们是万分不愿意的，而且也是很危险的，因为我们还不能充分保证自己的工业所需的粮食，可是又必须抵偿。在这方面除了我们在北部边远地区拥有的大量森林，在经济上就没有对我们更适当的项目了，这些森林在那里腐烂，散失，因为我们在经济上没有力量开发它们。但是木材在国际市场上价格很高。从政治上来说，北部边远地区在这一点上对我们也是合适的，因为这是边远地区。这种租让无论在政治上或经济上对我们都合适，因此我们必须首先要依靠它。米柳亭在莫斯科召开的一次会议[72]（我已向你们提起过这次会议）上说，同英国就俄国欧洲部分北部的这项租让举行的谈判正在进行。那里有几千万俄亩森林。如果我们把 300 万或 500 万俄亩森林划成棋盘的格式租给承租人，同时给自己创造条件,利用这些改进了的企业,利用学习的机会,争取让我国技术人员参加进去,那我们就会给自己赢得许多好处,我们就能使同我们做生意的资本主义列强难以对我们采取军事措施,因为战争会毁掉一切,一旦战争爆发,工程建筑和交通线都将归我们所有。可能产生的新的高尔察克和邓尼金之流,要搞反对我们的活动也就不大容易了。

第二种租让就是粮食方面的租让。西西伯利亚有大片我们无力开发的上好土地,因为它离交通线很远。此外,光是在俄国欧洲部分和乌拉尔河流域,我们的农业人民委员部曾提出一个相应的任务,并且算出乌拉尔河流域我们耕种不了的土地至少有300万俄亩,这些土地都是国内战争胜利结束后哥萨克丢弃的,当时哥萨克整村整村地逃跑了。那里有着上好的土地,这些土地应该加以开垦,但是在耕畜不足和生产力遭到削弱的情况下,我们是耕种不了的。

在顿河州的国营农场里,大约有80万俄亩土地我们不能耕种,因为耕种这些土地需要大批耕畜或者很多拖拉机队,但这样的拖拉机队我们还拿不出来,而某些资本主义国家,包括迫切需要粮食的奥地利、德国、波希米亚,就能拿出这样的拖拉机队来,在夏收中就可以收获上好的小麦。这方面我们能够做到什么程度,我们还不知道。现在我们在莫斯科和彼得格勒有两个拖拉机制造厂在生产,但是这些工厂由于条件困难,还不能大批生产拖拉机。我们多买一些拖拉机就可以使情况缓和。拖拉机是彻底打破旧耕作习惯和扩大耕地的最重要的手段。实行这些租让,我们就可以向许多国家表明,我们能够大规模地发展世界经济。

如果我们的宣传和我们的建议没有奏效,如果我们的建议未被接受,那么我们的建议不仅仍然有政治上的好处,而且还有社会主义的好处。在资本主义世界里不仅有巧取豪夺的事,而且还可以看到荒谬现象和犯罪行为,因为在一些国家里粮食过剩,这些过剩的粮食由于各种币制改革,由于很多战败国的货币贬值而卖不出去。大批粮食在霉烂,而同时在德国这样一些国家里却有几千万居民因挨饿而濒临死亡。资本主义的这些荒谬现象、犯罪行为在一切资本主义国家和俄国周围的小国里愈来愈明显。现在苏维埃共和国出来说:"我们有几十万俄亩上好的土地,可以用拖拉机来开垦,你们有拖拉机,有汽油,也有受过训练的技术人员;因此,我们向各国人民,其中也包括资本主义国家的人民建议,要把恢复国民经济和拯救各国人民免于饥饿当做一切的基础。"如果资本家不理解这一点,那正是证明资本主义制度的腐朽、荒谬和罪恶的论据。这不仅会有宣传的意义;这还是共产主义的革命号召,因为这无可怀疑地表明——各国人民也愈来愈深信不疑——资本主义正在土崩瓦解,它无法满足种种需要。极少数帝国主义国家大发其财,其他许多国家则濒于毁灭。世界经济需要改组。所以苏维埃共和国提出了这个改组计划,提出了这个完全实事求是、不容争辩、切实可行的建议:"你们虽然有极其丰富的技术,但是在资本主义制度下却饿得奄奄待毙,而我们却可以把你们的技术和我们的原料结合起来来解决危机,但资本家是一个障碍。我们建议他们这样做,可是他们却从中阻挠、破坏。"这就是第二种租让,粮食方面的租让或者说拖拉机租让。

第三种租让是矿业租让。这些租让项目在西伯利亚地图上都已列出,在地图上详细标出了要租让的每一块地方。西伯利亚的矿藏是十分丰富的,然而我们即使在最好情况下,即使取得了重大的成就,几年以内也无法开采这些矿藏的1％。开采这些矿藏要求装备精良的机器。那里有铜矿之类的矿藏,铜矿是资本主义国家、是电力工业所迫切需要的,因为这些东西非常缺乏。如果同我们进行正常的往来,就能恢复世界经济,提高全世界的技术。

当然,这种租让实行起来是很困难的,也就是说,要比森林租让、粮食方面的租让困难得多。实行后一种租让,只要在短时间内使用一下拖拉机就行了。森林租让也没有这样困难,何况这是我们还无力开发的项目,但是,矿业租让项目有一部分离铁路线并不远,一部分在人口非常稠密的地区,因此,矿业租让就有很大的危险性,我们一定要更仔细地斟酌是否租让的问题,并且要提出一定的条件来,因为毫无疑问,租让就是一场新的战争。资本家到我们这里来是进行新的战争,资本家的存在本身就是一种对周围社会主义世界进行的战争。社会主义国家里有资本主义经济企业——这就是拥护自由贸易、反对余粮收集制政策的战争,就是拥护私有制、反对废除私有制的共和国的战争。在这种经济根基上也就产生了一系列的相互关系(如"苏哈列夫卡"[73]同我们的机关之间的战争关系)。人们会向我们说,你们封闭了一个"苏哈列夫卡",但是又把资本家放进来,开放了很多新的"苏哈列夫卡"。我们并不无视这一点,我们说,既然迄今为止我们一直取得胜利,并且是在我们的敌人使尽一切手段,内外夹攻来破坏我们的事业这种情况下取得胜利的,那么,在我们规定了明确的条件和关系之后,我们在一定地区内反而对付不了、监视不了吗?我们有同军事间谍活动和资本家的暗中破坏活动作斗争的实际经验。当他们潜伏在我们机关内部的时候,我们尚且进行过斗争,难道我们按照一定的名单、根据明确的条件把资本家放进来,反而就对付不了吗?当然,我们知道,他们会违反这些条件,我们要同这种行为作斗争。但是,同志们,资本主义基础上的租让——这是一场战争。只要我们还没有把其他国家的资本推翻,只要资本还比我们强大得多,那么,它随时都能使用自己的力量来反对我们,重新对我们开战。因此我们必须使自己更强大,而要达到这个目的就必须发展大工业,必须振兴运输业。我们这么干是冒风险的,这里仍然是战争关系,仍然是斗争,如果它们要破坏我们的政策,那么我们就同它们作战。如果把和平的租让合同看做是同资本家订立的媾和条约,那就大错而特错了。这是关于开战的条约,但是签订这个条约对我们的危险性比较小,对于工人或农民来说负担也比较轻,总比人家用装备精良的坦克和加农炮来进攻我们好得多,因此我们应当采取一切办法,以经济上的让步为代价来发展自己的经济力量,促进我国经济恢复的事业。害怕实行租让的同志说,资本家当然不会履行合同。不言而喻,绝对不能自我安慰,说资本家会履行合同。这将是一场战争,最后的理由还是战争,而这个理由对社会主义共和国始终是一个理由。

现在这场战争时时刻刻都威胁着我们。我们正在同波兰进行和平谈判,我们有充分把握签订和约,或者确切些说,至少有很大的把握来缔结这一和约。但是,萨文柯夫分子和法国资本家正在尽力破坏这个条约,这是毫无疑问的。资本家很可能不是今天发动战争,就是明天发动战争,要不是三年来他们取得了经验教训,他们很想现在马上就发动战争。租让,这是有一定风险的;租让,这就是损失;租让,这就是战争的继续。这是毫无疑问的,但是这场战争对我们是比较有利的。如果我们获得某一最低限度的生产资料、机车和机器,那么,我们在经济上就不会再是目前这个状况,而帝国主义国家对我们说来就不那么危险了。

有人对我们说，承租人会替他们的工人创造特殊的条件，给他们运来好的衣服、鞋子、上等的粮食。那时他们会对我国不得不忍受苦难、并且还要长期忍受苦难的工人进行这样的宣传：瞧，在社会主义共和国，工人过着贫困生活，在旁边的资本主义孤岛，工人却过着美好的生活。这种顾虑在我们党的会议上常常听得到。当然，这种危险性是会有的，并且它表明租让就是战争的继续，而不是和平，但是既然我们已经经历过的苦难更大，同时我们看到，资本主义国家的工人明明知道俄国的经济条件坏得多，可是仍然跑到我们这里来，难道在这方面我们就不能用我们的反宣传来对付这种宣传以进行自卫吗？资本主义当然可以给自己的一部分工人创造一些较好的条件，但是其他工人群众的条件并不会因此而得到改善，难道我们就不能向工人证明这一点吗？最后，为什么在同欧美资产阶级打交道时，得到好处的总是我们而不是他们呢？为什么直到现在他们一直害怕派代表团到我们这里来，而不是我们害怕派代表团到他们那里去呢？直到现在，我们总是能从他们派来的代表团中把一小部分人争取过来，尽管这些代表团主要是由孟什维克分子组成的，而且这些人到我们这里来的时间都很短。可是我们却怕给工人说不清真相？！如果我们怕的是这一点，如果我们把这些考虑看得比租让所具有的极重要的直接意义更重，那是很糟糕的。

我们的农民和工人的生活状况还是很困难的。必须改善他们的生活状况。这一点我们不能有任何怀疑。我认为，我们会一致同意，租让政策也就是继续进行战争的政策，但是我们的任务是维持一个被资本主义敌人包围的孤立的社会主义共和国的生存，捍卫一个比它周围的资本主义敌人弱得多的共和国,从而使敌人无法建立反对我们的联盟,使他们难以实行自己的政策,使他们不能取得胜利,我们的任务是保证俄国有恢复经济所必需的工具和资金,因为我们一旦得到这些东西,我们就会牢牢地站立起来,那时任何资本主义敌人对我们来说都是不足惧的。这就是指导我们实行租让政策的观点,这就是我所说明的观点。

载于1920年12月底莫斯科国家出版社出版的弗·列宁《论租让(在苏维埃第八次代表大会俄共党团会议上的报告)》一书

译自《列宁全集》俄文第5版第42卷第91—117页

2

在俄共(布)党团会议上
关于租让问题的报告的总结发言

(12月21日)

同志们！我收到许多字条，对其中尚未回答的，我将简略地回答一下。但是，首先宣读一张提供情况的字条，我也认为这张字条是有代表性的：

> 我们告诉你们一个有代表性的征兆，在下诺夫哥罗德省阿尔扎马斯县的代表大会上，一位非党农民谈到租让问题时说："同志们！我们派遣你们去参加全俄代表大会，同时我们声明，我们农民愿意再受三年饥寒，再承担三年义务，只是你们不要用租让的办法出卖我们的俄罗斯母亲。"

我认为，这张字条在代表大会的正式报告中加以引用将是很有益的，也是应当的①，因为它将显示出问题的另一个方面，对这个方面资本家们是不会理会的，而我们对此却根本无须讳言，这里存在危险，对这种危险我们必须特别注意。这些提醒可以更加引起工人和农民的注意，这一点我已经说过，但既然这样的提醒来自不识字的农民，那么，这一点尤其重要，因为这一点更加突出了目前具有特殊意义的任务，这一任务之所以特殊，是由于在这次代表大会上你们将要审议提交人民委员会的关于向农民经济提供帮助

---

① 见本卷第138页。——编者注

的法案。要善于说服非党农民,把他们吸引到我们方面来,发挥他们的主动性。这张字条表明,这方面完全有可能取得巨大的成就,而且我们一定会取得的。

下面是这样一张字条:

我们正经历着经济危机和经济破坏,不能像资本家那样满足工人的要求,那么资本家承租人会不会以此来煽动工人无产者群众反对苏维埃政权呢?

我已经说过,在先进国家里,在多数先进国家里,工人的待遇比我们这里好,然而居住在各先进国家的俄罗斯工人明知工人在经受苦难,却千方百计急于回到苏维埃俄国来。

俄国的里亚布申斯基之流及其他坏蛋会不会同英美资本家一起出现?

这个问题应该同询问承租人是否享有治外法权的字条联系起来答复。不,我们当然决不会给他们治外法权。治外法权只给予大使,而且有一定的条件。如果里亚布申斯基以为可以瞒过有关机关,我认为,那他就错了。

其次,同志们,我告诉你们,列扎瓦同志写道:"万德利普呈交了一张10家大辛迪加的委托书。这件事我们的专门机关已核实过。从伦敦回来的克拉辛已经证实了这一点,他在伦敦还考查了委派万德利普的那些集团的诚意。"

我要再次对那些询问为什么不公布合同的同志们说,公布合同对我们不利,因为互相倾轧的资本家认为在合同里面有许多坏东西。报刊上的喧嚷说明了这一点。让他们这样想吧,我们根本不打算叫他们失望。而那些想了解这个合同的人,是完全有可能做到这一点的。另外,我已指出,合同只有在美利坚合众国的新总统就职以后才能生效。而我们的党代表大会将在 2 月召开。[74] 因此，我们党完全有可能监督和决定应做的一切。

如果可以，请说明，堪察加要租让多久（或者打算租让多久），除了政治上的好处外，对俄罗斯联邦有没有经济上的好处？表现在哪里？

堪察加还没有租出去。而且在 3 月份以前不可能租出去。经济上的好处是，根据合同草案，他们开采出来的矿产品有一部分必须交给我们。

我们实行租让，这是否就是承认资本主义国家长期存在，是否就是认为我们关于世界革命即将到来的论点是不正确的？

这一点布哈林已经回答过了。问题不在于我们是否承认它们长期存在，而在于有一些巨大力量正在把它们推向深渊。我们的存在以及尽快摆脱危机和饥饿状态就是一股巨大的力量和革命的因素，这股巨大的力量和革命的因素比他们将从我们身上捞取的不多的钱财（从世界经济的观点来看）要大得多。多增加成百上千台机器和机车对我们有巨大的意义，因为这可以缩短恢复运输业的时间——托洛茨基曾估计这要花四年半，他后来又缩短为三年半——还可以再缩短一年。而减少一年的经济破坏和饥饿，这对我们有巨大的意义。

如果日本不让我们把堪察加租让给美国，而出兵强占它，并宣布堪察加是他们的，那怎么办？

日本实际上现在就控制着堪察加，如果它能够做到这一点，它是会这样做的，但是它不能这样做，因为它怕美国。

请讲一讲，资本家从哪里弄劳动力？自己带来吗？未必。如果要招收俄国工人，那么除了俄国工人又要受资本家控制以外，还会造成我们劳动市场的紊乱,从而会打乱统一的经济计划。

我不明白,我们的工人到那里去做工,怎么就会打乱经济计划。他们不通过我们的工会、我们的经济组织、我们的党,就不能去做工。先进的资本主义企业的工人将为我们训练工人,教他们掌握最好的生产方法。我们的工人既服从资本主义的劳动条件,又使这种劳动服从我们的劳动法典或对资本主义的劳动条件加以限制的专门合同;如果条件很坏,工人可以毫无顾忌地离开那里。如果条件不好,工人会走的。一些同志担心条件会好,另一些同志则担心条件会不好。我们将和我们的工人和农民持同样的看法,并且将采取适当的措施。

实行租让后,一旦承租人开始工作,俄国共产党在租让合同规定的地域内做工的工人中建立共产党支部的工作,能公开进行还是只能秘密进行?

这是对租让和承租人的误解。承租人并不是政权。除供经济开发的地域外,他得不到任何地方。所有的政权机关,所有的法院完全掌握在俄罗斯联邦手中。

如果说在美国,失业正在促进革命,那么,我们对美国实行租让,岂不是让它摆脱危机,也就是说让它阻碍革命吗?

这个论据布哈林同志已经批驳过了。

如果国际资产阶级认清了苏维埃政权的租让策略,那么苏维埃政权的处境将会如何?这会不会对我们有害?

完全不会,欧洲人都已知道租让,在那里发出的喧嚷证明资产阶级的忧虑不安。它唯恐来迟了。所有不想冒风险同俄国打交道的资本家,都已经感到他们落后了,而那些比较精明的就占了便宜。我们则要利用资本家的矛盾。

对莫斯科，或整个中部地区的大型工业企业是否有租让计划或租让方案？例如，有人谈到在莫斯科、雅罗斯拉夫尔、柳别尔齐就有三个这样的租让企业。

我一点也不知道有这些租让企业。在柳别尔齐有一个美国工厂，它没有被收归国有，过去一直没有被收归国有，但那里没有任何租让企业。最高国民经济委员会的同志们曾经谈到的在中部地区唯一可能实行的租让，就是为了发展染料企业而把一个工厂租让给德国化学工业家。在人民委员会里大家都说可以，但是这些议论还没有什么实际意义。

德国比我国先进得多，以致在帝国主义战争中，当德国化学工业停止向各先进国家提供产品时，连这些国家也陷入了困境。而我们为了发展化学工业应当准备给予德国化学工业家以更高的报酬。把一个工厂租让给德国人——这是最好的学习方法。在这方面，任何学校、讲座都不如工厂里的实际工作。在工厂里半年可以培养出一个工人，然后让他们在附近另建一个同样的工厂。担心一个工厂的德国人凭他们所处的国际地位会对我们搞出什么名堂，这是可笑的。人民委员会里没有意见分歧，原则上这是可以允许的。遗憾的是，这个问题实际上没有得到解决。我必须强调指出，关于租让问题，我们谈得很多，但是至今连一项都没有租让出去。当我们哪怕租让出一个企业的时候，当你们看到了租让的具体条件的时候，我们认为这将是一个很大的成就。

下面继续念。

可以对哪些国家实行租让？是否可以对波兰实行租让？

我们认为，对任何国家都可以实行租让，也包括波兰在内。

资本家是否会利用租让来防止本国发生危机，并以此推迟社会革命？

如果资本家能够防止本国发生危机，那么，资本主义就是永恒的了。他们无疑是受总的机制摆布的盲目的小卒——帝国主义战争证明了这一点。每个月都证明，资本主义的危机日益加深，在全世界日趋瓦解，只有俄国开始走向扎实的和真正的改善。

承租人为了在工人中间制造不和，会向他们的工人提供较好的条件。

用这种办法不可能加深我们中间的不和，我们已经强大得多了。

在承租人的地域里是否将建立工会基层组织？

承租人只从事经济开发，政权和法律依然是苏维埃的。

能不能指出哪些条件能保证我们不会发生歪曲苏维埃国家制度和培植资本主义制度的危险？

这些条件就是俄罗斯联邦的法律。如果对方违反这些法律，我们就有权废除合同。

向美帝国主义者租让堪察加的合同的初步草案有些什么内容？

我曾经说过，租让期限为50—60年。我们得到一部分产品，他们得到在离蕴藏石油的地方不远的海湾建立海军基地的权利。

您说，租让给被压迫国家（如德国）的资本家，比租让给其他国家意义更大。但是，被压迫国家的资本家取得租让后将会改善本国的经济状况，从而会推ىл国内革命，对这一点您有什么看法？

从革命的意义来说，国际形势是围绕着苏维埃俄国同各资本主义国家的斗争而变化的。巩固苏维埃俄国并使之不可战胜——

这是主要的,这与被压迫国家和殖民地国家的斗争是联系着的。

土耳其斯坦的棉花在租让中占什么地位?

目前还谈不到租让土耳其斯坦的棉花,这个问题还没有讨论过。

是否将实行租让以重建工业企业? 铁路是否要租让?

这些情况不包括在内,铁路是一个完整的统一的企业。

没有提出过租让屠宰场的问题吗?

没有听说过。

各地反对租让的抗议非常明显地表现出农村的强大的小资产阶级阶层和城市小市民的爱国主义感情,而决不是健康的情绪。

宁愿挨饿三年也不愿把俄国交给外国人,这种爱国主义是真正的爱国主义。没有这种爱国主义,我们就支持不了三年。没有这种爱国主义,我们就保不住苏维埃共和国,消灭不了私有制,我们现在就收集不到3亿普特的余粮。这是最好的革命的爱国主义。有人说,富农赞成挨饿三年,但不愿让外国资本家进来,尽管富农能从他们那里捞到某些好处。这种说法是不正确的。这里谈的不是富农,而是非党的普通农民。

由于美国同日本之间正在酝酿战争,日本可能大举进攻我们苏维埃俄国,这种担心有没有必要呢? 那时该怎么办呢? 我们是否要联合帝国主义美国,利用美国的援助这一现实的力量来抵抗日本呢?

当然,我们将这样做,而且我们不止一次地说过,为了巩固社会主义共和国,联合一个帝国主义反对另一个帝国主义并不是原则上不能允许的事情。现在,日本进攻苏维埃俄国比一年前要困难得多了。

请解释一下协约国对土耳其的政策以及我们的相互关系。

关于这个问题,当然不便在正式报告中公开讲,因为其中的关系极其复杂。在这方面一切取决于濒于覆灭的资产阶级格鲁吉亚内部种种关系的复杂变化。我相信,关心这个问题的同志听一听从格鲁吉亚归来的《真理报》编辑美舍利亚科夫同志的报告,将会有很大的收获和感到兴趣。他在那里待了几个星期,也许是几个月,并搜集了关于孟什维克统治的极有趣的材料。格鲁吉亚濒于覆灭。土耳其的进攻本来是针对我们的。协约国给我们挖了陷阱,结果自己掉了进去,因为我们得到了苏维埃亚美尼亚。

在土耳其,位于上层的是立宪民主党人、十月党人、民族主义者,他们打算把我们出卖给协约国。然而要做到这一点极端困难,因为土耳其人民对协约国的疯狂压迫十分愤恨,所以我们愈是帮助独立的阿塞拜疆共和国真正地解放穆斯林农民,对苏维埃俄国的同情就愈加强烈。这些穆斯林农民赶走了地主,但是还不敢夺取土地,过一个时期他们就不会再害怕了;只要他们夺取了土地,土耳其地主就待不长了。

我们自己在高加索过去和将来都是非常愿意和平的,因此,高加索的同志们要知道,我们一点也不能疏忽大意,以免把我们卷入战争。我们的和平政策一直很成功,使得协约国焦急不安,采取断然措施反对我们,但结果只能是害了他们自己。

格鲁吉亚今后会怎样?

这一点连穆斯林的真主也不知道,不过,如果我们坚定不移,我们不用冒任何风险,也会有所得的。

　　有人问,除了堪察加之外,是否还有其他的租让项目。同万德
利普没有搞任何其他的租让。

　　关于分发材料。不能分发,第一,因为印刷厂忙,第二,不让国
外有机会得到这些材料,那里有人想破坏我们的事业。到目前为
止,我们还没有搞成一项租让,还没有签订一个合同,应当先签订
合同,然后再谈什么危险。我们到现在为止还什么也没搞成,我们
正在进行半公开的活动。

　　如果(1)承租人违反俄罗斯联邦的法律,(2)同承租人所代表的国家发生
战争和(3)同其他国家发生战争,将如何处理租让企业以及承租人修建的工
程和建筑?

　　如果承租人破坏合同,将按照俄罗斯联邦的法律提交法院审
理。如果发生战争,租让合同遭到破坏,其财产由俄罗斯联邦以战
时方式加以接管。

　　逃亡国外的俄国资产阶级,会用自己的资本来参加租让企业的经营。这
岂不是从前的老板打着外国资本的招牌又回来了吗?

　　如果从前的老板打着外国资本的招牌,到俄国欧洲部分的北
部森林走一走,这并不可怕。在我们莫斯科中心就有许多从前的
老板。因此,那些正在我们的企业里活动的老板(遗憾的是,对他
们还没有登记),比我们将掌握名单的所有到俄国来的外国人要可
怕一千倍。

　　您曾经指出并强调租让的政治意义。这是可以理解的。但是最使地方
上不安的是:要租让,要贸易往来。这样做会给共和国带来什么样的威胁和
危险,苏维埃制度会从内部被瓦解和被破坏(例如,投机倒把会猖獗,等等)
吗? 怎样防备这些威胁和危险?

　　我已经讲过这个问题。以"苏哈列夫卡"的形式出现的投机倒

把已经对我们造成很大的威胁,我们同它进行过不懈的斗争。当然,我们知道,消灭了苏哈列夫卡,投机倒把依然存在,一切有小业主的地方都依然有投机倒把,而这种小业主在我们这里有千千万万。真正的危险正是在这里,而不在于大资本,大资本在我们这里将受到各个方面的特别监视。同时,还不应当忘记,我们有合同,而且随时都可以废除,大不了支付一点违约金。

请讲一讲如何处理沙皇欠下的债务,不偿还债务,协约国是否会同意做些生意?

英国现在已经同意不要求我们还债,因为我们向他们提出了贸易协定草案。现在已经开始按照这个草案进行贸易,根据这个草案,我们没有义务偿还债款。我说,英国是同意的,但是法国不愿意。于是我们对法国说,我们原则上不拒绝偿还。究竟要偿还多少,我们将在代表会议上来谈,我们打算在这个会议上说,你们也要对你们的干涉给我们造成的一切损失负责。这个问题,专门的委员会正在研究,据初步估算要 100 亿金卢布。

载于 1963 年《共产党人》杂志
第 6 期

译自《列宁全集》俄文第 5 版
第 42 卷第 118—127 页

3

全俄中央执行委员会和人民委员会
关于对外对内政策的报告

（12 月 22 日）

　　（听众高呼："列宁同志万岁!"掌声如雷,热烈欢呼）同志们,我现在来作关于政府对外对内政策的报告。我认为我的报告的任务,不是向你们一一列举工农政权的法案和措施,即使是一些极其重大的或者是极其重要的法案和措施。我认为,谈这个时期的各种事件也不会使你们感到兴趣,并且没有多大的意义。我认为,应该力求总结出这一年我们所取得的主要教训,这一年来我们政策的变化之大,并不亚于革命的头几年,而且应该根据对这一年的经验教训的总结来确定我们当前最迫切的政治任务和经济任务。无论从提交你们审议和批准的法案或已采取的一切措施中都可以看出,苏维埃政权现在把最大的希望寄托在这些任务上,认为这些任务比什么都重要,希望我国经济建设事业会因完成这些任务而取得重大的成就。因此,请允许我只简要地谈一谈共和国所处的国际形势和过去一年对外政策方面的主要总结。

　　当然,你们大家都知道,波兰的地主和资本家在西欧的——而且不仅是西欧的——资本主义国家的压力和逼迫下,把战争强加给了我们。你们知道,我们今年 4 月曾建议波兰政府缔结和约,当时提出的条件比现在的条件对它有利得多,只是在万不得已的情况下,在我们同波兰的停战谈判已经完全失败以后,我们才不得不进行战争。虽然我们的部队被战争弄得筋疲力尽而在华沙城下遭到了十分惨重的失败,但是这场战争的结果,却签订了一个比我们4月间向波兰提出的对我们较为有利的和约。同波兰的初步和约已经签订,现在正在进行关于签订正式和约的谈判。我们丝毫也不向自己隐瞒这种危险:某些最顽固的资本主义国家,以及某些俄国白卫分子集团正在施加压力,竭力使这次谈判无法签订和约。但是,我们应该说,协约国的旨在对苏维埃政权进行武装干涉和武装镇压的政策日益破产;而我们正在把为数愈来愈多的、坚决站在敌视苏维埃政权立场上的国家争取到我们的和平政策这方面来。签订和约的国家的数目日益增多,很可能最近就会同波兰签订正式和约,这样一来,又会给企图用武力拔除我们政权的资本主义势力联盟一个极其严重的打击。

同志们,你们当然也知道,我们所以在对波战争中暂遭失利,我们所以在战争的某些时候处于严重的境地,是由于我们当时还得和弗兰格尔作斗争,弗兰格尔当时已经得到一个帝国主义强国的正式承认[75],并且得到了巨大的物质援助,包括军事以及其他方面的援助。我们为了尽快结束战争,不得不迅速集中部队,给弗兰格尔一个决定性的打击。你们当然知道,红军攻克了连军事专家和军事权威都认为攻不破的障碍和工事,表现了非凡的英勇精神。我们彻底地、坚决地、非常迅速地打败了弗兰格尔,这个胜利是红军史上光辉的篇章之一。白卫分子和帝国主义者强加给我们的战争就这样结束了。

我们现在能够更加信心百倍、坚定不移地着手进行我们一心向往的、迫切需要的和早就吸引着我们的经济建设事业，并且深信资本家老板们不能再像从前那样轻而易举地来破坏这项工作了。但是，我们当然要随时戒备。我们决不能说，我们保证不会再遇到战争。所以不能作这种保证，完全不在于我们还没有签订正式和约。我们很清楚：弗兰格尔的残部还没有被消灭，而且就躲藏在不很远的地方，受到资本主义列强的庇护，并靠资本主义列强的帮助正在重整旗鼓；俄国白卫分子组织也在加紧活动，企图重新建立某些部队，同弗兰格尔现有的力量配合，在适当的时机重新进攻俄国。

因此，我们在任何情况下都应该保持战斗准备。我们并不认为已经给了帝国主义打击就行了，我们无论如何都要使自己的红军随时保持一切战斗准备，加强它的战斗力。这一点当然不能因为一部分军队的遣散和迅速复员而受到妨碍。我们估计，红军和它的指挥人员在战争期间所取得的巨大经验现在会帮助我们改善红军的素质。我们要努力做到，在裁减军队以后，我们将保留红军的基本核心，它不会使国家的开支负担过重，同时在军队数量减少的情况下，我们要比以前更好地保证：一旦需要，能够重新组织和动员更多的军事力量。

我们相信，所有支持白卫分子搞阴谋反对我们而遭到很大损失的邻国，已经充分地接受了不容置疑的经验教训，并且真正认识到了我们的和解诚意，这种诚意过去总被人当做我们软弱的表现。它们在取得三年的经验以后应该相信，在我们表示最坚定的和平愿望的同时，我们在军事方面也是有准备的。所以任何对我们发动战争的尝试，对于那些卷入这种战争的国家来说，都将意味着它们通过战争和战后所得到的条件，还不如不进行战争和战前所能获得的条件。这一点对于若干国家来说已经得到了证实。这就是我们取得的战果，我们不会放弃这个战果，同时，包围着我们的或者同俄国在政治上打交道的任何一个国家也不会忘记这一点。因此我们和邻国的关系正在不断地改善。你们知道，我们同许多和俄国西部边疆毗连的国家正式签订了和约，这些国家从前都属于前俄罗斯帝国，现在苏维埃政权根据我国政策的基本原则已经无条件地承认了它们的独立和主权。建立在这个基础上的和平完全可能比资本家和西欧某些国家想要得到的更巩固。

同拉脱维亚政府的关系，我应该说，有一个时期似乎关系在恶化，甚至使人可能产生断绝外交关系的念头。然而我国驻拉脱维亚代表最近的报告正好指出：政局已经发生变化，许多误会和引起不满的正当原因都已消除。我们在最近和拉脱维亚建立密切的经济关系的希望很大，在同西欧进行商品交换时，拉脱维亚自然要比爱沙尼亚以及其他同俄罗斯联邦毗连的国家对我们更加有用处。

同志们，我还应该指出，这一年来，我们的政策在东方取得了巨大的成绩。我们应该祝贺布哈拉[76]、阿塞拜疆和亚美尼亚这三个苏维埃共和国的成立和巩固，它们不仅重新取得了完全的独立，而且由工农掌握了政权。这些共和国证明：苏维埃政权这一思想和原则不只是在工业发达的国家内，不只是在拥有无产阶级这个社会支柱的国家内容易被理解并能迅速得到实现，就是在以农民为基础的国家内也是这样。农民苏维埃这一思想取得了胜利。掌握在农民手里的政权是有保障的；他们掌握了土地、生产资料。各农民苏维埃共和国和俄罗斯社会主义共和国的友好关系已经由于我们政策的实际成果而得到了巩固。

我们还可以对即将同波斯签订条约[77]表示祝贺，和波斯的友好关系是有保证的,因为一切遭受帝国主义压迫的民族的根本利益是一致的。

我们还应该指出,我们和阿富汗,尤其是和土耳其的友好关系愈来愈协调,愈来愈巩固。在对待土耳其这个国家方面,协约国竭力使它和西欧各国之间不能建立一点正常关系。尽管资产阶级进行种种阻挠和施展种种阴谋诡计,尽管在俄国周围还存在着资产阶级国家,但是,上述情况随着苏维埃政权的巩固,愈来愈使俄国和东方各被压迫民族的联盟和友好关系不断巩固起来,因为帝国主义全部政策中的最主要之点就是对于不幸未能置身于胜利者之列的各民族施用暴力,而这种帝国主义的世界政策也就促成了一切被压迫民族的接近、联盟和友好。我们在这方面以及在西方同比较欧化的国家的关系方面所取得的成绩,表明现在我们对外政策的原则是正确的,我们所处的国际形势的好转是有坚实的基础的。我们相信,尽管帝国主义者施展一切阴谋诡计(当然,这总归会使这个或那个国家和我们发生争端的),只要我们继续执行爱好和平的政策,只要我们作出让步(而我们必须作出让步,才能避免战争),我们政策的基本路线和由帝国主义政策本质产生的基本利益就会显示出它们的作用,并且使俄罗斯联邦同它周围愈来愈多的邻国的联系日益密切起来。而这就保证我们能够真正专心从事经济建设事业,能够在一个比较长的时间内安心地、坚决地和满怀信心地进行工作。

我还应当指出,现在正在和英国进行签订贸易协定的谈判。可惜,这个谈判拖的时间大大超出了我们所期待的日期,但这决不能怪我们。早在7月间苏维埃军队取得空前胜利的时候,英国政府向我们正式提出使贸易关系得以建立的议定书,我们表示完全同意,然而从那时候起,这件事一直受到英国政府和英国国内派别斗争的阻碍。我们发现英国政府犹豫不定,扬言要和我们完全断绝关系,要立即派舰队开往彼得格勒。我们看到了这一点,但我们同时也看到英国到处成立了"行动委员会"来回答这种威胁。我们看到,在工人的压力下,一些极端的机会主义分子及其领袖不得不走上这条他们自己昨天还在加以谴责的完全"违宪的"政策轨道。结果,劳动群众的压力和觉悟的力量,冲破至今还在英国工会运动中占着统治地位的孟什维主义的偏见,给自己开辟了道路,连连折断了帝国主义者好战政策的矛头。现在我们仍然执行和平政策,仍然赞成英国政府提出的七月草案。我们愿意立即签订贸易协定;这个协定直到现在还没有签订,这只能归咎于英国统治集团中的某些派别,因为它们想破坏这个贸易协定,它们不仅违背多数工人的意志,甚至也违背英国资产阶级多数人的意志,而想再次放手进攻苏维埃俄国。这是它们的事。

英国某些有势力的集团,即金融资本和帝国主义者的集团推行这种政策愈久,金融情况就愈紧张,资产阶级英国和苏维埃共和国之间现在所必需的部分协定就愈难签订,帝国主义者不得不接受全部协定而不是部分协定的日子就会愈临近。

同志们,我应该说,同英国的这个贸易协定有关的我国经济政策的一个极重大的问题,就是租让问题。今年11月23日公布的租让法令,是苏维埃政权在报告总结的这段期间内通过的最重要的法令之一。当然,你们大家都看过这个法令了。你们大家都知道,我们现在公布了一些补充材料,这些材料可以使苏维埃代表大会的全体代表对这个问题有充分的了解。我们所发表的单行本不仅附有这个法令的全文,而且还开列了粮食、森林和矿业等最主要的租让项目。我们已经采取措施,使我们所公布的这个法令的全文尽快地传到西欧各国去,并且希望我们的租让政策在实践上也将获得成功。至于这个政策在一个社会主义苏维埃共和国,而且是一个落后的弱国会引起什么危险,我们决不视而不见。只要我们苏维埃共和国还是紧挨着整个资本主义世界的一个孤立地区,那种认为我国经济完全可以独立和各种各样的危险已经消失的想法,就是十分可笑的幻想和空想。当然,只要这种根本对立还存在,危险也就存在,并且不能避免。我们只要站稳脚跟,就能克服这些危险,要善于把较大的危险和较小的危险区别开来,宁愿承受较小的危险而避免较大的危险。

不久以前,有人告诉我们,在下诺夫哥罗德省阿尔扎马斯县苏维埃代表大会上有一位非党农民谈到租让问题时说:"同志们,我们派遣你们去参加全俄代表大会,同时我们声明,我们农民愿意再受三年饥寒,再承担三年义务,只是你们不要用租让的办法出卖我们的俄罗斯母亲。"我非常欢迎这种传布很广的情绪。我认为,这正向我们表明,在非党劳动群众中,不只是在工人中,而且在农民中,三年来他们在政治和经济方面的经验已经成熟。这些经验使他们能够而且不得不把摆脱资本家的压迫看得重于一切,使他们加倍警惕地、非常警觉地对待每一个可能产生新的危险即可能导致资本主义复辟的步骤。毫无疑问,对这样的意见我们要非常认真地倾听,但是我们应该说明,这根本谈不到把俄国出卖给资本家,我们说的是租让,同时每一个租让合同都受到一定期限、一定协议的限制,并且有种种经过周密考虑的保证条件,这些保证条件在这次代表大会上和以后各种会议上我们还要不止一次地和你们共同考虑和讨论,所以这些临时性的合同并不等于出卖。它们和出卖俄国毫无共同之处,但是,它们是对资本家作的某种经济上的让步,目的是使我们能够尽快地获得必需的机器和机车,没有这些东西,我们就不能恢复我们的经济。我们没有权利轻视任何多少有助于改善工农处境的事情。

必须作出最大的努力来迅速恢复贸易关系。这些谈判此刻正在半公开地进行。我们订购的机车和机器还远远不够,但是我们已经开始订购了。如果我们能够公开地进行谈判,我们一定要大量地增加订购。依靠工业我们就能取得许多成就,并且是在比较短的期间内取得这些成就,然而即使在很顺利的情况下,这个时期也得好些年,许多年。应该记住:我们现在已经获得了军事上的胜利,得到了和平,另一方面,历史教导我们,任何一个重大问题,任何一次革命,都只能用一系列的战争来解决。这个教训我们不会忘记。现在,我们使许多强国不敢再进行反对我们的战争,但是会不会长久,我们不能担保。必须作好准备,一旦情况稍有变化,帝国主义强盗就会重新向我们进攻。必须对这一点有所准备。因此,首先应该恢复经济,应该使它牢固地站稳脚跟。没有经济方面所需要的设备,没有从资本主义国家运来的机器,就不可能迅速地做到这一点。因此,只要能够恢复经济,就不惜让资本家得到一些额外的利润。应该使工人和农民的心情都像那些说自己不怕牺牲和困苦的非党农民的心情一样。他们意识到资本主义干涉的危险,并不从伤感的观点来看租让问题,而是把租让看成战争的继续,也就是说无情的斗争转到了另一个方面,同时他们还看到资产阶级可能一次再次地试图复辟从前的资本主义。这很好,这样我们就有了保证:监视和保护我们的利益,将不仅是苏维埃政权机关的事情,而且是每个工人和农民的事情。因此,我们相信,即使在执行租让合同的时候,我们也一定会保护住我们的利益,决不让资本家政权复辟;我们一定能把这种危险减少到最低限度,使它小于战争的危险,而这就会使战争难以再起,并使我们有可能在较短的时期内,即在较少的年头内(但还是要好多年)恢复和发展我们的经济。

同志们,经济任务、经济战线现在又作为最主要的、基本的任务和战线提到我们面前来了。我研究了要向你们报告的立法材料,认为现在人民委员会和国防委员会的大多数措施和决议,都是和这项经济工作有关的局部的、详细的、往往是十分细小的措施。当然,你们并不希望我把这些措施一一列举出来。这是极其枯燥无味的。我只想提醒大家,我们把劳动战线提到第一位,这远不是第一次了。我们不妨回忆一下1918年4月29日全俄中央执行委员会通过的决议①。这是我们被迫签订的布列斯特和约在经济上宰割俄国的时期,我们就因为这个具有极端掠夺性的条约而陷入非常困难的境地。那时有可能指望获得一个喘息时机,使我们有条件来恢复和平的经济工作(虽然我们现在知道,这个喘息时机是十分短暂的),全俄中央执行委员会立刻在4月29日的决议中把全部注意力转到这一经济建设上去。这项决议并未撤销,它还是我们的法律,它使我们能够正确地估计下列情况:我们应怎样着手执行这项任务;为了我们的工作,为了将工作进行到底,现在应该更加注意什么。

仔细看看这项决议就会知道,现在我们需要研究的许多问题,早在1918年4月就已经完全明确地和十分坚决地提了出来。我

---

① 见本版全集第34卷第257—260页。——编者注

们想起这件事情,就会说:温故而知新。我们不会因为我们现在重复经济建设的这些基本道理而感到不好意思。我们还要重复好多次,但是请注意一下,1918年宣布的抽象原则和实际上已经开始的经济工作之间有多大区别。尽管我们工作中存在着巨大的困难而且经常被打断,我们还是更加接近和更加具体地去实际安排经济任务。我们还要重复许多许多次。没有多次的重复,没有一定的后退,没有检查,没有个别修正,没有新办法,不尽力去说服落后的和毫无准备的人,那就不能进行建设。

目前政治形势的全部关键,就是我们正处在转折时期即过渡时期,正处在有着某些曲折的、从战争转向经济建设的时期。这在以前也曾有过,但规模没有这样大。这势必会再一次提醒我们,苏维埃政权的一般政治任务是什么,这个转变的特点是什么。无产阶级专政所以是成功的,就是因为它善于把强制同说服结合起来。无产阶级专政不怕实行强制,不怕实行严厉的、坚决无情的国家强制,因为受资本主义压迫最深的先进阶级有权实行这种强制,因为它实行强制是为了全体被剥削劳动者的利益,并且它拥有以往任何一个阶级所没有过的强制手段和说服手段,虽然以往这些阶级进行宣传鼓动的物质条件比我们好得多。

如果提出总结我们三年经验的问题(因为在若干根本方面总结一年的经验是很困难的),如果给自己提出我们究竟为什么能够战胜强大得多的敌人这个问题,那必须回答说,这是由于在红军的组织中出色地实现了无产阶级对工人和劳动农民反对一切剥削者的联盟一贯而坚强的领导。怎么做到这一点的呢? 为什么大多数农民都那样乐意走这条路呢? 这是因为他们虽然绝大部分都不是党员,但是他们确信:除了拥护苏维埃政权,没有其他的出路。当然,不是书本、宣传,而是经验使他们确信这一点的。国内战争的经验,特别是我国孟什维克和社会革命党人的联盟(这个联盟同小农经济的某些基本特点有较密切的关系),使他们确信这一点。对这些小私有者政党同地主、资本家结成联盟的体验,以及对高尔察克和邓尼金的统治的体验,都使农民群众确信:中间道路是不可能有的,苏维埃的光明磊落的政策是正确的,无产阶级的钢铁般的领导是拯救农民摆脱剥削和暴力的唯一手段。只是因为我们能够使农民确信这一点,我们以有力的说服为基础的强制政策,才获得了这样巨大的成效。

现在我们应该记住,在转向劳动战线时,新的情况向我们提出了同样的任务,但是这个任务的规模更大,这个任务和我们跟白卫分子作战时所面临的任务是一样的,当时工农群众热情高涨,干劲十足,这在其他国家的任何战争中是没有的也是不可能有的。非党农民就像我方才引过他的话的阿尔扎马斯的那位农民一样,的确是根据对生活的观察和认识才确信剥削者是残酷无情的敌人,确信需要有一个残酷无情的政权来镇压他们。这样,我们就吸引了空前众多的人民来自觉地对待战争,积极支援战争。要使所有党员工人和非党工人,所有非党农民(农民大部分不是党员)都这样毫无例外地支持战争,了解战争,这除了苏维埃政权以外,任何政治制度连十分之一也办不到。这就是我们终于战胜强敌的基础。这里证实了一条最深刻同时也是最简单明了的马克思主义原理。[78]历史活动的规模愈大、范围愈广,参加这种活动的人数就愈多,反过来说,我们所要实行的改造愈深刻,就愈要使人们关心这种改造并采取自觉的态度,就愈要使成百万成千万的人都确信这种改造的必要性。我们的革命所以远远超过其他一切革命,归根到底是因为它通过苏维埃政权发动了那些以前不关心国家建设的千百万人来积极参加这一建设。现在我们从这方面来谈谈摆在我们面前的新任务的问题,这些任务通过这个时期苏维埃政权的数十数百个专门决议已经向你们提了出来,劳动国防委员会十分之九的工作(这一点下面再谈)和人民委员会大概一半以上的工作都属于这些任务。我要谈的是关于经济任务的问题:制定统一的经济计划,改造俄国经济的基础,改造小农经济的基础。这些任务要求把全体工会会员都吸收到这一崭新的事业中来,这种事业在资本主义制度下是同他们完全无关的。现在提出一个问题:这方面是否具备战时那种迅速取得绝对胜利的条件,是否具备吸收群众参加工作的条件。工会会员和多数非党群众是否确信我们必须采取新办法,必须实现经济建设的伟大任务呢? 他们是否像以前确信必须为战争献出一切,为前线的胜利牺牲一切那样确信这一切呢? 要是这样提出问题,你们一定会回答:毫无疑问,还没有。这方面他们确信的程度距离所要求的还远得很。

战争是千百年来尽人皆知、习以为常的事情。过去地主的野蛮残暴行为十分明显,很容易使人们相信,甚至使那些住在盛产粮食的边远地区而同工业极少联系的农民都相信,我们进行战争是为了劳动者的利益,因此几乎激起了每一个人的热情。现在要使农民群众和工会会员懂得这些任务,要使他们懂得不能再照老样子生活下去,不管资本主义的剥削几十年来已经多么根深蒂固也应当把它连根拔除——这就比较困难了。必须使人人懂得:俄国是属于我们的,我们工农群众而且只有我们工农群众,才能够以自己的活动和自己严格的劳动纪律来改造旧的经济生活条件,实现伟大的经济计划。此外别无出路。我们现在落后于而且还将落后于资本主义列强；如果我们不能恢复我国的经济，我们就会被打败。这就是我刚才提醒你们注意组织任务的重要性、劳动纪律、工会在这方面的独一无二的巨大作用（因为没有其他的组织能团结这么广大的群众）等老生常谈的真理的原因。我们不仅应该反复宣传这些老生常谈的真理，而且应该充分意识到，从军事任务向经济任务的转变已经到来了。

我们在军事方面已经取得了完全的胜利，现在我们应该为在完成更困难的、需要大多数工农发挥热情和作出自我牺牲的任务方面夺取同样的胜利而作好准备。必须使千百万世世代代受奴役、受压迫、任何主动性都遭到压制的人们都确信这些新的任务；几百万工人参加了工会，但在政治上还是不自觉的，还不习惯于当家作主人；必须把这些人组织起来，但不是为了反对政权，而是为了拥护和推行自己的工人政权的措施，把这些措施贯彻到底。这个转变是有困难的，仅从提法来看，这并不是一项新的任务。其实这是一项新的任务，因为现在经济任务第一次具有这样大的规模，我们应该意识到，应该记住，经济战线上的战争更困难、更持久；要在这条战线上获胜，必须使更多的工人和农民变得主动、积极和忠诚。我们已获得的经济建设的经验告诉我们，这一点是可以办到的，因为群众已经深刻认识到，贫困、饥饿、挨冻和一切苦难都是由生产力不足造成的。现在我们应该注意把全部宣传鼓动工作从为政治和军事服务转到经济建设的轨道上来。这一点我们已经宣布过很多次，但是还不够，所以我认为，在苏维埃政权一年来所实行的各项措施中，特别值得提出的是：成立了全俄工会中央理事会中央生产宣传局[79]；使它和政治教育总委员会的工作结合起来，又创办了一些为生产服务的报纸，不仅把注意力转到生产宣传上去，而且把全国范围的生产宣传组织起来。

　　组织全国范围的生产宣传的必要性，是由政治局势的一切特点决定的。这无论对工人阶级、工会或农民说来都是必要的；这是我们国家机构最必要的工作，可是我们还远没有充分利用国家机构来达到这个目的。我们知道如何管理工业，如何使群众关心生产，我们在这方面的书本知识要比实际应用的多千百倍。我们必须使全体工会会员的利益同生产结合起来，使他们记住，只有增加生产，提高劳动生产率，苏维埃俄国才能取得胜利。只有这样，苏维埃俄国才能提前十年摆脱现在所处的悲惨境地和所忍受的饥寒。如果我们不了解这一任务，就会葬送一切，因为我们由于机构软弱无力，就只能退却，因为资本家在稍事养息之后随时都会重新挑起战争，而那时我们却不能继续打仗。那时我们就不能发挥我们千百万群众的力量，就会在这最后一战中被打垮。问题就是这样摆着：迄今为止，一切革命、一切最伟大的革命的成败都是由一系列的战争来决定的。我们的革命也是这种最伟大的革命。我们结束了一个战争阶段，应当准备迎接第二个阶段；但是，我们不知道它什么时候到来，所以必须做到战争一旦到来，我们就能够应付自如。因此，我们不应该放弃强制手段，这不仅是因为我们保持的是无产阶级专政。这一专政已经为农民群众和非党工人所了解，他们都知道我们的无产阶级专政，所以他们并不害怕这个专政，他们不怕这个专政，他们把它看做靠山和支柱，也就是说，他们把它看做可以用来同地主和资本家对抗的东西，没有它就不能取得胜利。

　　这种认识、这种信念已经在农民群众对待军事任务和政治任务的态度上具体生动地体现出来，但是现在要使这种认识和信念转而在经济任务方面体现出来。也许这一转变不会立刻成功。也许，不经过某些动摇，不重犯松弛涣散和小资产阶级思想的老毛病，是不会转变过来的。我们还必须更加紧张、更加努力地从事这项工作，牢牢记住我们一定能够说服非党农民和觉悟低的工会会员，因为真理在我们这一边，因为我们若不恢复经济生活，在战争第二阶段就不能战胜敌人，这一点是无可辩驳的；让我们使千百万人更自觉地对待经济战线上的战争吧。这是中央生产宣传局的任务，这是全俄工会中央理事会的任务，这是党的一切工作人员的任务，这是苏维埃政权所有一切机关的任务，这是我们全部宣传工作的任务，我们曾经靠宣传工作取得了世界性的成就，因为我们的宣传过去和现在一直是向全世界的工人和农民说真话，而其他人的宣传都向他们说假话。我们现在应该把我们的宣传工作转向更加困难的方面，即涉及工人在工厂中日常工作的方面，不管这种工作的条件多么困难，不管昨天的资本主义制度使工人和农民不信任政权的这种影响多么巨大。必须使工人和农民确信，如果不重新组合力量，不找到由国家实行联合的新形式，不找到与这种强制相联系的新形式，我们就不可能离开我们所面临的经济崩溃的深渊，而我们已经开始离开这个深渊了。

同志们，我来谈一谈我们经济政策的某些情况和我们的经济任务，我认为它们足以说明目前的政治形势和我们所面临的整个转变。首先，我应当提一下我们的农业问题法案，即人民委员会关于加强和发展农业生产以及帮助农民经济的法案，这项法案已在今年12月14日刊登出来，这之前用电报向所有地方工作人员专门通报了法案的要点，说明了法案的实质。

应该立刻使这项法案在代表大会上、在地方执行委员会及其各部门的代表中得到详尽的讨论，各地同志根据本地经验（法案就是根据地方经验制定的）也有同感。现在大概已经没有哪一位同志对必须采取专门的和特别有力的援助措施（不仅是鼓励性措施，而且是强制性措施）来提高农业生产这一点表示怀疑。

我们曾经是而且现在还是一个小农国家，因此我们向共产主义过渡比在其他任何条件下困难得多。为了完成这一过渡，需要农民亲自参加，而且要比参加战争的人数多十倍。战争可以而且应该要求部分成年男子参加。而我们这个现在还疲惫不堪的农民国家却必须把男女工人和农民个个动员起来。要使我们共产党人和土地局的工作人员确信应当履行对国家的义务，这并不困难。我相信，在讨论提交你们审议的 12 月 14 日法案时，对于这一点不会发生丝毫原则上的分歧。必须懂得另外一种困难，说服非党农民的困难。农民不是社会主义者。如果把农民当做社会主义者，据此来制定我们的社会主义计划，那就是把这种计划建立在沙滩上，那就是不理解我们的任务，那就是三年来没有学会根据我们所处的困苦的、有时是贫穷的现实，来衡量我们的纲领和进行我们的事业。在这里必须清楚地了解摆在我们面前的任务。第一项任务就是，把在土地局工作的共产党员组织起来，总结他们的经验，了解地方上已经做了哪些事情，并把这些加到中央将以国家机关的名义，以全俄苏维埃代表大会的名义颁布的法案中去。我们希望能和你们一起来做好这件事情。但这只是第一步。第二步是说服非党农民，因为他们是大多数，而只有提高这些本身积极主动的群众对于必须从事这一事业的认识，才能做到我们所能做到的事情。农民经济不能再照老样子维持下去了。如果说我们在战争的第一阶段已经取得了胜利，那么在战争的第二阶段，我们就不会那么容易地取得胜利，因此，必须特别注意这一方面。

必须使每一个非党农民都明白这一不容置疑的真理，而我们也相信他们一定会明白。他们并没有白白度过这整整六个艰难困苦的年头。他们已经不同于战前的庄稼汉。他们遭受过严重的苦难，他们想得很多，忍受了许多政治上和经济上的痛苦，这使他们忘记了许多旧的东西。我认为，他们自己已经懂得，决不能再照老样子生活下去，应该按另一种方式生活，而我们应当赶快用我们的一切宣传手段、一切国家力量、一切教育、一切党的手段和力量来说服非党农民。只有这样我们才能为我们的农业问题法案（我希望你们会一致通过这一法案，当然，在通过时一定会作适当的修改和补充）奠定真正的基础。只有当我们说服了多数农民并且吸引他们参加这一事业的时候，农业问题法案才能像我们的政策那样巩固，因为正如库拉耶夫同志根据鞑靼共和国的经验在一篇文章中正确指出的，从事劳动的中农和贫苦农民是苏维埃政权的朋友，懒汉是它的敌人。这是一个并不包含任何社会主义内容的真理，但它是不容置疑的，非常明显的，在任何村会和任何非党农民会议上，都能为绝大多数劳动农民所理解，并且会变成他们的信念。

同志们，这就是现在我们由战争时期转向经济建设的时候，我要首先向你们强调的一点。在一个小农国家里，我们主要的基本的任务就是要能够实行国家强制，以便从采取最必要的最迫切的、农民完全可以接受完全可以理解的措施入手，来发展农民经济。只要我们再能说服几百万对此没有准备的人，我们就能够做到这一点。必须把一切力量都用在这上面，并且设法使活跃而巩固的强制机关立足于说服并开展更大规模的说服工作，这样我们就会胜利地结束这一战局。克服农民群众中的守旧、无知和不信任等思想残余的战局现在开始了。在这方面用旧的办法是不能取胜的；如果用我们已学会的宣传、鼓动和有组织地诱导的办法，我们就能取得胜利，我们就不只是能通过法令，而且能设置机关，草拟公文，光发布命令是不够的，还必须把开春时的全部播种工作做得比过去好，使小农经济得到某种改善，即使是最起码的改善也好（说得愈谨慎愈好），但是无论如何应当大规模地进行。如果我们能正确地理解我们的任务，十分重视非党农民，把三年来获得的全部本领、全部经验都用在这上面，那我们就能取得胜利。不取得这样的胜利，不使小农经济得到切实的大规模的改善，我们就没有出路，因为没有这个基础，任何经济建设都不能进行，无论多么伟大的计划都会落空。希望同志们记住这一点，并使农民领会这一点；希望同志们告诉1 000万至1 500万像阿尔扎马斯那位农民一样的非党农民，决不能无止境地忍受饥寒，不然我们在下一阶段的战争中就会被打倒。这是国家的利益，这是我们国家的利益。在这方面，谁要是表现出丝毫的软弱、丝毫的松懈，谁就是工农政权的极大罪人，谁就是在帮助地主和资本家，而地主和资本家的军队近在咫尺，他们的军队正伺机而动，只要一发现我们虚弱，就会向我们扑过来。要使我们有力量，除了发展我们的农业和城市工业这个主要支柱以外，没有其他办法，但是，要做到这一点，只有使非党农民确信必须这样做，动员一切力量支援他们，在实际上给他们这种支援。

我们承认欠了农民的债。我们用纸币从他们那里换来粮食，我们是向他们借的，我们应当偿还这笔债务，恢复了我们的工业以后，我们一定要偿还。但是，为了恢复工业，就需要有富余的农产品。因此，我们的农业问题法案的意义不仅在于我们一定要达到实际的目标，而且在于它是苏维埃政权的几百个决定和法案的中心。

现在我来谈谈，为我们开始恢复俄国的经济力量所需要的工业建设的基础是怎样在我国形成的。在这里我应当首先请你们把注意力从各人民委员部发给的或日内即将发给的一大堆报告转到我们粮食人民委员部报告中的一个地方。每个人民委员部最近都会向你们提出一大堆把人压得喘不过气来的实际的总结材料，但是必须从中找出最重要的东西，以便取得即使是十分微小的成就；必须从中找出对于执行我们整个经济计划来说是基本的东西，以便恢复我们的国民经济和我们的工业。而这种基础之一，就是我们粮食征购工作的状况。在发给你们的粮食人民委员部三年工作报告这本小册子里有一张图表，我只把其中的总计数字念一念，并且只念整数，因为数字念起来，特别是听起来很困难。这是每年征购的总计数。从1916年8月1日到1917年8月1日征购了32 000万普特，下一年征购了5 000万普特，接着的两年是1亿普特和2亿普特。32 000万、5 000万、1亿和2亿这些数字说明了苏维埃政权的经济史，即苏维埃政权在经济方面的工作的主要情况，并且为我们真正开始我们的建设准备了基础。革命前的32 000万普特——这是一个最低的大概数，达不到这个数字，就不能开始建设。革命的头一年征购了5 000万普特，饥饿、挨冻和贫困现象严重；第二年征购了1亿普特；第三年征购了2亿普特。每年增加1倍。根据斯维杰尔斯基昨天给我的材料看来，到12月15日共有15 500万普特。我们第一次站稳了脚跟，这中间经过了非同寻常的努力，克服了难以设想的困难，往往是在西伯利亚、高加索和南方不在我们手中的条件下来完成粮食供应任务的。现在，我们征购的粮食已经超过了15 000万普特，我们可以毫不夸大地说，尽管困难重重，我们还是完成了这个任务。我们将掌握大约3亿普特粮食，可能更多一些，没有这么多粮食就不可能恢复国家的工业，就谈不到恢复运输业，更不可能去着手实现俄罗斯电气化这一伟大任务。任何一个工农执政的社会主义国家，如果不能依靠工人和农民的共同努力来收集这么多的粮食，保证产业工人有饭吃，保证把几万几十万工人安置到苏维埃政权所需要的地方去的话，那它就无法生存。办不到这一点，一切不过是空谈而已。经济的真正基础是粮食。在这方面已经取得了巨大的成就。我们有了这些成就，有了这些粮食，就能着手恢复国民经济。我们知道，这些成就是以农民忍受巨大的困苦、饥饿和缺少饲料为代价而取得的，而这些困难可能还要增加。我们知道，旱年已使农民的贫困和苦难达到前所未有的程度。因此，我们便把上述法案中所列举的支援措施提到了首位。我们把这些粮食看做是恢复工业所必需的，看做是支援农民所必需的。没有这些粮食，国家政权就等于零。没有这些粮食，社会主义的政策不过是一种愿望而已。

所以我们应该记住，除了我们决心要进行的生产宣传以外，还要采取另一种诱导方式，即实物奖励。实物奖励法令是人民委员会和国防委员会最重大的法令和决定之一。我们没有能立刻颁布这项法令。如果你们注意一下，就会知道我们从4月起作出了一连串的决定和决议，而这项法令只是到了我们在运输方面作了巨大努力，弄到了50万普特粮食的时候才颁布的。50万普特是一个微不足道的数字。你们大概已经看了昨天《消息报》上登的工作报告，报告说，这50万普特中已有17万普特用掉了。正如你们看到的，所备的粮食并不可观，还远远不够，但是我们毕竟已经走上我们将要继续走下去的那条道路。这证明我们在转而采取新的工作方法时，不仅是靠说服教育。光向农民和工人们说加强劳动纪律吧，这是不够的。除此之外还要帮助他们，要奖励那些历尽千辛万苦之后在劳动战线上仍然英勇奋斗的人。我们已经筹集了奖励粮，但是这些粮食的使用还远不能令人满意：我们人民委员会多次指出，实际上实物奖励往往成了单纯的附加工资。在这方面还要加以详细研究。中央除了召开会议和颁布补充草案以外，还要进行最重要的工作，这就是在地方上和在广大群众中进行工作。国家不仅要进行说服教育，而且要用较好的生活条件来奖励优秀的工作人员，懂得这一点是不难的，要懂得这一点并不需要成为社会主义者，在这个问题上我们早就得到了非党工农群众的支持。我们只是需要更广泛地传播这种思想和更实际地在地方上进行这项工作。

现在我们再谈谈燃料问题，你们会从李可夫同志的提纲中看到一些数字，这些数字说明情况已经改善，不仅木柴方面有所改善，就是石油方面也有改善。现在，由于阿塞拜疆共和国的工人表现了巨大的热情，由于我们之间已经建立了友好关系，由于有了国民经济委员会委派的精明强干的领导人员，石油方面的情况很好，在燃料方面我们也开始自给了。由于派出了一个由托洛茨基同志担任主席的全权委员会到顿巴斯去工作，我们每月从顿涅茨得到的煤已由2 500万普特增加到5 000万普特。该委员会决定，把有经验的负责工作人员派到那里去工作。现在已派皮达可夫同志到那里去领导。

由此可见，我们为了在燃料方面取得成就，采取了一些措施。顿涅茨煤田是最大的基地之一，现在已经由我们掌握。我们从人民委员会和国防委员会的会议记录中可以找到有关顿巴斯的决定。这些决定谈到,要把包括中央政权代表和地方工作人员的有权威的高级委员会派到地方上去。我们必须加强地方工作,我认为,这些委员会能够做到这一点。你们一定会看到这些委员会的工作成果。我们今后还要组织这样的委员会。我们必须抓一下我国工业的主要部门即燃料工业。

我应当指出,我们在燃料方面的最大成就之一,就是采用了泥炭水力开采法。泥炭在我国是蕴藏量非常丰富的一种燃料,但是过去由于开采的工作条件令人难以忍受而无法加以利用。所以这种新方法将帮助我们战胜燃料荒,燃料荒是我们经济战线上的严重危险之一。如果我们依然用旧的经营方法,如果我们的工业和运输业不恢复,那么,我们在很长的时间内都不能摆脱这种困境。我们的泥炭委员会的工作人员曾经帮助两位俄国工程师把这项新发明搞到底,他们已经使这种新方法差不多接近完成。总之,我们已经处在一场大革命的前夕,这一革命将从经济上给我们以很大的支持。不要忘记,我们有无限丰富的泥炭。但我们却不能加以利用,因为我们不能派人去做这种苦工。资本主义制度能够派人去做这种苦工。在资本主义国家,人们迫于饥饿才去做这种苦工,而在社会主义国家,我们就不能派人去做这种苦工,如讲自愿,任何人都不会去做。资本主义制度所做的一切都是为了上层。对下层它是不关心的。

应该在各地更多地采用机器,尽量广泛地采用机器技术。最高国民经济委员会成功推行的泥炭水力开采法,已使我们能够大量获得燃料,不必吸收受过训练的工人,因为用这种方法,没有受过训练的工人也可以工作。我们已经生产这种机器了,我个人建议代表同志们去看一看介绍泥炭开采工作的影片,这部片子在莫斯科已经放映过，现在可以为代表大会的代表们放映。它会使人们具体地了解什么是战胜燃料荒的一个基础。我们制造了采用新方法所需的机器，但是这些机器造得不好。我们已派人出国，虽然我们同国外的商品交换刚在作出安排，虽然我们的贸易往来是半公开的，但是派人出国仍然能帮助我们把这些由我国发明家设计的机器制造得很精良。这些机器的数量，泥炭总委员会和最高国民经济委员会在这方面的工作成绩，将是衡量我们经济方面的一切成绩的尺度，因为不战胜燃料荒，就不能取得经济战线上的胜利。在恢复运输业方面能否取得重大成就，也与此有关。

同时，你们已经从叶姆沙诺夫和托洛茨基两位同志的提纲中看到，我们在恢复运输业方面制定了一个为期多年的切实的计划。实现第 1042 号命令[80]预计为五年，在五年当中我们能够恢复我们的运输业，减少待修机车的数量；我要强调一下，提纲第九条指出我们已经把这个期限缩短了，这也许是最困难的事情。

预计要多年才能实现的大计划一拟定出来，往往会有一些怀疑分子出来说：我们哪能去预计许多年的事情，能完成现在要做的事情就不坏了。同志们，必须善于把这二者结合起来；没有一个长期的旨在取得重大成就的计划，就不能进行工作。运输工作的明显改进表明，实际情况正是如此。我提醒你们注意提纲第九条的一个地方，那里说恢复运输业的期限原定为五年，但是现在已经缩短，因为我们正在超额完成工作；期限现已确定为三年半。其他经济部门也应当这样工作。而这也就日益成了劳动国防委员会的实际的现实的任务。各地在注意科学实验和实践经验的同时，还应当不断地努力使计划完成得比原先规定的快，以便使群众看到，经验能够使我们缩短完全恢复工业所需的漫长时期。这取决于我们。每个修配厂、每个机务段、每个部门都要改进业务,这样我们就能把期限缩短,而且我们也正在缩短。不要害怕为期多年的计划,没有这样的计划就不能恢复经济,各地要努力完成这些计划。

必须使经济计划按照既定部署完成,加快完成这些部署的应受到表扬和鼓励:群众不仅应当知道,并且还应当体会到,缩短饥饿、挨冻和穷困的时期完全取决于他们是否尽快完成我们的经济计划。各个生产部门的一切计划都应当严密地协调一致,相互联系,共同组成一个我们迫切需要的统一的经济计划。

因此,我们当前的任务就是使经济系统的各人民委员部联合成一个统一的经济中心。我们已经着手实现这一任务,把人民委员会和劳动国防委员会关于改组劳动国防委员会的决定提交你们审议。

你们要审议这一草案,我相信,这一草案经过必要的修改会被一致通过的。它的内容很简单,但是它的意义却不小,因为我们需要一个明确知道自己的地位并能把正在提到首位的经济工作全部统一起来的机构。

在代表大会以前出版的文献中,古谢夫同志的一本小册子也谈到了这一任务,附带提一下,他的这本小册子不像他以前那本小册子写得那样成功[81]。在这本小册子里有一个关于成立劳动国防委员会的十分庞大的计划,要把许多著名的工作人员调到该委员会去,其中我们看到有托洛茨基和李可夫的名字。我要指出,少作一些这样的空想吧。我们不能丢掉花了三年时间建立起来的机构。我们知道它有很大的缺点,我们在这次代表大会上将详尽地谈到这些缺点。这个问题已经作为最主要的问题之一提到日程上了。我是指改进苏维埃机构的问题。但是我们现在应当谨慎地工作,按照需要,根据实际经验来改变我们的机构。古谢夫同志讥笑我们提出的方案,说我们建议劳动国防委员会里增设一个农业人民委员部。不错,我们正是提出了这样的方案。在我们的方案中,劳动国防委员会占着不起眼的地位,它是一个直属于人民委员会的劳动国防委员会。直到现在为止,我们是在没有任何宪法规定的情况下进行劳动国防委员会的工作的。人民委员会和劳动国防委员会的职权范围划分得不好;有时我们超出了范围,成了立法机关。但是,即使这样,也从来没有发生过一次冲突。我们处理这些事情的办法是,立刻把它们转给人民委员会。当必须把劳动国防委员会建设成一个更能统一经济政策的机构时,我们便面临一个问题,如何按立法程序确定这些关系。我们有两种设想:一种是划分人民委员会和劳动国防委员会的职权范围。但是,为了实现这一点,就要占用很多人力来编纂法规,消耗大量纸张,最后还仍然不能保证我们不犯错误。

我们要采取另一种办法。有人认为劳动国防委员会几乎相当于人民委员会。我们不这样看。劳动国防委员会将是直属于人民委员会的一个委员会。我们一定能消除大量的扯皮现象,使事情能办得更快。如果人民委员会有哪一位委员不满意,请向人民委员会提出来,因为人民委员会在几小时内就可以召开。这样我们就会消除各主管部门之间互相扯皮的现象,并且使劳动国防委员会成为一个工作效率很高的机构。这不是一件容易的任务。它同真正制定一个统一的经济计划有关。现在的任务是把经济系统的各人民委员部统一起来,我们为这个任务毕竟做了一点工作,这个任务已经酝酿两年了。因此,我提醒你们注意这项关于劳动国防委员会的法案,同时我相信,你们作了必要的补充后一定会批准这个法案,那时,统一经济系统各人民委员部的工作就会进行得更顺利,更迅速,更果断,更坚决。

现在我来谈最后一点,即电气化的问题,它是作为一个特殊问题列入代表大会议程的,你们就要听到关于这个问题的报告。我认为,我们是在一个大转变的时刻召开这次会议的,这个转变无论如何足以证明苏维埃政权已经开始取得巨大的成就。今后出现在全俄代表大会讲台上的,将不仅有政治家和行政管理人员,而且有工程师和农艺师。这是最幸福的时代的开始,到那个时代政治将愈来愈少,谈论政治会比较少,而且不会那样长篇大论,讲话更多的将是工程师和农艺师。为了真正转向经济建设事业,必须由全俄苏维埃代表大会首先树立这种风气,并且自上而下地在所有的苏维埃和团体中,在一切报纸上,在一切宣传鼓动机关内,在一切机构内都来树立这种风气。

我们无疑学会了政治,这方面我们不会受人迷惑,这方面我们有基础。而经济方面的情况却不好。今后最好的政治就是少谈政治。更多地发动工程师和农艺师,向他们学习,检查他们的工作,不要把代表大会和会议变成空谈的机关,而要变成检查经济成就的机关,变成我们能够真正学习经济建设的机关。

你们将要听到国家电气化委员会的报告,这个委员会是根据全俄中央执行委员会1920年2月7日的决定建立的。2月21日最高国民经济委员会主席团签署了关于这一委员会的人员组成的最后决定,首先是最高国民经济委员会的许多优秀的专家和工作人员,共100多名,都全力投入了这项工作,此外,还有交通人民委员部和农业人民委员部的优秀力量参加。这一本书是俄罗斯国家电气化委员会的工作成果,今天或明天就要分发给大家。我希望,你们不会被这本书吓倒。我认为,我不难使你们相信这本书的特

殊意义。在我看来,这是我们的第二个党纲。我们已经有了一个
党纲,普列奥布拉任斯基和布哈林两位同志已在一本篇幅不大但
是极有价值的书中对它作了极好的解释。这是一个政治纲领,是
我们的任务表,是阶级之间和群众之间的关系的说明。但是同时
必须记住,现在是实际走上这条道路并且衡量它的实际效果的时
候了。我们党的纲领不能始终只是党的纲领。它应当成为我们经
济建设的纲领,不然它就不能作为党的纲领。它应当用第二个党
纲,即重建整个国民经济并使它达到现代技术水平的工作计划来
补充。没有电气化计划,我们就不能转入真正的建设。我们在谈
到恢复农业、工业和运输业以及它们之间的协调一致时,不能不谈
到广泛的经济计划。我们必须有一定的计划;当然,这只是一个非
常初步的计划。这个党纲不像我们的真正党纲那样,只有在党的
代表大会上才可以修改。不,这个纲领在每个工厂里,每个乡里天
天都会改进、修改、完善和变更。我们需要这个纲领,它是展示在
整个俄国面前的第一张草图,它是一个为期不下十年的、表明怎样
把俄国转到共产主义所必需的真正经济基础上去的伟大的经济计
划。我们在军事战线上进行过斗争,并且取得了胜利,当时使我们
的力量,使我们的精力增加十倍的一个强大的推动力是什么呢?
这就是意识到存在着危险。当时大家都在问:地主和资本家是否
可能回到俄国来? 我们回答说:可能的。因此,我们百倍努力,我
们全力以赴,终于取得了胜利。

　　如果提到经济战线,你们也会问:在经济上资本主义是否可能
回到俄国来? 我们同"苏哈列夫卡"作过斗争。前几天,在全俄苏
维埃代表大会开幕之前,莫斯科工人和红军代表苏维埃把这个令
人不大愉快的场所封闭了。(鼓掌)"苏哈列夫卡"被封闭了,但可

怕的并不是已经被封闭的"苏哈列夫卡"。被封闭了的是苏哈列夫广场上的过去的"苏哈列夫卡",封闭它并不困难。可怕的是活在每个小业主心灵上和行动中的"苏哈列夫卡"。必须封闭这个"苏哈列夫卡"。这个"苏哈列夫卡"是资本主义的基础。只要它存在,资本家就可能回到俄国来,就可能变得比我们更强大。必须清楚地认识到这一点。这应当成为我们工作中的主要推动力和衡量我们的实际成就的条件和尺度。只要我们还生活在一个小农国家里,资本主义在俄国就有比共产主义更牢固的经济基础。这一点必须记住。每一个细心观察过农村生活并把它同城市生活作过对比的人都知道,我们还没有挖掉资本主义的老根,还没有铲除国内敌人的基础。国内敌人是靠小经济来维持的,要铲除它,只有一种办法,那就是把我国经济,包括农业在内,转到新的技术基础上,转到现代大生产的技术基础上。只有电力才能成为这样的基础。

共产主义就是苏维埃政权加全国电气化。不然我国仍然是一个小农国家,这一点我们必须清楚地认识到。我们不仅在世界范围内比资本主义弱,在国内也比资本主义弱。这是大家都知道的。我们已经认识到这一点,并且一定要努力把小农经济基础变成大工业经济基础。只有当国家实现了电气化,为工业、农业和运输业打下了现代大工业的技术基础的时候,我们才能得到最后的胜利。

我们已经制定了国家电气化的初步计划,这个计划是由我们的200位优秀的科学家和技术人员拟定的。一个为期很长的、不下十年的计划制定好了,这个计划给我们开了一笔物资账和资金账。这个计划指出,为了实现电气化,我们需要多少万桶水泥和多少万块砖。为了实现电气化的任务,在资金方面估计要用10亿至12亿金卢布。你们知道,我们的黄金储备远远抵不上这个数字。

同时我们所备的粮食也不多。因此,我们应当按照我所谈的计划,用租让的办法来抵这笔账。你们将会看到我们打算怎样在这个基础上计划工业和运输业的恢复工作。

前不久,我在莫斯科省的边远的沃洛科拉姆斯克县参加了一个农民的节日[82],那里的农民已经用电灯照明了。在街头举行了群众大会,有一个农民上台讲话,祝贺农民生活中的这件新事。他说,我们农民过去处在愚昧这种黑暗之中,可是现在我们这里有了光,有了"非自然的光,它将照亮我们农民的黑暗"。我个人对这些话并不感到惊奇。当然,对于非党农民群众来说,电灯光是"非自然的"光,但是对我们来说,非自然的却是农民和工人竟然在这种黑暗和穷困中,在地主和资本家的压迫下生活了几百年、几千年。这种黑暗是不能很快摆脱的。但是,现在我们必须使我们建成的每一座电站都真正成为教育的据点,都要对群众进行所谓电的教育。必须使大家都知道,为什么我们已有的几十座小电站关系到工业的恢复。我们现在有一个拟好的电气化计划,但是,完成这个计划却要好多年。我们无论如何一定要实现这个计划,并且缩短完成计划的期限。这方面也应当同执行我们第一批经济计划中恢复运输业的计划——第1042号命令一样,这个计划原定五年完成,但是现在已经缩短到三年半,因为它正在超额完成。我们可能需要花一二十年的时间,才能实现电气化计划,完成可以挖掉资本主义复辟老根的改造。这样的社会发展速度在世界上将是前所未有的。我们无论如何一定要实现这个计划,并且缩短完成计划的期限。

我们第一次这样从事经济工作:除了一些工业部门的单独计划,例如运输业部门的计划,除了这些已经推广到其他工业部门的单独计划,我们还有为期多年的综合计划。这是一项艰巨的工作,它的目标是共产主义的胜利。

但是应当知道和记住,当我们有文盲的时候是不可能实现电气化的。我们的委员会还将努力扫除文盲。同过去相比,委员会已经做了很多工作,但是同需要相比,那就做得很少。劳动人民不但要识字,还要有文化,有觉悟,有学识;必须使大多数农民都能明确地了解摆在我们面前的任务。这个党纲应当成为各个学校必须讲授的主要课本。在这个党纲中,除了实现电气化的总计划,你们还会看到一些为俄国的每个地区制定的专门计划。每一个到地方上去的同志,都会得到他那一地区如何实现电气化,如何由黑暗转到正常生活的一定的规划。同志们,对于交给你们的一些条例可以并且应当在当地加以比较、研究和检验,并且在每个学校、每个小组里,使人们对于什么是共产主义这个问题不仅能用党纲上写的东西来回答,同时还能谈一谈怎样摆脱黑暗状态。

优秀的工作人员、经济专家已经完成了交给他们的制定一项实现俄国电气化和恢复俄国经济的计划的任务。现在要努力使工人和农民知道这项任务多么伟大,多么艰难,应当从何着手,应当如何行动起来。

必须使每一个工厂、每一座电站都变成教育的据点,如果俄国布满了由电站和强大的技术设备组成的密网,那么,我们的共产主义经济建设就会成为未来的社会主义的欧洲和亚洲的榜样。(热烈鼓掌,经久不息)

载于1921年《工人、农民、红军和哥萨克代表苏维埃第八次代表大会。速记记录》一书

译自《列宁全集》俄文第5版第42卷第128—161页

4

在俄共(布)党团会议讨论
关于对外对内政策的报告时的讲话

(12 月 22 日)

　　同志们,让我先谈发言人提出的一些意见,然后回答字条,至少是那些最重要的字条。在科尔济诺夫同志的批评中,有关工程师和农艺师的看法特别引起了我的注意。我们必须加强从工人和农民中培养工程师和农艺师的工作。这是毫无疑问的,苏维埃政权也正在为此采取措施,但是,我们不能期望很快取得成效。即使这方面不会像实现电气化所需要的时间那么长,那也总得有几年时间才成。所以,科尔济诺夫的建议是不正确的,他说在没有培养出自己的农艺师以前应当把一切事情都搁在一边。我们目前应当发现和使用优秀的农艺师,邀请他们参加我们的会议,要求他们提出工作报告,这样来选拔那些勤勉可靠和学有所长的人。

　　科尔济诺夫同志是为反对而反对,他说本应早一点公布租让法令。可是,我们人民委员会和劳动国防委员会的工作情况就是这样的:事情一来,必须马上作出答复;我们的情况是:只要中央委员会和人民委员会没有意见分歧,就立即通过决定。如果租让法令是不正确的,那就应当提议撤销它,因为同万德利普商定的最主要的租让项目,最早也要在明年 3 月才能签订正式合同。

我们颁布这个法令的时候,我们的主要目的当时是,现在也仍然是尽快签订商务合同,吸引资本家接受租让。我在党团会议上作报告时,直率地谈过这个问题的政治方面,我当时没有听到反对意见,因此,当伊格纳托夫同志硬要提出一点反对意见,说万德利普这件事情不妙,说我们没有弄清他的身份时,我感到吃惊。我读过副外贸人民委员的声明,其中说有关万德利普所代表的集团的情况已经查过,并得到国外证实,是确实无误的。万德利普本人说,在共和党的候选人执政以前,在新总统就职以前,不能签订合同,因为这个合同不能避开美国政府。

根据这项合同,要给美国政府提供军事基地。所以,即使这位华盛顿·万德利普(梁赞诺夫同志已经在打听有关他的一些与这件事丝毫无关的细节,这确实是梁赞诺夫常干的事)谁也不代表,简直就是一个骗子,也就是说,即使合同草案的目的是让合众国政府取得针对日本的海军基地,即使这样,我们也绝不可能受骗,因为在美国,共和党的代表确实将成为合众国总统。万德利普走后,我们将有可能彻底地评价这项商务合同。伊格纳托夫对我们在会上讲的东西简直漫不经心,他的全部批评丝毫没有价值。

科尔济诺夫同志说,关于波兰的问题,本应早一点打招呼。可是,那时的情况非常困难,有一段时间我们的军队正在向前推进,中央委员会有理由认为:尽管形势变得复杂起来,我们转入进攻,还能得到许多东西。

在寇松发出7月11日的照会[83],要求几天之内给予答复的情况下,我们有什么理由来召集党的会议并提出这个问题呢?而且任何一个同志都知道,假如我们能够在有利时机转入进攻战,那我们在任何时候都不会拒绝这样做的。任何地方,任何时候,在这点上都不会出现任何反对派。我们所见到的反对派却正好是相反的，他们责怪我们的对外政策不够积极。至于说这方面有错误，那是没有疑问的，但同样没有疑问的是：现在来议论这些错误不会有任何结果，因为我们还顾不上研究我们过去的活动。过一些时候，当文件和材料都收集起来了，那时我们才能充分估量我们的错误。因此，在科尔济诺夫同志的发言中，除了想表示反对的愿望之外，我根本看不出有任何别的东西。往后只要条件对我们有利，我们还要同样地利用我们的胜利。只要党不加禁止，我们总是要转入进攻的。我认为，党，任何一个党员在任何一次会议上，都不会提议采取相反的政策。

至于古谢夫同志提的意见，我应当说：我认为我的错误是把有争议的内容写进正式的报告里面去了，因此，我已经提议从正式报告稿中删去这一部分，同时增加对苏维埃亚美尼亚的祝贺，而这一点是由于我的不可原谅的疏忽，忘记加进我的报告里去了。

古谢夫同志在这里说，我在炫耀自己的谦逊，这是没有根据的。问题绝不在这里，而是在于：我们已经在较为切实认真地着手使经济系统的各人民委员部的工作密切配合起来并实行统一的经济计划，在这种情况下我们就怕主观的计划。

古谢夫同志说，我没有全面地评论他的小册子。但是，要托洛茨基同志和李可夫同志放弃主管部门去参加还不成其为一个部门而要另建新机构的国防委员会，这是问题的关键。我不明白在苏维埃政权建立了三年之后怎么还提出这样的问题，而且这个问题在这里还得到支持。我无法表达我的困惑，这是极不严肃的，这意味着在一个地方把一个部门搞垮，又在别的地方把它建立起来。这意味着不了解我们的机构的情况。我不知道波波夫同志是否印好了他给我的那页材料。那上面有 1920 年调查结果的摘录。你们知道,这次调查进行得还令人满意,它将提供大量有关莫斯科的苏维埃职员人数的极有价值的材料。我们在 1919 年已经进行过一次这样的调查,现在我们有了更加完备的调查。根据调查材料,苏维埃职员不下 23 万人;在最重要的人民委员部里有 3 万人,甚至更多;在莫斯科苏维埃里有 7 万人[84]。你们想一想这些数字,考虑一下这些数字,那你们就会明白:如果你们一定要把一个有影响的、最有威望的、在他的主管部门建立了一定的工作作风的同志从这个部门抽调出来,而委派他去合并几个部门,那么,除去造成混乱外,还能得到什么结果呢。难道可以这样来理解同官僚主义作斗争的任务吗? 这样做就是对工作抱极不严肃的态度,就是根本不考虑现实情况。我理解官僚主义的严重性,但是我们没有在党纲中提出要消灭它。这不是一次代表大会的问题,这是整整一个时代的问题,关于这个问题有专门报告。

难道可以设想,大笔一挥,决定把在某一个最重要的主管部门内工作得很出色的一些同志调到劳动国防委员会,就可以建立一个权力不确定的、在经济方面不能起统一作用的新部门。当劳动国防委员会内实际提出什么是经济系统的和什么是非经济系统的这一问题时,不仅对外贸易人民委员部说它是经济系统的人民委员部,财政人民委员部也说它是经济系统的人民委员部。可是难道进行经济工作可以没有卫生人民委员部吗? 当然,当我们在经济改造工作中取得巨大成就时,在改变经济基础的事业方面取得极大成就之后,经济系统的各人民委员部同非经济系统的各人民委员部的关系也许会改变。现在没有出现这样的情况。因此,像古谢夫那样轻率地对待本位主义,那是完全不正确的;附带提一下,他在这本小册子的其他部分重复了以前那本小册子已经谈过的一些极好的想法。

我不准备谈梁赞诺夫的发言,因为加米涅夫已经对他的发言作了充分的批驳。我只提一点:梁赞诺夫和迷恋于他的坏榜样的古谢夫散布说,他们在什么地方听说过,也许是听我说过,我想在人民委员会里自杀——一个说是跳水自杀,另一个说是开枪自杀。如果有同志将来抓住我因过分疲劳可能说出的任何气话并迫使我到成千人面前来谈论这一点,那我认为,他们就会永远失去人们对他们发言严肃性的任何信任。(鼓掌)

很可能我们人民委员会有一大堆琐碎的事务,这是真的。既然马克西莫夫斯基利用这一点来表现自己反对派的立场,还专门加以强调,那么,我应当说,没有琐碎事务的国家机构是不存在的,也是不可能存在的。你们还没有说到中央委员会解决同政策有关的问题这件事。只要是执政党在管理国家,只要这个党必须解决有关各种任命的一切问题,你们便不能设想最重要的一些国家任命不由处于领导地位的党来决定。归根到底,重要的并不在于由什么人来执行什么样的政策。难道中央委员会没有琐碎事务?有的是。常有这样的情况:赶着讨论了几十个问题,议事日程才算结束,这时不仅会说我真想跳水自杀,甚至还可能说出更难听的话来。我再说一遍,抓住我说的这种话非常容易,但是在这样的会上发言,利用这个问题造出一个反对派来,并且对琐碎事务横加指责,那是不严肃的。

如果我们试图在一般只规定原则的机关中分出一个解决琐碎的实际事务的机关,我们就会把事情搞糟,因为我们这样做就会使概括脱离事实,而概括一脱离事实就成了空想和不严肃的事情。

中央委员会不能把问题分成原则的和琐碎的,因为每一件琐碎的事务都可能有原则的方面。

问题不在伊万·西多罗维奇,也不在西多尔·卡尔波维奇身上。问题不在把卡尔普安置在伊万的位置上或者把伊万安置在卡尔普的位置上。而如果他们不愿意这么做呢?如果伊万和卡尔普这两个人都是人民委员,那又该怎么办?中央委员会有书记处,有组织局,有政治局,最后还召开中央全会,甚至最琐碎、最枯燥、一连讨论几个小时简直叫人想去跳水自杀的这么一些问题都经常提交中央全会。但是,把问题分成琐碎的和原则的,就意味着根本破坏民主集中制的基础。同时,也不能说中央委员会把琐碎事务都堆在别的机构头上。目前,我们还不能改变宪法,还在自主地进行工作。如果我们在有些问题上取得了一致,而在另一些问题上发生了争论,那在我们现有机构的情况下是完全不可避免的。即使中央委员会成了一个监督机关,即使根据总的分工,加里宁同志担负了监督鼓动工作和检查的责任,即使只要求他谈一点巡视和执行任务时的个人印象,那当然也不该因此就叫嚷什么所有问题都从人民委员会转到了中央委员会,或从中央委员会转到了人民委员会。这样说就会引起新的混乱,搞得一塌糊涂,而事情的实质不会因此有所改变。为了监督,为了否决某些问题,高级机关是必需的。

有人在这里谈论和抱怨全俄中央执行委员会主席团的工作太多,尽管它是我们的最高机构,却过多地忙于纯属琐碎的事务。但我想问问所有在座的人,你们当中有多少人看完了我们这些工作的几十份记录?谁从头到尾看完过?显然谁也没有,因为枯燥得看不下去。我应当说,我们党的任何一个党员和共和国的任何一个公民,都有权把最无关紧要的问题、最无关紧要的情况报告全俄中央执行委员会。这类问题逐级上报,经过常务委员会等等,送交全俄中央执行委员会主席团审议。在劳动者受到最充分的共产主义再教育(这要经过几十年在彻底实现电气化之后才能做到)以前一直都会这样。我们在这方面不怕发生变化。

现在我来回答一些字条。敏金同志写道:

施略普尼柯夫同志是否向人民委员会报告过对外贸易人民委员部内出现的混乱现象,或者要把这留做代表大会上的发言用? 如果已经报告了,那么,为消除这种混乱采取了什么措施?

为了回答这个问题,我找了谢列布里亚科夫同志,他比我更了解情况。中央委员会委派他去一个委员会工作,参加委员会的有谢列布里亚科夫、捷尔任斯基、克列斯廷斯基、列扎瓦等同志,这个委员会要采取措施改善对外贸易人民委员部和内务人民委员部的关系,因为我们的驻外代表得知这些关系远不是令人满意的。应我的请求,谢列布里亚科夫对敏金代表的字条,答复如下:"敏金同志说……"(念)

委员会之下还设立了一个分委员会。玩反对派这种游戏是很容易的,因为我们的每一个人民委员部都存在丑恶现象。这里提到各种保证和某个人民委员部技术出版社的 3 万名职员不尽妥当,在某种意义上又很能说明问题,说明你们随时都能发现令人吃惊的丑恶现象。你们在红军的每个师里也会发现同样的现象。然而我们的红军总是不断取得胜利。

全部问题在于应当及时把这些情况向有责任进行纠正的机构提出,而不是在这个会上说上一通。梁赞诺夫同志听说某某同志如何如何,他既没有核实过,也不知道确切事实。对于此类问题我们在这个会上是无法收集确切的材料来加以证实的。这是民主集中制吗？不，这绝对不是民主，也绝对不是集中制，而是杂乱无章和制造混乱。申诉书应当送交党的机构。如果党的机构不负责任，它就应该受到严厉的批评。

在交来的字条中间，应当注意一下裁减军队的问题。托洛茨基同志将对这个问题作专门汇报，你们愿意今天就听，还是下次召开专门的党团会议再听，由你们决定。我可以告诉大家，在设立了以托洛茨基和捷尔任斯基为首的专门的复员委员会后，中央委员会已决定开始复员，这个工作正在进行。军事部门正在研究复员工作，你们将会得到确切的汇报。

能不能认为劳动国防委员会机关是一个过渡性的机关，它的任务只是把经济系统的各人民委员部统一起来，这之后就会撤销？或者它是未来的统一的经济计划的基础？另外，劳动国防委员会在地方上依靠的是哪些机构？

这个问题还没有解决，而且我们认为，现在提出这个问题是无益的。我们当前要做的是审查人民委员部的组织。人民委员会已经建立了组织工作会议，这个会议应当从各人民委员部担负的任务的角度来重新审查它们的机构，并相应地研究人员编制的问题。电气化问题还没有解决，现在就撤销劳动国防委员会，而成立另外的机构，这是行不通的。有关电气化的各种材料马上就要发给你们，劳动国防委员会要考虑对这些材料的审查意见和报告。我们现在有了一个我们所需要的机关，靠了这个机关，不管搞得是坏是好，我们总是在工作和在完成我们所担负的任务。我们不打算在实际试验完成统一的经济计划以前，就忙于进行改革。这里应当七次量，一次裁。

租让远东的合同,将由我们还是由缓冲国来签订? 不管由谁来签订,其原因是什么?

同志们,这是一个微妙的问题。有人问我们"是由你们还是由缓冲国",而缓冲国的定义就很难下。一方面有个缓冲国,而另一方面有俄国共产党相应的一个局。缓冲国就是缓冲国,目的是等待时机,打败日本人。我不知道堪察加现在属于谁,实际上它现在属于日本人,我们要把它租给美国人,日本人是不满意的。人们向我们提出问题,人们重视我们的指示,没有人反对我们同万德利普谈判,党内任何派别的同志都不认为这个问题如此重要,非要把它提交全俄中央执行委员会全体会议讨论和提交监察委员会审查不可。这是任何一个党员的权利,但没有人去行使这个权利。谁要是了解了把合同推迟到3月份签订的事实,谁就不会想急于行使他的这一权利。

鉴于要实行租让,你怎么看待当前的工会? 你赞成组织农民工会,这是不是真的?

我应当说,党纲规定必须探索能把贫苦农民联合起来的工会的新形式。[85]党纲提出了这个任务,我也不止一次说过,尽管我们现在没有力量完成这一任务,但放弃这个任务是不行的。不能只限于由这样弱小、还不能提供出色的工作人员的全俄农林工会去做工作。劳动农民、农民中的非富农部分正在平均化、均等化,正在联合,在这种情况下,是不能从社会主义建设的日程上撤销这一任务的。加强工会的工作,意味着不仅要把这一工作做到农村无产阶级身上去,还要做到全体劳动农民身上去。我们还不知道应该怎么来完成这一任务。我们在党纲中提出了任务,我们还会多次反复重申这个任务,努力使这一课题从各方面得到实际解决。对于这个问题,更多的我就谈不上了。

将来租让合同签订之后,工会自然将肩负特别重要的任务:检查、监督,还要同那些将在这些租让企业内工作的我们的工人建立联系。这项工作在实际上怎样展开,现时我不知道。现在把这个问题提上日程是不合理的,因为工会面临着更重要的任务。

我们反对官僚主义的斗争,无疑需要工会的帮助,我们应当依靠它。这在党纲中已经原则地说到了。[86]由此可见,需要多么长期的斗争和多么有条不紊的工作。等我们有了材料,说明某个工人村已经安排了监督的工作而且收到了一定的效果,而在某一个街区、县等等地方却是另一种情况,当我们将来对这一切加以权衡时,我们的事情就会顺利起来,并且不仅仅老是谈论"鼓动用的马铃薯",而且会发展到检查已经付诸实践的步骤和根据这些步骤采取已经显出成效的实际措施。

译自《列宁全集》俄文第5版
第42卷第162—171页

5

关于对外对内政策的报告的总结发言

（12 月 23 日）

（鼓掌）同志们，我只对你们刚才听到的发言和声明稍微发表一些意见。在我收到的字条里，有一张字条表示怀疑并且问道，听取这样的声明和发言对苏维埃代表大会有什么好处。我想你们大多数人都不会同意这种意见。有些党派中的一部分人刚才宣读了自己的声明。毫无疑问，请大家注意一下这些党派在当前的政治局势下所发表的一些言论（也许现在是相当流行的言论）会引起什么后果，请大家注意一下这个问题，决不是没有益处的。例如，可以看一看孟什维克党一位代表的议论，或者更确切些说是该党某一部分人的议论。下面的情况是不能归咎于我们的：孟什维克党和社会革命党到现在还保持着自己的名称，其实它们是由各种各样的人组成的集团，这些人常常互相倒过来倒过去，因而有意无意地、自觉不自觉地变成了国际帝国主义的走狗。这一点从代表大会所听到的他们的声明和发言中看得很清楚。

例如，有人责备我提出了关于即将到来的战争新阶段的新理论。我用不着追溯过去很久的事情来证明我讲的话有什么根据。我们刚刚打败了弗兰格尔，但是弗兰格尔的部队还盘踞在离我国国境不太远的地方等待时机。因此，谁要是忘记了只要世界帝国主义存在，经常威胁着我们的危险就不会消除，谁要是忘记了这一点，谁就是忘记了我们的劳动共和国。有人说我们在进行秘密外交，说我们只应当进行防御战；当刀子一直还搁在我们脖子上的时候，当我们虽然提出了很多建议并作了前所未有的让步，但是直到现在还没有任何一个大国同我们签订和约的时候，对我们说这种话，就是重弹早已失掉了意义的小资产阶级和平主义的老调。如果我们像有些人向我们建议的那样，对于这种经常疯狂地敌视我们的势力，发誓决不采取在军事战略方面可能成为进攻的行动，那我们不仅是傻瓜，而且是罪犯。可是，这些和平主义的言论和决议正是要我们这样做。它们导致的结果是：想把被敌人包围的苏维埃政权的手脚束缚住，听凭世界帝国主义强盗宰割。

后来有人谈到无产阶级的团结问题，说我们破坏团结，听到这种话不能不令人发笑。我们在国内听说过无产阶级的团结问题，并且现在已经真正看到，在社会革命时代，只有依靠最革命的马克思主义政党，只有同其他一切党派进行无情的斗争，才能实现无产阶级的团结。（热烈鼓掌）

随后，有人重弹旧的资产阶级民主口号的老调，对我们大谈武装全体人民的问题，可是这个人民却正在激烈进行着最坚决的阶级斗争。

昨天我有机会参加了（可惜，时间不太长）我们代表大会的非党农民代表的一个非正式的小型会议[87]，从他们对农村生活中最棘手的问题，即你们大家都知道的粮食、破产和贫困等问题的讨论中，我得到了很多东西。在这些讨论中最使我注意的是，贫苦农民即真正的劳动者同富农和懒汉之间的斗争已经深入到什么程度。我国革命的最伟大的意义就在于：我们帮助农村最下层群众，广大的政治觉悟最低的人,广大的非党农民,不仅在理论上而且在广泛的实践上提出了社会革命这个基本问题。现在,辽阔的苏维埃俄国各乡各村的人们都在探讨、争论并认识我们的政治措施和经济措施对谁有利;在最偏僻的角落里,到处都在探讨劳动农民和富农的问题。有时大家互相指责得很激烈,但是不管怎样,他们都了解和懂得,一定要帮助劳动农民站起来,一定要击败不自量力的富农的一切偷袭。

在农村里,在农民群众中,阶级斗争已经成为事实,而我们过去和现在所做的一切,都是为了使这场斗争成为自觉的斗争。然而,我们这样做了以后,某个特殊的"国际"[88]的一些领袖却出来给我们大谈武装人民的问题,使人感到自己仿佛成了马克思主义和社会主义问题预备班的小学生。忘记全世界正在激烈进行的阶级斗争,就意味着不知不觉地在帮助全世界的帝国主义者,反对战斗中的无产阶级。我们敌人的口号是武装人民,而我们则主张武装阶级,我们就是在这个基础上获得胜利的,并将永远获得胜利。(热烈鼓掌)

孟什维克和社会革命党人的代表在这里对我们说,不召开特别的人民会议,我们怎么能够决定实行租让这种事情,并且质问我们,为什么我们的经济政策不把劳动平等放在第一位(在社会革命党人的决议中,这种劳动平等叫做"劳动权力",而在孟什维克的决议中则换了个说法,叫做城乡劳动者平等)。但是,这种侈谈"劳动权力"的论调不就是鼓吹工会要脱离无产阶级的阶级政权而独立吗? 现在整个西欧资产阶级的报刊,同孟什维克和社会革命党人一起,正在为工会的这种"独立"担忧落泪。

马尔托夫出席了独立党人在哈雷召开的代表大会,他不受他所讨厌的布尔什维克专政的约束,在会上把他要说的一切都说出来了,结果怎样呢? 结果是:几天以后,马尔托夫的演说就像一盘美味在英国一家最反动的帝国主义刊物上和盘托出来了。这家刊物感激马尔托夫公民(不过英国是称呼先生的,不称呼公民),因为他揭露了布尔什维克的阴谋。在我们遭到全世界攻击的情况下,发表这样的言论,如果不是协约国政策的一部分,又是什么呢? 当然,你们可以说,这是表达你们关于劳动权力等等的思想(小资产阶级的胡言乱语),但是,我要再说一遍,事实上这不是什么别的东西,正是协约国政策的一部分。唐恩公民,假如这里有协约国的代理人,您的这篇发言明天就会送到一切资本主义国家去,印上几百万份,用您的发言来欺骗和迷惑一部分没有觉悟的欧洲工人。

唐恩公民认为我在讲到劳动纪律时只主张实行强制;社会革命党的一位代表说得比较确切,他说我是主张在说服的基础上实行强制。我们的全部政策清楚地回答了这一点。我们决不认为,我们的工作没有错误,但是,请您把这些错误给我们指出来,给我们指出一些其他的办法。可是我们在这里没有听到过这些其他的办法。无论孟什维克或社会革命党人都没有说过:"这就是工农的贫困,而这就是摆脱这种贫困的办法。"没有,他们没有说过这种话。他们只是说,凡是我们所做的,都是强制的。是的,这一点是无法否认的。但是,唐恩公民,请问,您是支持还是不支持这一点呢? 这就是问题的实质,这就是问题的关键。请具体地回答:支持还是不支持?"两者都不是。"看见没有,他们只想谈论劳动权力,只想说我们侵犯农民的自由。可是这样的农民究竟是些什么人呢? 难道在我们的苏维埃宪法中没有指明,农民就是劳动者,就是从事劳动的人吗? 这样的农民我们是尊敬的,并且认为他们是工人的享有同等权利的兄弟。如果没有这样的农民,我们在执行苏维埃政策时就寸步难行。在我国的宪法里,劳动农民同工人有着兄弟盟约。但是,农民中还有其他分子,这就是那些组成千百万个"苏哈列夫卡"的分子。我希望任何会议,甚至非党的会议,都能详细地弄清楚这个问题。难道那些投机倒把的农民是劳动者的代表吗?这就是农村经济问题的全部实质。农民、小业主和工人,这是不同的阶级,正像我在报告中已经说过的,只有在消灭了小经济基础和建立了新的大机器经济基础的时候,我们才能消灭这些阶级之间的差别。这在经济上是必然的。而在这里发言的孟什维克和社会革命党人却有气无力地嘟哝什么一切农民和工人的劳动平等。但这不过是一句空话而已,而且在经济上是不正确的,已经被科学的马克思主义否定了的。研究一下我们在西伯利亚和格鲁吉亚进行的革命,研究一下国际革命的经验,你们就会确信,这些侈谈劳动平等的漂亮言词全是谎话。这种言论是资产阶级实行的反对我们的政策,如此而已。

　　唐恩在这里说,似乎全俄肃反委员会办公室有一个文件规定,对孟什维克不实行十月大赦;唐恩公民竟由此得出结论,说全俄肃反委员会指导和统治着全俄中央执行委员会主席团。难道我们这些执掌政权的人能够相信这些话吗?难道在座的 70%—80% 的共产党员会不知道全俄肃反委员会是由中央执行委员会委员、党中央委员捷尔任斯基同志领导的吗?难道会不知道在全俄中央执行委员会主席团内有 6 名我们党中央委员会的委员吗?在这种情况下,说全俄肃反委员会主席团或它的执行机关指导和统治着中央执行委员会主席团,这当然是不能设想的,这简直太可笑了。显然,这是毫无意义的,孟什维克党的代表在这里纯粹是玩弄花招。但我希望你们过几天看看西欧或美国任何一种发行50万或100万份的资产阶级报纸,那时你们一定会看到那上面用特大号字刊载着唐恩公民揭露全俄肃反委员会对全俄中央执行委员会主席团发号施令、实行统治的消息。

载于1920年12月29日《苏维埃第八次代表大会。大会每日公报》第9号

译自《列宁全集》俄文第5版第42卷第172—177页

6

在俄共（布）党团会议讨论
人民委员会《关于加强和发展农民
农业经济的措施》法案时的讲话⁸⁹

（12 月 24 日）

同志们，我先就对暴力问题的错误解释说几句话。为了指出这种错误，我把第八次代表大会的三行记录⁹⁰念一下。

反对使用暴力的这番话是由公社问题引起的。我认为，在这方面稍微使用一点暴力都是有害的。针对公社问题的这番话指出在建立公社工作中使用暴力是荒谬的，有人试图对这番话作解释，试图把它扯到关于说服和强制的整个问题上去。这显然牵强附会，是错误的。关于我们的法案和已经开始的交换意见，我必须说，我认为对问题过左的提法是不够实事求是的。在自称极左的汉诺夫同志的提案里，我没有看到任何具体的和实事求是的东西。我认为施利希特尔同志的意见是最有害的，他建议不要把这个法案变成法令，而提交全俄中央执行委员会下次会议去通过。我们在人民委员会里竭力使这个法案尽快地具有最完备的形式，是为了让地方代表出席最多的苏维埃代表大会能够作出正式决定。我们担心的是，在地方上有来不及进行这个运动的危险。开展运动必须有工作细则。制定这些工作细则最少要两三个星期。施利希特尔在谈议程上的另一个问题,即关于省执行委员会的权力问题时所提的意见是极其有害的。这个法案的实质在于:立即采取实际措施帮助所占比重最大的个体农民经济,这种帮助不仅是鼓励,而且要实行强制。

我必须说,法案里已经明确指出,我们谈的是什么措施。最重要的第 11 条规定:省播种委员会[91]在农业人民委员部的领导和监督下可以颁布"关于机器耕地、改良牧场和播种工作的主要方法以及保持土壤天然肥力的方法的必须执行的规定"。这些必须执行的规定根据什么呢? 法案接着指出,主要是根据勤劳的农民所应用的方法。哪些方法我们应当用法律加以规定呢? 应当用法律加以规定的是人所共知的能改进农业的方法,应当使它们成为尽人皆知的方法。最后说:"禁止实行下列规定和要求:(1)足以从根本上破坏农民经济的规定和要求,即不是根据乡代表大会的建议或者在国家不能保证供应该地区以改良农具和生产资料的情况下所执行的规定和要求;(2)中等富裕农户难于执行的要求;(3)带有冒险性的要求。"

这里有一位同志认为,奥新斯基同志的报告的缺点在于提出了过分实际的具体的指示。这种看法是不正确的。相反,在奥新斯基同志的报告中最有价值的地方就是他完全抓住了要害,他希望你们讨论真正实际的问题——种子怎么办,决不允许把种子吃光。这在俄国欧洲部分恰恰比在容易做到令行禁止的最富饶的阿尔泰边疆区要困难得多。既然那里容易做到令行禁止,那就用下命令来取得实际的成就。那样的话,每个省的土地局——阿尔泰和其他省的土地局,都应得到极大的鼓励。

可惜在贫困得多的俄国欧洲部分各省,情况远不是这样。这里当前运动的整个任务,正像我们代表大会的整个任务一样,就是尽量不要泛泛而论地提出问题,而施利希特尔和另一些同志都要求我们这么做。我希望大家更加实际地切实地提问题,并且欢迎奥新斯基提出的工作方针。让我们来谈谈种子怎样办吧。人们会把种子吃光。必须抢救种子。在这种情况下,怎样办更实际呢?必须把种子拿到公共仓库里去,同时应该向农民保证并使他们相信,这些种子不会成为拖拉作风和不合理分配的牺牲品,而且现在我们的目的是要使全面播种所需要的种子由国家来保管。我们一定能使普通农民都相信这一点,因为这种需要是最明显的。如果有人反驳说,我们不能给瞿鲁巴干活,并把他说得像一头猛兽,那我们要说:"别开玩笑啦,直接回答问题吧,你们怎样来恢复工业呢?"你们供给农民农具吧。如果国家将充分掌握满足国家需要的一切必要的储备以及一切农具和技术工具,那就需要有日益增多的储备,而我们刚刚在争取获得这样的储备。因此,说在这里把国营农场和集体农庄的任务混淆起来了,我认为是不正确的。集体农庄的问题并非当务之急。我知道,集体农庄还没有很好地组织起来,还处于名副其实的养老院的可怜状态。全俄第八次代表大会的代表指示人民委员会或全俄中央执行委员会必须采取专门措施来加强全俄农林工会的工作,这一点我并不反对。在这方面,这个工会是最重要的支柱,只有它才能把那些能够帮助我们成为真正主人的真正半无产者团结起来。我决不反对这一点。

然而,现在这个法案所提出的是另一个任务。现在大多数国营农场的状况,低于一般水平。必须依靠个体农民,而个体农民的情况就是如此,并且在最近不会有所改变,因此现在还不能设想向社会主义和集体化过渡。不要作泛泛的议论,而应当谈一谈在这个春季(无论如何不能再晚)如何跨出切实的第一步,只有这样提出问题才是实事求是的。为了做到这一点，现在就要批准这个法案，因为法案已由人民委员会拟妥，此刻就可以作些适当修改，但是决不能拖延。

至于农具公有化的问题，你们更清楚，可以用国家名义制定哪些共同遵守的法规。我警告你们不要这样做。我们已经有了使富裕农民的农具公有化的法令[92]。在能够顺利做到这一点的地方，这项法律的存在便保证了在这方面实行地方公有化的最充分的自由。但是，实施的方法远不是在任何地方任何时候都完全规定好了的；因此把这一点列入目的与此完全不同的法令中去，我们就有分散精力的危险，就不能把精力集中在首先要做而且要加紧去做的工作上。最好把全部力量集中在最紧迫的工作上，即：无论如何要收集到足够数量的种子，保证播种计划的完成，在劳动农民即贫苦农民和中农人数最多的地方开始大规模地推广已试验过的改进农业的措施。这就是问题的所在。现在我们制定这样的措施愈少愈好，因为稳步地实行少许措施，就可以使发展农业的整个工作走上正轨，使农民坚信所走的道路是正确的。如果我们的步子迈得太大，超过了我们能够做到的范围，那只会使我们在农民心目中威信扫地。如果有些省份在发布命令方面还可以再进一步，那也没有禁止这样做。法令上规定：要考虑到农民的经验，考虑到目前所能够征集到的耕畜和农具的数量。如果在一个省里还有农业所需要的农具，而且并未损坏，那么，在那里就会取得成绩。如果把这项法令推行到在这方面情况比较糟糕、农民又不能做到这一点的省份，那命令仍将是一纸空文，不会有什么成效，而农民不但不能了解走这条道路的重要性，反而会感到失望，这也就是今后使我最担心的一点，因此，我们必须首先从绝对必要的事情做起，也就是从保管种子做起。

　　现在我们来谈谈改进个体小农经济的一些完全可行的、我们应该立刻讨论并且加以详细讨论的措施,在这里要把它们变成具有法律效力的必须执行的规定,并且必须强制和严格地去执行,总之,经过多次讨论才决定的东西,务必付诸实施。我想建议现在就分成小组,不要等大会全体会议上作完报告才正式成立这些小组。现在就可以成立的,或者说无论如何今天就可以成立的这种非正式小组,是可以变成正式小组的,但是,如果我们把这一工作拖延一天或半天,那就不对了。要知道,我们一共有2 500名代表,我认为其中十分之一的代表,做了几年工作以后,实际上已经领会了这个问题。既然有250人,也就是说,每个农业区有25人以上,因为我们的共和国划分为9个农业区,我认为,有这么多代表,我们现在就可以着手讨论实际问题,讨论我们应当着手实行的那些具体措施。

　　究竟应当在哪些农业区采取和规定哪些改进农业的措施呢?有的农业区也许可以实行必须种足的办法;有的农业区,正如一位在春天才了解了阿尔泰省情况的同志所说的,也许已经有条件发布一项更果断的命令;还有的农业区,在农艺师和非党农民参加下,也许可以实行使耕地和耙地更适时的措施。我觉得,现在需要按各个地区划成的农业区来建立小组,因为不能在不同的农业区实行同一种措施;要用半天或一天的时间来讨论法令没有直接提到的而在法案中又是最重要的问题。这个法案规定:要用适当方式说服非党农民;即使我们在这方面已经落后了,但是我们依靠现在正在开展并且将要以比过去大一百倍的规模和声势开展起来的群众性的鼓动工作,就能给每个农业区和每个省制定一些措施,为了使这些措施收到成效,我们还要作出巨大的努力,作出不下于我们在实行粮食政策方面所作的那种努力。那时的任务并不怎么复杂,只不过要求农民交出一定数量的粮食,而现在则要求农民在自己的耕作方面作一些全国政权认为必要的改变。主要的是在确定这些改变时不要犯错误。这是最重要的一点。库拉耶夫同志具体地提出了这些问题,我认为这是正确的做法,如果不这样做,而去议论集体化的总计划,去议论有时起了很坏作用的国营农场的作用,去议论对待征购的马克思主义方法,这就意味着要使我们脱离直接的实际问题而向后倒退,去作泛泛的议论,这种议论或许也有好处,但是在颁布最重要的国家法令的苏维埃代表大会上是不会有好处的。要准备好这一步骤,必须很周密地考虑村苏维埃应该做哪些工作和起哪些作用。必须很慎重地考虑,现在村苏维埃主席是不是在农民中主要贯彻各种措施的人?是不是我们可以与之商讨问题的人?村苏维埃主席和协助委员会主席由一人担任是否有好处?我在这里要打个问号。我希望熟悉地方工作的同志们注意这个问题。应当让协助委员会讨论一下哪些措施需要用法律加以规定。在讨论的时候用不着害怕非党人士。他们的一切建议我们都要加以斟酌,这样我们就会具体了解,谁拥护我们,谁反对我们。必须做到对每个乡和每个村都有清楚的了解。已经制定的要求是切实可行的,经过一定的努力,来年春天是可以办到的。我建议结束党团的会议。如果你们认为一般讨论已经结束,那就要按农业区成立小组,并且在这里在小组内立即开始讨论具有不同农业特点的各个农业区的问题。实际上这样做是正确的,并且会保证法案获得成功。

载于1930年《列宁全集》俄文
第2、3版第26卷

译自《列宁全集》俄文第5版
第42卷第178—184页

7

在俄共（布）党团会议上就
《关于加强和发展农民农业经济的措施》
法案的补充意见发表的讲话

（12 月 27 日）

同志们，今天中央委员会研究了党团通过的一项决定，即在关于农业的决议里谈到改进和奖励的那一条中删去"个体农民"这几个字的问题。中央委员会通过了以下决定，并委托我加以说明。[93]（念决定）同志们，这就是中央委员会决定的全文。现在让我来说明我们为什么决不能同意党团决定的理由。我们很清楚，并在中央委员会的会议上特别强调，党团在作出不奖励个体农民的决定时的基本想法是担心我们会奖励富农，并希望首先把奖励村团、乡、集体（也就是奖励共同劳动，而不是个体劳动）放在第一位。这一点我们完全同意。我们认为，这些想法是完全正确的，对任何一个马克思主义者来说原则上都是没有异议的，是不容置疑的，从农民的角度看来是特别宝贵的，但不能因此就完全不奖励个体农民。

让我来谈一下这个法令产生过程中的一点情况。我对这个法令在我们人民委员会的产生过程是相当注意观察的，并且应该说，来自粮食人民委员部的第一个草案，总的讲，指靠的是勤劳的农民。谢列达同志提出的那些建议，关键是认为指靠勤劳的农民是错误的,而应当指靠村团和集体。人民委员会,至少我是这样对待这个问题的:在这种场合应当先问问地方上的人的意见,然后再斟酌是赞成还是反对。的确,我觉得不奖励个体农民是不对的,但是,如果地方上有实践经验的人证实,可以而且应当把村团放在第一位,或许,这样做也是好的。由于这两种观点的斗争,人民委员会的法案就采取了这样一种措辞:两种奖励都保留,并规定两者的一定比例。在进一步详细研究时又自然地提出了一种想法,在人民委员会中这种想法已经很明确,认为这是工作细则问题。因此,人民委员会的决定规定,工作细则应由农业人民委员部在明确指定的期限内拟好,取得粮食人民委员部的同意,并经人民委员会批准。批准工作细则的一般程序是由有关的一个人民委员签发。但这次例外,我们决定不仅要审查工作细则(两个人民委员参加),而且特别补充说:工作细则要送交人民委员会批准。可以明显看出,这一工作细则的关系十分重大。

　　同志们作了一些解释后,我们明白了,为什么你们决定不奖励个体农户。中央委员会懂得了关键在哪里。关键就在于不要奖励得不公平,不要奖励了富农。很明显,富裕农民和富农的经营搞得最好;无疑,这种人在农村里仍然多得很,这一点我们任何时候都不怀疑。如果我们奖励精心经营的人,而不问他是通过什么手段做到这一点的,那么精心经营成绩最好的自然就是富农。所以,如果忽视经营上的改进是用什么代价达到的这个问题,那就会不公平地特别优待富农。如果用生产资料奖励富农,就是说用那些可以用来扩大经营的东西奖励富农,那么我们就会间接地——也许还不完全是间接地——成为发展富农经济的参与者;因为,在奖励勤劳的农民时,不考虑好的成绩是不是用富农手段获得的,而且还用生产资料这样的东西,也就是用得奖人可以拿来进一步加强自己影响的东西来奖励他,那我们当然就不仅背离了土地政策的宗旨,而且背离了整个苏维埃政策的宗旨,还违背了支持劳动者的利益反对富农的利益这个基本原则。总而言之,这样干,我们确实是在从最根本上破坏整个苏维埃政策的原则和基础,而不仅是破坏整个土地政策的原则和基础。

　　但是,如果由此得出结论,说我们不应该奖励个体农民,那么,就请看看这样的例子吧:我们在工厂里奖励的就是工人个人,而工厂里劳动的集体化和社会化程度远比农业高。对待农民经济究竟应该怎么办呢? 我国有 2 000 万农户,农民的$\frac{9}{10}$,更可能为 99% 是单独的个体劳动;我们打算在这样一个农民占多数的国家里提高农民经济,而且我们无论如何必须做到这一点。我们知道,只有经过好多年的根本性技术改革以后才能提高他们的劳动。三年来,我们在实际工作中已学到了一些东西。我们懂得怎样在农业中确保共产主义原则的实现——要做到这一点,就必须取得技术上的巨大进步。我们明确地提出了这个已经制定好的标有发电站位置的计划,我们有最低纲领,即最近十年的纲领,但是在关于电气化的这本书里也提出了最高纲领,对今后许多年的巨大工程作了规划。现在我国有 2 000 万个体农户,都是单个经营,并且也不可能用其他方式经营;如果我们不通过奖励去提高他们的生产率,那就根本错了,那显然太过分了,是不愿看到我们应当加以考虑、应当作为依据的显而易见的现实。当然,如果通过发扬集体主义精神,整个整个乡,整个整个村团的农户都发展起来,那最好不过了。但是现在可能做到什么程度,这正是应该考虑的。如果你们在地方工作中能沿着这样一条道路保持发展,能使整个村团或整个乡都发展起来,那好极了;那时,请把奖励的所有最好的东西都给他们吧。然而,你们有成功的把握吗? 这会不会是一个将在实际工作中造成极其严重的错误的幻想呢?

所以,我们把中央决议的最后一部分交给你们,这一部分已作了一些加工整理或改动;根据实际工作者的意见,这些改动或许应写入苏维埃代表大会的决议,以便由你们来决定这个问题,由你们来说:奖励个体农民是可以的,但要符合大家知道的三个条件。第一,首先奖励村团,其次用奖励剩下的东西奖励个体农民,这一点我们同意。第二条规定,不奖励采用富农手段取得经营成绩的那些个体农民,不要造成这样一种情况:只要取得经营成绩,便能受到奖励。不,如果某人取得了经营成绩,但使用了富农手段,不管是放债、利用工役,还是投机倒把(使用富农手段有时借助于规避法律的办法),如果某人哪怕使用了一点点富农手段取得经营成绩,那么,他就不能得到任何奖励。这就是第二条限制,它更加符合你们反对富农、支持从事劳动的中农和贫苦农民的原则观点。第三条限制是,奖励什么东西。可以奖给生产资料,即用来扩大和改进经营的东西——工具和机器;可以奖给消费品,即日常用来点缀家庭的东西,使家庭生活更美好的东西。我们说:"对个体农民只发给消费品和家庭日用品吧,当然还要发奖章。"这次会上你们已经决定颁发劳动红旗勋章[94]。至于发给个体农民生产资料的品种和原则就是只发给不致被用做富农手段的东西。即使对最勤劳的农民,即使他丝毫也没有使用富农手段而取得了成绩,也一律不发给机器。不能发的原因是,机器本身的使用要求集体劳动,而一个农民得到机器后也无法一个人使用。

这就是中央委员会的一些想法,根据这些想法我们请你们再

一次审议一下你们的决定，交换一下意见，你们看是不是可以修改
一下决定，在遵守上述三个条件的前提下，允许奖励个体农民。要
是我们不通过这个决定，我们就可能达不到需要的结果，因为在一
个疲惫、破产的国家里不付出特别的努力就不可能改善经营，而对
特别勤劳的人则应该给予奖励。对任何努力工作的人，只要他没
有使用富农手段，就应该给予奖励。所以我们认为，你们听完了这
些意见以后，会同意在上述三个条件的限制之下实行奖励；为了我
国的经济建设，三条限制的确是必需的。

载于 1959 年《列宁文集》俄文版
第 36 卷

译自《列宁全集》俄文第 5 版
第 42 卷第 185—189 页

8

在俄共（布）党团会议上对问题的答复

（12 月 27 日）

在回答字条之前，应当明确地指出，在党团和中央委员会之间有没有正式的意见分歧。就前面几个人的发言我要说：我们考虑到同富农的斗争，通过了明确的决定，而你们连我们在三条补充意见中指出的斗争方法也没有提出。反对这些补充意见的同志们在这里讲了一些什么呢？实质上他们什么也没有讲。一位农民出身的红军战士同志⁹⁵在这个会上发言说，还有富农，他们在发展；但是我们明确地讲：如果他们是富农，那他们就不能获得奖励。建议你们把这一点写进法令里去。此外，如果一个中农单干获得了改善，但是他可能利用这种改善变成富农，那么就禁止给他发奖。这里，究竟讲出了什么反对我们意见的理由呢？什么理由也没有讲出来。他们一再说，不应奖励富农。而我们是同意这一点的。

现在我回答递上来的字条。第一张字条：

(1)"勤劳的富农"和"勤劳的中农"的标准是什么？

(2)假定我们在这里能找到这个标准，制定出纲要，那我们又怎样才能在地方上，尤其是在那些至今还是富农在起领导作用的地方贯彻执行呢？

(3)是奖励整个集体，还是奖励个体农民，还是两者都奖励，界限怎么划？

第一，农民更懂得这点。如果法令上规定禁止奖励使用富农手段的人,那么这就比富农的概念更广。富农是指一贯使用富农手段的人,而个别的富农手段则几乎任何一个中农都在使用。也就是说,我们不仅禁止发奖给富农,而且禁止发奖给任何一个使用富农手段的中农,而这些手段是五花八门的。不仅仅是像用五普特粮食就多买一匹马这样粗鲁的手段。[96]这样的富农,难道能给他发奖吗? 为什么你们认为,农村里会忽视这样的事情呢? 你们如果问,勤劳的富农和勤劳的中农的标准在哪里,那么在地方上人们对这一点知道得很清楚。我们不打算制定这方面的法令,因为这意味着要写一大本书来叙述富农是怎样进行剥削的,而这些事情在地方上大家都很清楚。

第二,难道你们那里没有县的党委会,难道这样的事不通过村团? 不通过乡土地局? 不通过党支部? 如果地方上没有进行斗争的支部,那又怎么谈得上同富农进行斗争呢? 这个道理我不懂。

第三,法令中规定,首先奖励集体,其次奖励个体农民。界限将由每个县的党委会和地方上现有的一切其他机构较详细地来加以确定。

第二张字条:

> 在进行修改时,中央委员会是否把这种修改当做一个政治行动,以便使"勤劳的农民"感到发展农业和整个工业对他们有利,以便经过一定时期以后更容易实行共耕? 如果可以的话,请回答。

首先,要向你们证实的是,在这个问题上没有什么应向非党农民保密的纯属政治性的东西。因此,我想,邀请非党群众到党团里来讨论这类问题,应当成为一种惯例,我认为这样做无疑是正确的。在党团里他们不决定问题,但为什么不可以同他们商量呢? 我们的经济实践表明,应该由个体劳动走向集体劳动,但是当我们经过试验，明白走向是怎么一回事以后，我们就不应该马虎大意，而应该懂得，走向是应当的，并且愈慢愈好。

第三张字条：

我觉得，必须向主张实行奖励村团的人指出，他们是否有足够数量的犁和其他工具奖励村团？如果没有，那还有什么可谈的呢？

这个理由是不对的。我们用做奖励的东西总的说来很少，而犁就更少，以致我们不能把犁这种生产工具发给个人，只能发给整个村团。但是在可能的情况下为什么我们不把犁发给那些为提高生产率作了很多努力的农民呢？可是，谁来决定，某个人是不是富农分子？应该听听下面群众说些什么。

下一张字条：

如果可以的话，请你马上就在这张字条背面答复我以下的问题。按规定，我工作的斯塔夫罗波尔省圣克列斯托夫斯基县在1920年12月1日以前应交1 000万普特粮食。完成了320万普特。由于我们任务完成得少，正在加紧没收富农分子的财产，所以我再次请求答复，今后怎么办？是继续没收还是在万不得已时为了使经济不致遭到破坏才这样做？

这同我们所说的法令没有关系。以前你们怎么办的，现在还怎么办。只要严格遵守苏维埃政权的法令，不违背你们的共产党员的良知，就放手地像过去一样干吧。

下一张字条：

怎样区分"勤劳的农民"和"勤劳的富农"这两个概念？

这在我们的法令里都有规定，如果你要在这里提问的话，那就是滥提问题。

下面有人问：

由什么人并且怎样确定(比如说在某一个村子里)谁是勤劳的农民呢?如果这件事由村子里选出的代表或特派员去做,那么他们就会滥用职权。

我已经指出过了,要让我们的党来参加这项工作,我们有贫苦农民委员会,在乌克兰有贫委会。

(1)请注意。1920年奖励了交售大麻的农民业主。结果,他们得到的纺织品多达100俄尺,而农村的贫苦农民1920年却连一俄尺也没有得到。

(2)奖励个体农民的措施对联合为集体是一种阻碍,并且在某种程度上将巩固已经动摇的农业资本主义基础,这一点是不是注意到了?

同志们,你们知道,在我们这里个体农户可以说是资本主义基础。这是不容争辩的,我在自己的报告中就指出了这一点,我直截了当地说,可怕的并不是苏哈列夫广场上的或者偷偷地在别的什么广场上搞的那个"苏哈列夫卡",可怕的是盘踞在每一个个体农民心灵中的那个"苏哈列夫卡"。① 我们能在一年或者两年以内摆脱它吗? 不能。而改善经营现在就应当进行。你们怀着美好的共产主义理想,但是你们想从这一层一下子跳到顶上去;可是,我们说:这不行,要更谨慎、更稳步地前进。

接下去的问题是:

为什么粮食人民委员部和其他机构不拨食品奖励第三类重点工人?

我不知道为什么,但是我想是因为我们可用于奖励的食品实在太少了。

劳驾,请回答一下,对于奖励那些较富足的农民,即拥有自己耕种的大块土地的农民,俄共中央是怎么看的? 同时,那些由于拥有的土地不多而无法施展自己本领的少地农民的情况将会怎样呢?

───────────

① 见本卷第118、130—131页。——编者注

　　为什么有人占有大块土地？如果这是不合理的,为什么村团和土地局不收回？因为别人无力耕种。如果他努力耕种这一大块地,那为什么要罚他呢？如果他采用富农的手段卖力干——就不给奖励;如果他占有土地不合理——就收回并分给其他那些要经营的人;不要仅仅因为某人土地多就攻击他。在俄国现在没有私有制,土地是由你们自己和村团分配的。在俄国有一些拥有大量土地的人。党委会和苏维埃机关如果看到了这一点而不采取任何措施,那就应当解散它们,而不是拒绝奖励人家。

　　最后两张字条。第一张:

　　法案的这一条要在乌克兰实行吗?

　　我认为要实行,但是很可惜,这个会上没有一个在乌克兰的贫苦农民委员会中工作过的同志发过言,所以我认为过早地结束辩论是一个大错误。

　　第二张字条:

　　如果党团不接受中央委员会的决定,我们还是不是合格的俄共党员? 是不是我们在固执己见?

　　我引用一个文件来回答这张字条,这个文件叫做《俄国共产党章程》。在这个文件的第 62 条里说:"在自己内部生活和日常工作的问题上,党团有自主决定的权利。"①就是说,党团的所有成员有权利并且有义务凭良知,而不是按中央委员会的指示表决。如果你们凭良知进行表决而作出了第二个反对中央委员会建议的决定,那么,我们就有义务严格按第 62 条规定召集并且会立刻召集

————————

　　①　参看《苏联共产党代表大会、代表会议和中央全会决议汇编》1964 年人民出版社版第 1 分册第 599 页。——编者注

中央委员会开会,你们也派代表出席中央委员会的会议。这样严肃的问题最好讨论两次或者三次,以便设法消除我们之间的重大分歧。事情就是这样,就应该这样处理。现在应当进行表决,这并不是因为党的最高机构发了指示,而是要看一看在这个问题上你们是否被说服了。

在这里有人错误地认为,既然派列宁同志来做解释工作,那就说明事情不妙。[97]这是不对的,因为党章已经明确地规定了你们的权利。这是一。其次,这个说法之所以不对,还因为中央委员会内部在这个问题上毫无分歧,大家一致说:我们光想同富农作斗争,却忘记了分寸。现在我们提醒大家注意分寸。

中央委员会派了两个同志来,因为这两个中央委员参加草案讨论的次数比别人多一些,而且亲自参加了辩论。我曾研究过所有的草案,普列奥布拉任斯基也研究过。所以就派了我们两个人。

译自《列宁全集》俄文第5版
第42卷第190—195页

9

关于电气化报告的决议草案

（12月27日）

全俄苏维埃第八次代表大会

听取了国家电气化委员会主席的报告，首先向最高国民经济委员会主席团，其次向农业人民委员部和交通人民委员部，特别是向俄罗斯电气化委员会表示谢意，感谢它们制定了俄罗斯电气化计划。

代表大会责成全俄中央执行委员会、人民委员会、劳动国防委员会和最高国民经济委员会主席团以及其他各人民委员部，完成这个计划的制定工作，并批准这个计划，而且务必在最短期间完成。

代表大会还责成政府并要求全俄工会中央理事会和全俄工会代表大会采取各种措施来最广泛地宣传这个计划，使最广大的城乡群众都了解这个计划。共和国所有的学校毫无例外地都应当学习这个计划，每座电站和每个办得还可以的工厂和国营农场都应当成为介绍电和现代工业的中心，成为宣传电气化计划并且系统地讲解这个计划的中心。凡是具有足够的科学修养或实际经验的人都应当动员起来，宣传电气化计划和讲授对于了解电气化计划所需要的知识。

　　代表大会坚决相信,一切苏维埃机关,各级工人、农民和红军代表苏维埃,全体工人和劳动农民都会鼓足干劲,不惜任何牺牲,不顾任何困难,坚决实现俄罗斯电气化计划。

载于 1930 年《列宁全集》俄文　　　　　　　译自《列宁全集》俄文第 5 版
第 2、3 版第 26 卷　　　　　　　　　　　　第 42 卷第 196—197 页

10

俄共(布)党团决议草案

(12月21日和29日之间)

责成俄国共产党全体党员在俄共第十次代表大会召开以前(1921年2月6日以前)做到：

(1)尽可能地熟悉电气化计划；

(2)采取各种措施,在各地尽可能广泛地详尽地研究各该地区的计划；

(3)在俄共第十次代表大会召开之前准备好实际建议,内容包括：

有关更广泛地使一切劳动者熟悉电气化计划的各种方法,

以及有关各地立即开始实施这一计划的各种方法。

载于1930年《列宁全集》俄文　　　　译自《列宁全集》俄文第5版
第2、3版第26卷　　　　　　　　　第42卷第198页

11

对农业问题决议的补充

（12 月 27 日）

奖励个体农民应当：

第一，与奖励整个村团和集体相比，摆在第二位；

第二，奖励和鼓励个体农民必须极其严格地遵守下列条件：个体农户经营成绩的取得丝毫未曾使用过富农手段；

第三，用奖章、个人消费品、家庭日用品等等奖励个体农民；用生产资料奖励个体农民则必须遵守下列条件：用做奖励的生产资料的品种和原则是，这些生产资料不致被业主用做变成富农的手段。[98]

载于 1959 年《列宁文集》俄文版　　　　　　译自《列宁全集》俄文第 5 版
第 36 卷　　　　　　　　　　　　　　　　第 42 卷第 199 页

给红色普列斯尼亚工人的信

(1920 年 12 月 25 日)

15 年前,莫斯科的无产阶级举起了反对沙皇制度的起义旗帜。[99]这是反对沙皇制度的第一次工人革命发展的顶点。工人遭到了失败,工人的鲜血染红了普列斯尼亚。莫斯科工人的令人难忘的英勇精神给俄国全体劳动群众树立了斗争的榜样。然而当时这些群众还非常不开展,非常分散,他们没有支持那些拿起武器反对沙皇和地主君主制的普列斯尼亚和莫斯科的英雄。

随着莫斯科工人的失败,第一次革命整个失败了。在漫长的 12 年中,最野蛮的地主反动势力蹂躏着俄国全体工人和农民,蹂躏着俄国各族人民。

普列斯尼亚工人的壮举并没有落空。他们没有白白牺牲。沙皇君主制度已经被打开了第一个缺口。这个缺口慢慢地但是在不断地扩大,削弱了中世纪的旧制度。

莫斯科工人的壮举使城市和农村的劳动群众震动很大,尽管有各种各样的迫害,但是,这种震动的影响已经不能消除。

1905 年 12 月武装起义以前,俄国人民还没有能力同剥削者进行大规模的武装斗争。

12 月起义之后,人民就不同了。他们发生了根本的变化。他们受到了战斗的洗礼。他们在起义中受到了锻炼。他们培养了大批战士。这些战士在1917年取得了胜利,现在正在克服一切罕见的困难,战胜帝国主义战争造成的饥饿和破坏的苦难,捍卫全世界社会主义胜利的事业。

全世界工人革命的先进部队,红色普列斯尼亚的工人万岁!

载于1920年12月25日《苏维埃第八次代表大会。大会每日公报》第5号

译自《列宁全集》俄文第5版第42卷第200—201页

论工会、目前局势及托洛茨基同志的错误[100]

在苏维埃第八次代表大会俄共（布）党员代表、
全俄工会中央理事会党员委员及莫斯科省
工会理事会党员委员联席会议上的讲话

（1920年12月30日）

同志们，首先，我应当请你们原谅我违反了常例，因为要参加讨论，当然应当先听取报告、副报告和讨论，可是很遗憾，我的身体不好，没有能够做到这一点。不过昨天我已经把刊印出来的基本文件读了一遍，并且准备了自己的意见。我刚才说的那种违反常例的情况自然会给你们造成一些不便：我不知道别人说了些什么，所以就可能重复他们说过的话，而对应当答复的问题，却没有答复。但这也是没有办法的。

我的基本材料是托洛茨基同志的《工会的作用和任务》这本小册子。我把这本小册子同他在中央委员会所提出的那个提纲加以比较，并且仔细地加以研究之后，发现其中理论上的错误和极明显的不正确地方，真是多得惊人。既然要对这个问题进行党内大辩论，就应该拿出经过深思熟虑的东西来，怎么能够写出这样一篇不像样子的东西呢？现在我把在我看来带有根本性理论错误的几个主要问题简单地谈一谈。

　　工会不仅在历史上是必要的，而且在历史上是必然存在的工业无产阶级组织，这种组织在无产阶级专政的条件下，几乎包括了全体工业无产阶级。这是最基本的思想。但是托洛茨基同志却经常忘掉这一点，不从这一点出发，不重视这一点。你看，他提出来的题目——《工会的作用和任务》，就是一个过于广泛的题目。

　　根据前面所说，已经可以得出这样的结论：在实现无产阶级专政的整个过程中，工会的作用是非常重要的。但这是一种什么样的作用呢？在讨论到这个问题的时候（这个问题是最基本的理论问题之一），我得出的结论是：这是一种非常特殊的作用。一方面，工会包括了全体产业工人，把他们吸收到自己的组织中，它是一个掌权的、统治的、执政的阶级的组织，是实现专政的阶级的组织，是实行国家强制的阶级的组织。但是，工会却不是国家组织，不是实行强制的组织，它是一个教育的组织，是吸引和训练的组织，它是一所学校，是学习管理的学校，是学习主持经济的学校，是共产主义的学校。这所学校完全不是普通的学校，因为这里没有教员和学生，它是一个非常特殊的结合体，其中有资本主义遗留下来而且不能不遗留下来的东西，也有革命的先进部队即所谓无产阶级的革命先锋队从自己队伍中创造出来的东西。因此，谈工会的作用而不考虑到这些真理，那就不可避免地要犯一系列的错误。

　　工会就它在无产阶级专政体系中的地位来说，是站在——如果可以这样说的话——党和国家政权之间的。在向社会主义过渡的时候，无产阶级专政是不可避免的，然而这种专政却不是由包括全体产业工人的组织来实现的。为什么呢？关于这个问题，我们可以看看共产国际第二次代表大会关于政党的作用的提纲。我在这里就不详细说了。我们得到的结论是这样：可以说党吸收了无产阶级的先锋队,由这个先锋队来实现无产阶级专政。可是,没有工会这样的基础,就不能实现专政,就不能执行国家职能。而这些职能必须通过一系列特别的、并且同样是某种新型的机关,即通过苏维埃机关来实现。根据这种特殊情况可以得出什么样的实际结论呢? 结论就是,工会建立起先锋队与群众之间的**联系**,工会通过日常的工作说服群众,说服那唯一能够领导我们从资本主义过渡到共产主义去的阶级的群众。这是一方面。另一方面,工会是国家政权的"蓄水池"。从资本主义到共产主义的过渡时期中的工会,就是这样。没有唯一由资本主义培养起来从事大生产的和唯一摆脱了小私有者利益的阶级的领导,要实现这种过渡是根本不可能的。然而无产阶级专政不可能由包括全体无产阶级的组织来实现,因为不仅在我们这样一个极落后的资本主义国家,就是在所有其他资本主义国家,无产阶级都还那样分散,那样被人鄙弃,在某些地方还受人收买(具体来说,在某些国家里被帝国主义收买),以致无产阶级专政不能直接由包括全体无产阶级的组织来实现。只有吸收了阶级的革命力量的先锋队,才能实现这种专政。这样,就像是一组齿轮。这就是无产阶级专政的基础本身的结构,就是从资本主义到共产主义这一过渡的实质本身的结构。从这里已经可以看出,托洛茨基同志在提纲第一条里指出"思想混乱",特别和专门谈到工会的危机,这基本上是一种带有原则性错误的东西。如果要谈危机,那只有在分析了政治局势之后才可以谈。事实上,"思想混乱"的正是托洛茨基,因为他正是在工会的作用(从资本主义向共产主义过渡的观点来看)这个基本问题上,忽略了一点,即这里是一个由若干齿轮组成的复杂体系,而不可能是一个简单的体系,因为无产阶级专政不能由包括全体无产阶级的组织来实现。

没有一些把先锋队和先进阶级群众、把它和劳动群众连结起来的"传动装置",就不能实现专政。在俄国,这样的劳动群众就是农民。在别的国家里,这样的劳动群众是没有的,但是即使在最先进的国家里,也有非无产阶级的或非纯粹无产阶级的群众。正是在这一点上真正产生了思想混乱。而托洛茨基却毫无道理地责备别人思想混乱。

当我研究工会在生产中的作用这个问题的时候,我发现了托洛茨基的一个根本错误,就是他老是"在原则上"讲这个问题,老是在讲"一般原则"。他的整个提纲都是从"一般原则"来谈问题的。这样的提法就是根本错误的。这里更不用说,党的第九次代表大会对工会在生产中的作用问题,谈得已经够多了①。更不用说,托洛茨基本人在自己的提纲里就引证了洛佐夫斯基和托姆斯基两人讲得十分明白的话,在托洛茨基看来,他们两人一定是德国人所说的"替人挨打的孩子"或练习论战的对象。原则分歧并不存在,托洛茨基本人还引用过托姆斯基和洛佐夫斯基写的东西,他选中这两个人作为练习论战的对象是很笨拙的。无论我们怎样努力去找,从这里也找不出任何严重的原则分歧。总之,重大的错误,原则的错误就在于:托洛茨基同志现在"从原则上"提出问题,就是把党和苏维埃政权拉回到过去。感谢上帝,我们已经从原则转到实际的切实的工作上来了。在斯莫尔尼,我们曾经大谈原则,而且无疑是谈得过多了。现在,经过三年之后,关于生产问题的所有各点,关于这个问题的一系列的组成部分,都已经有了法令。然而这些法令的命运不佳:我们虽然签署了这些法令,但是随后我们自己

---

① 参看《苏联共产党代表大会、代表会议和中央全会决议汇编》1964年人民出版社版第2分册第2—17、18—23页。——编者注

把它们忘了，我们自己没有加以执行。然后又虚构出一些关于原则问题的论断，虚构出一些原则分歧。我在后面就要说到关于工会在生产中的作用问题的法令①，这个法令大家都忘记了，也包括我在内，这是应当引咎自责的。

　　如果不算我列举过的分歧之点，那么现有的真正的分歧根本不涉及一般原则问题。我所以要把前面所列举的我和托洛茨基同志之间的"分歧"指出来，是因为照我看来，托洛茨基同志选了《工会的作用和任务》这样一个广泛的题目，是犯了一系列牵涉到无产阶级专政问题的本质的错误。但是，如果我们把这一点撇开不谈，那就应当问：究竟为什么我们不能真正齐心协力地进行工作呢（我们是非常需要齐心协力地进行工作的）？是因为在**对待**群众、掌握群众、**联系**群众的方法问题上存在着分歧。问题的关键就在这里。工会的特点也就在这里，这个机关在资本主义制度下建立起来，在从资本主义到共产主义的过渡时期中必然存在，再往后是否会存在则是一个问题。不过，工会的存在会成为问题，那是遥远的将来的事情，这个问题让我们的孙子去谈论吧。而当前的问题是怎样对待群众，掌握群众，联系群众，怎样调整好工作（实现无产阶级专政的工作）中的那些复杂的传动装置。请注意，我这里所说的工作中的复杂的传动装置，并不是指苏维埃机关而言。那里还会有些什么样的复杂的传动装置，那是另一个问题。我现在只是抽象地和原则地谈资本主义社会里各个阶级之间的关系，那里有无产阶级，有非无产阶级的劳动群众，有小资产阶级，有资产阶级。从这个观点来看，即使苏维埃政权机关中没有官僚主义，但由于资本主

---

　　①　见本卷第224—225页。——编者注

义所造成的情况，传动装置就已经非常复杂了。如果要提出工会
"任务"的困难何在的问题，那首先就应当想到这一点。再说一遍，
真正的分歧，根本不在托洛茨基同志所说的地方，而在如何掌握群
众的问题上，在对待群众、联系群众的问题上。我应当指出，如果
我们仔细地研究一下我们自己的实践和经验（即使是小范围的），
那么充斥在托洛茨基同志这本小册子中的许多不必要的"意见分
歧"和原则错误，我们本来是可以避免的。例如，这本小册子中有
好几条提纲，都是在同"苏维埃工联主义"进行论战。麻烦还嫌不
够，又发明了一个唬人的新词！这指的是谁呢？指的是梁赞诺夫
同志。我认识梁赞诺夫同志有20多年了，你们认识他的时间虽然
比我短，但是在工作上对他的了解并不比我少。你们很清楚，他不
擅长于理解口号的意义（当然他有别的长处）。梁赞诺夫同志有时
说了不十分恰当的话，而我们却在提纲中把这些说成是"苏维埃工
联主义"！这样做难道严肃吗？如果这样下去，我们就会有"苏维
埃工联主义"、"苏维埃反对签订和约"以及其他等等我们现在还不
知道的名堂。拿任何一点都可以造出一个苏维埃的什么"主义"。
（梁赞诺夫："苏维埃反布列斯特主义。"）对，完全正确，"苏维埃反
布列斯特主义"。

　　而托洛茨基同志采取这种不严肃的做法时，自己又犯了错误。
照他说来，保护工人阶级的物质利益和精神利益，不是工人国家里
的工会的作用。这是一个错误。托洛茨基同志说什么"工人国
家"。对不起，这是一种抽象的概念。我们在1917年提工人国家，
那是可以理解的；可是现在如果人们向我们说："既然资产阶级已
经不存在，既然国家是工人国家，为什么还要保护工人阶级呢？保
护工人阶级免受谁的侵犯呢？"那就犯了明显的错误。不完全是一

个工人国家,问题就在这里。托洛茨基同志的基本错误之一也就在这里。目前我们已经从一般原则转到切实的讨论和法令上来了,可是有人却把我们拉回到过去,不让我们接近实际的切实的东西。这是不行的。我们的国家实际上不是工人国家,而是工农国家,这是第一。很多东西都是从这里产生的。(布哈林:什么国家?工农国家?)布哈林同志在后面喊:"什么国家? 工农国家?"可是我不打算答复这个问题。谁愿意的话,只要回忆一下刚刚闭幕的苏维埃代表大会,就可以找到答案。

不仅如此。从我们的党纲(这是《共产主义 ABC》的作者十分熟悉的文件)里已经可以看出,我们的国家是**带有官僚主义弊病的工人国家**①。我们不得不把这个不光彩的——我应当怎么说呢? ——帽子,加在它的头上。这就是过渡的实际情况。试问,在实际形成的这样一种国家里,难道工会没有什么可以保护的吗?没有工会,能够保护组织起来的全体无产阶级的物质利益和精神利益吗? 这种看法在理论上是十分错误的。它把我们带到抽象的概念或者说理想里面去了。这种理想,我们要再过 15 年至 20 年才能实现,而且在这个时间内是否就一定能实现,我还不能肯定。而现在摆在我们面前的是现实,只要我们不陶醉于、不迷恋于知识分子的空谈或者抽象的议论,或者那种看起来有时像"理论",而实际上是一种谬误,是对过渡的特点作了错误估计的东西,那么,对于这种现实,我们是能够很好地认识清楚的。我们现在的国家是这样的:组织起来的全体无产阶级应当保护自己,而我们则应当利用这些工人组织来保护工人免受自己国家的侵犯,同时也利用这

---

① 参看本版全集第 36 卷第 408 页。——编者注

些工人组织来组织工人保护我们的国家。实现这两种保护,都必须通过一种特殊的办法,即把我们的国家措施和我们同我们的工会的协商、"结合"这两方面配合起来。

关于这种结合,我在后面还要谈到。但光是这一个词就足以表明,在这里给自己捏造出像"苏维埃工联主义"这样的敌人,就是犯了错误。这是因为"结合"这个概念的意思就是说,存在着**各种不同的**事物,还**需要**把它们结合起来;"结合"这个概念含有这样的意思,就是要善于利用国家政权的措施,来保护联合起来的全体无产阶级的物质利益和精神利益,使它**不受**这个国家政权的侵犯。如果现在的情况不是要进行结合,而是**已经结合,已经融合**,那我们就可以召集代表大会来切实地讨论实际的经验,而不是讨论原则"分歧"或抽象理论的概念了。企图找出与托姆斯基同志和洛佐夫斯基同志(托洛茨基同志把他们说成是工会的"官僚",至于在这场争论中究竟哪方面有官僚主义倾向,我在后面还要谈到)的原则分歧,同样是白费力气。我们很清楚,如果说梁赞诺夫同志有时会犯一个小毛病,喜欢杜撰个口号而且几乎是原则性的口号,那么,托姆斯基同志虽然有很多毛病,却没有这个毛病。因此,我认为在这里对托姆斯基同志展开原则性的斗争(像托洛茨基同志所做的那样),未免太过分了。这实在使我觉得奇怪。有一个时期,我们大家在派别上的、理论上的以及其他各种各样的分歧方面犯了许多错误——自然也做了一些有益的事——从那以后,我们可以说是长大了。现在已经到了从虚构和夸大原则分歧转到切实的工作上来的时候了。我从来没有听人说过托姆斯基基本上是一个理论家,也没有听人说过托姆斯基奢望当一个理论家;这也许是他的缺点,这是另一个问题。然而,在工会运动中工作得很好的托姆斯基,应当反映出(有意识地还是无意识地,那是另一个问题,我并不是说他总是有意识地这样做的),应当在他所处的地位上反映出这种复杂的转变,如果群众感到痛,却不知道哪里痛,而托姆斯基也不知道他们哪里痛(鼓掌,笑声),如果他在这时号叫起来,那么我肯定地说,这是功劳,而不是缺点。我完全相信,可以发现托姆斯基有很多局部性的理论错误。不过,如果我们能坐下来深思熟虑地起草决议或者提纲,那么我们是能把它们全都改正过来的;也许我们不会去改正这些东西,因为生产工作比纠正理论上的小小分歧更有意义。

现在我来谈谈"生产民主";这可以说是对布哈林说的。我们都很清楚,每个人都有些小毛病,就是大人物也有小毛病,布哈林也不例外。他只要一看到标新立异的词儿,就忍不住要表示赞成。在12月7日的中央委员会全体会议上,他起草关于生产民主的决议时简直是热情奔放。我愈深入地考虑这个"生产民主",就愈清楚地看到这样的提法在理论上的荒谬,看到这样的提法过于轻率。这样提只会把人弄糊涂。至少在党的会议上应当用这个例子再一次指出:"尼·伊·布哈林同志,少在名词上标新立异吧,这对于您,对于理论,对于共和国,都会有好处的。"(鼓掌)生产是永远需要的。民主只是政治方面的一个范畴。我们不能反对在讲演和文章里使用这个词。一篇文章不过是探讨和清楚地说明一种关系。但是,如果您要把这变成提纲,把这作为口号去联合"同意者"和不同意者,如果像托洛茨基那样,说党应当在"两种趋势之间作出选择",那么,这就十分奇怪了。我在后面还要专门谈谈,党是否应当"作出选择",以及使党陷于非"作出选择"不可的境地,究竟是谁的过错。事情既然已经这样,我们就应当说:"无论如何,应当尽可能少选择像'生产民主'这样在理论上错误的、除了糊涂观念之外毫无实际内容的口号。"托洛茨基也好,布哈林也好,显然都没有从理论上周密地考虑过这个术语,因而把自己也搞糊涂了。"生产民主"使人想到的完全不是他们两人所醉心的那些观念的含义。他们想要强调生产,把注意力更多地集中于生产。在文章或演说中强调,这是一回事,但是,如果把这变成提纲,要党加以选择,那我就要说:作出反对这个东西的选择吧,因为这是一个糊涂观念。生产是永远需要的,而民主不是永远都需要的。生产民主引起了许多根本荒谬的思想。我们提倡个人管理制还不久,一双靴子还没有穿破[101]。决不能把人搞糊涂,造成这样一种危险:人们弄不清楚什么时候需要民主,什么时候需要个人管理制,什么时候需要独裁制。无论在什么情况下,都不能放弃独裁制,——我听见布哈林在后面吼:"完全正确。"(笑声,鼓掌)

其次。从9月起,我们就谈到从重点制转到平均制的问题,我们在全党的代表会议的决议中谈到这一点,中央委员会已经批准了这项决议。这是一个困难的问题,因为必须想办法把重点制和平均制结合起来,而这两个概念却是彼此排斥的。但不管怎样,我们多少学过一些马克思主义,懂得在什么时候用什么方法可以而且应当把对立面统一起来,而更重要的是,三年半来,我们在我们的革命实践中,已经不止一次地把对立面统一了起来。

显然,应当非常慎重而周密地对待这个问题。在那两次不幸的中央全会①上(当时产生了七人派、八人派以及布哈林同志的有

---

①   这里是指1920年的十一月和十二月中央全会。这两次全会所通过的决议全文,见《真理报》1920年11月13日第255号和1920年12月14日第281号;对决议的介绍,见1920年12月20日《俄国共产党中央委员会通报》[102]第26期。

名的"缓冲派"[103]），我们就谈过这些原则问题，就已经认定从重点制转到平均制不是一件容易的事。所以，为了执行九月代表会议的这个决定，我们还应当努一把力。的确，可以把这些对立的概念不和谐地结合起来，也可以把它们和谐地结合起来。实行重点制，这就是在一切必要的生产部门中，优先照顾最急需的某一生产部门。优先照顾什么呢？可以优先照顾到什么程度呢？这是一个困难的问题，并且我应当指出，要解决这个问题，光是努力工作还不够，这里就是有英雄人物也还不够，因为一个英雄人物可能有很多优良品质，但是他只能在自己的岗位上做得很好；而在这里，需要善于处理非常特殊的问题。因此，如果提出重点制与平均制的问题，那首先就应当对它作充分的考虑，而这一点在托洛茨基同志的小册子中恰恰是看不到的；他愈是修改他原来的提纲，错误论点也就愈多。请看他现在的提纲是怎样写的吧：

"……在**消费**方面，也就是说在劳动者个人生活条件方面，必须实行平均制的方针。在**生产**方面，重点制原则在今后很长时期内对我们还是有决定意义的……"（托洛茨基小册子第31页提纲第41条）

这在理论上是十足的糊涂观念。这是根本错误的。重点制就是优先照顾，照顾不包括消费，那就无所谓照顾了。如果给我这样一种照顾，每天给我八分之一磅的面包，那我是不胜感激之至。重点制的优先照顾也包括消费方面的优先照顾。否则，重点制就是幻想，就是空中楼阁，而我们毕竟是唯物主义者。工人也是唯物主义者；如果你提出重点制，那就请你给我们面包、衣服和肉吧。我们过去和现在都是这样理解这个问题的，我们曾经在国防委员会里几百次地讨论过这些具体问题；有人争着要皮靴，他说"我是重点部门"，而另一个人说，"给我皮靴吧，否则你的重点工人就坚持不住了,你的重点制就要垮了"。

由此可见,提纲中关于平均制和重点制问题的提法根本错了,而且提纲是从经过实践检验的已经取得的成就倒退回去了。这是不行的,这样做是没有好处的。

再次,是"结合"的问题。关于"结合",目前最正确的做法就是闭口不谈。开口为银,闭口是金。为什么呢? 因为我们已经在实际上实行结合了;在我国,每一个大的省国民经济委员会,最高国民经济委员会和交通人民委员部等单位的每一个大的部门,都**在实际上**实行了结合。效果是不是都很好呢? ——这才是问题的所在。去研究一下如何进行结合以及得到了什么结果的**实际经验**吧。在这个或那个机关中用以实行结合的法令,简直是多得看不完。而我们却没有实际地研究清楚,这究竟得到了什么结果,某某工业部门的某种结合,究竟得到了怎样的结果,省工会的某某委员担任省国民经济委员会的某一职务,其结果如何,他实行这种结合已经有几个月等等——我们还没有能够切实地研究清楚我们自己的这些实际经验。我们倒是制造了关于结合的原则分歧,并且在这方面犯了错误,干这个我们挺在行,而研究和检验我们自己的经验却不行了。如果我们将来召开苏维埃代表大会,在大会上,除了从这样或那样地贯彻改进农业的法令的角度去研究农业区的小组以外,还有研究结合,研究萨拉托夫省面粉工业、彼得格勒五金工业、顿巴斯煤炭工业等实行结合的结果的小组,如果这些小组都搜集了许多材料,并且宣称:"我们已经研究清楚了某某问题和某某问题",那我就要说:"好,我们开始研究实际问题了,我们已经变成大人了!"然而,在我们为了实行结合已经费了三年的时间之后,如果有人却向我们提出一个"提纲",制造出关于结合的原则分歧,那还有什么比这更为可悲,更为错误的呢?我们已经开始实行结合了,而且我毫不怀疑,我们是实行得对的,但是我们还没有好好研究我们的经验。因此,在结合问题上,唯一聪明的办法,就是闭口不谈。

需要研究实际的经验。我签署了一些法令和决定,对实际结合作了指示,而实践比任何理论都重要百倍。所以,当人们说,"让我们来谈谈'结合'吧",我就回答说,"让我们把我们做过的事情研究清楚吧"。我们犯过很多错误,这是没有疑问的。我们的法令有很大一部分需要修改,这也是可能的。我同意这一点,对于法令,我没有丝毫的迷恋。但是应当提出实际的建议:某点某点应当修改。这才是切实的提法。这才不会是无效的工作。这才不会导致官僚主义的主观计划。当我读到托洛茨基的小册子的第六节即《实际的结论》时,我觉得这些实际的结论恰恰都犯有这种毛病。因为那上面说,全俄工会中央理事会的委员和最高国民经济委员会主席团的委员,应当有$\frac{1}{3}$到$\frac{1}{2}$兼任这两个机关的委员,而在其集体管理机构的成员中则应当有$\frac{1}{2}$到$\frac{2}{3}$兼任,如此等等。为什么要这样做呢?这完全是想当然,是"大致估计"。自然,在我们的法令中,时常是根据"大致估计"确定这样的比例的,但为什么这在法令中是无法避免的呢?我不是为一切法令辩护,也不想把法令说得比它们的实际情况更好。法令中常常有这样的比例数字,如$\frac{1}{2}$或$\frac{1}{3}$的兼任人员等等,这都是根据大致的估计确定的。如果法令中写着这样的话,那么,这就是说,你们试着这样做吧,我们随后再来衡量你们"试验"的结果。我们随后再来研究真正的效果。等我们研究出结果,我们就会前进了。结合我们正在实行,并且将日益有所改进,因为我们是一天比一天变得更加实际和更加实事求是了。

也许，我已经开始在谈"生产宣传"了吧？这有什么办法呢！讨论工会在生产中的作用时，是必然要牵涉这个问题的。

现在我就来谈谈这个生产宣传的问题。这也是一个实际工作问题，并且我们也是从实际工作的角度提出这个问题的。现在已经有专门管理生产宣传的国家机关，它们已经建立起来了。它们好不好，我不知道，应当加以考验；关于这个问题完全不需要写什么"提纲"。

如果完整地论述工会在生产中的作用，那么关于民主的问题就用不着谈什么别的，只谈通常的民主就够了。玩弄"生产民主"之类的花招是错误的，是得不到什么结果的。这是第一。第二是生产宣传。机关已经建立了。托洛茨基的提纲谈到生产宣传。这是完全不必要的，因为"提纲"在这里已经是过时的东西了。这个机关好不好，暂时还不知道。这要等我们在实践中考验它之后再说。让我们来进行研究和调查吧。我们假定，在代表大会上建立十个小组，每组十人。然后就可以问："你进行过生产宣传工作吗？情形如何？结果怎样？"研究清楚了这些之后，我们便可以奖励那些成绩特别好的人，而抛弃那些不成功的经验。我们已经有了实际的经验，虽然很少，很不成熟，但终归是有了，可是有人要我们离开这些经验朝后退，把我们拉回到"原则性的提纲"上去。这与其说是"工联主义"，不如说是"反动的"运动。

再有，第三，是奖励问题。实行**实物**奖励，是工会在生产中的作用和任务。这项工作已经开始了，已经有进展了。已经拨出50万普特的粮食用做实物奖励，其中有17万普特已经用掉。用得好不好，恰当不恰当，我不知道。在人民委员会里，曾经有人指出说分配得不好，说不是作为奖励，而是成了附加工资。工会工作者和劳动人民委员部的同志们都指出了这一点。我们已经指定了一个委员会去研究这个问题，但是还没有研究出结果。17万普特的粮食已经拿出去了；应当合理地进行分配，应当用来奖励那些英勇奋斗、努力工作、才干出众和忠心耿耿的经济工作者，一句话，奖励那些具备托洛茨基所夸奖的品质的人。而现在的问题不是要在提纲里夸奖，而是要给他们面包和肉。譬如说取消发给某一类工人的肉，把它奖励给别的、"重点的"工人，这是否更好些呢？我们不拒绝实行这样的重点制。这种重点制是需要的。我们要仔细地研究我们实行重点制的实际经验。

　　还有，第四，是纪律审判会。如果我们没有纪律审判会，那么工会在生产中的作用、"生产民主"——请布哈林同志别生气——就都完全不值一提了。可是你们的提纲没有谈到这一点。因此，无论在原则上、理论上、实际上，对于托洛茨基的提纲和布哈林的立场，只能得出一个结论：别叫我难受了！

　　当我想到你们不是用马克思主义的方法提出问题的时候，我就更要得出这个结论了。提纲中不仅包含着许多理论错误。在估计"工会的作用和任务"时所采取的方法就不是马克思主义的，因为谈论这样广泛的问题而不从政治方面去考虑目前局势的特点是不行的。我们同布哈林同志一起，在俄共第九次代表大会关于工会的决议中提出，政治是经济的最集中的表现[①]，并不是无缘无故的。

　　只有分析目前的政治局势，我们才可以说，我们正处在过渡时期中的过渡时期。整个无产阶级专政是一个过渡时期，可是目前

　　① 参看《苏联共产党代表大会、代表会议和中央全会决议汇编》1964年人民出版社版第2分册第18—19页。——编者注

我们面临的可以说是一系列的新的过渡时期:军队的复员,战争的结束,获得比以前长得多的和平喘息时机的可能性,比较扎实地从军事战线转到劳动战线的可能性。单是由于这一点,只是由于这一点,无产阶级与农民阶级的关系已经有所变化。怎样变化呢?对这个问题应当仔细地加以研究,然而从你们的提纲中是看不到这一点的。在我们没有研究出结果以前,要善于等待。人民是过度疲劳了,应当用于某些重点生产部门的许多储备,已经用完了。无产阶级同农民的关系正在变化。战争造成的疲惫现象非常严重,各种需要增加了,但是生产没有增加,或增加得不够。而另一方面,我在苏维埃第八次代表大会上的报告中已经指出过这种情况,即只有当我们善于先把强制建立在说服的基础上的时候,我们才能正确而有效地实行强制①。我应当指出,对这个极其重要的观点托洛茨基和布哈林是一点也没有加以考虑的。

我们是否已经为一切新的生产任务建立了足够广泛和坚固的说服基础呢?没有,我们在这方面只是刚刚开始。我们还没有把群众吸引过来。可是群众能不能一下子转到这些新的任务上来呢?不能,因为譬如说关于应不应当推翻地主弗兰格尔的问题,应不应当为这一目的而不惜牺牲的问题,像这样的问题,是不需要特别的宣传的。至于工会在生产中的作用问题,如果我们指的不是"原则性的"问题,不是关于"苏维埃工联主义"的议论以及诸如此类的空论,而是问题的实际方面,那我们还只是刚刚开始研究这个问题,我们还只是刚刚建立起生产宣传机关;我们还没有经验。我们实行了实物奖励,但是还没有取得经验。我们建立了纪律审判

---

① 参看本卷第141—142页。——编者注

会,但是还不知道结果如何。而从政治的观点看来,最重要的事情恰恰是使群众有所准备。这个问题是否已经准备好,是否已经从这方面研究、考虑和斟酌好了呢? 远远没有。这就包含着根本的、极其重大的、危险的政治错误,因为这个问题比任何问题都更需要按照"七次量,一次裁"的准则办事,而这里却一次也没有量过就裁起来了。有人说,"党应当在两种趋势之间作出选择",然而他们却一次也没有量过就虚构出了"生产民主"这样一个荒谬的口号。

应该看清这个口号所起的作用,特别是在目前这种政治局势下的作用,现在群众已经清楚地看到了官僚主义,而我们已经把这一问题提上了日程。托洛茨基同志在他的提纲中说,关于工人民主的问题,代表大会"只要一致批准"就行了。这是错误的。单是批准还不够;所谓批准,是说把已经充分斟酌过和考虑好了的东西确定下来,实际上呢,生产民主的问题还远远没有经过充分斟酌、权衡和检验。请你们想一想,提出"生产民主"的口号,群众对此会作出怎样的解释。

"我们是普通人,是做群众工作的,我们说,必须实行革新,必须改正错误,必须赶走官僚主义者;而你却转移人们的视线,说什么要进行生产,要以生产成就来表现民主。但是我不想同管理委员会、总管理局等等的官僚主义者一起搞生产,我们要别的人。"你们没有让群众说话、领会和思考,你们没有让党取得新的经验,就迫不及待,搞过了头,创造出一些理论上荒谬的公式。而那些过于热心的执行者,又会使这种错误更加严重多少倍呢? 一个政治领导者不仅要对他自己如何领导负责,而且要对他所领导的人做的事情负责。他有时并不知道这一点,也往往并不希望这样做,但是责任要由他来承担。

现在我来谈谈中央委员会十一月全会(11月9日)和十二月全会(12月7日)。在这两次全会上,所有这些错误已经不是表现为逻辑分析、前提和理论推论,而是表现为行动了。结果是中央委员会搞得乱七八糟;这是革命以来我党历史上的第一次,这是危险的。关键在于分成了两派,出现了布哈林、普列奥布拉任斯基和谢列布里亚科夫的"缓冲"派。这一派带来的危害和混乱最大。

请大家回忆一下交通人民委员部总政治部[104]和运输工会中央委员会的历史吧。在1920年4月俄共第九次代表大会的决议中,曾经说交通人民委员部总政治部是一个"临时的"机关,它"**在最短期间**"必须转入正常状态。① 9月间,是这样说的:"要转入正常状态。"②11月(11月9日)举行了全体会议,托洛茨基提出了他的提纲,发表了关于工联主义的议论。尽管他谈到生产宣传的有些话讲得很好,我们还是要指出,这一切完全是不知所云,文不对题,是开倒车,中央委员会目前是不能讨论这样的东西的。布哈林说:"这是很好的。"可能是很好的,然而这是答非所问。经过一场激烈的论战之后,以10票对4票通过了一个决议,决议中用客气的同志式的口吻说:运输工会中央委员会自己"已在日程上提出了"要"在工会内部加强并发展无产阶级民主的方法"。决议中还说,运输工会中央委员会应当"积极地参加全俄工会中央理事会的

---

① 参看《苏联共产党代表大会、代表会议和中央全会决议汇编》1964年人民出版社版第2分册第13—14页。——编者注
② 见《俄国共产党中央委员会通报》第26期第2页所载中央委员会九月全会的决议第3点:"其次,中央认为,运输工会曾经处于非常困难的状况,当时有必要成立交通人民委员部总政治部和水运政治部[105],作为帮助和调整工作的临时的杠杆。目前,这种困难状况已经大大地改善了。因此,现在可以而且应当着手把这些组织并入工会作为工会的机关,使它们适应并融化于工会机构。"

一般工作,作为它的一个从属机构,与其他工会联合组织享有同等的权利"。

中央委员会这个决议的基本思想是什么呢? 基本思想是很明显的:"运输工会中央委员会的同志们! 不要仅仅在形式上,而要在实际上执行代表大会和中央委员会的决议,以便使你们的工作对一切工会都有帮助,以便彻底肃清官僚主义、优先照顾以及那种认为'我们比你们好,比你们富,比你们得到的帮助多'的高傲自大的思想。"

在这以后,我们便转到切实的工作上来了。我们成立了一个委员会[106],公布了委员会的名单。托洛茨基退出了委员会,破坏了它,不愿意干。为什么呢? 原因只有一个。卢托维诺夫喜欢玩反对派的游戏。的确,奥新斯基也是这样。坦白说,这是一种令人讨厌的游戏。但是难道这就是理由吗? 奥新斯基各种运动搞得很好。虽然奥新斯基也喜欢搞"反对派运动",我们还是应当同他一起工作。而像破坏委员会这种手段,则是官僚主义的,非苏维埃的,非社会主义的,不正确的,政治上有害的。在目前,当我们应该区分"反对派"中的健康因素和不健康因素的时候,这种手段更是加倍错误的,政治上加倍有害的。当奥新斯基进行"反对派运动"时,我对他说,"这个运动是有害的",然而当他进行各种运动时,那人们会连声叫好。卢托维诺夫搞"反对派运动"犯了错误,我决不会像伊先科和施略普尼柯夫那样否认这一点,但是决不能因此而破坏委员会。

这个委员会意味着什么呢? 这意味着已经从知识分子的那种空谈虚构的分歧转到切实的工作上来了。生产宣传、奖励、纪律审判会——这些就是应当讨论的问题,就是委员会应当研究的问题。

这时候，"缓冲派"的首领布哈林同志，还有普列奥布拉任斯基和谢列布里亚科夫，看到中央委员会危险地分成两派，就起来缓冲，对这种缓冲，我很难找到一个客气的字眼来形容。如果我像布哈林同志那样善于画讽刺画，那我就要这样来画布哈林同志：一个人拿了一桶煤油，正在把煤油倒在火上，这幅画的题目是：《缓冲煤油》。布哈林同志是想做点什么；没有疑问，他的愿望是十分真挚的和"缓冲"的。然而结果得到的并不是缓冲，而只是表明他没有估计到政治局势，此外，他还犯了理论错误。

把所有这些争议提出来进行广泛辩论，应不应当呢？从事这种没有意义的事情，应不应当呢？在举行党的代表大会前占去我们所需要的几个星期的时间，应不应当呢？在这期间，我们本来可以研究研究奖励的问题，纪律审判会的问题，以及结合的问题。我们本来可以在中央委员会所组织的委员会里实事求是地解决这些问题。如果布哈林同志想缓冲，而不想成为那种"本来要进这间屋子，结果却跑进了那间屋子"[107]的人，那他就应该主张并且坚持要托洛茨基同志留在委员会里。如果他这样主张而且这样做了，那我们也许可以走上切实的道路，也许可以在这个委员会里把个人管理制的实际情况、民主制、被委派者等等情况研究一下了。

再往后，在12月（12月7日的全会），同水运员工的破裂已经成为事实了，这就使得冲突愈加尖锐，结果在中央委员会内形成了8票对我们7票的局面。布哈林同志急急忙忙地写成了十二月全会决议的"理论"部分，力图"调和"和实行"缓冲"，然而，在委员会遭到破坏之后，这显然是不会有什么结果的。

交通人民委员部总政治部和运输工会中央委员会的错误究竟在哪里呢？完全不在于它们采用了强制手段。这反而倒是它们的功劳。它们的错误在于，没有能够根据俄共第九次代表大会的要求，及时地、不引起冲突地转到正常的工会工作上去，没有能够很好地同各个工会相适应，没有能够站在同各个工会平等的地位上来帮助它们。在军事方面有宝贵的经验：英雄主义、雷厉风行等等。但是也有军人中不良分子的坏经验：官僚主义，高傲自大。托洛茨基的提纲，同他的想法和愿望相反，支持的不是军事经验中的最好的东西，而是最坏的东西。应当记住，一个政治领导者不仅要对他自己的政策负责，而且要对他所领导的人做的事情负责。

最后，我要告诉你们一件事，为了这件事，我昨天不得不骂自己是个蠢人，这就是我忽略了鲁祖塔克同志的提纲。鲁祖塔克有个缺点，就是讲话声音不响，不那么引人入胜，不那么动听。稍不注意，就会把他忽略过去。昨天我没有能够参加会议，翻阅了一下自己的材料，发现其中有一份提交 1920 年 11 月 2 日至 6 日举行的全俄工会第五次代表会议的铅印件，标题是：《工会在生产中的任务》。文字不多，我把它的全文给你们读一下：

提交全俄工会第五次代表会议

工会在生产中的任务

（鲁祖塔克同志的报告提纲）

1. 在十月革命刚刚胜利之后，工会**几乎**成为除实行工人**监督**外，能够而且应当担负起组织和**管理生产**的工作的唯一机关。在苏维埃政权建立初期，管理国民经济的国家机关还没有组织好，由于企业主和高级技术人员的怠工，工人阶级面临的艰巨任务是保护工业和恢复国家整个经济机构的正常职能。

2. 此后，最高国民经济委员会的主要工作是取消私人企业并且组织对这些企业的国家管理，这个时期，**工会和国家**经济管理**机关平行地和共同地进**

行了这项工作。

由于国家机关力量薄弱,这种**平行现象**在当时不但是必需的,而且也是正确的;工会和经济管理机关之间建立了充分联系这一事实证明这种情况在这种历史条件下是正确的。

3.以后国家经济机关开始进行管理,它们逐步掌握了生产和管理机构,使这个机构的各个部分协调一致——这一切就**使工业管理工作和生产计划**的制定**工作的重心,转移到这些机关了**。这时,工会在组织生产方面的工作就是**参加组织各总管理局、中央管理局以及工厂管理委员会的集体管理机构**。

4.目前必须尽量合理地利用每一个劳动单位,吸引全体生产者自觉地参加到生产过程中来;同时,国家经济管理机关逐渐增加和复杂化,已经变成同生产本身不相称的、庞大的官僚主义机器,这种情况不能不促使工会直接参加组织生产的工作,并且不仅是通过工会在经济机关中的代表,而且是作为整个组织来参加这项工作,这样,在苏维埃共和国经济机关和工会之间建立最紧密的联系的问题,又迫切地提到我们面前来了。

5.如果说最高国民经济委员会是根据**现有的生产的物质因素**(原料、燃料、机器的状况等等)来规定总的生产计划,那么工会就应当是从为完成生产任务而**组织劳动和合理地使用劳动**的观点来对待这个问题。因此,**在制定总的生产计划时,无论是计划的各个部分还是整个计划,都一定要有工会参加**,以便把生产的物质资源的利用和劳动的利用最合理地结合起来。

6.要实行真正的劳动纪律,要有效地同逃避劳动的行为进行斗争等等,就必须使所有参加生产的人都**自觉参加**以实现这些任务。**靠官僚主义的方法和自上而下的命令**,是不能达到这个目的的。必须使每个参加生产的人懂得他所执行的生产任务是必要的和适当的;必须使每个参加生产的人不仅能参加执行上级所交给的任务,而且能自觉地参加纠正生产方面的一切技术上和组织上的缺点。

工会在这方面的任务是巨大的。它应当教会**每个车间**、每个工厂中的**工会会员注意发现由于技术设备使用不当**或行政管理工作不能令人满意而**引起的劳动力使用上的一切缺点**。必须利用**各个**企业和生产上的**全部经验**来同拖拉作风、怠惰习气和官僚主义作坚决的斗争。

7.为了特别强调这些生产任务的重要性,工会应当在组织方面,在一定的日常的工作中,把这些任务放在一定的地位。根据全俄第三次代表大会的决定在工会下面设立的**经济部**,在开展本身的工作时,必须逐渐地规定和确定整个工会工作的性质。例如,在目前的社会条件下,整个生产是为了满足劳动者本身的需要，因此**工资和奖励应当同生产计划的完成程度有最密切的联系，并取决于后者**。实物奖励和部分工资用实物支付的制度，应当逐步改成**对工人按劳动生产率的高低供应的制度**。

8. 工会工作的这种安排，一方面能够取消**平行机关（政治部等等）**，另一方面能够恢复群众同经济管理机关的密切联系。

9. 在第三次代表大会以后，工会参加国民经济建设的纲领大部分没有能够实现，这一方面是由于**战时的条件**，另一方面是由于**工会本身组织上的弱点**以及它同经济机关的领导工作和实际工作的脱节。

10. 因此，工会应当为自己规定最近的实际任务如下：(1)最积极地参加解决生产问题和管理问题；(2)会同有关的经济机关，直接参加**组织有权威的管理机关**；(3)密切注意不同**类型的管理**及其对生产的影响；(4)必须参加草拟和确定经济**计划**和生产计划；(5)根据经济任务的轻重缓急来**组织劳动**；(6)发展广泛的进行生产**鼓动和宣传**的组织。

11. **工会**和工会组织下面的经济部，必须切实地变成工会有计划地参加生产组织工作的灵活的有力的杠杆。

12. 在对工人实行有计划的物质供给方面，工会必须转而**对粮食人民委员部**在中央和地方的**分配机关发挥影响**，实际地切实地参加所有的分配机关，并且在其中实行**监督**，对中央及省的**工人供给委员会**的活动，应当特别注意。

13. 由于个别的总管理局、中央管理局等的本位主义倾向，所谓"重点制"已经处于极端混乱的状态，因此，工会在任何地方都应当支持在经济中真正实行重点制，应当坚持根据生产的重要性和国家现有物质资源情况来修订现行的确定重点单位的办法。

14. 对所谓的模范企业必须特别注意，要通过建立有权威的管理，通过劳动纪律和工会组织的工作，把它们变成真正的模范企业。

15. 在组织劳动方面，除了建立一套严整的工资制度，全面修订生产定额之外，工会必须坚决地担负起同**各种逃避劳动的行为**（旷工、迟到等等）进行斗争的全部工作。直到现在，纪律审判会尚未受到应有的重视，必须使它成为同破坏无产阶级劳动纪律的行为作斗争的有力工具。

16. 执行上述任务，制定生产宣传的实际计划以及制定改善工人经济状况的各种办法，都应当由经济部负责。因此，必须责成全俄工会中央理事会经济部，在最近期间召集一次**全俄经济部特别会议**，讨论与国家经济机关工作有关的经济建设上的实际问题。

　　我想，现在你们可以看出，为什么我要骂自己了。这才是一个好的纲领，它比托洛茨基同志经过多次考虑之后所写的和布哈林同志根本没有经过考虑就写出来的（12月7日全会的决议）要强过百倍。我们所有的多年来没有做过工会运动工作的中央委员，必须向鲁祖塔克同志学习，托洛茨基同志和布哈林同志也应当向他学习。这个纲领已被工会采纳了。

　　我们大家都把纪律审判会忘记了，而离开实物奖励和纪律审判会来谈"生产民主"，就只能是一句空话。

　　现在我把鲁祖塔克的提纲同托洛茨基提交中央委员会的提纲比较一下。托洛茨基提纲第5条末了这样说：

　　"……现在必须着手改组工会，就是说，为了实现这个目的首先要着手选拔领导人员……"

　　请看这种真正的官僚主义吧！托洛茨基与克列斯廷斯基要选拔工会的"领导人员"呢！

　　再说一遍：这就是对运输工会中央委员会所犯的错误的说明。它的错误并不在于它采取了强硬措施；这正是它的功劳。它的错误在于它没有能够处理好所有工会的共同任务，自己没有更正确、更迅速、更有效地运用同志纪律审判会，也没有帮助所有的工会这样做。当我读了鲁祖塔克同志提纲中关于纪律审判会的话之后，我就想：好像已经有过关于这个问题的法令了。果然，是有过这样的法令的。那就是1919年11月14日颁布的《工人纪律同志审判会条例》[108]（《法令汇编》第537号）。

　　在这种审判会上，工会应当起最重要的作用。这种审判会的好坏，它们的工作成绩如何，能不能经常起作用，我不知道。如果我们能对自己的实际经验加以研究,那要比托洛茨基和布哈林两位同志所写的一切有益百万倍。

现在我要结束我的讲话了。我在总结所有有关这个问题的一切材料时,应当指出,把这些分歧提出来在党内广泛辩论,提交党代表大会讨论,是一个极大的错误。这是一个政治上的错误。在委员会里,也只有在委员会里,我们才能进行切实的讨论,才能前进,可是现在我们却在后退,而且在今后几个星期中还会继续后退,退到讨论抽象的理论问题上去,而不去切实地解决问题。至于说到我,我对这已经讨厌到极点了,不管我有没有病,我都非常希望能够躲开它,不论到什么地方去我都愿意。

总而言之,托洛茨基和布哈林的提纲包含着一系列的理论错误,一系列的原则错误。从政治上说,整个对待问题的态度都是极不妥当的。托洛茨基同志的"提纲",是一种在政治上有害的东西。总之,他的政策是对工会进行官僚主义的干扰的政策。我相信,我们的党代表大会是会斥责并且否定这种政策的。(长时间的热烈鼓掌)

1921年在彼得格勒印成单行本

译自《列宁全集》俄文第5版
第42卷第202—226页

关于电气化的意见

(1920 年 12 月)

1

电气化的意义

1. 现代技术。

2. 恢复生产力。提高生产力。

3. 集中——最大限度。

4. 共产主义＝苏维埃政权＋电气化。

5. 总的统一的计划：集中人民的注意力和力量。

6. 提高(劳动者的)文化。

7. 不只是识字。

2

关于电气化

(1)关于批准计划的法令……

(2)动员技术力量。

　　既集中电工技术力量，又集中劳动力。

　　利用电站。

　　宣传鼓动。

　　讲授电的理论知识和实用知识。

　　(3)关于俄罗斯国家电气化委员会的法令。

　　(4)关于科学技术局的法令……

　　(5)关于全俄电气技术人员代表大会的法令。

　　(6)彼得格勒。经摩尔曼斯克从国外输入煤炭。

第一部分载于1942年《列宁文集》
俄文版第34卷

第二部分载于1945年《列宁文集》
俄文版第35卷

译自《列宁全集》俄文第5版
第42卷第227页

关于综合技术教育

对娜捷施达·康斯坦丁诺夫娜的提纲的意见[109]

（1920 年底）

（非正式的。草稿。**不外传。**

我还要反复考虑一两次。）

关于综合技术教育不能用**这种**写法：讲得很抽象，针对遥远的未来，而**不考虑**当前的、迫切的、糟糕的现实情况。

应当

(1)补充一两条，说明综合技术教育的**原则**意义

$$\left\{ \begin{array}{l} \text{根据马克思} \\ \text{根据我们俄国共产党的党纲} \end{array} \right\}$$

(2)把话说明白，我们决不能放弃原则，我们一定要立刻**尽可能地**实施综合技术教育。

第 17 条**删去**。

关于第二级学校(12—17 岁)应该说：

共和国极其困难的经济情况要求现在立刻无条件地

把第二级学校同职业技术学校合并①，

把第二级学校改为职业技术学校①，但是同时**为了不变成培**

---

① （修正：**根据教育家的意见**和**决定**，并不是把第二级学校全部合并，而是从 13 岁、14 岁起合并。）

养手艺人的学校,应当明确规定:

(1)避免过早地专业化;制定关于这一点的指示。

(2)在**所有的**职业技术学校里增设**普通**课程。

按年编制教学大纲:

(如果这些课程的教学大纲还没有,那就把卢那察尔斯基绞死)

共产主义　　地理
通　　史　　文学
革　命　史　　其他
1917年革命史

(3)把**立即**向**综合技术**教育过渡,或者确切些说,立即采取许多马上就能做到的**走向综合技术教育的步骤**,规定为**必须绝对执行的任务**,如:

同俄罗斯国家
电气化委员会
合　　　　作

(a)参观附近的电站,并在那里讲一些带有实验的课;做**一些**只有用电才能做的**实习作业**;立刻制定详细的大纲

(供 1 次参观用的;

供讲 5 次、10 次课用的;供 1—2 个月用的等等),

(b)用上述的办法参观**每个**办得**还可以的国营农场**,

(c)用上述办法参观**每个**办得**还可以的工厂**,

同俄罗斯国家
电气化委员会
合　　　　作

(d)动员**全体**工程师、农艺师,全体大学数理系的毕业生,来讲授电力和综合技术教育课、实习作业指导课,并进行巡回指导及其他工作,

(e)设立关于综合技术教育的小型博物馆、展览列车、展览船等。

这是极其重要的。我们穷。我们**立刻**需要细木工、钳工。**绝对需要**。**大家**都应当成为细木工、钳工等，**但是**同时必须具有最基本的普通知识和综合技术知识。

第二级学校(确切些说是第二级学校高年级)(12—17岁)的任务：培养精通本行业务、能够胜任工匠并受过这方面实际训练的

细木工，

粗木工，

钳工等等，

但是同时要使这些"手艺人"具有

广泛的普通知识(懂得某些学科的最基本**原理**；明确指出是哪些学科)；

成为共产主义者(明确指出应当知道些什么)；

具有综合技术的见识和综合技术教育的基本(初步)**知识**，这就是：

(aa)关于电的**基本概念**(明确规定哪些概念)；

(bb)关于**机械工业用电的基本**概念；

(cc)关于**化学**工业用电的**基本**概念；

(dd)关于俄罗斯联邦电气化计划的**基本**概念；

(ee)参观电站、工厂、国营农场不得**少于1—3次**；

(ff)知道农艺学等学科的**某些**原理。**详细规定最基本的知识**。

(格林科**否认**综合技术教育，显然是骂糊涂了，可能奥·尤·施米特多少也有些那样。[110]这种情况必须纠正。)

载于1929年《走向新学校的道路》杂志第2期

译自《列宁全集》俄文第5版第42卷第228—230页

1921 年 1 月 4 日列宁《俄共（布）中央全会
关于农业人民委员部的决定草案》手稿第 1 页
（按原稿缩小）

俄共(布)中央全会关于
农业人民委员部的决定草案[111]

(1921 年 1 月 4 日)

责成奥新斯基同志会同农业人民委员部部务委员会全体委员一起制定关于该人民委员部的条例,特别是关于更广泛和有计划地吸收农艺专家参加工作的条例,并将条例提交人民委员会和全俄中央执行委员会下次会议审议。[112]

载于 1959 年《列宁文集》俄文版
第 36 卷

译自《列宁全集》俄文第 5 版
第 42 卷第 233 页

党 内 危 机

（不晚于 1921 年 1 月 19 日）

代表大会前的辩论已经开展得够广泛的了。一些小的矛盾和分歧变成了大的矛盾和分歧，这种情况是经常发生的，有时是由于坚持小的错误并且竭力不让这个错误得到纠正，有时是由于犯了大错误的人紧紧抓住一个人或几个人的小错误不放。

分歧和分裂，常常就是这样发展起来的。我们也就是这样从小的分歧"发展成为"工团主义的，如果党不够健全有力，不能迅速地彻底地把病治好，那么这种工团主义就会完全背离共产主义并使党不可避免地分裂。

必须有勇气正视痛苦的现实。党生病了。党在发高烧。现在全部问题就在于，生病的只是"发烧的上层"或者说只是莫斯科的上层呢，还是这种疾病已经侵入整个肌体。如果是后一种情况，那么这个肌体是能够在几个星期内（在党代表大会举行以前，以及在大会举行期间）完全痊愈并且旧病不再复发呢，还是久治不愈而日趋危险。

为了最迅速和最有效地把病治好，需要做些什么呢？需要**全体党员**十分冷静和极其细心地**研究**：(1)分歧的实质，(2)党内斗争的发展。这两个问题都必须研究，因为分歧的实质是在**斗争过程**中展开、明朗化和具体化（并且常常有所变化）的，而斗争包含着不同的阶段,我们总是可以看到,在各个阶段上,参加斗争的人和参加斗争的人数都是**不同**的,斗争中的立场也是**不同**的,等等。这两个问题都必须**研究**,而且一定要有最精确的即刊印出来的文件,以便能从各方面加以检查。谁相信口头上说的,谁就是一个不可救药的十足的傻瓜。如果**没有**文件,就需要审问**双方**或者几方的见证人,一定要"严加审问",而且审问要有见证人在场。

现在我试把我所理解的分歧的实质和斗争阶段的更替大致地叙述一下。

第一阶段。全俄工会第五次代表会议,11月2日至6日。斗争的开始。在中央委员中,"斗士"只有托洛茨基和托姆斯基两人。托洛茨基抛出了"整刷"工会这个"惯用语"。托姆斯基同他进行了激烈的争论。大多数中央委员都在留心观察。他们最大的错误(首先是我的错误)就在于把全俄工会第五次代表会议通过的鲁祖塔克关于《工会在生产中的任务》的提纲"忽略"了。这是**整个**争论中**最**重要的文件。

第二阶段。11月9日的中央全会。托洛茨基提出了一个"提纲草稿":《工会及其今后的作用》,这个提纲谈论工会"极严重的危机"以及新任务和新方法,在这种议论的**掩盖**或粉饰下推行"整刷"政策。鉴于运输工会中央委员会的错误和官僚主义的过头行为,托姆斯基在列宁的竭力支持下,认为争论的重心,正是"整刷"问题。同时在争论中,列宁作了若干显然过了头的因而是错误的"攻击",因此就有组织"缓冲派"的必要,于是就产生了由10位中央委员组成的"缓冲派"(布哈林和季诺维也夫都参加了,托洛茨基和列宁都没有参加)。"缓冲派"决定"不对分歧进行广泛的讨论",并决定**取消列宁的报告**(对工会的报告),而指派季诺维也夫为报告人,要他"作一个实事求是的不带论战性质的报告"。

托洛茨基的提纲被否决了。列宁的提纲被采纳了。最后定稿的决议以 10 票对 4 票(托洛茨基、安德列耶夫、克列斯廷斯基、李可夫)通过。这一决议也支持"健全的劳动军事化形式",而对"集中制和军事化的工作方式蜕化为官僚主义、刚愎自用和因循守旧"等等提出谴责。决议责令运输工会中央委员会"更积极地参加全俄工会中央理事会的一般工作,作为它的一个从属机构,与其他工会联合组织享有同等的权利"。

中央委员会推选了一个工会问题委员会,托洛茨基同志也被选入这个委员会。但托洛茨基拒绝在该委员会工作,**正是这**一行动扩大了托洛茨基同志原有的错误,使它后来发展成为派别活动。如果没有这一行动,托洛茨基同志的错误(提出错误的提纲)不过是一个很小的错误,像这样的小错误,所有的中央委员都犯过。

第三阶段。12 月间水运员工同运输工会中央委员会的冲突。12 月 7 日的中央全会。主要的"斗士"已经不是托洛茨基和列宁,而是托洛茨基和季诺维也夫了。季诺维也夫以工会问题委员会主席的身份,调查了 12 月间水运员工同运输工会中央委员会的争执。12 月 7 日中央举行全体会议,季诺维也夫提出了立即改组运输工会中央委员会的实际建议。大多数中央委员对此表示反对。李可夫转到了季诺维也夫方面。会上通过了布哈林提出的决议,在该决议的实际部分中有¾是支持水运员工的,而在引言里,则反对"自上而下地改造"工会(第 3 段),同意有名的"生产民主"(第 5 段)。我们这一派中央委员仍旧是少数。我们反对布哈林的决议,主要是由于我们认为"缓冲"只是纸上谈兵,而托洛茨基拒绝参加工会问题委员会，实际上就意味着斗争仍在继续进行，并且扩展到中央委员会的范围以外了。我们提议1921年2月6日举行党的代表大会。这个提议被通过了。后来根据边远地区的请求，决定延期到3月6日举行。

第四阶段。苏维埃第八次代表大会。12月25日托洛茨基发表"纲领性的小册子"即《工会的作用和任务》。从形式民主的观点来看，托洛茨基无疑是有权发表纲领的，因为12月24日中央准许进行自由辩论。但是从对革命是否适宜的观点来看，这样做就更加扩大了错误，这样做就是根据错误的纲领**建立派别组织**。这个小册子从12月7日中央委员会的决议上摘引的只是同"生产民主"有关的话，而决议上反对"自上而下地改造"的话却**没有**引用。12月7日布哈林在托洛茨基支持下制造的缓冲，在12月25日却遭到托洛茨基的彻底破坏。小册子的整个内容，从头到尾都贯穿着"整刷"的精神。至于应当用来粉饰和掩盖"整刷"或者为"整刷"辩解的"新任务和新方法"，小册子却**没有**能够提出来，——如果我们不把知识分子那种标新立异的名词（"生产气氛"、"生产民主"）算在内的话；这些名词在理论上是错误的，而其中切实的部分又已经完全包括在生产宣传的概念、任务和范围内了。

第五阶段。在12月30日全俄数千名党的负责工作人员的会议，即苏维埃第八次代表大会俄国共产党党团会议上的辩论。争论进行得十分激烈。季诺维也夫和列宁为一方，托洛茨基和布哈林为另一方。布哈林想要"缓冲"，但说的话都是反对列宁和季诺维也夫的，没有一句是反对托洛茨基的。布哈林读了他的提纲（发表于1月16日）中的一小段，而这一段话**恰恰**没有提到背离共产主义，转向工团主义的问题。施略普尼柯夫（代表"工人反对派"）

宣读了工团主义的纲领,这个纲领早已被托洛茨基同志驳得体无完肤(在他的提纲第16条里),它(或许多少正是由于这个原因)没有引起任何人的重视。

我个人认为,宣读鲁祖塔克的提纲在12月30日整个争论中是一个关键。事实上,无论布哈林同志或者是托洛茨基同志,不仅都找不出任何话来反对这个提纲,而且还编造了一种神话,说这个提纲的"精彩部分"是由**运输工会中央委员会委员**哥尔茨曼、安德列耶夫、柳比莫夫草拟的。于是托洛茨基就很得意又很委婉地讥笑列宁的"外交手腕"没有成功,说列宁想"取消和破坏"辩论,想找一个"避雷针",而"结果出乎意料,他抓到的不是避雷针,而是运输工会中央委员会"。

这种神话在当天(12月30日)就被鲁祖塔克戳穿了,他指出:"在全俄工会中央理事会里面根本"就没有柳比莫夫;在全俄工会中央理事会主席团进行表决时,哥尔茨曼是反对鲁祖塔克提纲的;草拟该提纲的小组是由安德列耶夫、策彼罗维奇和鲁祖塔克组成的[113]。

我们姑且假定布哈林同志和托洛茨基同志的神话是事实。那么再没有什么东西能像这种假定那样把他们驳得体无完肤了。因为,既然"运输工会中央委员会委员们"曾把自己的"新"思想写进鲁祖塔克的决议,既然鲁祖塔克接受了它们,而所有的工会(在11月2日至6日!!)又一致通过了这个决议,既然布哈林和托洛茨基对它提不出任何反对意见,那么从这里可以得出什么结论呢?

可以得出的结论是:托洛茨基所说的一切分歧都是虚构的,不论托洛茨基也好,"运输工会中央委员会委员们"也好,都**没有提出任何**"新任务和新方法",一切切实的和本质的东西,都已经由工会说明、采纳和决定了,而且**在中央委员会提出这个问题以前就已经**这样做了。

如果需要把谁狠狠地责骂一顿和"整刷"一下的话,那么首当其冲的不是全俄工会中央理事会,而是俄共中央,因为它"忽略"了鲁祖塔克的提纲,而由于它的这个错误,才掀起了一场毫无意义的辩论。运输工会中央委员会委员们的错误(其实,它并不是什么严重的错误,而是很普通的错误,即某种程度的官僚主义过头行为)是无法**掩盖**的。对于这种错误,不应当掩盖和粉饰,不应当为它辩护,而应当纠正它。整个问题就是这样。

我在 12 月 30 日,把鲁祖塔克的提纲的实质,归纳成下面四点[①]:(1)通常的民主(没有任何过头行为,丝毫不否认中央的"委派"权等等,但是也不固执地袒护某些"被委派者"的需要纠正的错误和极端行为)。(2)生产宣传(那些拙劣的、可笑的、理论上错误的"公式",如"生产民主"、"生产气氛"等等中一切有用的东西都包括在这里面了)。我们已经建立了一个**苏维埃机关**——全俄生产宣传局。我们必须尽力支持它,而不要用**生产……拙劣的提纲**去损害生产工作。整个问题就是这样。(3)实物奖励。(4)同志纪律审判会。没有第 3 点和第 4 点,所谓"在生产中的作用和任务"等等的议论就只能是知识分子的空谈,而在托洛茨基的"纲领性的小册子"中,这两点恰好都被遗忘了。然而鲁祖塔克的提纲里却有这两点。

讲到 12 月 30 日的辩论,我还需要纠正我的一个错误。我当时说:"我们的国家实际上不是工人国家,而是工农国家。"布哈林同志立即喊道:"什么国家?"当时,我提到了刚刚闭幕的苏维埃第

---

① 见本卷第 209—215 页。——编者注

八次代表大会,作为对他的回答①。现在读到那次辩论的记录,我发现我说得不对,而布哈林同志是对的。当时我应当这样说:"工人国家是一种抽象的概念。而实际上我们这个工人国家首先具有这样一个特点,即在这个国家里,占人口多数的不是工人而是农民;其次,这个工人国家还带有官僚主义的弊病。"愿意读完我的讲话全文的读者可以发现,不论我的全部论证或我的结论,都不会因这一修正而有所改变。

第六阶段。彼得格勒组织发表《告全党书》,反对托洛茨基的纲领,莫斯科委员会发表与之对立的宣言(1月13日《真理报》)。**114**

从上层进行派别斗争,发展到下层组织参与斗争。这是向康复前进了一大步。奇怪得很,莫斯科委员会看到了**彼得格勒组织**发表纲领的"危险"方面,却不愿看到托洛茨基同志在12月25日组织派别的**危险方面!!!** 爱开玩笑的人把这种失明(瞎一只眼)叫做"缓冲"失明……

第七阶段。工会问题委员会结束工作,并且发表了纲领(一本小册子,标题是:《俄共第十次代表大会关于工会的作用和任务问题的决定草案》**115**,日期为1月14日,署名的有9位中央委员:季诺维也夫、斯大林、托姆斯基、鲁祖塔克、加里宁、加米涅夫、彼得罗夫斯基、阿尔乔姆、列宁,以及工会问题委员会委员洛佐夫斯基;施略普尼柯夫和卢托维诺夫两位同志显然是"逃到""工人反对派"那方面去了)。这个纲领发表在1月18日的《真理报》上,发表时又有施米特、策彼罗维奇和米柳亭参加署名。

1月16日,《真理报》上出现了布哈林的纲领(署名是"布哈

---

① 见本卷第207页。——编者注

Российская Социалистическая Федеративная Советская Республика

Пролетарии всех стран, соединяйтесь!

Н. Ленин

КРИЗИС ПАРТИИ

С приложением тезисов тов. Рудзутака о производственных задачах профсоюзов

ГОСУДАРСТВЕННОЕ ИЗДАТЕЛЬСТВО
1921

1921 年 1 月列宁《党内危机》小册子封面

林、拉林、普列奥布拉任斯基、谢列布里亚科夫、索柯里尼柯夫、雅柯夫列娃受部分同志的委托")和萨普龙诺夫的纲领(署名是"主张民主集中制的一批同志":布勃诺夫、博古斯拉夫斯基、卡缅斯基、马克西莫夫斯基、奥新斯基、拉法伊尔、萨普龙诺夫)**116**。在 1 月 17 日莫斯科委员会扩大会议上,这些纲领的代表们和"伊格纳托夫派"**117**(他们的提纲登载在 1 月 19 日的《真理报》上,署名的有伊格纳托夫、奥列霍夫、科尔济诺夫、库拉诺娃、布罗夫采夫、马斯洛夫)都发了言①。

这里我们看到,一方面是团结的增长(因为 9 位中央委员的纲领是同全俄工会第五次代表会议的决议完全一致的),另一方面则是涣散和瓦解。而布哈林等人的提纲,则是**思想**瓦解达到顶点的表现。这里发生了一种"转变",这种"转变"很早以前马克思主义者就这样嘲笑过:"这种转变与其说是历史性的,不如说是歇斯底里的"②。提纲第 17 条上这样说:"……在目前,必须使这些人选成为**必须接受的**"(指工会派到相应的"总管理局和中央管理局"去的人选)。

这就完全背离了共产主义而转到工团主义立场上去了。这实质上是在重复施略普尼柯夫的"国家工会化"的口号;这就是把最高国民经济委员会这个机关化整为零地交给相应的工会去管。"我提出**必须接受的**人选"和"我委派",这两种说法是没有什么两样的。

---

①　顺便指出:党应当要求在提出每一个"纲领"时,对该纲领负责的全体同志都在上面署名。"伊格纳托夫派"和"萨普龙诺夫派"做到了这一点,而"托洛茨基派"、"布哈林派"和"施略普尼柯夫派"都没有做到这一点,据他们说还有一些对有关纲领负责的同志没有署上名字。
②　在俄文中"历史性的"(исторический)和"歇斯底里的"(истерический)两个词的音很相近。——编者注

　　共产主义认为:无产阶级先锋队——共产党,领导非党的工人群众,启发、训练、教育、培养这些群众(共产主义的"学校"),先是工人,然后是农民,以便使他们能够做到并且确实做到把全部国民经济的管理集中在自己手中。

　　工团主义则把各工业部门的管理("总管理局和中央管理局")交给按生产部门划分的非党工人群众,这就抹杀了党的存在的必要性,就不会进行长期的工作来培养群众,来把**全部国民经济**的管理**真正**集中在**他们**手中。

　　俄共党纲说:"……工会**应当做到**"(就是说,还没有做到,甚至还没有做)"切实地集中在**自己**手中"(在**自己**手中,就是说在工会的手中,就是说在组织起来的**全体群众**的手中;谁都能看到,我们就连初步接近这种**切实的**集中也还远没有做到)……集中什么呢?集中"作为统一经济整体的全部国民经济的全部管理"(就是说,不是各工业部门的管理,也不是工业的管理,而是工业**加上农业**等等的管理。我们是否已经接近于把农业的管理切实集中在工会的手中呢?)。俄共党纲接着还谈到了"中央国家管理机关"和"广大劳动群众"之间的"联系"问题,谈到了"工会**参加**经济管理"的问题①。

　　如果工会,十分之九的会员都是非党工人的工会,可以委派人("必须接受的人选")管理工业,那还要党做什么呢? 不论在逻辑上,在理论上,或在实际上,布哈林所说的都意味着党的分裂,确切些说,意味着工团主义者对党的背离。

　　在这以前,托洛茨基一直是斗争中的"主角"。而现在布哈林

―――――――
　　①　见本版全集第36卷第415页。——编者注

已经远远"超过了"托洛茨基,并且完全"盖住了"他,布哈林创造了斗争中的完全新的相互关系,因为布哈林所犯的错误比托洛茨基所有错误的总和还要大一百倍。

布哈林怎么能说出这种背离共产主义的话来呢?我们知道布哈林同志非常温和,这是他的一个特点,人们因此非常喜欢他,而且不能不喜欢他。我们知道,人们常常开玩笑地把他叫做"软蜡"。原来,在这块"软蜡"上,任何一个"无原则的"人,任何一个"煽动者"都可以任意刻写。这些带引号的尖刻的字眼是加米涅夫同志在 1 月 17 日的辩论中使用的(他有权这样使用)。然而,无论加米涅夫或任何别的人,当然都不会想到用无原则的**煽动**来**解释**已经发生的一切,不会想到把一切都归结于这个原因。

恰恰相反。派别斗争有它客观的逻辑,甚至最杰出的人,如果他坚持错误立场,都会不可避免地落到在实际上同无原则的煽动没有任何差别的地步。派别斗争(例如"前进派"和孟什维克联合起来反对布尔什维克[118])的全部历史,都证明了这一点。正因为如此,所以我们不仅要研究分歧的抽象本质,而且还要研究这种分歧在各个不同的斗争阶段上怎样展开和变化的具体情况。1 月 17 日的辩论,反映了这一发展的结果。[119]"整刷"也好,"新的生产任务"也好,都不能再加以维护了(因为一切有用的和切实的东西都已经包括在鲁祖塔克的提纲中了)。现在要做的就是,或者在自己身上找到——用拉萨尔的话来说——"智慧的物质力量"(和性格的物质力量)来承认错误,纠正错误,把俄共历史的这一页翻过去,或者……或者牢牢地抓住残留下来的同盟者不放(不管是什么样的同盟者)而"不顾"任何原则。现在残留下来的是一些**狂热的**"民主"拥护者,而布哈林正在滚向他们那方面去,滚向工团主义方面去。

当我们在逐渐吸收"民主的""工人反对派"中的健康因素的时候，布哈林却牢牢抓住**不健康的**因素。布马日内同志，这位有名的运输工会中央委员会委员或者说托洛茨基派，1月17日表示愿意接受布哈林的工团主义的建议。"萨普龙诺夫派"竟达到这种地步，在同一条提纲（第3条）中，一方面大谈工会的"深刻的危机"和工会的"麻木不仁的官僚主义"，同时又建议"扩大工会在生产中的**权力……**"，认为这是"绝对"必要的，大概是由于工会存在"麻木不仁的官僚主义"才要这样做吧？对这样的一批人难道能够认真吗？他们一听到人家说工会在生产中的**作用**，为了要比别人喊得更响，便信口开河地说道：由于存在"麻木不仁的官僚主义"必须"扩大权力"。他们的"实际"建议一开头写道，"最高国民经济委员会主席团，由全俄工会中央理事会全体会议提名，经全俄中央执行委员会最后批准"，只要读一下这几行就够了，用不着再读下去了。而他们的"原则的"**民主**立场是怎样的呢？请听听吧：（提纲第2条）"……他们（季诺维也夫和托洛茨基）实际上是**从前的经济军事化分子**这同一个集团中的两派!!"

如果对他们认真，那就应当指出，这是一种最恶劣的孟什维主义和社会革命党思想。但我们对萨普龙诺夫、奥新斯基等人是不能认真的，因为这些工作人员（在我看来是很宝贵的工作人员）在每一次党代表大会之前（"每次都在这个地方"[120]），总要发一阵狂，总要竭力叫喊得比任何人都更响（可以把他们叫做"喊得最响"派），总要大模大样地出丑一番。"伊格纳托夫派"是跟着"萨普龙诺夫派"跑的。各个不同的派别联合起来（特别是在代表大会之前），自然是可以允许的（追求选票也是允许的）。

但是这样做,必须是在共产主义(而不是工团主义)的范围内,而且要做得不致闹出笑话来。谁要作更多的许诺?谁向非党群众许诺给更多的"权利",那就在俄国共产党代表大会即将召开的时候联合起来吧!……

直到现在,我们一直主张:不要为官僚主义的极端行为辩护,而要纠正它。同官僚主义作斗争是一个长期而艰巨的任务。而极端行为却可以而且必须立即加以纠正。破坏军事工作人员和被委派者威信的,并不是指出有害的极端行为并且加以纠正的人,而是抵制纠正这些极端行为的人。运输工会中央委员会某些委员的极端行为正是这样的,虽然他们将来都是(过去也是)宝贵的和有用的工作人员。当工会已经把工会在生产中的任务这个问题上的所有新的、有用的和切实的东西接受下来并且作了决定时,就不应当再去打扰工会,再去捏造同工会的分歧了。让我们在这个基础上,努力地齐心协力地从事实际工作吧。

现在我们还主张:必须同思想上的涣散以及反对派中的**不健康**分子进行斗争,因为这些人甚至说要反对任何的"经济军事化",不仅反对"委派方法"——直到现在这还是一种主要的方法——而且反对任何的"委派",也就是说,归根到底反对**党**对非党群众的领导作用。必须同工团主义的倾向作斗争,如果不把这种倾向彻底治好,就会亡党。

毫无疑问,协约国资本家力图利用我们党的疾病来进行新的侵犯,社会革命党人也力图利用它来组织阴谋暴乱。但是我们并不害怕,因为我们大家将团结得像一个人一样,我们不怕承认有病,但我们认识到,这种情况要求我们大家在一切岗位上更守纪律,更加顽强,更加坚定。到3月间举行俄国共产党第十次代表大会之前以及在大会之后，党决不会削弱，而一定会更加巩固。

1921 年 1 月 19 日

载于 1921 年 1 月 21 日《真理报》
第 13 号

译自《列宁全集》俄文第 5 版
第 42 卷第 234—244 页

在全俄矿工第二次代表大会俄共(布)党团会议上关于工会的作用和任务的报告[121]

(1921年1月)

1

报　告

(1月23日)

工会的作用和任务问题的讨论所以具有不健康的性质,因为它过早地形成了派别斗争。对待这样一个涉及面极广、无所不包的问题,我们决不能像最近这样仓促从事,而我要责备托洛茨基同志的,主要也就是这一点——仓促从事,操之过急。我们每个人都向中央委员会提出过而且将来还会提出不够成熟的提纲,因为在我们这里的一切工作都是极其仓促地进行的。这并不是什么大错误,我们每个人都犯过急躁的毛病。这个错误本身是很平常的,你们也难以完全克服,因为周围的客观条件非常困难。因此对待具有派别性质的问题,对待有争执的问题,就必须采取比较慎重的态度。这是因为在这些问题上即使不是很急躁的人——我不能说我的论敌是这样的人——也很容易犯这个错误。为了明确地说明问题和很快地抓住问题的本质,我现在给你们读一下托洛茨基的提纲中的主要条文。

托洛茨基同志在他的小册子里,在提纲第 12 条的末尾写道:

"我们看到这样的事实:随着经济任务被提到首位,许多工会工作者日益激烈地和不妥协地反对'结合'的前景和由此产生的实际结论。托姆斯基和洛佐夫斯基两位同志就属于这样的工会工作者。

不仅如此,许多工会工作者拒绝接受新任务和新方法,在自己一伙人中间培养小团体的排他情绪和敌视本经济部门的新工作人员的情绪,因而实际上支持了工会组织中的工人的行会习气的残余。"

像这样的地方,在托洛茨基的小册子里我可以举出很多。我要问:从派别活动来看,难道这样一位有权威的人,这样一位重要的领袖,可以这样来反对党内的同志吗?我相信,除了那些热衷于争吵的同志以外,百分之九十九的人都会说:这样做是不行的。

如果托姆斯基和洛佐夫斯基两位同志有如下错误,或者有犯这种错误的嫌疑,比如说他们一下子就反对签订布列斯特和约或一下子就反对进行战争,那么这种做法我是理解的,因为对革命的适宜性高于形式上的民主。但是在目前这样的时候采取这种鲁莽行为,是根本错误的。不能这样做。在这一条里写道,许多工会工作者在自己一伙人中间培养敌视和排他情绪。这是怎么回事呢?这是什么话?用的是什么语言?可以采取这样的态度吗?我曾经说过,也许我可以"缓冲"一下,不去进行辩论,因为同托洛茨基争吵没有好处,对我们、对党、对共和国都没有好处,但是在这本小册子出版后,我指出,必须进行辩论。

托洛茨基写道,"许多工会工作者培养敌视新工作人员的情绪"——果真如此吗?如果确实有许多工会工作者在自己一伙人中间培养"敌视新工作人员的情绪",那就应该指出是哪些人在培养这种敌视情绪。如果没有指出，那就是整刷，那就是对待事情的官僚主义态度。即使那里真有敌视新工作人员的情绪，那也不能这样说。托洛茨基责备洛佐夫斯基和托姆斯基有官僚主义，而我要说的恰恰相反。读到这里再也读不下去了，因为这种态度把一切全搞糟了，他往蜜里掺了一勺焦油，不管他再加多少蜜，一切都难以挽回。

许多工会工作者培养敌视新工作人员的情绪，这是谁的过错呢？当然，缓冲者或运输工会中央委员会的人都会说：这是工会工作者的过错。

而实际上这是虚构的，捏造的，乱刮起来的，正像现在外面刮起了暴风雪一样。但是，同志们必须分辨清楚这一点并抓住实质。而实质就是，一系列不适当的行动使人产生了敌视的情绪。我的论敌硬说，有人培养过敌视情绪。这就表明，问题的提法是根本错误的。必须分辨清楚。11 月间曾召开了一次全俄代表会议，在这次会议上抛出了"整刷"这个字眼。托洛茨基那样说是错误的。这在政治上是很明显的：这种态度会造成分裂，并且会葬送无产阶级专政。

应当懂得，工会不是像人民委员部那样的机关，而是联合起来的全体无产阶级，是一个特殊的机关，对它不能采取那样的态度。当出现有分裂危险的不正确态度这一问题时，我曾经说："你们暂且不要空谈什么广泛的辩论，请你们到委员会去，在那里认真地把问题弄清楚。"而同志们说："不行，怎么能这样做，这是破坏民主。"布哈林同志甚至谈到"工人民主这个神圣的口号"。这一字不差是他的原话。我读完之后……差一点要画十字了。（笑声）我认为，错误总是由小到大的。分歧总是由小地方开始的。人人都免不了会受伤，但是，如果这个伤口已经开始溃烂，那就会变成不治之症。而这种做法正表明伤口在溃烂。在11月，人们谈论整刷，而到12月，这就已经成了很大的错误。

中央委员会十二月全会曾经反对我们。在这次全会上大多数人都赞同托洛茨基的意见，通过了托洛茨基和布哈林的决议，这个决议你们当然都读过了。但是，即使是不赞同我们意见的中央委员也不得不承认：水运员工比运输工会中央委员会正确。这就是事实。如果我问运输工会中央委员会的错误在哪里，应当回答说，不在于你们采取强硬措施，这是你们的功劳，而在于你们的官僚主义的极端行为。

如果你们已经认识到这种极端行为，那就应当纠正，而不应当反对纠正。这就是全部问题的所在。反对官僚主义的斗争需要几十年时间。这是一场最艰巨的斗争，要是有人对你们说，只要采纳反官僚主义的纲领，我们马上就能摆脱官僚主义，那他准是一个爱说漂亮话的骗子。现在就应当纠正这种官僚主义的极端行为。必须发现这种官僚主义的极端行为，并且加以纠正，不要混淆是非，颠倒黑白。工人和农民都懂得，他们自己还应当学会管理，但是他们也很懂得，目前还存在着官僚主义的极端行为，如果你不愿意纠正它，那你就大错特错。你应当像水运员工所指出的那样，及时地纠正，不要等到别人指出后再去纠正。

优秀的工作者也会犯错误。运输工会中央委员会有一些卓越的工作者，我们既要任用他们，又要纠正他们的官僚主义的极端行为。托洛茨基同志说，身为工会工作者的托姆斯基和洛佐夫斯基两位同志的过错是，他们在自己一伙人中间培养敌视新工作人员的情绪。要知道这是骇人听闻的说法。只有那些几乎是病态的人或者是不知分寸的狂热者才会这样说。

　　由于这样操之过急,就发生争吵,提出纲领,指出错误,结果弄得一塌糊涂。

　　你们都知道,人们吵上两天之后会干出什么来。他们会扯到祖宗八代。我们问:"你为什么争吵?"——"啊,因为他有一个婶母,而他有一个祖父。"——"不,不是现在,而是在当时你为什么争吵?"原来在两天内人们瞎编了那么多的分歧。

　　运输工会中央委员会作出了一系列的过头行为,有害的过头行为,犯了不应有的官僚主义。到处出现了过头行为。有这样一些机关,仅在莫斯科一地就有 3 万个职员。这可不是一件小事。我们要消除这种现象,打通这堵墙。不要害怕,不要以为谁欺负了谁,人们挑拨了谁。如果挑起派别斗争,并且说托姆斯基错了,因为他在群众中间培养敌视运输工会中央委员会工作人员的情绪,那就是完全歪曲事实,就会从根本上破坏全部工作,从根本上破坏同工会的整个关系。而工会是包括全体无产阶级的一个组织。如果一定要坚持这一点并把有关这个问题的每个纲领都交付表决,那就会使苏维埃政权垮台。

　　假如党与工会发生分裂,党是有过错的,其结果一定会使苏维埃政权灭亡。除了千百万无产者,我们没有别的支柱;虽然他们还没有觉悟,往往是愚昧的,不开展的,不识字的,但是他们作为无产者来说,是跟着自己的党走的。他们 20 年来一直认为,这个党是他们自己的。此外,跟着我们走的还有另外一个阶级,如果我们很明智,在本阶级中执行正确的政策,那它也许还会继续跟着我们走。我们的革命已经进到了最辉煌的时期,我们唤起了无产者群众,唤起了农村的贫苦农民群众来自觉地支持我们。这是任何一次革命都没有做到的。没有一个阶级能够推翻我们,因为大多数无产者和农村的贫苦农民都拥护我们。如果我们本身不犯错误,谁也摧毁不了我们。这个"如果"就是全部问题的所在。如果由于我们的过错而造成了分裂,那就一切都完了,因为工会不仅是一个机关,而且是我们全部政权所依靠的源泉。这是这样一个阶级,资本主义经济使它成为经济联合者,它通过自己的工业把千百万分散的农民联合在一起。因此,一个无产者要比200个农民更有力量。

正因为如此,托洛茨基的整个态度都是不正确的。我还可以举出提纲的任何一条来加以分析,不过这样所需的时间就不是一个小时,而是十个小时,这样一来大家都会跑掉,因为这是枯燥无味的。你们在提纲的每一条中都会发现同样的根本错误的态度:"许多工会工作者培养敌视情绪。"在许多工会中敌视我们的情绪有了发展,那是由于领导上犯了官僚主义的错误,其中也包括我自己,因为交通人民委员部总政治部是由我委派的。怎么办呢?纠正吗?如果认识到党是一个独立的、有主见的、坚强的工人政党,那就必须纠正运输工会中央委员会的极端行为。我们既不放弃委派制,也不放弃独裁制。受过20年锻炼的俄国工人决不会走这条道路。如果我们支持这种错误,那我们一定会完蛋,而错误也就在这里,这就是问题的根源。

托洛茨基说,洛佐夫斯基和托姆斯基拒不接受新任务。如果能证实这一点,那又当别论。但新任务是什么呢?

这里有人对我们说什么"生产气氛","生产民主","生产作用"。刚一开始,我在12月30日的争论中就说,这是工人不理解的空话,这一切都包括在生产宣传的任务内①。我们不放弃独裁

---

① 见本卷第 209—215 页。——编者注

制,一长制,这些制度还在,我还会拥护,但是决不赞成愚蠢行为和极端行为。"生产气氛"只是一个可笑的字眼,它会使工人发笑。说得简单明了一些,这一切都是生产宣传。而为此已经建立了专门机关。

关于提高工会在生产中的作用问题,我在12月30日报刊上作了答复,我说,已经有了11月5日的代表会议通过的鲁祖塔克同志的决议。托洛茨基和布哈林两位同志说这个决议是运输工会中央委员会写的。虽然这个说法已被否定,但是我还要指出,即使是运输工会中央委员会写的,那到底是谁在拒绝接受呢?决议是工会通过的,是运输工会中央委员会写的。那就好了,以后孩子们就不必再争吵了,不必再挑起派别分歧了。托洛茨基同志还有新任务吗?没有。如果还有什么新任务,那就更糟。问题也正是在这里。托洛茨基同志竟开起火来,要党谴责那些拒不接受新任务的人,并且把托姆斯基和洛佐夫斯基称做罪魁祸首。

鲁祖塔克的提纲把一切都说得简单明了,既没有谈"生产气氛",也没有谈"生产民主"。提纲写得清清楚楚,提高国家的生产率是绝对必需的,每个工会会员都必须自觉地对待这个问题。这是用通俗易懂的文字写出来的。一切都比托洛茨基所说的要清楚些、全面些,因为这里面还谈到了实物奖励和纪律审判会。否则,说什么恢复运输,作出改善,统统都是空话。让我们来建立委员会,建立纪律审判会吧。运输工会中央委员会在这方面走了极端。我们说,极端行为就是极端行为,用新任务来替它辩护是徒劳的,这些极端行为必须纠正。我们并不放弃强制。任何一个思维正常的工人都不至于认为,现在可以不要强制,现在可以解散工会,或者把全部生产交给工会管理。只有施略普尼柯夫同志才会这样信口开河。

施略普尼柯夫同志的整篇讲话有一点讲得很好,他说,在我们索尔莫沃有过经验,旷工率已经降低了30%。听说这是实情,但是,我是不轻易相信人的,我主张派委员会去调查一下,把下诺夫哥罗德同彼得格勒作一比较。这一点不是在会议上能够做到的,必须有一个精干的委员会。托洛茨基说,有人想反对结合。这完全是无稽之谈。托洛茨基同志说,必须前进;如果车子走得很好,那自然应当前进,但是,如果车子走了岔道,那就应当后退。这对党有好处,因为必须研究经验。

生产还没有恢复,而人们却在生产拙劣的提纲。这样的工作需要研究和经验。你们这些工会工作者和矿工们,都在从事本行的工作。对不起,既然你们从事这项工作,那就请你们去调查一下,取得数据,把它核对20遍,不要相信任何一句空话,然后再把结果说出来。如果结果很好,那就前进;如果不好,那就后退。这是工作,而不是讲空话。这才是党的会议应当做的事。

我在苏维埃第八次代表大会上说过,我们要少谈些政治①。我说了这话以后,以为我们不会再犯政治错误了,可是在苏维埃革命后经过了三年,我们又谈起工团主义来了——这真是耻辱。假如在半年前有人对我说,你将写谈工团主义的文章,那我宁愿写顿巴斯。而现在有人在把我们引开,把党拉向后退。小错误发展成了大错误。现在我来谈谈施略普尼柯夫同志。托洛茨基同志在他的提纲的第16条中正确地指出了施略普尼柯夫的错误。

布哈林由于主张缓冲,抓住了施略普尼柯夫,但是这还不如抓住一根稻草。他答应由工会提出必须接受的人选,也就是说,由工

____

① 见本卷第157页。——编者注

会来委派。这同施略普尼柯夫所说的一模一样。全世界的马克思主义者都同工团主义进行过斗争。我们在党内已经斗争了 20 多年,我们用行动而不是用空话向工人证明了:党是一个特殊的组织;它需要有觉悟的、决心作自我牺牲的人;它可能犯错误,但是它能够纠正错误;它所领导和挑选的人了解我们要走的道路,知道我们还要经历哪些困难。党不欺骗工人。党不开空头支票。因此,如果你们要越过工会,那你们就会把我们三年来所做的工作全部断送掉,使一切都发生问题。我同布哈林同志谈过这一错误,他说:"列宁同志,您太吹毛求疵了。"

据我的理解,必须接受的人选将在党中央的领导下提出。那样的话我们将给他们什么权利呢?那样的话任何联盟都不能实现。工人和农民是两个不同的阶级。什么时候全国能普遍实现电气化呢?如果经过 20 年我们能做到这一点,那已经是惊人的速度了。这是不能急于求成的。到那时再谈把权力交给工会的问题,在此以前说这话是对工人的欺骗。无产阶级专政在世界上是最巩固的,因为它用行动赢得了信任,因为党一直非常注意,不让涣散现象发生。

这是什么意思呢?

难道每个工人都知道如何管理国家吗?有实际经验的人都知道这是神话,都知道我们这里数百万参加工会组织的工人,现在正处在我们所说的阶段,即工会是共产主义的学校,是学习管理的学校这一阶段。如果工人在这所学校里学上若干年,他们就一定能学会,但是这要慢慢来。我们甚至连文盲都还没有扫除。我们知道,同农民有联系的工人是会接受非无产阶级的口号的。在工人当中谁来参加管理呢?整个俄国只有几千个人。如果我们说,不是党而是工会自己来提人选和进行管理,这听起来很民主,可能也会争取到一些选票,但是不会长久。这只会葬送无产阶级专政。

请你们读一读共产国际第二次代表大会的决议吧①。它的决议和决定已经传遍全世界。不久以前法国社会党人代表大会**122**已经表明,我们在这个沙文主义最盛行的国家里已经赢得了多数,他们的党已经分裂,那些腐败的领袖已经被抛弃,这一切都是违背工团主义者的意愿的。所有优秀的工人和优秀的领袖,都接受了我们的理论。甚至全世界的工团主义者,革命的工团主义者都在向我们靠拢。我亲自见过到我国来访问的美国工团主义者,他们现在说:"事实上,要是没有党,就不能管理无产阶级。"实际上你们是知道这一点的。投入工团主义的怀抱,谈论什么"全俄生产者代表大会"提出的必须接受的人选,对于无产阶级是根本不相称的。这样做是很危险的,这会破坏党的领导作用。现在国内只有很少一部分工人加入组织。大多数农民拥护党是因为党的政策正确,是因为在最困难的布列斯特和约时期,党能够作出暂时的牺牲和退却,并且最后表明自己是正确的。怎么能不考虑这一切呢?难道这一切都是偶然的吗?这是党几十年来取得的成就。现在受过党20年教育的布尔什维克的话大家都相信了。

要管理,就需要有一支经过锻炼的共产主义革命者的大军,这样的大军是有的,这就是党。一切工团主义的荒谬言论,生产者提出的必须接受的人选——所有这些都应当扔到废纸篓里去。如果走这条道路,实际上就是不要党,实际上俄国也就不可能有无产阶级专政。这就是我的观点,我认为向你们说明这个观点是我对党

---

① 指共产国际第二次代表大会的决议《共产党在无产阶级革命中的作用》。——编者注

的义务。在我看来,《俄共第十次代表大会决定草案》这个纲领的实际条文已经阐明了这个观点。这个纲领是由列宁、季诺维也夫、托姆斯基、鲁祖塔克、加里宁、加米涅夫、洛佐夫斯基、彼得罗夫斯基、谢尔盖耶夫和斯大林签字的。其中洛佐夫斯基不是中央委员,他所以参加签字,是因为他在工会问题委员会工作。令人遗憾的是,施略普尼柯夫和卢托维诺夫都退出了工会问题委员会。施略普尼柯夫这样做好不好,工人们自有公断。如果他这样做不好,那他会因此受到谴责。我相信,一切觉悟的工人都会接受这一纲领,现在我们党内的分歧仍将只表现为上层领导发高烧,而工人们一定会纠正他们的错误,一定会坚守自己的岗位,捍卫党的纪律,千方百计通过齐心协力、认真细致的实际工作来提高生产,从而使我们取得彻底的胜利。(长时间鼓掌)

载于 1921 年 1 月 25 日《全俄矿工第二次代表大会公报》第 1 号

译自《列宁全集》俄文第 5 版第 42 卷第 245—255 页

2

总 结 发 言

（1月 24 日）

同志们，我正想先从谁吓唬谁的问题以及使我们吓了一大跳的施略普尼柯夫同志的问题谈起。在这个会上大家都说，列宁拿工团主义吓唬人。说列宁想吓唬人，这是把自己置于可笑的地位，认为提到工团主义就是吓唬人，这种想法是很可笑的。我认为，首先我们应当从我们的党纲谈起，应当读一读共产党的纲领，看党纲上是怎么说的。托洛茨基和施略普尼柯夫两位同志提到党纲的同一个地方，这就是党纲的第 5 节中的一段。现在我把这一段的全文向你们读一下：

> "5.社会化工业的组织机构应当首先依靠工会。工会必须逐渐摆脱行会的狭隘性，变成包括本生产部门的大多数劳动者并且逐渐地包括全体劳动者的大规模的产业联合组织。"

施略普尼柯夫同志在他的讲话中引用了这一段。但是要知道，如果数字是可靠的，那么 60％是机构管理人员，而这 60％的人都是工人。其次，既然引用党纲，那就应当引用得恰当，就应当记住，党员是知道党纲全文的，而不应当像托洛茨基和施略普尼柯夫那样，断章取义地去引用它。同志们，历史已经证实，工人只能按照生产部门联合起来。因此在全世界大家都接受了建立产业工会的主张。当然,这是就目前而言的。人们都说,必须摆脱行会的狭隘性。那么工会究竟摆脱了这种行会的狭隘性没有,哪怕是摆脱了十分之一? 一切愿意说实话的人都会说,当然没有,没有摆脱。那为什么会忘掉这一点呢?

是谁向工会说"你们还没有摆脱行会的狭隘性,但是你们必须摆脱"的呢? 是俄国共产党在党纲中说的。请你们读一下这个党纲吧。离开这一点,就是离开党纲而走向工团主义。不管人们怎样推诿,说列宁想吓唬什么人,但是毕竟有党纲可查。引了前一部分而忘了后一部分,那就是离开了党纲。走向哪里呢? ——走向工团主义。我再往下念:

> "根据苏维埃共和国的法律和已有的实践,工会已经成为一切地方的和中央的工业管理机关的参加者,工会应当做到把作为统一经济整体的全部国民经济的全部管理切实地集中在自己手中。"

大家都援引了这一段。这里说的是什么呢? 这里说的是完全不容争辩的东西:"应当做到"。没有说现在去做。没有说这种过头话。说过了头,那就是胡说八道。这里说的是"做到"。做到什么呢? 做到把管理切实地集中在自己手中。什么时候你们应当做到这一点呢? 要做到这一点,就必须进行教育。要通过教育使每个人都会管理并且都知道怎样去做。老实说,现在你们能说,工会随时都能提出任何数量的称职的管理人员去担当管理工作吗? 要知道,管理工作需要的不是 600 万人,可能是 6 万人,也许是 10 万人。工会能选拔得出来吗? 任何一个人,只要他不醉心于公式和提纲、不追随那些喊得最响的人,那都会说,不,不能,还做不到。

党必须进行许多年的教育工作,从扫盲做起,直到完成党在工会中的全部工作。要在工会中做许多工作,才能通过正确的途径做到这一点。党纲是这样说的:"应当做到把全部国民经济的全部管理切实地集中在自己手中。"这里并没有说工业部门,而托洛茨基在他的提纲中却说的是工业部门。他的提纲的前几条当中有一条引证得对,另一条中却说是工业机构。对不起,这样引证是不应该的。既然是写提纲,既然是要援引党纲,那就请把党纲全部读完。凡是把这第5节从头到尾读过一遍的人,只要稍微思索一下,考虑十分钟,他就会发现,施略普尼柯夫离开了党纲,而托洛茨基则是一下子跳了过去。现在请你们把这第5节读完:

> "工会在用这样的方法保证中央国家管理机关、国民经济和广大劳动群众之间的密切联系的同时,应当广泛地吸引后者直接参加经济管理。工会参加经济管理并吸收广大群众参加这一工作,同时也就是防止苏维埃政权经济机关官僚化的主要方法,并且为对生产的结果实行真正的人民监督提供了可能性。"

请你们看一看,你们首先应当做到把管理切实地集中在自己手中。而现在你们要保证什么呢? 要保证中央国家管理机关、国民经济和群众这三者之间的联系——而其中中央国家管理机关是一个庞然大物。你们还没有教会我们怎样去征服它。我们已经保证了这种联系了吗? 工会能管理吗? 要知道,那些上了30岁而且有苏维埃建设的某种生活经历的人,都会因此而哈哈大笑。请读一读吧:

> "工会参加经济管理并吸收广大群众参加这一工作,同时也就是防止苏维埃政权经济机关官僚化的主要方

法,并且为对生产的结果实行真正的人民监督提供了可能性。"

第一,要保证中央国家机关之间的联系。我们并不掩饰这一弱点,而在党纲中则指出要保证同群众的联系;第二,工会参加经济管理。这不是大话。不要说你们把旷工率降低30％,哪怕只是降低3％,只要你们做到这一点,那我们就会说:这是了不起的、有益的和有价值的事情。"工会参加经济管理并吸收广大群众参加这一工作"——这就是今天的党纲所说的。没有一句诺言,没有任何大话,没有说类似由你们自己选举这样的话——党纲没有说过那样的话。党纲不是在作煽动,而是说,有愚昧的、不开展的群众,有足以领导全体农民而自己又接受党领导的工会,而这个党是20年来在同沙皇制度斗争中受过锻炼的。任何一个国家都没有像俄国这样的经历。这就是我们赖以支撑的全部机构。为什么有人认为这是奇迹呢? 因为在农民国家里只有工会能够在经济上把千百万分散的农户联合起来,只要600万工会会员相信自己的党,像过去那样跟着自己的党走。这就是我们赖以支撑的机构。这个机构运转得如何——这是一个政治问题。为什么少数人能够在一个巨大的农民国家里进行管理呢? 为什么我们能泰然自若呢? 有了三年的经验,世界上任何势力,不论是国外的或是国内的势力,都摧毁不了我们;如果我们不干出那种导致分裂的极端荒唐的蠢事,我们就能保持我们现在的局面,反之我们就会完蛋。所以,当施略普尼柯夫同志在他的纲领中说:

"全俄生产者代表大会选出国民经济的管理机关。"

我就对你们说:请把我给你们读的我们党纲中的第5节通读一遍

吧,这样你们就会发现,不论列宁还是任何别人都没有吓唬人。

施略普尼柯夫在结束他的讲话时说:"我们一定要消灭国家机关中的官僚主义和国民经济部门的官僚主义。"我肯定地说,这是煽动。我们从去年7月起就已经把官僚主义问题提到日程上来。去年7月,即在俄共第九次代表大会以后,普列奥布拉任斯基也提出这一问题:在我们这里是否存在着官僚主义的极端行为。这一点请特别注意。中央委员会在8月批准了季诺维也夫关于要同官僚主义作斗争的信。9月间召开了党的代表会议,批准了这封信。这就是说,并非像托洛茨基所指出的那样,是列宁想出来的新办法,而是党说的:"请特别注意,已经出现了新的毛病。"7月普列奥布拉任斯基提出这个问题,8月批准季诺维也夫的信,9月召开党的代表会议,12月在苏维埃代表大会上作关于官僚主义的大报告。就是说已经出现了毛病。1919年我们在党纲中曾提到,我们有官僚主义。如果有人向你们提出要消灭官僚主义,那他就是煽动者。施略普尼柯夫一贯如此,他稍微有点这样的味道。如果有人跑到你们面前说,"我们要消灭官僚主义",那就是煽动,就是胡说八道。我们将同官僚主义作长时期的斗争,谁要不是这么想,他就是在欺骗,就是在煽动,因为要克服官僚主义,需要采取千百个措施,需要每个人都识字,每个人都有文化,每个人都参加工农检查院。施略普尼柯夫当过劳动人民委员,当过工商业人民委员,难道他已经消灭了官僚主义吗?基谢廖夫曾在纺织企业总管理委员会工作过,难道他已经消灭了官僚主义吗?

我再说一遍,如果我们的所有代表大会都能分成小组,把面粉业工人和顿巴斯工人实行结合的事实材料搜集起来,那我们才算成熟了。但是如果我们只写出了许许多多不中用的纲领,这就证明,我们不是真正的主人。我再重复一遍,如果我们不分裂,那任何势力,不论是国外的或是国内的势力,都摧毁不了我们。我认为,运输工会中央委员会不仅是一根棍子,而且它的这种过头行为已经导致分裂。官僚主义的过头行为是大家常犯的毛病,中央委员会是知道这一点的,并且对此是负有责任的。而托洛茨基同志这方面的错误在于,他的整个提纲是用相反的精神写成的。他的整个提纲是用整刷的精神写成的,并且导致了工会的分裂。问题并不在于要给托洛茨基同志打一分,我们不是小学生,因此我们不需要打分,但是必须指出,托洛茨基同志的提纲的全部内容都是错误的,因此必须予以摒弃。

载于 1921 年 1 月 26 日《全俄矿工第二次代表大会公报》第 2 号

译自《列宁全集》俄文第 5 版第 42 卷第 256—261 页

人民委员会关于保证
伊·彼·巴甫洛夫院士及其助手
从事科学工作的条件的决定

(1921 年 1 月 25 日)

鉴于伊·彼·巴甫洛夫院士在科学上作出了对全世界劳动者具有重大意义的十分杰出的贡献,人民委员会决定:

1. 根据彼得格勒苏维埃的呈请,建立一个由马·高尔基同志、主管彼得格勒高等学校的克里斯季同志和彼得格勒苏维埃管理局局务委员会成员卡普伦同志组成的具有广泛权限的专门委员会,责成该委员会在最短期间内为巴甫洛夫院士及其助手的科学工作创造最良好的条件。

2. 责成国家出版社在共和国最好的印刷厂印刷出版巴甫洛夫院士整理的总结他近 20 年来科学研究成果的科学著作精装本,并且规定该文集在国内外的版权归伊·彼·巴甫洛夫院士本人所有。

3. 责成工人供给委员会发给巴甫洛夫院士及其妻子特殊的口粮,其数量按热量计算应当等于两份院士的口粮。

4. 责成彼得格勒苏维埃保证巴甫洛夫教授及其妻子所居住的住宅归他们终生使用,并且为该住宅以及巴甫洛夫院士的实验室安装最好的设备。

人民委员会主席

弗·乌里扬诺夫(列宁)

1921 年 1 月 24 日于莫斯科克里姆林宫

载于 1921 年 2 月 11 日《全俄中央执行委员会消息报》第 30 号

译自《列宁全集》俄文第 5 版第 42 卷第 262—263 页

再论工会、目前局势及 托洛茨基同志和布哈林同志的错误[123]

(1921年1月25日)

一场带有大会序幕性质的党内辩论和派别斗争,在俄共第十次代表大会代表的选举前,由于选举即将举行而激烈起来了。在第一次派别活动之后,即在托洛茨基同志以"一群负责工作人员"的名义发表了"纲领性的小册子"(《工会的作用和任务》,序言注明日期为1920年12月25日)之后,接着就是俄共彼得格勒组织措辞激烈的(读者从后面可以看到,措辞这样激烈是完全应当的)宣言(《告全党书》,1921年1月6日发表于《彼得格勒真理报》[124],以后又在1921年1月13日发表于党中央机关报——莫斯科的《真理报》)。此后,莫斯科委员会又发表了反对彼得格勒组织的宣言(载于同一天的《真理报》)。以后又出现了全俄工会中央理事会俄共党团委员会发表的关于1920年12月30日辩论的速记记录,这次辩论是在一次规模巨大而且由负责工作人员参加的党的会议上,即在苏维埃第八次代表大会俄共党团的会议上进行的。这个速记记录的标题是《论工会在生产中的作用》(序言注明日期为1921年1月6日)。自然,这远不是辩论的全部材料。现在几乎到处都在举行党的会议,讨论有争论的问题。1920年12月30日,我曾经不得不像当时声明的那样,在"违反常例"的条件下,即在不能参加讨论、不能听到前面和后面的发言的条件下作了发言①。现在我想恢复一下被违反的常例，比较"正规地"谈谈我的意见。

派别活动对党的危害

托洛茨基同志发表《工会的作用和任务》这本小册子是不是派别活动呢？这种活动，不管它的内容如何，是不是对党有害呢？认为彼得格勒的同志们进行了派别活动的莫斯科委员会委员们（当然，托洛茨基同志除外），对这个问题特别喜欢保持沉默，布哈林同志也是这样，不过，他在1920年12月30日以"缓冲派"的名义发言时，却认为自己不得不作如下的声明：

"……当火车有某种倾覆趋势时，缓冲器就不是那么不好的东西了。"（1920年12月30日辩论记录第45页）

这样说来，是存在着某种倾覆趋势的。然而，对在什么地方、什么问题上存在着这种倾覆趋势，以及这种趋势是如何发生的这些问题，有觉悟的党员怎么能漠不关心呢？

托洛茨基的小册子一开始就声明，说"它是集体工作的成果"，说参加编写小册子的是"一群负责工作人员，特别是工会工作者（全俄工会中央理事会主席团委员、五金工会中央委员会委员、运输工会中央委员会委员等）"，说这是一本"纲领性小册子"。而在提纲第4条末了，我们还看到这样的话："本次党代表大会必须在

---

① 见本卷第201页。——编者注

工会运动方面的两种趋势之间**作出选择**。"(黑体是托洛茨基用的)

如果这还不算是一个中央委员在建立派别组织,如果这还不算是"某种倾覆趋势",那就请布哈林同志或他的任何一个同道者向党解释解释:俄文中"派别活动"和党的"倾覆趋势"究竟还有什么别的含义?? 有的人愿意"缓冲",却又**故意无视这样的**"倾覆趋势",难道还能有比这更奇特的失明吗??

说来叫人难以置信,在中央委员会两次全体会议(11月9日和12月7日)对托洛茨基同志的提纲初稿及其所主张的党对工会的整个政策,作了空前详细的、长时间的和热烈的讨论之后,一个**在19个中央委员中**至今仍**独持己见的**委员,竟然在中央委员会之外拉帮结伙,把他们的"集体""著作"当作"纲领"发表,并且建议党代表大会在"**两种趋势之间作出选择**"!! 托洛茨基同志在1920年12月25日宣告说有两种趋势而且只有两种趋势(虽然布哈林在11月9日已经以"缓冲者"的姿态出现),这就非常明显地揭露了布哈林派所扮演的真正角色,说明它不过是最恶劣、最有害的派别活动的帮手——这一点就用不着我说了。这是附带的话。不过我要问问随便哪一个党员:要求对工会运动方面的两种趋势"作出选择",搞这样的进逼和袭击岂不是头脑发昏到令人吃惊的地步吗?在建立无产阶级专政三年之后的今天,党内竟会有一个党员,就工会运动方面的两种趋势问题发动**这样的**"袭击",这岂不是太令人吃惊了吗?

不仅如此。请再看看这本小册子里的比比皆是的派别攻击吧。在提纲第1条里,我们就可以看到对"工会运动的某些工作人员"的那种咄咄逼人的"架势",这些工作人员被说成是"倒退到原则上早已为党所肃清的工联主义立场上去了"(大概,在19个中央委员中,代表党的只有 1 个人)。提纲第 8 条危言耸听地谴责"工会工作者领导层中的工会保守主义"(请注意,把注意力集中在"领导层"上,这才是真正的官僚主义态度呢!)。提纲第 11 条一开始就极其委婉地、有根有据地、切实地(怎样才能说得更客气一点呢?)"暗示"出,"大多数工会工作者"只是"在形式上,**即在口头上承认**"俄共第九次代表大会的决议。

大多数(!!)工会工作者只是**在口头上**承认党的决议——我们面对的是何等有权威的法官啊!

提纲第 12 条说:

> "……许多工会工作者日益激烈地和不妥协地反对结合的前景…… 托姆斯基和洛佐夫斯基两位同志就属于这样的工会工作者。不仅如此,许多工会工作者拒绝接受新任务和新方法,在自己一伙人中间培养小团体的排他情绪和敌视本经济部门的新工作人员的情绪,因而实际上支持了工会组织中的工人的行会习气的残余。"

请读者仔细地再把这些论断看一遍,并且好好地想一想吧。这里面"妙语"可真是多得惊人。首先,从这种言论的派别性的角度来给它一个评价吧!设想一下,如果托姆斯基发表一个纲领,责备托洛茨基和"许多"军事工作者培养官僚主义习气、支持野蛮制度的残余等等,那么托洛茨基会怎样说呢? 会采取什么样的行动呢? 布哈林、普列奥布拉任斯基、谢列布里亚科夫等人,既然没有看到——简直没有注意到,完全没有注意到——**这些词句的激烈性和派别性**,没有看到这里的派别性要比彼得格勒同志们的宣言严重好多倍,那么他们扮演的是什么"角色"呢?

其次,请仔细考虑一下这种对待问题的态度吧:许多工会工作者"在自己一伙人中间培养……情绪……" 这是彻头彻尾的官僚主义态度。请看，全部问题在于托姆斯基和洛佐夫斯基"在自己一伙人中间"培养的是什么"情绪"，而完全不在于群众、千百万群众的发展水平和生活条件。

第三，托洛茨基同志在这里无意中道出了他和"缓冲派"布哈林等人小心翼翼地加以回避和掩盖的全部争论的**实质**。

全部争论的实质和斗争的根源，是在于许多工会工作者拒绝接受新任务和新方法并且在自己一伙人中间培养敌视新工作人员的情绪呢？

还是在于参加工会组织的工人群众理所当然地提出抗议并且不可避免地决心要抛弃那些不愿意纠正无用而有害的官僚主义极端行为的新工作人员呢？

争论的实质，是在于有人不愿意了解"新任务和新方法"呢？

还是在于有人空谈什么新任务和新方法来拙劣地掩饰他对某些无用而有害的官僚主义极端行为的庇护呢？

读者应牢牢记住全部争论的这个**实质**！

形式上的民主和对革命的适宜性

托洛茨基同志在他所谓"集体工作的成果"的提纲中写道："工人民主不懂得偶像"，"它只知道对革命的适宜性"（提纲第23条）。

托洛茨基同志这个提纲的遭遇是不愉快的。提纲中的正确的东西，不仅不是新的，而且是倒转过来**反对**托洛茨基本人的。而提纲中的新的东西，却又全都是不正确的。

我摘录了托洛茨基同志几个正确的论点。这几个论点，不仅在提纲第 23 条里所涉及的那个问题(关于交通人民委员部总政治部)上,而且在其他的一些问题上,都是倒转过来反对托洛茨基本人的。

从形式上的民主来看,即使是反对整个中央的派别纲领,托洛茨基也是**有权**发表的。这一点是没有问题的。1920 年 12 月 24 日中央关于辩论自由的决议承认了这种形式上的权利,这一点也是没有问题的。缓冲派布哈林承认托洛茨基有这种形式上的权利,却不承认彼得格勒组织有这种权利,这大概是因为布哈林在 1920 年 12 月 30 日甚至说出了"工人民主这个神圣的口号"这样的话(速记记录第 45 页)……

然而,对革命的适宜性如何呢?

一个严肃的人,一个头脑健全、神志清醒、没有被"运输工会中央委员会"或"缓冲"派的那种派别自尊迷了心窍的人,却会认为像托洛茨基**这样**一位权威的领袖就工会运动问题发表**这种**言论**对革命是适宜的**,这样的人能找到一个吗??

就算托洛茨基指出的"新任务和新方法"非常正确——实际上他指出得完全不正确,关于这一点,后面再说——然而单是托洛茨基这种对待问题的态度,无论对于他本人,对于党,对于工会运动,对于几百万工会会员的教育工作,或者对于共和国,都是有害的,这一点难道还能否认吗??

好心肠的布哈林和他的伙伴自称为"缓冲者",这也许是因为他们已下定决心**不考虑**采用这个称号必须担负什么样的责任吧。

工会运动中的分裂在政治上的危险性

大家都知道,大的分歧有时是由很小的、甚至开始时是微不足道的分歧发展起来的。大家都知道,每个人在一生中总要有几十次小的创伤或者擦伤的,但是,**如果伤口化脓**,**如果引起血液感染**,这种小小的创伤也会变成最危险的病症,甚至是不治之症。在一切冲突中(甚至在纯粹个人的冲突中)常常是这样。在政治上也常常是这样。

任何分歧,甚至是微不足道的分歧,如果有可能发展成为分裂,发展成为严重的分裂而足以动摇和破坏整个政治大厦,足以造成——用布哈林同志的比喻来说——火车倾覆的话,那么这种分歧在政治上就会是危险的。

很明显,在一个无产阶级专政的国家里,无产阶级中间出现的或无产阶级政党和无产阶级群众之间出现的分裂不仅是危险的,而且是极端危险的,尤其在无产阶级只占这个国家人口的很少数的情况下。而工会运动(我在1920年12月30日的发言中曾经极力强调,这是一个几乎全部组织在工会内的无产阶级的运动①)中的分裂,正是意味着无产阶级群众的分裂。

正因为如此,在1920年11月2日至6日的全俄工会第五次代表会议上"风波掀起"(风波正是在这次会议上掀起的)的时候,当会议刚刚结束……不,我说错了,**当会议正在进行的时候**,非常

①　见本卷第201—202页。——编者注

激动的托姆斯基同志跑到政治局来,在非常冷静的鲁祖塔克同志的全力支持下,叙述了托洛茨基同志在会议上讲要"整刷"工会,而他,托姆斯基,与之争辩的情形,——当这件事发生时,我立刻毫不踌躇地断定,争论的实质正是在于政策(就是说在于党对工会的政策),而在这场争论中,托洛茨基同志和他提出的针对托姆斯基同志的"整刷"政策是根本错误的。这是因为,**即使"整刷"政策部分地被**"新任务和新方法"(托洛茨基提纲第 12 条)**证明是对的**,然而,在目前这个时候,在目前这种情况下,这一政策也是完全不能容许的,因为它有造成分裂的危险。

托洛茨基同志现在认为,把"自上而下的整刷"政策归罪于他,"是彻头彻尾的歪曲"(列·托洛茨基《答彼得格勒的同志们》,载于1921 年 1 月 15 日《真理报》第 9 号)。但是"整刷"这个词现在成了一个真正的"惯用语",倒并不是仅仅说托洛茨基同志在全俄工会第五次代表会议上用了这个词,可以说它已经"传遍了"全党和工会。不是的。遗憾的是,直到现在,从深刻得多的意义上说来,这个词还依然是很确切的。这就是说,这一个词就非常简练地表现了《工会的作用和任务》这本纲领性小册子的**全部精神、全部倾向**。托洛茨基同志这本纲领性小册子,从头到尾贯穿着的正是这种"自上而下的整刷"政策的精神。回忆一下他对托姆斯基同志或"许多工会工作者"的责难,说他们"在自己一伙人中间培养敌视新工作人员的情绪",就什么都清楚了!

但是,如果说在全俄工会第五次代表会议上(1920 年 11 月 2 日至 6 日)还只是刚刚开始形成可能导致分裂的气氛,那么到了1920 年 12 月初,运输工会中央委员会中的分裂就已经成为事实了。

在评论我们的争论的政治实质时,这一事件是基本的,主要的,根本的;托洛茨基同志和布哈林同志以为对此沉默会有所帮助,那是枉费心机。在目前情况下,沉默非但不是"缓冲",而且是火上加油,因为问题不仅已被现实生活提到日程上来,而且也由托洛茨基同志在他的纲领性小册子中强调地指出来了。正是这本小册子,在我所引证的几段话中(特别是在提纲第12条中),再三地提出了这样一个问题:事情的实质究竟是在于"许多工会工作者在自己一伙人中间培养敌视新工作人员的情绪"呢,还是在于某些无用而有害的官僚主义极端行为(例如,运输工会中央委员会的官僚主义极端行为)引起**群众**理所当然的"敌视"呢?

季诺维也夫同志在他1920年12月30日的第一次发言中,很有根据地直截了当地提出了这个问题,他说,"托洛茨基同志的极端拥护者"造成了分裂。也许布哈林同志正是因为这句话而责骂季诺维也夫同志的发言是"废话"吧?然而现在任何一个党员,只要他读一读1920年12月30日辩论的速记记录,都会认为这种责备是不公道的,因为他会发现,援引确切事实和依据确切事实的正是季诺维也夫同志,而毫无事实根据、满嘴知识分子"空话"的,正是托洛茨基和布哈林。

当季诺维也夫同志说到"运输工会中央委员会是泥足的,它现在已经分裂成三截"的时候,索斯诺夫斯基同志立刻打断他的话,喊道:

"而你们还曾加以鼓励呢。"(速记记录第15页)

这是一种严重的指控。这个指控如果被证实,那么这个被指控为**鼓励分裂**——哪怕分裂的只是一个工会——的人,不论在中央委员会内,在俄国共产党内,或是在我们共和国的工会内,都将没有立足之地了。幸而这一严重的指控是由一位同志以不严肃的方式提出的。遗憾的是，这位同志已经不止一次地在论战时表现出这种不严肃的"狂热"了。索斯诺夫斯基同志对他自己的好文章，例如生产宣传方面的文章，有时也能添上"一勺焦油"，毁掉生产宣传本身的全部优点。常有一些脾气好的人（如布哈林），他们甚至在最激烈的斗争中，也能尽量少在自己的攻击中使用恶毒言词；但是也常有一些脾气不太好的人，他们动辄就在自己的攻击中使用恶毒言词。索斯诺夫斯基同志在这方面如果能注意一下，或者请他的朋友帮他注意一下，那对他是会有益处的。

人们会说，虽然指控采取了不严肃的、不妥当的、显然是"派别的"方式，但毕竟是提出来了。既然事情严重，那么与其缄默不言，倒不如实话实说，哪怕说得不妥当也好。

事情无疑是严重的，因为，我再说一遍，整个争论的**关键**就在这里，这要超出人们的想象。好在我们有十分确凿、十分客观的具体材料，足以对索斯诺夫斯基同志提出的问题给予**实质性的**答复。

第一，在速记记录的同一页上，我们可以看到季诺维也夫同志的声明，他不仅回答了索斯诺夫斯基同志："不对！"，并且还确切地举出了有决定意义的事实。季诺维也夫同志指出，托洛茨基同志本来想提出（我可以补充说：这显然是出于派别狂热）的，决不是索斯诺夫斯基同志所提出的这种指控，而是要指控季诺维也夫同志**在俄共九月全国代表会议上的发言**促成了或引起了分裂。（我附带指出，这一指控是毫无根据的，因为季诺维也夫在9月的发言，事实上已经得到中央委员会和全党的赞同，而且一次也没有看见有谁正式提出过反对。）

季诺维也夫同志回答说，在中央委员会会议上鲁祖塔克同志已经用他手里的记录证明，"这个问题〈关于运输工会中央委员会里某些无用而有害的官僚主义极端行为的问题〉**远在我**〈季诺维也夫〉作任何发言**之前**，远在全国代表会议举行之前，就已经在西伯利亚、伏尔加河流域、北方和南方都讨论过了"。

这是一个十分明白、确切和符合事实的声明。这个声明是季诺维也夫同志在几千名担任负责工作的俄共党员大会上的第一次发言中所作的，而无论是**在季诺维也夫这次发言之后曾经两次发**言的托洛茨基同志，或是**在季诺维也夫发言之后也**曾经发过言的布哈林同志，**都没有**驳倒过他所指出的事实。

第二，对索斯诺夫斯基同志所提出的指控，还有一个更确切和更正式地驳斥他的材料，那就是载于同一速记记录中的1920年12月7日通过的**俄共中央全会关于水运员工共产党员和运输工会中央委员会会议共产党党团之间的冲突问题的决议**。这个决议中关于运输工会中央委员会的一部分是这样说的：

"鉴于运输工会中央委员会和水运员工之间发生冲突，中央委员会决定：(1)在联合的运输工会中央委员会内成立一个水运员工部。(2)在2月份召开铁路和水运员工代表大会，在大会上进行新的运输工会中央委员会的正常选举。(3)在代表大会召开之前，旧的运输工会中央委员会照常行使职权。(4)立即撤销水运总政治部和交通人民委员部总政治部，并且根据正常的民主制原则，把它们所有的人员和资财转交给工会组织。"

读者由此可以看到，这里不但没有责备水运员工，而且相反，在一切重大问题上都承认**他们是对的**。不过，在1921年1月14日的共同纲领上署名的中央委员，**没有一个人**（除了加米涅夫）投票赞成这个决议。（这里所说的共同纲领就是《关于工会的作用和任务》）。这是由一批中央委员和工会问题委员会委员提交中央委员会的俄共第十次代表大会决定草案。非中央委员而以工会问题委员会委员名义签名的是洛佐夫斯基。其余的人是：托姆斯基、加里

宁、鲁祖塔克、季诺维也夫、斯大林、列宁、加米涅夫、彼得罗夫斯基
和阿尔乔姆(谢尔盖耶夫)。)

　　这个决议的通过是**针对**上面所列举的这批中央委员,即针对
我们这一批人的。这是因为我们当时本来是会投票反对暂时保留
旧的运输工会中央委员会的。看到我们这一批人必然要获胜,托
洛茨基才不得不去投票拥护布哈林的决议,因为不这样做,就会通
过我们的决议。11月间曾经**拥护**托洛茨基的李可夫同志,在12月
间参加了工会问题委员会处理水运员工与运输工会中央委员会之
间的冲突的工作,也相信水运员工是正确的。

　　总起来说,中央委员会十二月会议(12月7日)的多数,是由
托洛茨基、布哈林、普列奥布拉任斯基、谢列布里亚科夫等等同志
组成的,就是说,是由不可能被任何人怀疑是**对**运输工会中央委员
会抱有成见的一些中央委员组成的。而这个多数,就其决议的实
质看来,所责备的并不是水运员工,而是运输工会中央委员会,只
是拒绝立即加以撤换罢了。这就是说,索斯诺夫斯基的指控被证
明是毫无根据的。

　　为了不致留下任何暧昧之处,还必须提到另外一点。我屡次
提到的"某些无用而有害的官僚主义极端行为"究竟指的是什么
呢?**这一**指控有没有凭空虚构或言过其实的地方呢?

　　季诺维也夫同志在1920年12月30日的第一次发言里同样
也回答了这个问题,而且这个回答是十分准确的。季诺维也夫同
志从印就的佐夫同志关于水路运输的命令(1920年5月3日)[125]
中援引了一段话,其中有这样一句:"乱设委员会的做法已经成为
过去"。季诺维也夫同志正确地把这叫做根本性的错误。这也就
是无用而有害的官僚主义的和"委派制"的极端行为的一个典型例

子。同时，季诺维也夫同志又立刻作了说明，认为有些被委派的同志"从受过的考验和具有的经验来说都远远不如"佐夫同志。在中央委员会里我曾听到过对佐夫同志的评价，说他是很可贵的工作人员，我在国防委员会中观察到的情况，也完全证实了这样的评价。没有任何人想损害这样的同志的威信，也没有任何人想使他们成为"替罪羊"（托洛茨基同志在他的报告第 25 页，毫无根据地怀疑别人想这样做）。破坏"被委派者"威信的，不是那些纠正他们错误的人，而是那些当他们犯了错误的时候还想袒护他们的人。

由此我们可以看到，工会运动发生分裂的危险并不是虚构的，而是现实的。我们同样可以明显地看到，并没有加以夸大的分歧实质究竟在什么地方：它就在于反对袒护某些无用而有害的官僚主义的和委派制的极端行为，反对为它们辩护，而力求纠正它们。全部问题就是这样。

论原则分歧

但是，也许有人会这样对我们说：如果存在着根本的和深刻的原则分歧，那么这种分歧难道不足以证明甚至发表最激烈的派别言论也是有理由的吗？ 如果需要说些不容易理解的新的东西，那么这难道不足以证明有时甚至实行分裂也是有理由的吗？

如果分歧的确是极其深刻的，如果再没有其他方法可以纠正党或工人阶级的政策的错误方向，那当然可以证明是有理由的。

然而不幸的是，这样的分歧并不存在。托洛茨基同志力图指出这样的分歧，但是指不出来。如果说**在托洛茨基的小册子发表**

(12月25日)之前，还可以(而且应当)用有条件的或和解的口吻来说话("即使有未被意识到的新任务，有分歧，也不能这样对待问题")，那么，在这本小册子发表之后，就必须说：托洛茨基同志小册子里所有的新东西，实质上都是错误的。

把托洛茨基同志的提纲拿来同全俄工会第五次代表会议(11月2日至6日)所通过的鲁祖塔克的提纲比较一下，就能最明显不过地看出这一点。我在12月30日的发言中和在1月21日的《真理报》上，都援引过鲁祖塔克同志的提纲①。这个提纲比托洛茨基的提纲正确、完备。托洛茨基的提纲与鲁祖塔克的提纲不同的地方，也就是托洛茨基错误的地方。

先从布哈林同志急急忙忙塞进12月7日中央委员会决议的有名的"生产民主"说起吧。如果这个笨拙的、知识分子生造的术语("标新立异的词儿")是用在一篇演说或一篇文章中，而我们却对它加以挑剔，那当然是很可笑的。但是要知道，托洛茨基和布哈林正好是把自己置于一种可笑的境地：他们正是在提纲中坚持用这个术语，坚持用这个把他们的"纲领"跟工会所通过的鲁祖塔克的提纲区别开来的术语！

这个术语在理论上是错误的。任何民主，和任何政治上层建筑一样(这种上层建筑在阶级消灭之前，在无阶级的社会建立之前，是必然存在的)，归根到底是为生产服务的，并且归根到底是由该社会中的生产关系决定的。所以把"生产民主"跟任何其他的民主分割开来，是不能说明任何问题的。这样做只能造成混乱而丝毫没有意义，这是第一。

---

① 见本卷第221—223页。——编者注

第二，请看一看布哈林自己在他起草的12月7日中央全会的决议中对这一术语的解释吧。在这个决议中，布哈林这样写道："因此，工人民主的方法应当是生产民主的方法。这就是说〈你们看："这就是说"！布哈林在向群众说话时，一开始就用了一个必须**特别加以解释**的深奥的术语。我认为，从民主的观点来看，这是**非民主的**；写给群众看的东西，不应当用这种需要特别加以解释的新术语；从"生产"的观点来看，这是有害的，因为它使人们白费时间来解释无用的术语〉，进行一切选举、提出候选人、支持候选人等等，都应当不仅考虑政治坚定性，而且要考虑经济工作能力、行政管理工作资历、组织才能以及经过实际考验的对劳动群众物质利益和精神利益的关心程度。"

这种论断显然是牵强附会和不正确的。民主的意义不仅是"进行选举、提出候选人、支持候选人等等"。这是一方面。另一方面，并不是进行一切选举都要考虑到政治坚定性和经济工作能力。和托洛茨基的愿望相反，在拥有百万群众的组织中，还应当有一定百分比的调停人和官吏（在今后许多年内，没有好的官吏是不行的）。但我们并不说什么"调停人"民主或"官吏"民主。

第三，只注意被选举者，只注意组织人员、行政管理人员等等，是错误的。这些优秀人才终究只是少数。应当注意普通人，注意群众。鲁祖塔克的提纲对这一点不仅说得比较简洁，比较明了，而且在理论上也比较正确（提纲第6条）：

"……必须使每个参加生产的人懂得他所执行的生产任务是必要的和适当的；必须使每个参加生产的人不仅能参加执行上级所交给的任务，而且能自觉地参加纠正生产方面的一切技术上和组织上的缺点。"

第四，"生产民主"是一个可能引起误解的术语。可以把它理解成否认独裁制和一长制,也可以把它解释成是要延缓实行或不愿实行普通的民主。这两种解释都是有害的,要想避免这种解释,就非加上冗长的和特别的注解不可。

鲁祖塔克简洁地表述了这些思想,他的表述比较正确,而且避免了所有这些毛病。而托洛茨基在1月11日《真理报》上发表的他的《生产民主》一文中,不但没有对存在着这些错误和毛病这一点提出反驳(他完全避开了这个问题,没有把自己的提纲拿来同鲁祖塔克的提纲比较),反而间接地证实了他的这个术语的错误和毛病,因为他把"军事民主"同"生产民主"相提并论。幸而,就我记得的说来,我们还从来没有为这类术语掀起过派别争论。

托洛茨基提出的"生产气氛"这样的术语,就更不妥当了。季诺维也夫很正确地讥笑了这个术语。托洛茨基气愤地反驳道:"我们曾经有过军事气氛…… 现在应当在工人群众中间——深入工人群众,而不仅是在表面上——造成生产气氛,这就是说,要使他们对生产全力以赴,切实关心,就像过去对前线那样……"问题就在于对"工人群众"说话时,"深入工人群众"说话时,要像鲁祖塔克的提纲那样去说,而不要使用"生产气氛"之类的字眼,这种字眼只会引起误解或者传为笑谈。实际上,托洛茨基同志使用"生产气氛"这个说法所表明的思想,正是生产宣传这个概念所表明的思想。但正是在工人群众中间,在深入工人群众进行生产宣传时,应当避免这一类说法。如果要说明对群众**不该**怎么进行生产宣传,这个说法倒可以作为一个范例。

政治和经济。辩证法和折中主义

现在重新提出这样初步的、属于起码常识的问题,当然是很奇怪的。但遗憾的是,托洛茨基和布哈林迫使我们不得不这样做。他们两人责难我,说我把问题"偷换"了,或者说我是"从政治上"看问题,而他们是"从经济上"看问题的。布哈林甚至把这点放进他的提纲里,并且企图把自己说成"凌驾于"争论双方"之上"。他说:我把这两种看法结合起来。

这种理论错误令人吃惊。我在发言里重申,政治是经济的集中表现,因为我在以前就听到过这种对我"从政治上"看问题的非难,听到过这种非常荒谬的、完全不应当由一个马克思主义者讲出来的话。政治同经济相比不能不占首位。不肯定这一点,就是忘记了马克思主义的最起码的常识。

也许我的政治估计不正确?如果是这样,就请指出并且加以证明。可是,如果说(哪怕只是间接地提出)从政治上看问题和"从经济上"看问题有同等的价值,"两者"都可以采用,这就是忘记了马克思主义的最起码的常识。

换句话说,从政治上看问题,意思就是说:如果对待工会的态度不正确,就会使苏维埃政权灭亡,使无产阶级专政灭亡(在俄国这样的农民国家里,如果由于党的错误而造成党和工会的分裂,那就一定会使苏维埃政权遭到毁灭)。可以(而且应当)从本质上来检查这种见解,就是说,来分析、研究、判断这样看问题究竟对不对。而如果说:我"尊重"您从政治上看问题的态度,"**但是**",这只是从政治上看问题，而我们"**还**"需要"从经济上"看问题，这就等于说：我"**尊重**"您所说的采取这种步骤就是自取灭亡这种见解，**但是**，也请您权衡一下，是否丰衣足食要比饥寒交迫好些。

布哈林宣传把从政治上看问题**和**从经济上看问题结合起来，这样就在理论上堕落到**折中主义**立场上去了。

托洛茨基和布哈林把事情说成这样：我们所关心的是提高生产，而你们所关心的只是形式上的民主。这样说是不对的，因为问题只在于（从马克思主义的观点来看，**也只能在于**）：一个阶级如果不从政治上正确地看问题，就不能维持它的统治，**因而**也就不能完**成它的生产任务**。

更具体些说吧。季诺维也夫说："你们在工会中造成分裂，是犯了政治上的错误。至于提高生产的问题我早在1920年1月就已经谈过，并且写过文章，那时我曾经举修建澡堂作为例子。"托洛茨基回答说："写了一本小册子，举了个澡堂的例子，真是了不起〈第29页〉，可是关于工会应该做什么，您却'一句话'、'一个字'也没有提〈第22页〉。"

不对。澡堂的例子——请原谅我说句笑话——可以值十个"生产气氛"再外加几个"生产民主"。澡堂的例子，正好是对群众，在"深入群众"时简单明了地说明了工会应该做什么，而"生产气氛"和"生产民主"却是迷了工人群众眼睛的沙子，**使**他们对问题**难以理解**。

托洛茨基同志也责备了我，他说：关于"那种被称为工会机关的杠杆起着怎样的作用和应当起怎样的作用"，"列宁却一个字也没有提"（第66页）。

对不起，托洛茨基同志，我全文宣读了鲁祖塔克的提纲并表示同意这个提纲,因此我关于这个问题所说的,要比你的整个提纲、整个报告或副报告和总结发言所说的**更多,更充分,更正确,更简洁,更明白**。因为,我再说一遍,就掌握经济、管理工业、加强工会在生产中的作用来说,实物奖励和同志纪律审判会的意义要比"生产民主"、"结合"之类的完全抽象的(因而也是空洞的)字眼重要百倍。

在提出"生产"观点(托洛茨基)或克服从政治上看问题的片面性以及把从政治上看问题同从经济上看问题结合起来(布哈林)的借口之下,使我们看到的是:

(1)忘记了马克思主义,这表现在对政治与经济的关系作了理论上错误的、折中主义的规定。

(2)为贯穿托洛茨基**整个**纲领性小册子的整刷政策这种政治错误辩护和掩饰。而这种错误,假如不认识,不改正,那就会**导致**无产阶级专政的灭亡。

(3)在纯粹生产的即经济的问题方面,在怎样增加生产的问题方面,倒退了一步;就是说,从鲁祖塔克的**切实的**提纲,从这个提出了具体的、实际的、迫切的和活生生的任务(开展生产宣传,学会很好地分配实物奖和更正确地采用同志纪律审判会这种形式的强制)的提纲退了一步,退到抽象的、不具体的、"空洞的"、理论上错误的、知识分子式的、一般的**提纲**上去,**忘记了**最实际最切实的东西。

在关于政治与经济的问题上,季诺维也夫和我为一方,同托洛茨基和布哈林为另一方的相互关系,事实上就是如此。

因此,当我读到托洛茨基同志12月30日对我的反驳时,我不禁觉得好笑,他说:"列宁同志在苏维埃第八次代表大会上,在关于我国形势的报告的总结发言中曾经说,我们要少搞一点政治,多搞一点经济,可是在工会问题上,他却把问题的政治方面放在第一位。"(第65页)托洛茨基同志以为这些话"正中要害"。实际上这些话正好说明他的概念极其糊涂,说明他的"思想混乱"已经到了极点。自然,我在过去、现在和将来都希望我们少搞些政治,多搞些经济。但是不难理解,要实现这种愿望,就必须不发生政治上的**危险和政治上的错误**。而托洛茨基同志所犯的并且由布哈林同志加深的政治错误,却**使我们党离开**经济任务,**离开**"生产"工作,**迫使我们——遗憾得很——花许多时间**来纠正这些错误,来同工团主义倾向(它可能导致无产阶级专政的灭亡)进行争论,来同对工会运动的错误态度(这种态度可能导致苏维埃政权的灭亡)进行争论,来就一般的"提纲"进行争论,而不是进行切实的、实际的、"经济方面的"争论,即看看谁更好地更成功地根据11月2日至6日全俄工会第五次代表会议所通过的鲁祖塔克的提纲分配了实物奖,组织了纪律审判会,实行了结合:是萨拉托夫面粉业工人,是顿巴斯煤矿工人,还是彼得格勒五金工人,如此等等。

拿"广泛辩论"是否有好处这个问题来说吧。在这里,我们也可以看到,政治错误如何使我们离开了经济任务。我曾经反对所谓的"广泛"辩论,我过去和现在都认为,托洛茨基同志破坏工会问题委员会是一个错误,一个政治错误,因为在这个委员会里本来是可以进行切实的辩论的。我认为以布哈林为首的缓冲派的政治错误,在于他们不懂得缓冲的任务(在这个问题上他们也是用折中主义偷换了辩证法);从"缓冲"的观点来看,他们正应当全力反对广泛的辩论,争取把辩论转到工会问题委员会里去进行。请看一看当时的情形吧。

12月30日，布哈林竟说："我们宣布了工人民主这个新的神圣的口号，它的内容就是，一切问题都不应当在狭小的集体管理机构里讨论，不应当在小型的会议上讨论，不应当在自己的什么团体里讨论，而应当提到大型的会议上去讨论。所以我可以肯定地说，把工会的作用问题提到今天这样的大会上来讨论，我们决不是倒退了一步，而是前进了一步。"（第45页）这个人还责备过季诺维也夫净说废话和夸大民主呢！这才是十足的废话和"胡言乱语"，他根本就不懂得形式上的民主应当服从于对革命的适宜性！

托洛茨基丝毫也不高明一些。他指控说："列宁想用一切办法来取消和破坏关于问题实质的辩论。"（第65页）他说："为什么我不参加委员会呢？关于这一点，我在中央委员会里已经说得很明白：在没有允许我像所有其他同志一样把这些问题全部提到党报上之前，我是不指望在小圈子里研究这些问题会带来什么好处的，因此我也就不指望委员会的工作会带来什么好处。"（第69页）

结果如何呢？从12月25日托洛茨基开始"广泛辩论"到现在还不到一个月，在100个党的负责工作人员中，对这场辩论不感到头痛，不认为这场辩论毫无益处（甚至更坏些）的，恐怕已经一个也找不到了。这是因为托洛茨基使党浪费时间去对字眼、对糟糕的提纲进行争论，还骂委员会里那种正好是**切实的**对经济方面的研究是"小圈子里的"研究。这个委员会本来就是为了研究和检查实际经验，以便从中学习在真正的"生产"工作中**前进，而不是后退**，不是从活生生的工作后退到各种各样的"生产气氛"这类僵死的经院哲学上去。

拿有名的"结合"来说吧。在12月30日我曾劝告大家对这个问题采取沉默态度，因为我们还**没有研究好**我们本身的实际经验，而不具备这个条件,关于结合的争论就必然会变成废话,使党的力量**脱离**经济工作而瞎忙一气。托洛茨基的提纲在这个问题上建议在国民经济委员会中工会代表占⅓到½,或占½到⅔,我把这个提纲叫做官僚主义的主观计划①。

为了这件事,布哈林向我大发脾气。我从记录第49页上看到,布哈林很周密详尽地向我证明:"当人们聚在一起谈什么问题的时候,他们是不应当装聋作哑的。"(这一页上印的就是这样的话,一字不差!)托洛茨基也发火了,他喊道:

"我请你们每一位都在小本子上记下来:列宁同志在某月某日把这一点叫做官僚主义;我敢预言,再过几个月,这一点大家就都会知道,都会奉为准则,那时,在全俄工会中央理事会和最高国民经济委员会里,在五金工会中央委员会和金属局等组织里,都会有⅓到½的兼职工作人员……"(第68页)

我读过这段话之后,就请米柳亭同志(最高国民经济委员会副主席)把现有的关于结合问题的**印好的**报告给我送来。我自己这样想:我就开始一点一滴地来**研究我们的实际经验**吧,因为光是说空话,既没有材料又没有事实根据,只是凭空编造分歧,炮制各种定义和"生产民主",这样来从事"全党讨论"(布哈林在第47页上用的词,这大概也会成为"惯用语",不亚于有名的"整刷"),实在是枯燥无味到了极点。

米柳亭同志给我送来了几本书,其中有一本是《最高国民经济委员会向全俄苏维埃第八次代表大会作的报告》(1920年莫斯科版;序言注明的日期是1920年12月19日)。该报告第14页上,载有一个表明工人参加管理机关情况的表格。我现在把这个表格照抄在下面(只包括一部分省国民经济委员会和企业):

① 见本卷第213页。——编者注

管 理 机 关	总 人 数	其　　　　中					
		工　　人		专　　家		职员及其他	
		名额	百分比	名额	百分比	名额	百分比
最高国民经济委员会和各省国民经济委员会主席团	187	107	57.2	22	11.8	58	31.0
总管理局、总局、中央管理局和总管理局的局务委员会…………	140	72	51.4	31	22.2	37	26.4
集体管理制和个人管理制的工厂管理委员会…………	1 143	726	63.5	398	34.8	19	1.7
总　　　计	1 470	905	61.6	451	30.7	114	7.7

由此可见，就在目前，工人参加管理的，平均已经达到61.6％，就是说，已经超过半数，而接近⅔了！这**已经证明**托洛茨基同志在他的提纲中关于这个问题所写的东西是官僚主义的主观计划。关于"⅓到½"或"½到⅔"，不管你是说也好，争论也好，写成纲领也好，都是毫无实际意义的"全党讨论"，都是使人力、物力、注意力、时间脱离**生产**工作，都不过是没有重要内容的政客的空谈。而如果是在委员会里——在这里可以找到有经验的人，在这里不会同意不研究事实就写提纲——那我们就可以有成效地从事检查经验的工作，例如，找一二十个人（从1 000个"兼职工作人员"中）问一问，把他们的印象和结论同客观的统计材料加以比较，设法对未来的工作作出切实的、实际的指示：根据这些经验，现在是应当朝着原来的方向前进呢，还是应当稍微改变一下方向、方式和方法，如果改变又应当怎样改变，或者是为了对工作有利而暂时停下来，再去反复地检查经验，也许可以再把什么地方修改修改，如此等等。

　　同志们，一个真正的"经济工作者"（让我也来作些"生产宣传"吧！）一定知道，即使在最先进的国家里，资本家和托拉斯组织者，也要费好多年的工夫，有时是十年甚至更多的时间，去研究和检查自己的（和别人的）实际经验，纠正和改变已经开始的工作，一次又一次倒退回去，经过多次纠正，才能找到完全适合某种业务的管理制度，选拔出高级和低级的行政管理人员，等等。这是资本主义制度下的情况，资本主义在整个文明世界中是依靠**几百年的经验和习惯**来经营自己的事业的。而我们则是在新的基础上进行建设，这就要求我们对资本主义遗留给我们的习惯进行极其长久的、顽强的和耐心的改造工作，而这一工作只能一步步来。像托洛茨基那样对待这个问题，是根本错误的。托洛茨基在他12月30日的发言中喊道："我们的工人，党和工会的工作人员，有没有受过生产教育呢？有，还是没有？我的答复是：没有。"（第29页）这样来对待这种问题，是很可笑的。这就像提出这样的问题一样：在这个师里有没有足够数量的毡靴呢？有，还是没有？

　　甚至再过十年，我们一定还会说：所有的党和工会的工作人员，都还没有受过足够的生产教育。这正像再过十年，所有党、工会和军事部门的工作人员，也还没有受过足够的军事训练一样。但是生产教育的**基础**，我们已经奠定了，因为现在已有近千名的工人、工会会员和代表参加了管理机关，管理着企业、总管理局以及更高的机关。"生产教育"的基本原则，对**我们**这些从前的秘密工作者和职业政论家**自己**的教育的基本原则，就是遵照"七次量，一次裁"的准则，自己动手并且教会别人动手去极其仔细地研究我们自己的实际经验。坚持不懈地、从容不迫地、小心谨慎地、切实认真地检查这千把人所做的事情，更加小心谨慎地、认真地改进他们的工作,要在一定的方法、一定的管理制度、一定的比例、一定的人才的选拔办法等等都已经充分证明效果良好以后再向前进——这就是"生产教育"的主要的、根本的和绝对的准则,而托洛茨基同志的整个提纲,对待问题的整个态度,都正好违反了这个准则。托洛茨基同志的整个提纲,整个纲领性小册子,正好是用自己的错误使党的注意力和力量脱离切实的"生产"工作而去进行空洞的、毫无内容的争论。

辩证法和折中主义。"学校"和"机关"

布哈林同志有许多优点,其中之一就是他有理论修养,他对任何问题都要探究理论根源。这是一个很大的优点,因为,如果一个人从他自觉运用的一定原理出发犯了错误,那么不找出他犯错误的理论根源,就无法完全弄清他的任何错误,包括政治错误在内。

由于布哈林同志好在理论上钻研问题,所以他从 12 月 30 日的辩论开始(可能还更早些),就把争论转移到这方面来了。

布哈林同志在 12 月 30 日说道:"我认为有一点是绝对必要的(这里所说的"缓冲派"或缓冲派思想的理论实质就在于此),而且在我看来是完全无可辩驳的,那就是既不能抛弃这个政治因素,又不能抛弃这个经济因素……"(第 47 页)

布哈林同志在这里所犯的错误的理论实质,就在于他用折中主义偷换了政治和经济之间的辩证的关系(马克思主义所教导我们的这种辩证关系)。"既是这个,又是那个","一方面,另一方面"——这就是布哈林在理论上的立场。这就是折中主义。辩证法要求从相互关系的具体的发展中来全面地估计这种关系,而不是东抽一点,西抽一点。我已经用政治与经济这个例子说明了这一点。

以"缓冲"为例,这一点同样也是毫无疑问的。如果党的列车有倾覆的趋势,那么缓冲是有益的和必要的。这一点无可争辩。而布哈林是用折中主义的态度提出"缓冲"任务的,他从季诺维也夫那里吸取了一点,又从托洛茨基那里吸取了一点。布哈林作为一个"缓冲者",本来应当独立地确定,是这个人还是那个人,是这些人还是那些人犯了错误,在什么地方,什么时候,什么问题上犯了错误,是犯了理论上的错误,还是犯了政治上不策略的错误,是犯了发表派别言论的错误,还是犯了言过其实的错误,等等,然后再**全力**来抨击**每种**错误。但是布哈林并没有理解他的这种"缓冲"任务。下面就是一个明显的例证:

运输工会中央委员会(铁路和水运员工工会中央委员会)彼得格勒常务局的共产党党团(这个组织是同情托洛茨基的,他们公开宣称:在他们看来,"在关于工会在生产中的作用这个基本问题上,托洛茨基和布哈林两位同志的立场,是同一个观点的两种表现形式")在彼得格勒把布哈林同志1921年1月3日在彼得格勒所作的副报告印成一个小册子(尼·布哈林《论工会的任务》1921年彼得格勒版)。在这个副报告里有这样一段话:

> "起初,托洛茨基同志曾经说,必须撤换工会的领导人员,必须选拔适当的同志等等,更早以前,他甚至曾经有过'整刷'的观点,但是现在,他已经放弃这个观点了。因此提出'整刷'作为反对托洛茨基同志的论据,是十分荒谬可笑的。"(第5页)

这段话里有很多不符合事实的地方,这我就不去多说了。

("整刷"这个词,是托洛茨基在11月2日至6日举行的全俄工会第五次代表会议上使用的。"选拔领导人员",是托洛茨基在他11月8日提交中央的提纲第5条中说的,——顺便提一下,这个提纲已经由托洛茨基的一个拥护者印出来了。托洛茨基12月25日的小册子《工会的作用和任务》,从头到尾都贯穿着我在前面指出过的那种想法,那种精神。他的"放弃"到底表现在什么地方、什么问题上,根本无人知道。)现在我要谈的是另一个问题。如果"缓冲"是折中主义的,那么这种"缓冲"就要放过一方面的错误,而只提到另一方面的错误,即对1920年12月30日在莫斯科几千名来自全俄各地的俄共工作人员面前所犯的错误只字不提,而只提到1921年1月3日彼得格勒的错误。如果"缓冲"是辩证的,那么这种"缓冲"就要全力抨击它从两方面或从各方面看到的每一个错误。布哈林却不是这样做的。他根本就没有想到要去分析一下托洛茨基小册子中的整刷政策的观点。**他干脆就不提它。**这样扮演缓冲者的角色,难怪大家要觉得好笑了。

其次,从布哈林在彼得格勒的同一篇讲话的第7页上,我们还看到这样的话:

"托洛茨基同志的错误,在于他没有充分地为共产主义学校这一点辩护。"

在12月30日的辩论中,布哈林说道:

"季诺维也夫同志说工会是共产主义的学校,而托洛茨基说它是管理生产的行政技术机关。我看不出有任何逻辑上的根据,可以证明第一个论点不正确或第二个论点不正确,因为这两个论点都是对的,把这两个论点结合起来,也是对的。"(第48页)

在布哈林和他那一"派"或"派别"的提纲第6条里,也包含着同样的思想:"……一方面,它们〈工会〉是共产主义的学校……另一方面,它们又是——并且愈来愈是——经济机关和整个国家政权机关的一个组成部分……"(1月16日《真理报》)

布哈林同志的基本理论错误正是在这里,正是用折中主义来偷换马克思主义的辩证法(这种折中主义在各种"时髦的"和反动的哲学体系的作家当中是特别流行的)。

布哈林同志说到"逻辑上的"根据。从他的全部议论可以看出,他——可能是不自觉的——在这里所持的观点是形式逻辑或经院哲学逻辑的观点,而不是辩证逻辑或马克思主义逻辑的观点。我现在就从一个非常简单的例子说起来阐明这一点,这个例子是布哈林同志自己用过的。在12月30日的辩论中,他说:

> "同志们,对于这里发生的争论,也许在你们很多人当中会产生这样的印象:有两个人跑来互相质问,放在讲台上的玻璃杯是什么东西。第一个说:'这是一个玻璃圆筒,谁说不是,谁就应当受到诅咒。'第二个说:'玻璃杯是一个饮具,谁说不是,谁就应当受到诅咒。'"(第46页)

读者可以看到,布哈林想用这个比喻,向我通俗地说明片面性的害处。我接受这个说明,并且表示感谢,而为了用行动来证明我的感谢起见,我也来通俗地解释一下折中主义和辩证法的区别,以此作为答复。

玻璃杯既是一个玻璃圆筒,又是一个饮具,这是无可争辩的。可是一个玻璃杯不仅具有这两种属性、特质或方面,而且具有无限多的其他的属性、特质、方面以及同整个外界的相互关系和"中介"。玻璃杯是一个沉重的物体,它可以作为投掷的工具。玻璃杯可以用做镇纸,用做装捉到的蝴蝶的容器。玻璃杯还可以具有作为雕刻或绘画艺术品的价值。这些同杯子是不是适于喝东西,是不是用玻璃制成的,它的形状是不是圆筒形,或不完全是圆筒形等等,都是完全无关的。

其次,如果现在我需要把玻璃杯作为饮具使用,那么,我完全没有必要知道它的形状是否完全是圆筒形,它是不是真正用玻璃制成的,对我来说,重要的是底上不要有裂缝,在使用这个玻璃杯时不要伤了嘴唇,等等。如果我需要一个玻璃杯不是为了喝东西,而是为了一种使用任何玻璃圆筒都可以的用途,那么,就是杯子底上有裂缝,甚至根本没有底等等,我也是可以用的。

形式逻辑——在中小学里只讲形式逻辑,在这些学校低年级里也应当只讲形式逻辑(但要作一些修改)——根据最普通的或最常见的事物,运用形式上的定义,并以此为限。如果同时运用两个或更多的不同的定义,把它们完全偶然地拼凑起来(既是玻璃圆筒,又是饮具),那么我们所得到的是一个仅仅指出事物的不同方面的折中主义的定义。

辩证逻辑则要求我们更进一步。要真正地认识事物,就必须把握住、研究清楚它的一切方面、一切联系和“中介”。我们永远也不会完全做到这一点,但是,全面性这一要求可以使我们防止犯错误和防止僵化。这是第一。第二,辩证逻辑要求从事物的发展、“自己运动”(像黑格尔有时所说的)、变化中来考察事物。就玻璃杯来说,这一点不能一下子就很清楚地看出来,但是玻璃杯也并不是一成不变的,特别是玻璃杯的用途,它的使用,它同周围世界的**联系**,都是在变化着的。第三,必须把人的全部实践——作为真理的标准,也作为事物同人所需要它的那一点的联系的实际确定者——包括到事物的完整的“定义”中去。第四,辩证逻辑教导说,“没有抽象的真理,真理总是具体的”——已故的普列汉诺夫常常喜欢按照黑格尔的说法这样说。(我觉得在这里应当附带向年轻的党员指出一点:不研究——正是**研究**——普列汉诺夫所写的全部哲学著作,就**不能**成为一个自觉的、**真正的**共产主义者,因为这些著作是整个国际马克思主义文献中的优秀作品①。)

自然,我还没有把辩证逻辑的概念全部说完。但是暂时这些已经够了。现在可以从玻璃杯转到工会和托洛茨基的纲领上来了。

"一方面是学校,另一方面是机关"——布哈林这样说,并在他的提纲中这样写着。托洛茨基的错误,在于"他没有充分地为⋯⋯学校这一点辩护",而季诺维也夫的错误,则在于没有充分估计到机关"这一点"。

为什么布哈林这种议论是僵死而空洞的折中主义呢? 因为布哈林丝毫也不打算独立地即用自己的观点去分析目前这一争论的全部历史(马克思主义**即**辩证逻辑绝对要求这样做),去分析在目前这个时候,在目前的具体情况下对问题的整个看法,对问题的整个提法,——或者也可以说提出问题的整个方向。布哈林丝毫也没有这样做的打算! 他对问题不作丝毫具体的研究,而搬弄一些纯粹的抽象概念,从季诺维也夫那里吸取一点,从托洛茨基那里吸取一点。这就是折中主义。

为了更清楚地说明这一点,我来举一个例子。对于中国南方

---

① 顺便说一下,不能不希望:第一,现在正在出版的普列汉诺夫文集应把他的所有哲学论文汇编成一卷或几卷专集,并且附上极详细的索引等等。这是因为这些专集应当成为必读的共产主义教科书。第二,我认为工人国家应当对哲学教授提出要求,要他们了解普列汉诺夫对马克思主义哲学的阐述,并且善于把这些知识传授给学生。不过这些话都已经离开了"宣传"而转向"行政手段"了。

的起义者和革命者,我是一无所知的(我只是在好多年以前读过孙中山的两三篇论文,读过几本书和一些报纸上的文章)。既然那里发生了起义,那么在中国人中间想必也会有争论,某甲说起义是席卷全民族的极端尖锐的阶级斗争的产物,而某乙则说起义是一门艺术。我用不着知道更多的东西,就能写出像布哈林写的那样的提纲来:"一方面……另一方面"。一个没有充分估计到艺术"这一点",另一个没有充分估计到"尖锐化这一点"等等。这就是僵死而空洞的折中主义,因为在这里没有**具体地**研究**当前这场**争论、这个问题和这种对问题的看法等等。

工会一方面是学校;另一方面是机关;第三方面是劳动者的组织;第四方面是几乎纯属产业工人的组织①,如此等等。布哈林丝毫没有提出任何根据,丝毫没有作任何独立的分析,来证明为什么要提出问题或事物的前两"方面",而不提出第三、第四、第五等方面。所以说布哈林派的提纲是彻头彻尾的折中主义的空谈。布哈林关于"学校"和"机关"的相互关系的整个问题的提法,是根本性的错误,是折中主义的。

要正确地提出这个问题,就必须从空洞的抽象概念转到具体的即当前的这场争论上来。关于这个争论,无论拿在全俄工会第五次代表会议上发生的情况来讲,或者拿托洛茨基本人在他12月25日的纲领性小册子中提出并加以**阐明**的情况来讲,都可以看出,托洛茨基的**整个**看法和整个方向都是错误的。他不了解,无论

---

① 这里顺便指出,托洛茨基在这一点上也犯了错误。他以为产业工会就是应当支配生产的工会。这是不对的。产业工会就是按生产部门把工人组织起来的工会,这在目前的技术和文化的水平上,是不可避免的(无论在俄国或在全世界都是如此)。

在提出"苏维埃工联主义"这个问题时,在讲一般生产宣传时,或者在像他**那样**提出"结合"问题即工会参加生产管理问题时,都必须而且可以把工会看做学校。而在最后这个问题上,从托洛茨基整个纲领性小册子中的提法来看,错误的地方就在于他不懂得工会是**学习在行政和技术上管理生产的学校**。不是"一方面是学校,另一方面又是什么别的东西",而是从**各方面来看**,针对当前的争论来说,针对当前托洛茨基对问题的提法来说,**工会都是一所学校**,是一所学习联合的学校,学习团结的学校,学习保护自己的利益的学校,学习主持经济的学校,学习管理的学校。布哈林同志不去了解并且纠正托洛茨基同志的这个根本性的错误,反而作了一个可笑的修正:"一方面,另一方面"。

我们来更具体地研究研究问题吧。我们看一看,作为生产管理"机关"的目前的工会是怎样的。我们已经看到,根据不完全的统计,约有 900 名工人、工会会员和代表在管理着生产。当然,把这数目字增加到 10 倍、甚至 100 倍也未尝不可,为了向你们让步并且说明你们的根本性错误,甚至也可以假定在最近就能有这种难以置信的"发展"速度——就算是这样,直接**进行管理的人**,同总数为 600 万的工会会员比较起来,依然是微不足道的一部分。由此可以更明显地看出,像托洛茨基那样把全部注意力都集中在"领导层"上,只顾谈论工会在生产中的作用和生产管理,而不考虑到98.5％的会员(600 万减 9 万等于 591 万,等于总数的 98.5％)**正在学习,而且还应当长期地学习下去**,那就是犯了根本性的错误。不是学校和管理,而是**学习管理的学校**。

托洛茨基同志在 12 月 30 日同季诺维也夫争辩,并且毫无根据和完全错误地指控季诺维也夫否认"委派制",即否认中央进行委派的权利和义务，在争辩时，他无意中说出了一个极其典型的对比：

> 他说："……季诺维也夫过分从宣传员的观点去对待每个实际的切实的问题，忘记了这不仅是鼓动的材料，而且是应当用行政办法加以解决的问题。"（第 27 页）

现在我就来详细说明，如果以行政管理人员的态度来对待这个问题，**会**是怎样的情况。托洛茨基同志的根本性错误，恰恰也就在于他**对**他自己在纲领性小册子中所提出的**问题**，是以一个**行政管理人员**的态度来对待的（确切些说，是胡乱对付），而对**这些**问题他本来是可以而且应当**纯粹以宣传员的态度**来对待的。

实际上，托洛茨基的好的东西是什么呢？不是在他的提纲中，而是在他的**讲话**中——特别是当他忘记了他与工会工作者中的所谓"保守"派进行的不成功的论战的时候——那种**生产宣传**无疑是好的和有益的。如果托洛茨基同志能以全俄生产宣传局的参加者和工作者的身份在工会问题委员会里进行切实的"经济性的"工作，发表讲话和文章，那他本来会给工作带来（并且无疑一定会带来）不少的益处。错误是在于"纲领性的提纲"。用行政管理人员的态度来对待工会组织中的"危机"，对待工会中的"两种趋势"，对待对俄共党纲的解释，对待"苏维埃工联主义"，对待"生产教育"，对待"结合"，——就像一根红线，贯穿着这个"纲领性的提纲"。我现在已经把托洛茨基"纲领"谈到的主要问题都列举出来了，对待这些问题的正确态度在目前——根据托洛茨基所掌握的材料——只能是宣传员的态度。

国家，这是实行强制的领域。只有疯子才会放弃强制，特别是在无产阶级专政时期。采用"行政手段"和以行政管理人员的态度来对待问题,在这里是绝对必需的。党呢,党是直接执政的无产阶级先锋队,是领导者。开除党籍而不是实行强制,这是一种特殊的诱导手段,是纯洁和锻炼先锋队的手段。工会是国家政权的蓄水池,是共产主义的学校,是学习主持经济的学校。这个领域的特殊之点和主要之点**不是**管理,**而是**"中央"(自然也还有地方)"国家管理机关、国民经济和广大劳动**群众之间的**""**联系**"(我们党纲经济部分中关于工会问题的第5条是这样说的)。

对这个问题整个提法的错误,对这种相互关系的不理解,就像一根红线贯穿着托洛茨基的整个纲领性小册子。

可以设想一下,假定托洛茨基能从另外一方面去对待整个问题,联系他的纲领中的其他问题来研究一下这个最有名的"结合"。可以设想一下,假定他的小册子是专门用来完成这样的任务,即详细地研究——譬如说——900件"结合"中的90件的情形,研究工会会员和固定的工会运动工作人员兼任最高国民经济委员会的管理工业的职务和工会中选举产生的职务的情形。可以设想一下,假定他把这90件事,跟抽样调查的统计材料,跟工农检查院及有关的人民委员部的检查员和指导员的报告一同加以分析,就是说,根据行政机关的材料加以分析,从工作的总结和结果、生产的成绩等等方面加以分析。总之,假定是用这样的态度来对待问题,那么这样的行政管理人员的态度就是正确的,只要是本着这样的态度,那就完全可以采用"整刷"的路线,就是说可以把注意力集中在应当撤换谁、调动谁、委派谁、现时对"领导层"提出些什么要求等问题上。在运输工会中央委员会一些人印的布哈林1月3日在彼得格勒发表的讲话中,布哈林说,以前托洛茨基主张"整刷",现在则已经放弃了这种观点。布哈林在这里也陷入了一种实际上令人发笑的、理论上同一个马克思主义者的称号完全不相容的折中主义。布哈林抽象地看问题，而不会（或者说不愿）具体地对待问题。既然我们，党中央和全党，还要进行行政管理，就是说，还要管理国家，我们就决不会放弃而且也不能放弃"整刷"，即放弃撤职、调职、委派、开除等等办法。但是托洛茨基的纲领性小册子所谈的，根本不是这么一回事，那里面根本没有提出"实际的切实的问题"。季诺维也夫跟托洛茨基争论过的，我们跟布哈林在争论的，全党在争论的，并不是"实际的切实的问题"，而是关于"工会运动方面的**趋势**"的问题（托洛茨基提纲第4条末尾）。

这个问题从实质上说是一个政治问题。就事情的实质——当前这一具体"事情"的实质——来讲，要像布哈林（他自然是充满最人道的感情和意图的）所希望的那样，用折中主义的修改和补充去纠正托洛茨基的错误，那是办不到的。

这里有一个而且只有一个解决的办法。

这就是，正确地解决关于"工会运动方面的趋势"、各阶级的相互关系、政治和经济的相互关系以及国家、党和工会（"学校"和机关等等）的特殊作用的政治问题。这是第一。

第二，在正确地解决政治问题的基础上，进行——确切些说是不断进行——长期的、有系统的、坚持不懈的、耐心的、多方面的、反复的生产宣传，用国家机关的名义并且在国家机关的领导下，在全国范围内不断进行这种宣传。

第三，不要把"实际的切实的问题"跟关于趋势的争论（这种争论是"全党讨论"和广泛辩论必然有的东西）混为一谈，而要切实地提出这些问题，在切实地研究问题的委员会中提出这些问题，同时要询问见证人，研究报告和统计材料，然后在这一切的基础上（必须在这一切的基础上，必须在这样的条件下），根据相应的苏维埃机关、党的机关或这两种机关的决定来进行"整刷"。

而我们从托洛茨基和布哈林那里看到的却是这样一种混合物：在对待问题的态度上犯了政治错误，割断了中间的联系和传动带，迫不及待要采取徒劳的、没有效果的"行政手段"。既然布哈林用他的"玻璃杯"提出了理论根源问题，那么他们的错误的"理论"根源是很清楚的。布哈林的理论错误（在这个问题上是认识论的错误），就在于用折中主义偷换了辩证法。布哈林折中主义地提出问题，结果自己完全弄糊涂了，竟然发表了工团主义的言论。托洛茨基的错误是：片面、狂热、夸大、固执。托洛茨基的纲领是：玻璃杯是饮具，而这只玻璃杯是没有底的。

结　　论

现在我还要简单地谈几点，要是不谈，可能会引起一些误解。

托洛茨基同志在他的"纲领"第6条里，重述了俄共党纲经济部分的第5条，即关于工会问题的一条。再往下两页，在提纲的第8条里，托洛茨基同志宣称：

"……工会在失去了旧的生存基础即阶级的经济斗争以后〈这是错误的，这是一种轻率的夸大，因为工会虽然失去了**阶级的**经济斗争这样的基础，但是从反对苏维埃机关的官僚主义弊病来说，从采取苏维埃机关所做不到的办法和手段去保护劳动群众的物质利益和精神利益来说，以及从其他等等方面来说，工会却远远没有失去——而且，很遗憾，在很多年之内都不会失去——**非阶级的**"经

22

济斗争"这样的基础〉，由于种种条件，还来不及在自己队伍中集合起必要的力量，并且规定出必要的方法，以便能够有效地完成无产阶级革命向它提出的、在我们党纲中规定下来的新任务：**组织生产**。"（黑体是托洛茨基用的，提纲第9页第8条）

这又是一种可能发展成重大错误的轻率的夸大。党纲并没有"组织生产"这样的规定，也没有对工会提出这样的任务。现在我们就按照我们党纲原来的次序，逐步地来探究其中所包含的每个思想和每个论点：

（1）"社会化工业的组织机构〈不是一切机构〉应当首先〈而不是仅仅〉依靠工会"。（2）"工会必须逐渐摆脱行会的狭隘性〈如何摆脱呢？在党的领导之下，在无产阶级对非无产阶级劳动群众进行教育及其他各种诱导的过程中〉，变成包括本生产部门的大多数劳动者并且逐渐地包括全体劳动者的大规模的产业联合组织"。

这是党纲讲到工会的那一条的第一部分。可以看到，这一部分一下子就给今后提出了很**"严格的"**和需要进行长期的工作才能实现的"条件"。往下又说：

"……根据苏维埃共和国的法律和已有的实践，工会已经成为一切地方的和中央的工业管理机关的参加者〈看，这里用词是很慎重的：只是参加者〉，工会应当做到把作为统一经济整体的全部国民经济的全部管理切实地集中在自己手中〈请注意：应当做到切实集中的，不是各个工业部门的管理，也不是工业的管理，而是全部国民经济的管理，并且是作为统一经济整体的全部国民经济的管理。这是一个经济条件，这个条件只有在工业和农业中的小生产者在全部人口中和国民经济中已经少于半数的时候，才算是实现了〉。工会在用这样的方法〈正是"用这样的方法"，即逐步实现上述的各种条件〉保证中央国家管理机关、国民经济和广大劳动群众之间的密切联系的同时,应当广泛地吸引后者〈即群众,即人口的大多数〉直接参加经济管理。工会参加经济管理并吸收广大群众参加这一工作,同时也就是防止苏维埃政权经济机关官僚化的主要方法,并且为对生产的结果实行真正的人民监督提供了可能性。"

可以看到,最后一句里的"参加经济管理",用词又是很慎重的;这里又指出了吸引广大群众是同官僚主义作斗争的主要(但不是唯一)的方法;末了又十分慎重地指出:为"**人民**",即工农的而决不仅仅是无产阶级的"**监督**""**提供了可能性**"。

把这一切归结为我们党纲给工会"规定了""组织生产"的任务,这显然是错误的。如果坚持这种错误,把它写进纲领性的提纲,那结果就只能是一种反共产主义的工团主义倾向。

附带说一下。托洛茨基同志在他的提纲中还这样写道:"在最近一个时期,我们不是接近了党纲所提出的目标,而是离它更远了。"(提纲第7页第6条)这是没有根据的,而且我认为这是不对的。不能像托洛茨基在辩论中那样,用指出工会"自己"承认这个事实的办法来证明这一点。对党来说,这并不是最后的结论。一般说来,要证明这一点,就必须首先对大量事实进行极其严肃的客观的研究。这是第一。第二,就假定这一点得到了证明,也还有一个问题没有解决:为什么离得更远了? 是像托洛茨基所想的那样,由于"许多工会工作者""拒绝接受新任务和新方法"呢,还是由于"我们""还来不及在自己队伍中集合起必要的力量,并且规定出必要的方法,以便"阻止和纠正某些无用而有害的官僚主义极端行为呢?

　　说到这里,应当提一下布哈林同志12月30日对我们提出的责备(昨天,1月24日,在矿工第二次代表大会共产党党团的辩论中,托洛茨基也重申了这一点)。他责备我们"放弃了党的第九次代表大会规定的路线"(12月30日辩论记录第46页)。据他说,列宁在第九次代表大会上,曾经主张劳动军事化,而讥笑别人拿民主当借口,可是现在,他却"放弃了"这一点。托洛茨基同志在他12月30日的总结发言中,可以说是给这种责备又撒上了一把胡椒面。他说:"列宁是估计到工会里正在形成……一个有反对派情绪的同志的派别这一事实的"(第65页);列宁的态度是"着眼于外交手腕"(第69页);是"在党内派别中间看风使舵"(第70页),等等。托洛茨基同志这样来叙述事情,对托洛茨基同志来说,自然是很舒服的,而在我听来,则比不舒服还要坏些。不过,还是让我们来看看事实吧:

　　就在12月30日的辩论中,托洛茨基和克列斯廷斯基都肯定了一个事实,即"普列奥布拉任斯基同志早在7月间(1920年)就向中央提出了我们在工人组织内部生活方面应当转到新的轨道上去的问题"(第25页)。8月间,中央批准了由季诺维也夫同志起草的**中央**关于同官僚主义作斗争和扩大民主的**信**。9月间,在党代表会议上提出了这个问题,中央批准了这次会议的决定。12月间,同官僚主义作斗争的问题被提到苏维埃第八次代表大会上。这就是说,整个中央委员会、整个党和整个工农共和国,都认为有必要把官僚主义以及同它进行斗争的问题提到日程上来。由此能不能得出结论说"放弃了"俄共第九次代表大会的路线呢? 不能。这里根本就不存在放弃的问题。关于劳动军事化等问题的决定,是无可争辩的。我毫无必要收回我对那些拿民主当借口来反对这

些决定的人的讥笑。由此只能得出结论说:我们将在工人组织内
扩大民主,但是决不把民主变成偶像;我们将极其注意同官僚主义
作斗争的工作;对于任何无用而有害的官僚主义极端行为,无论是
谁指出的,我们都会十分认真地加以纠正。

最后,对重点制和平均制这个小问题,再谈一点意见。在12月
30日的辩论中,我曾经说过,托洛茨基同志提纲第41条关于这一
问题的提法,在理论上是错误的,因为照他说来,应当在消费方面
实行平均制,而在生产方面实行重点制。我曾经答复说,重点制就
是优先照顾,照顾不包括消费,那就无所谓照顾了。托洛茨基同志
因此责备我,说我"过分健忘",说我用"恐吓手段"(第67页和第
68页),我很奇怪,他怎么没有说我看风使舵、玩弄外交手腕等等。
托洛茨基对我的平均路线作了"让步",而我还在向托洛茨基进攻。

实际上,关心党的事业的读者,都可以查到确切的党的文件,
那就是中央十一月全会的决议第4点,以及托洛茨基的纲领性提
纲第41条。无论我怎样"健忘",无论托洛茨基同志的记忆力多么
好,事实总是事实:提纲第41条中有理论上的错误,而这个错误在
中央11月9日的决议中是没有的。这个决议说:"中央认为,在经
济计划的执行上,有保留重点制原则的必要,同时也完全赞同最近
一次〈九月〉全国代表会议的决议,认为在各种工人和相应的工会
的地位方面必须逐步地然而坚定不移地转到平均制,并且不断加
强整个工会组织。"显然,这是针对运输工会中央委员会而言的,这
个决议的确切含义是曲解不了的。重点制并没有废除。对于重点
的(在经济计划的执行方面)企业、工会、托拉斯和主管部门,仍然
要优先照顾;但同时,"平均路线"(这条路线不是"列宁同志"要坚
持,**而是党代表会议和中央,也就是说,全党已经批准了**)又明白地

要求：必须逐步地然而坚定不移地**转**到平均制。运输工会中央委员会没有执行中央十一月的这一决议，这从中央十二月的（由托洛茨基和布哈林提出的）决议中就可以看出来，因为决议再次提到了"正常的民主制原则"。提纲第41条的理论上的错误，就在于它说应当在消费方面实行平均制，在生产方面实行重点制。这从经济上来说是荒唐可笑的，因为这样就把消费和生产割裂开了。我决没有说过而且也不能说出这一类的话。一个工厂不需要了，那就把它关闭；所有不是绝对需要的工厂都要关闭。在绝对需要的工厂当中，优先照顾重点。例如，优先照顾运输业。这是无可争辩的。但是为了使这种照顾不至于过分，并且鉴于对运输工会中央委员会照顾已经过分，**党**（而不是列宁）才指示：必须**逐步地**然而坚定不移地**转**到平均制。如果托洛茨基在十一月全会已经作了确切的、理论上正确的决议之后，还要发表关于"两种趋势"的派别性小册子，还要在提纲第41条中提出他自己的、从经济上来说是错误的提法，那就只好怨他自己了。

————

今天是1月25日，自从托洛茨基同志发表他的派别言论以来，刚好过了一个月。现在已经可以看得非常清楚，这种形式上不恰当的和实质上不正确的言论，使党脱离了切实的、实际的经济生产工作而去纠正政治上和理论上的错误。但是古语说得好："因祸得福。"

据传说，外界把中央内部的分歧说得非常离奇。孟什维克和社会革命党人都已经聚集到（显然现在还在继续聚集到）反对派的周围，他们到处造谣生事，散布极其恶毒的言论，制造流言蜚语，千方百计地诬蔑党，诽谤党，加深党内冲突，破坏党的工作。这是资产阶级(包括孟什维克和社会革命党人这些小资产阶级民主派在内)的政治手法,他们对布尔什维克怀着强烈的仇恨,而且由于十分明白的原因也不能不怀着这种仇恨。每一个有觉悟的党员,都熟悉资产阶级的这一套政治手法,并且了解它的真正的价值。

中央内部的分歧使我们不得不把问题交给全党。辩论清楚地表明了这种分歧的本质和范围。这样,谣言和诬蔑就破产了。党正在同派别活动这种新的病症(因为我们在十月革命之后已经把它忘记了)作斗争中学习和受到锻炼。实际上,这是一种旧病,在今后若干年内,它大概免不了还要复发的,然而现在是能够而且应当更快更容易地把它治好的。

党在学习不夸大分歧。在这里不妨把托洛茨基同志在谈到托姆斯基同志时提出过的正确意见重述一下:"我在和托姆斯基同志进行最尖锐的论战时,总是说,我十分清楚,只有像托姆斯基同志这样有经验有威信的人,才能当我们工会的领导者。在工会第五次代表会议的党团中,我曾经这样说过,最近在济明剧院,我也这样说过[126]。党内进行思想斗争,并不是要互相排挤,而是要互相促进。"(12月30日辩论记录第34页)不用说,党是会把这一正确的论断同样也用于托洛茨基同志的。

在辩论期间,施略普尼柯夫同志和他那一派人,即所谓"工人反对派",特别明显地暴露出了工团主义的倾向。因为这是一种明显地背离党、背离共产主义的倾向,所以对这种倾向必须特别注意,必须特别加以讨论,必须特别注意向大家宣传和说明这些观点的错误所在,以及这种错误有什么危害。布哈林同志曾经讲出"必须接受的人选"(即工会参加管理机关的人选)这种工团主义的话,今天又在《真理报》上为自己的话作了很笨拙的并且显然是错误的辩解。你们看见了吧,他在其他几点上又说到了党的作用!当然啰!否则的话,这就等于退党了。否则的话,这就不仅仅是一种需要纠正和易于纠正的**错误**了。如果说到"必须接受的人选",而不立即补充说,这些人选对党**并不是**必须接受的,那么这就是工团主义的倾向,这就同共产主义**不相容**了,就同俄共党纲**不相容**了。而如果补充说:"对党**并不是**必须接受的",那就是用扩大工人权利的幻影去欺骗非党工人,而实际上却丝毫不会改变现状。布哈林同志愈是为他那种理论上显然错误、政治上带有欺骗性的背离共产主义的倾向辩护,这样固执己见的结果也就愈可悲。要为无法辩护的东西辩护,总是不会成功的。党并不反对任何扩大非党工人权利的措施,但是只要略微考虑一下就可以理解,在这方面什么办法是可以采取的,什么办法是不能采取的。

在全俄矿工第二次代表大会共产党党团的辩论中,施略普尼柯夫的纲领虽然得到了在这一工会里特别有威望的基谢廖夫同志的支持,还是遭到了失败:137票赞成我们的纲领,62票赞成施略普尼柯夫的纲领,8票赞成托洛茨基的纲领。工团主义的倾向是应当治好而且也一定能够治好的。

一个月来,彼得格勒、莫斯科以及一些外省城市已经表明,全党对辩论作出了反响,并且以绝对多数否决了托洛茨基同志的错误路线。如果说在"上层"、"地方领导"、委员会和机关里显然有过摇摆的话,那么普通党员群众、工人党员群众的多数而且是绝对多数,却是反对这条错误路线的。

加米涅夫同志告诉我说,1月23日在莫斯科市莫斯科河南岸区的辩论会上,托洛茨基同志曾经声明收回他本人的纲领,而在新的纲领基础上同布哈林派联合起来。可惜,无论1月23日或 24 日,当托洛茨基同志在矿工代表大会共产党党团会议上发言反对我时,我都没有听到他有一个字提到这一点。是不是托洛茨基同志又改变了他的主张和纲领,或者这是由于别的什么原因,我就不得而知了。但是无论如何,托洛茨基同志 1 月 23 日的声明表明,党甚至还没有来得及动员自己的全部力量,而仅仅反映了彼得格勒、莫斯科和少数省会的意见,就已经坚决、果断、迅速而毫不动摇地一下子把托洛茨基同志的错误纠正过来了。

党的敌人只落了一场空欢喜。他们想利用党内有时不可避免的分歧来危害党、危害俄国的无产阶级专政的企图没有得逞,而且将来也不可能得逞。

1921 年 1 月 25 日

1921 年 1 月 25 日和 26 日由
莫斯科工人、农民和红军代表
苏维埃报刊部印成单行本

译自《列宁全集》俄文第 5 版
第 42 卷第 264—304 页

俄共(布)中央全会关于
格鲁吉亚的决定草案[127]

(1921年1月26日)

关于第三项

（1）责成外交人民委员部暂缓同格鲁吉亚破裂，同时系统地搜集格鲁吉亚违约的确切材料，并更坚决地要求允许运往亚美尼亚的食品过境。

（2）向高加索方面军了解我们现有的军事力量的准备情况，是否能立即或于近期内同格鲁吉亚作战；并责成由托洛茨基、契切林和斯大林同志组成的小组将要了解的内容形成文字，指出格鲁吉亚极端蛮横无理的态度。

（3）向共和国革命军事委员会和高加索方面军发出指令，作好在必要时同格鲁吉亚作战的准备。责成人民委员会最高铁路运输委员会在最短期限内就能否往高加索和在高加索境内增运部队的问题向劳动国防委员会提出报告。

译自《列宁全集》俄文第5版
第54卷第437页

教育人民委员部条例草案

（1921 年 1 月 29 日）

1.教育人民委员部的工作由人民委员根据俄罗斯联邦宪法所规定的一般原则进行领导。

2.人民委员配有两名副手。一名副人民委员主管业务指导中心。另一名副人民委员主管组织中心。

3.人民委员下设部务委员会，该委员会根据俄罗斯联邦宪法规定的一般原则进行工作。

4.教育人民委员部的机构有

(I)第一(I)，三个司：

(a)15 岁以前少年儿童社会教育和综合技术教育司即学前和第一级学校司。

(b)职业综合技术教育司即第二级学校(15 岁起)和高等学校司(职业教育总局)。

(c)社会教育司，负责各种社会教育工作，不包括通常由职业教育总局主管的职业技术训练班的工作，也可以说，社会教育司主要负责成人的政治教育工作(政治教育总委员会)。

(II)第二(II)，业务指导中心即一般理论和计划领导中心。

业务指导中心分两个部：

(a)科学部(国家学术委员会),下设三个分部:

(aa)政治科学分部,

(bb)技术科学分部和

(cc)教育科学分部;

和

(b)艺术部(艺术总委员会),下设五个分部:

(aa)文学分部,

(bb)戏剧分部,

(cc)音乐分部,

(dd)造型艺术分部和

(ee)电影分部。

在上述三个司中都分别设立相应的部和分部。

(III)第三(III),组织中心,集中掌握教育人民委员部的各司和各机构的组织行政领导。

组织中心分三个局:

(a)行政管理局(监督各项法令和指示的贯彻以及现行计划的实际执行;人事管理;办事机构的设置;在与各有关领导协商后对教育人民委员部所有工作人员进行分配);

(b)组织管理局(对组织中心主管的各种问题进行检查和指导;情报;统计;组织各种代表大会);

(c)供给管理局(财务;物资供应;住房建设等等)。

5.上述(第4条,I)三个司分为:

(a)办公室;

(b)处(如第一司中的学前和学校教育处,第二司中的技术处、农学处、医学处等,如此等等);

（c)科学部和艺术部及相应的分部。

6.第5条所规定的每个司的三方面的下属机构,即(a)办公室;(b)各处和(c)科学部和艺术部及各自所辖的各分部受双重领导,具体说:

一方面,它们受有关司的负责人的领导,完成领导交给的任务并就完成任务的情况向司负责人报告;

另一方面,它们分别受组织中心(各办公室和各处)及业务指导中心(科学部和艺术部及各自所辖的各分部)负责人对各该中心所管辖的问题的领导。

译自 1986 年《苏共历史问题》
杂志第 7 期第 10—11 页

俄共（布）中央政治局关于
运输工会中央委员会工作人员的
申请的决定草案[128]

（1921 年 1 月 31 日）

鉴于问题十分明确，我建议只征求中央委员的意见。现提出以下决议案：

"距召开代表大会（运输工会中央委员会召开的代表大会和俄共代表大会）的时间如此短暂，解除职务完全是不可能的和不容许的。对于'中伤诽谤'（也就是危害运输事业的争论，而这种争论**正在变成破坏纪律**的攻击），即使是最轻微的表现，中央委员会都将严加处分并请将这类事件向中央委员会报告。"

列 宁

1 月 31 日

载于 1959 年《列宁文集》俄文版
第 36 卷

译自《列宁全集》俄文第 5 版
第 42 卷第 305 页

人民委员会关于
石油租让的决定草稿[129]

(1921年2月1日)

(1)原则上赞同(**既**在格罗兹尼**又**在巴库)并开始谈判……

(2)派遣一个非常内行的小组前往巴库和格罗兹尼,并要求该小组短期内提出报告。

(1)古布金

(2)提赫文斯基。

载于1932年《列宁文集》俄文版
第20卷

译自《列宁全集》俄文第5版
第54卷第437页

人民委员会关于检查各人民委员部执行劳动国防委员会和人民委员会的决定和任务情况的决议草案[130]

(1921年2月1日)

责成小人民委员会[131]更多地注意检查各人民委员部执行劳动国防委员会和人民委员会的决议和任务的实际情况，以便把实际上或原则上特别重要的问题提交大人民委员会。

译自《列宁全集》俄文第5版
第54卷第438页

在莫斯科五金工人
扩大代表会议上的讲话[132]

(1921年2月4日)

很抱歉,我不能参加代表会议的工作,只能谈谈自己的看法。

从同志们刚才的发言中我可以看出,你们很关心播种运动。很多人认为,苏维埃政权对待农民的政策是一种花招。我们在这方面实行的政策,就是我们经常向全体群众公开阐明的政策。苏维埃政权的根本问题在于:我们取得胜利以后,其他国家还没有取得胜利。如果你们把我国的宪法仔细地读一遍,你们就会看到,我们并没有许下空洞的诺言,而是说必须实行专政,因为整个资产阶级世界都在反对我们。

有人对我们说:农民同工人不是处于平等的地位,你们在这方面玩弄花招。但是,这种花招我们是公开宣布的。

任何人只要稍微冷静地考虑一下我们同资产阶级力量的对比,就会知道,资产阶级比我们强大,可是三年来他们并没有能够摧毁我们。这并不是奇迹,我们决不相信奇迹。问题不过在于:他们无法团结起来,并且往往为分赃而争吵不休。大部分国家是被压迫的殖民地,一小部分国家依靠这些殖民地的劳动而生活,就像生活在火山上一样。

他们比我们强大,但是在他们那里运动也在不断发展。资本家的军事力量比我们强大,但是他们却被打垮了。我们说:最困难的时期已经过去了,但是敌人还会卷土重来。任何一个访问过我国的欧洲人都不会说他们那里不会出现衣衫褴褛的人和"排长队"的情况,要是经过六年的战争,连英国都会出现同样的情况。

必须竭尽全力处理好工农关系。农民——这是另一个阶级;只有阶级不存在了,全部生产工具归劳动者所有,社会主义才会到来。在我国阶级还存在,要消灭阶级还需要经过很长很长的时间,谁答应很快可以做到这一点,谁就是骗子。农民过着个体的生活,他们自己当家,单独经营,他们有粮食,可以靠粮食来盘剥所有的人。武装的敌人在窥伺着我们,为了不让敌人推翻我们,必须处理好工农关系。

如果拿工人和农民来说,我们可以看到,农民占多数。资产阶级说:他们那里有民主;不论工人或农民都享有同样的权利。当农民跟着资产阶级走的时候,当工人还孤立的时候,他们总是会被击败的。如果我们忘记这一点,我们就会被资本击败。我们没许下平等的诺言,我们这里没有平等。当一些人拥有充足的粮食,而另一些人一无所有时,就不可能有平等。

资本家考虑得很对:工厂是分不掉的,但土地是可以分的。我们实行的是无产阶级专政,这个字眼农民很害怕,但这是联合农民并迫使他们在工人领导下前进的唯一手段。我们认为这是正确的解决办法,工人阶级一定会把农民联合起来。只有到那时才能开通继续前进的道路,只有到那时我们才能向消灭阶级的目标迈进。

美国资本家实行的是什么政策呢?他们无偿地配给土地,于是农民便跟着他们走,而他们就用平等之类的空话来安慰农民①。

---

① 参看列宁《关于农业中资本主义发展规律的新材料。第一编。美国的资本主义和农业》一文(本版全集第27卷第146—238页)。——编者注

要么相信这种欺骗；要么识破这种欺骗，同工人联合起来赶走资本家。

这就是我们的政策，我国的宪法就规定了这一政策。这里有人对我说：重新考虑一下播种运动吧。我知道，今年春天农民的处境很艰难。对于工人来说，最艰难的时期已经过去了。我们没有向任何人许诺平等；想同工人在一起，就同我们一道前进，转到社会主义者方面来；不想同工人在一起，就去投靠白卫分子。我们也没有许诺在这个政权下会轻松愉快，但这个政权使我们摆脱了地主和资本家的统治。这三年来工人们挨饿受冻，工厂停工。但是工人们已经取得了政权。甚至产粮区的农民也懂得了工人政权与邓尼金政权的区别，并且作出了自己的选择。我们战胜了邓尼金，这并不是靠什么奇迹，而是因为连富裕农民也看到了，立宪会议实际上产生了什么结果；于是农民开始思考问题，并用经验来加以检验。

农民已经明白，白卫分子占领的地盘愈大，被抓去当兵的农民也就愈多，而一旦在白卫分子的军队里聚集了许多农民，他们就会把邓尼金推翻。

我们并没有给人们许下过天堂般生活的诺言，而白卫分子许下了平等的诺言，实行的却是地主的统治。正因为这样，我们才取得了胜利。

有人对我们说：重新考虑一下播种运动吧。我说：谁也没有像工人那样受苦。农民在这段期间得到了土地，并且可以积存粮食。这个冬天农民陷入了毫无出路的境地，因此他们的不满是可以理解的。

让我们重新考虑一下工人同农民的关系吧。我们说过，工人忍受了前所未有的牺牲。现在农民处于最困难的境地，这种情况我们是知道的。我们并不反对重新考虑这种关系。播种运动的基本任务是什么呢？——就是要播种全部耕地，否则我们必然会灭亡。你们知道，这一年我们从农民那里得到了多少粮食？有将近3亿普特。如果没有这些粮食，工人阶级将怎么办呢？就是这样，他们也一直在挨饿！我们知道，农民的处境是困难的，但没有其他办法能够改善这种状况。现在，我们在13个省份完全停止实行余粮收集制。去年我们发放了800万普特种子，收回了600万普特；而现在，我们大约发放了1 500万普特种子。取消播种运动，就等于从五层楼上往下跳。我们不能向农民许下立刻使他们摆脱贫困的诺言，要摆脱贫困，必须把工厂里的生产提高100倍。

如果工人连这点微不足道的口粮都得不到，那我们只好使全部工业停产。

的确，工人在三年内什么也没有得到。但是，要立刻找到一服良药是不可能的，而且这种药没有。

工人阶级三年以来已经精疲力竭，而农民则将面临一个最困难的春天。请你们帮助我们开展播种运动，把全部耕地都种上，那么我们就能摆脱困难。

匈牙利农民没有帮助匈牙利工人，因而他们又落到地主的统治之下。

这就是你们应作的选择。怎样才能摆脱这种困难的处境呢？要全力支持播种运动，指出一切错误，并且作出改正，否则我们就不能摆脱困难。

载于1926年《列宁全集》俄文第1版第20卷下册　　　　　　译自《列宁全集》俄文第5版第42卷第306—309页

在全俄服装工业工人
第四次代表大会上的讲话¹³³

(1921年2月6日)

(长时间鼓掌)同志们,我能代表我们党中央和人民委员会向大会祝贺,感到非常高兴。尤其使我高兴的是,经过党中央政治局的努力,主要是经过你们大家的努力,你们中间的冲突、纠纷和摩擦终于得到了圆满的解决,昨天你们已经一致通过了决议。同志们,我相信这个小小的冲突和它的顺利解决,将使你们工会会员和共产党员在今后的工作中能够克服我们仍然面临着的一切巨大的困难,完成我们仍然面临着的一切重大任务。

同志们,至于谈到我们共和国的总的情况,谈到苏维埃政权的内外形势,那么,我们共和国过去最大的困难自然是在外部。俄国无产阶级革命的最大困难是:由于帝国主义战争的进程,由于1905年第一次革命的发展,我们必须首先发动社会主义革命,而这种创举就使我们和我们国家遭到了前所未有的困难。你们大家自然都知道,而且我想,你们服装工业的工人,恐怕要比其他工业部门的工人更清楚,资本是一种多么强大的国际力量,全世界最大的资本主义工厂、企业和商店之间有着多么紧密的联系,从这一点当然就可以明显地看出,按事情本质来说,要想在一个国家内彻底战胜资本是不可能的。资本是一种国际力量,要想彻底战胜它,工人在国际范围内也必须共同行动起来。自从1917年我们同俄国资产阶级共和政府作斗争时起，自从1917年末我们建立了苏维埃政权时起，我们就经常地、不止一次地向工人指出，我们根本的、主要的任务和取得胜利的基本条件就是至少要把革命扩展到几个最先进的国家中去。三年多来，我们最主要的困难在于，西欧的资本家结束了战争，推迟了革命的爆发。

在俄国我们大家都看得特别清楚，帝国主义战争期间，资产阶级的地位最不稳定；后来我们听说，在其他所有国家，恰恰是战争的结束更意味着这些国家陷入了政治危机，因为人民已经武装起来，在这样的时候无产阶级本来是有可能一举推翻资本家的。由于一系列原因，西欧工人没能做到这一点，我们孤军作战，捍卫自己的生存已经三年多了。

这种情况给俄罗斯苏维埃共和国带来的困难是极其严重的，因为世界资本家的军队尽一切可能来帮助我国的地主，而这些军队的实力当然强过我们许多倍。今天，经过了三年多的时间，我们终于粉碎了他们的一切军事侵犯，排除了一切障碍，我们很清楚，俄国工人阶级在这段时间所遭受的艰难困苦是闻所未闻的，但我们可以毫不夸大地说，最主要的困难已经过去了。虽然全世界资产阶级拥有巨大的军事优势，但在三年的时间内他们没能摧毁一个力量薄弱而落后的国家，就因为这个国家已经建立起无产阶级专政，就因为这个国家得到了全世界所有国家的劳动群众的同情。既然全世界资本家在拥有巨大军事优势的情况下都没能完成这个对他们并不困难的任务，那么我们就可以说，从国际角度来看，在苏维埃革命最危急关头所遭到的最主要困难已经过去了。

当然，危险还没有消失，目前关于签订正式和约的谈判还在迁延时日，就某些迹象来看，谈判还将遇到极大的困难，因为主要是法帝国主义者还在继续把波兰拖入新的战争，并千方百计地散布谣言，说苏维埃俄国不希望和平。

实际上，我们已尽了一切努力来表明我们的和平愿望。几个月以前，我们在初步和约上签了字，从这个初步和约的内容来看，我们的让步是使任何人都感到惊奇的。我们将不折不扣地履行这个初步和约，但是我们决不能同意借口分割沙皇统治时属于波俄两国人民（当时他们都处在沙皇统治的压迫下）的财产来对我们进行新的勒索。我们绝对不能容许这样做。合理分割两国人民所共有的财产以及部分铁路财产，这是应该的；把那些对波兰人民有着特别重大意义的、在沙皇统治时被抢到俄国的全部文化珍品归还给波兰人民，我们认为也是无可争辩的。我们预料到，处理这件事情会遇到困难；但是，如果波兰人在法帝国主义者的压力下硬要制造冲突，破坏和平，那我们也没有办法。要达到和解，必须双方都有诚意，而不只是一方。不论是解决某个同盟内部的尖锐冲突，或是两个国家之间的尖锐冲突，都是这样。波兰人要是再屈服于法帝国主义者的威逼，那我再说一遍，和平事业就可能遭到破坏。你们当然都知道，如果法帝国主义者破坏和平的阴谋得逞，我们还会遇到什么样的新困难。根据许多报道和消息，我们很清楚：他们在这方面正在加紧策划；为了准备在春天对苏维埃俄国发动新的侵犯，外国资本家一次又一次花了几百万几百万的金钱。经过三年多的时间，我们现在已经懂得这些侵犯是怎样组织起来的。我们知道，没有同俄国毗邻的国家的帮助，外国资本家休想组织起任何规模较大的进攻，因此，无论他们把几百万金钱花在以萨文柯夫为首的各种集团身上，或者花在那些在布拉格办有自己的报纸[134]、时常以立宪会议名义进行活动的社会革命党人身上，终归是白花了的，除了在布拉格一些印刷所用油墨弄脏纸张，不会得到任何结果。

但是还有尚未同俄国作过战的罗马尼亚这样的国家，还有由军事冒险家集团和剥削阶级统治的波兰这样的国家。我们知道，它们纠集不起足够的力量来反对我们，同时我们也知道，维护和平，尽可能把全部力量用于恢复经济，这对我们来说是最宝贵的，因此我们应当非常非常谨慎。我们可以说，国际政治方面的主要困难已经过去了，但是，如果我们无视敌人有再度侵犯的可能，那就未免太疏忽大意了。当然，弗兰格尔已被我们彻底肃清，罗马尼亚在对它有利的时机都不敢发动战争，现在发动战争的可能性就更小了。但是不应该忘记，罗马尼亚和波兰的统治阶级正濒于绝境。这两个国家已被零打碎敲地或一股脑儿地出卖给了外国资本家。它们负债累累，根本没有能力偿还债务。破产是不可避免的。工农的革命运动日益高涨。在这种情况下，资产阶级政府会轻举妄动，铤而走险，这在过去是屡见不鲜的。所以，就是现在也不能不估计到敌人发动新的军事侵犯的可能性。

我们相信，不仅这些尝试必将失败，而且总的说来，资本主义国家在全世界的地位是不稳固的。这主要是因为各国的经济危机日益加深，共产主义的工人运动日益高涨。欧洲革命发展的情况同我国革命不一样。我已经说过，西欧国家的工农没有能够在战争结束时，趁着武装力量还在他们手中的时候迅速地发动痛苦最少的革命。但是帝国主义战争大大地动摇了这些国家的地位，以致那里的危机不仅至今尚未结束，而且今春所有最富有的先进国家的经济危机一无例外地将愈来愈严重。资本是一种国际的祸害，但正因为这是一种国际的祸害，所有的国家才联结得这样紧密，一些国家垮台，其他国家会统统随之灭亡。

战争期间，富国发了财，当然是它们的资本家发了财，但是，由于遭到彻底破产的不仅有俄国，而且还有德国这样的国家，由于备受摧残，由于货币贬值，欧洲大多数国家的贸易关系中断了，破坏了；最富有的国家也喘不过气来，无法出卖本国的工业品，这是因为货币贬值，各国失业现象急剧增长，全世界都在发生空前的经济危机。

同时，经过了三年半反对苏维埃俄国的战争，被本国资产阶级收买的各国工人阶级觉醒了（资产阶级为了引诱工人阶级脱离革命，曾把自己相当大的一部分利润给予工人阶级的上层分子）；共产主义运动虽然发展得没有我们希望的那样快，但已经不仅在许多政党中，而且在全世界的工会中稳步地、深入地发展起来了。全世界的统治阶级对工会运动中所发生的变化特别害怕。像俄国党这样一个在革命中能够领导革命无产阶级、能够在几个月或几个星期内从一个不合法的党变成拥有全民力量的党、能够得到千百万人拥护的党，几十年来欧洲还未见到过，人们也不害怕。但工会是任何一个资本家都看到的，他们都知道，工会团结着千百万群众，如果没有工会，如果资本家不通过那些名为社会党人实际上执行资本家政策的领袖把工会掌握在自己手中，整个资本主义机器就会毁坏。这一点他们是知道的，是感觉到和意识到的。下面也许是一个最典型的例子：德国所有资产阶级的报刊，所有社会主义叛徒（他们盘踞在第二国际中，自称为社会党人，而实际上是在死心塌地为资本家服务）的报刊曾发出疯狂的叫嚣，这种叫嚣与其说是由季诺维也夫访问德国引起的，不如说是由俄国工会工作者访问德国引起的，因为谁也没有像俄国工人工会工作者那样，在对德国作了首次短期访问之后，竟使德国工会发生了如此巨大的分化。所有德国资产阶级报纸和所有仇恨共产党人的资本家的这种疯狂的叫嚣，表明了他们的地位是极其不稳固的。目前在国际范围内为影响工会而进行的斗争十分激烈，因为工会在一切文明国家中团结着千百万工人，并且决定着这种内部的、一眼不易看出的工作的结果。经济危机的发展必然决定资本主义国家的命运。

德国君主主义政党发动政变的尝试碰到德国工会的反抗而一败涂地，一直跟着谢德曼、跟着屠杀李卜克内西和卢森堡的刽子手走的工人一致奋起挫败了军队。现在，随着经济危机的迅速发展，这种情形在英国，很大程度上在美国也在迅速发生。所以说，主要是这种国际形势使我们不仅希望而且确信资本主义国家的力量会因其内部状况而彻底崩溃，我们的国际处境（过去是困难的，现在虽已获得巨大的胜利，但仍然是困难的）一定会好转，我们一定能用全部力量来解决我们的国内任务。关于这些任务，我不准备多讲了，因为你们大家都是熟悉生产的，这些建设任务你们自然比我了解得多，清楚得多，再讲就是多余的了。

我刚才听到前面一位同志在发言快结束时说，现在每一个工会会员都必须首先把注意力集中到我们在生产和经济建设方面所面临的实际任务上去，我完全同意这个意见。今天，工会团结了几乎所有的产业工人，团结了三年来肩负着最艰巨任务的那个阶级。工人阶级正在俄国实现专政，它是这个国家的统治阶级，虽然它只占全国人口的少数，但正因为管理国家的是工人阶级，正因为工人经受过资本主义的残酷剥削，全体劳动农民群众和所有不以剥削为生的人才同情和支持工人阶级。于是就发生了一些不仅资产阶级无法理解，就是那些继续与第三国际为敌的社会党人也无法理解的事情,在他们看来,这是我国政府玩弄的花招。他们不理解,工人阶级怎么能在三年内坚持如此艰苦的斗争,并最终击败了他们。其实这是因为历史上第一次发生了这样的事情:劳动者执了政,最受剥削的阶级掌握了政权。这是因为大多数农民看到工人阶级的权利,而且不赞成资产阶级,这就使他们不能不支持工人阶级。他们认为资产阶级这个字眼是可耻的。我曾经同这么一个农民谈过话,他埋怨现今的制度,公开表示不拥护苏维埃政权在粮食方面和其他许多问题上的政策,但农村贫苦农民把他叫做"资产者",他却感到委屈。他说,我不能容忍把这样一个可耻的字眼加到我头上来。农民,甚至比较富裕的中农,只要他们亲自参加劳动,懂得什么叫做自食其力,只要他们见过地主和资本家的剥削——这些他们都是见过的——他们就不能不认为这个字眼是可耻的。这个字眼说明了一切,我们的宣传、鼓动工作,工人阶级国家的诱导就是以这一点作为依据的。所以,不管富裕农民和投机者怎样进行反抗,农民群众还是支持工人阶级的。所以,工会在我国不仅是劳动者的联合会,不仅是我国经济的建设者(这是工会的主要任务),而且是一种国家力量,这种力量正在建设一个没有地主和资本家的新国家,虽然它是少数,但它能够建成而且一定会建成共产主义的新社会,因为我们得到千百万自食其力的人的支持。因此,我在向你们代表大会祝贺时表示相信,尽管我们面前有困难,但我们一定能够胜利地完成我们的任务。(长时间鼓掌)

载于1922年彼得格勒出版的《全俄服装工业工人第四次代表大会(1921年2月1—6日)(速记记录)》一书　　　　　　　译自《列宁全集》俄文第5版第42卷第310—318页

中央委员会给教育人民委员部党员工作人员的指示

(1921 年 2 月 5 日)

1. 党仍然无条件坚持俄共党纲确定的有关综合技术教育的要求(着重参看党纲关于国民教育部分的第 1 条和第 8 条),认为把接受普通教育和综合技术教育的年龄标准从 17 岁降低到 15 岁,不过是暂时的实际的需要,是因为协约国强加给我们的战争造成了国家的贫困和破产。

对于年满 15 岁的人进行的职业教育必须同"普通综合技术知识""联系起来"(俄共党纲关于上述部分的第 8 条),并尽一切可能无条件地普遍地做到这一点。

2. 教育人民委员部的主要缺点是:缺乏实事求是和从实际出发的精神,没有充分地考虑和检验实际经验,没有经常利用这种经验教训,空泛的议论和抽象的口号太多。人民委员和部务委员会应大力克服这些缺点。

3. 教育人民委员部,特别是职业教育总局,没有很好地吸收专家,即吸收具有理论修养和长期的实践经验的教师以及在职业技术教育方面(其中也包括农艺方面的教育)具有同样水平的人参加中央机关的工作。

必须立刻对这些工作人员进行登记,了解他们的工龄,考核他们的工作成绩，并且有计划地吸收他们担任地方机关特别是中央机关的负责工作。没有这些专家的评审意见，没有他们自始至终的参加，不得实行任何一项重大措施。

当然，吸收专家要有两个必要条件：第一，非党专家必须在党员监督下进行工作；第二，关于普通科目的教学内容，特别是关于哲学、社会科学和共产主义教育的教学内容，只能由共产党员来确定。

4. 基本类型的学校的教学大纲，以及各种训练班、讲演、讲座、学习讨论会和实习作业的计划，均应由部务委员会和人民委员拟定和批准。

5. 正规劳动学校局，特别是职业教育总局，利用各个办得还可以的工业企业和农业企业（国营农场、农业实验站、好的农庄等等；发电站等等）进行职业技术教育和综合技术教育时，应当特别注意更加广泛地、经常地吸收所有合适的技术人员和农艺专家参加。

利用经济企业和经济设施进行综合技术教育的方式方法，则应当按照同有关经济机关的协议来确定，以免妨碍生产的正常进行。

6. 应当制定出切合实际的、简单扼要的、能清楚而准确地反映情况的报表，以便考察和考核工作的规模和效果。教育人民委员部在这方面的工作是非常不能令人满意的。

7. 给学校或非学校的图书馆和阅览室分配报纸、小册子、杂志和书籍的工作，也非常不能令人满意。因此，报纸和书籍为苏维埃职员这一人数不多的阶层所占有，而工人和农民所得到的却非常少。必须彻底整顿这项工作。

载于1921年2月5日《真理报》第25号

译自《列宁全集》俄文第5版第42卷第319—321页

论教育人民委员部的工作

（1921 年 2 月 7 日）

2 月 5 日《真理报》第 25 号上刊载了《俄共中央委员会给教育人民委员部党员工作人员的**指示**（关于人民委员部的改组）》。

遗憾的是，在第 1 条里竟然三次出现了歪曲原意的印刷错误：把"综合技术"教育印成了政治教育！！

我希望同志们注意这个指示，并就某些特别重要的条文交换一下意见。

1920 年 12 月举行了党内国民教育问题研讨会。参加会议的有 134 个有表决权的代表和 29 个有发言权的代表。会议共进行 5 天。《苏维埃第八次代表大会公报附录（关于党内国民教育问题研讨会）》（1921 年 1 月 10 日全俄中央执行委员会出版）对这次会议作了报道。从会议的决议、会议的报道以及上述《公报附录》登载的所有文章（卢那察尔斯基同志的引言和格林科同志的文章除外）中，可以看出对综合技术教育问题的提法不正确，也可以看出中央委员会在指示中要人民委员和部务委员会"大力"加以克服的那个缺点，即对空泛的议论和抽象的口号的"迷恋"。

关于综合技术教育问题，我们的党纲（党纲中关于国民教育部分的第 1 条和第 8 条）已经基本解决了。中央委员会的指示也提到了这些条文。第 1 条内容为对未满 17 岁的人实行**综合技术教**

育,第 8 条内容为"对 17 岁以上的人广泛开展**同普通综合技术知识有联系的职业教育**"。

由此可见,在党纲中问题是提得很清楚的。关于"**综合技术教育或专业技术教育**"(我们在上述《公报附录》第 4 页上看到的,正是这些由我加上引号并用黑体标出的极其荒谬的字眼!)的议论[135]是根本不正确的,对于共产党员来说是绝对不能容忍的,这种议论既表明了对党纲的无知,也表明了对抽象口号的毫无根据的"迷恋"。我们不得不**暂时**把从普通综合技术教育转到职业综合技术教育的年龄从 17 岁降低到 15 岁,"**党认为**"这样降低年龄标准"**不过**"(中央委员会指示第 1 条)是由"**国家的贫困和破产**"所引起的一种实际的需要,一种暂时的措施。

妄图用空泛议论对这种降低年龄的做法加以"论证",这是非常荒谬的。不要再玩弄这种空泛议论和所谓的理论研究了! 工作的全部重心应当转到"考虑和检验**实际**经验"上,转到"**经常地利用**这种经验**教训**"上。

在我国,头脑清晰、学识渊博和富有**实际**教育经验的人虽然不多,但是这样的人无疑还是有的。问题是我们不善于发现他们,不善于把他们安排在适当的领导岗位上,不善于和他们一起**研究**苏维埃建设的实际经验。1920 年 12 月党的会议恰恰就没有提到这一点。既然在有 163 个(一百六十三个!)国民教育工作者出席的党的会议上没有提到这一点,那就毫无疑问地说明了,在我们的工作中存在着一个带普遍性的根本的缺点,正因为这个缺点的存在,党中央委员会就有必要颁布一项特别指示。

在教育人民委员部中,有两个——而且只有两个——负有特殊任务的同志。那就是人民委员卢那察尔斯基同志和副人民委员波克罗夫斯基同志。前者担任总的领导;后者首先是担任副人民委员这一领导工作,其次在科学问题和马克思主义问题方面是当然的顾问(和领导者)。全党对卢那察尔斯基同志和波克罗夫斯基同志是十分了解的,当然相信他们两人在教育人民委员部的上述工作中可以算是"专家"。所有其他的工作人员都不可能有这种"**专长**"。所有其他的工作人员的"专长"应当是:善于处理吸收教育专家参加工作的事务,正确地安排他们的工作,经常地利用实际经验教训。关于这一点,中央委员会指示第2条、第3条和第5条都谈到了。

在党员工作人员会议上应当听取专家和教师们的意见,因为这些人从事实际工作已有十来年,他们能够告诉我们大家:在某一方面,例如在职业教育方面做了些什么和正在做什么;苏维埃建设是怎样办好职业教育的;取得了什么成就;这些成就的典型是什么(尽管这种典型很少,但是想必是会有的);主要缺点和消除这些缺点的方法具体说来有哪些。

在党员工作人员会议上**没有**这样考虑**实际**经验,没有听取这样或那样运用过这些经验的教师们的意见,却徒劳地大发"空泛的议论"和评价"抽象的口号"。全党和教育人民委员部的全体工作人员必须认识到这个缺点,我们必须同心协力地消除这个缺点。地方工作人员必须交流自己在这方面的经验,帮助党选出那些在较小的范围内即在局部或在某种专业方面取得了良好成绩的模范的省、县、区、学校和模范教师。我们应当依靠这些经过实践检验的成就,推动工作前进,把地方的经验——经过必要的检验之后——推广到全国,把有才华的或能干的教师提拔到比较负责的和活动范围比较大的岗位上去,等等。

衡量国民教育部门(和机关)党员的工作成绩,首先应当看他吸收专家的这项工作做得如何,是否善于发现他们,善于使用他们,善于实现教育专家和共产党员领导者的合作,善于检验**已经做了的**工作及其进度,善于前进——哪怕是极其缓慢极其有限地前进,只要是**切切实实**、依靠**实际**经验就行。如果今后我们教育人民委员部还有许多人一味追求"共产主义的领导",在实践方面还是一事无成,还缺少或没有具有实际经验的专家,还不善于提拔他们,听取他们的意见,考虑他们的经验,那么,工作就不会有进展。共产党员领导者应当这样而且也只能这样来表明自己有权领导:在具有实际经验的教师当中为自己**找到许许多多**而且是愈来愈多的助手,**善于帮助他们**进行工作,**善于提拔他们,善于**介绍和考虑**他们的**经验。

在**这个**意义上说,我们确定不移的口号应当是:**少当点"领导"**,多做些实际工作,也就是少发一些空泛议论,多提供些事实,特别是经过检验的事实;这些事实要说明:在哪些方面,在什么样的条件下,在何种程度上我们是前进了,或是停滞不前,或是后退了。共产党员领导者要能修正具有实际经验的教师的教学大纲,编写适用的教科书,**切实地**改进(即使改进很少)**10 个**、**100 个**和**1 000 个**教育专家的工作内容和工作条件,只有这样的共产党员领导者才是真正的领导者。如果一个共产党员只会**侈谈"领导"**,**却不善于**安排专家做实际工作,不善于使**他们**在实践中取得成就,不善于利用成千上万的教员的实际经验,那么,这样的共产党员就毫无用处。

只要把《教育人民委员部简要报告(1917 年 10 月—1920 年10 月)》这本编写得很好的小册子浏览一下,就可以看出,上面提到的那个缺点在教育人民委员部的整个工作中极为严重。卢那察尔斯基同志认识到了这一点，所以他在序言（第5页）中谈到"根本不切实际的情况"。但是，要使教育人民委员部的全体共产党员都认识到这一点，要使他们真正地去实现自己所认识到的真理，那还需要顽强地做许多工作。上面提到的那本小册子表明：我们知道的实际情况很少，简直是太少了；我们不善于搜集实际情况；我们不知道必须提出并且可以（根据我们的文化水平、我们的习惯和我们的联络手段）期望得到答复的问题有多少；我们不善于搜集实际经验并加以总结；我们只沉溺于言之无物的"空泛的议论和抽象的口号"，根本不善于使用熟练的教员，特别是不善于使用熟练的工程师和农艺师来进行技术教育，不善于利用工厂、国营农场、办得还可以的农庄和发电站来进行综合技术教育。

苏维埃共和国尽管有这些缺点，但是在国民教育方面还是在前进，这是毫无疑问的。现在，"从下面"，也就是从先前被资本主义用明目张胆的暴力手段和伪善的欺骗手段关在教育大门之外的劳动群众中，正在掀起一个追求光明和知识的汹涌澎湃的高潮。我们有权以推动这个高潮并为它服务而感到自豪。但是，如果无视我们工作中的缺点，无视我们还没有学会正确地**组织**国家教育机关的工作这一情况，那简直就是犯罪。

现在我们再谈谈报纸和书籍的分配问题，也就是中央委员会的指示的最后一条即第7条所谈的问题。

1920年11月3日，人民委员会颁布了《关于集中管理图书馆工作》即建立**俄罗斯联邦统一的图书馆网**的法令（《法令汇编》1920年第87号第439页）。

下面是我从"中央出版物发行处"马尔金同志和莫斯科国民教育局图书馆科莫杰斯托夫同志那里得到的一些有关这个问题的实

际材料。苏维埃俄国中部（西伯利亚和北高加索除外）38个省，305个县的图书馆数目如下：

中央图书馆	342
市辖区图书馆	521
乡图书馆	4 474
流动图书馆	1 661
农村阅览室	14 739
其他（"农村图书馆、儿童图书馆、参考图书馆、各机关团体的图书馆"）	12 203
共　计	33 940

莫杰斯托夫同志根据他的经验认为，这些图书馆实际上存在的大约有¾，其余的只存在于纸上。根据"中央出版物发行处"的材料，莫斯科省有1 223个图书馆。根据莫杰斯托夫同志的材料，则只有1 018个；其中204个图书馆在市内，814个图书馆在省的其他地方，工会图书馆（大约有16个）和军队图书馆（大约有125个）不包括在内。

通过对各省材料的比较可以断定，这些数字的可靠程度是不太大的——也许实际上要少于75％！例如，维亚特卡省有1 703个农村阅览室，弗拉基米尔省有37个，彼得格勒省有98个，伊万诺沃-沃兹涅先斯克省有75个，等等。彼得格勒省"其他的"图书馆有36个，沃罗涅日省有378个，乌法省有525个，普斯科夫省有31个，等等。

看来，这些材料正表明工农群众掀起的追求知识的高潮是巨大的，想受教育和建立图书馆的愿望是强烈的，这是真正的"人民的"愿望。但是我们还极不善于组织、引导和巩固人民的这种愿望，极不善于合理地满足这种愿望。在建立真正**统一的图书馆网**

方面,还必须顽强地进行许许多多的工作。

我们是怎样分配报纸和书籍的呢？根据"中央出版物发行处"的材料,1920年分了40 100万份报纸,1 400万册书(在11个月内)。下面是关于三种报纸(1921年1月12日)分配情况的材料。分配数字由中央图书分配委员会[136]期刊组核定(单位:**千份**):

	《消息报》	《真理报》	《贫苦农民报》
"全俄中央执委会中央 出版物发行处"办事处………	191	139	183
军事局报刊发行处 …………	50	40	85
铁路机关、全俄中央执 委会中央出版物发行 处铁路分处、鼓动站………	30	25	16
莫斯科市的机关和团体………	65	35	8
莫斯科市军事委员会………	8	7	6
旅客列车………	1	1	1
张贴和装订合订本………	5	3	1
共　计………	350	250	300

张贴用的报纸,即给最广大群众看的报纸,少得惊人。供给首都"各机关"等等的报纸——大概是由"苏维埃官僚主义者"(军人和非军人)侵吞和官僚式地使用的——则多得惊人。

这里再举"中央出版物发行处"地方分处报告中的几个数字。"中央出版物发行处"沃罗涅日省办事处在1920年9月份中收到报纸12次(即在9月份的30天中有18天没有收到报纸)。收到的报纸是这样分配的:《消息报》——"中央出版物发行处"县办事处4 986份(4 020份;4 310份)[①];区办事处7 216份(5 860份;10 064份);乡办事处3 370份(3 200份;4 285份);党组织447份

---

① 括号内第一个数字是《真理报》的,第二个数字是《贫苦农民报》的。

（569份；3 880份）；苏维埃机关1 765份（1 641份；509份）（请注意，苏维埃机关得到的《真理报》几乎比党组织多两倍！）；其次，军事委员会鼓动教育部5 532份（5 793份；12 332份）；鼓动站352份（400份；593份）；农村阅览室**一份也没有**。订户7 167份（3 080份；764份）。可见，"订户"拿到的报纸很多，实际上当然也就是"苏维埃官僚主义者"拿到的报纸很多。张贴的报纸460份（508份；500份）。共计32 517份（25 104份；37 237份）。

乌法省在1920年11月收到报纸25次，即只有5天没有收到报纸。分配的情况是：党组织113份（1 572份；153份）；苏维埃机关2 763份（1 296份；1 267份）；军事委员会鼓动教育部687份（470份；6 500份）；乡执行委员会903份（308份；3 511份）；农村阅览室36份（8份——8份《真理报》！——2 538份）；订户**一份也没有**；"县的各种组织"1 044份（219份；991份）。共计5 841份（4 069份；15 429份）。

最后，1920年12月弗拉基米尔省苏多格达县普斯托申斯卡亚乡办事处的报告如下：党组织1份（1份；2份）；苏维埃机关2份（1份；3份）；军事委员会鼓动教育部2份（1份；2份）；乡执行委员会2份（1份；3份）；邮电机关1份（1份；1份）；乌尔舍尔斯基工厂委员会1份（1份；2份）；区社会保障局1份（0份；3份）。共计10份（6份；16份）。

从这些片断的材料中可以作出什么样的结论呢？我认为我们党纲中的一句话就是结论，即"……目前只是采取最初步骤从资本主义向共产主义过渡"①。

---

① 见本版全集第36卷第416页。——编者注

资本主义使报纸成为资本主义的企业，成为富人发财、向富人提供消息和消遣的工具，成为欺骗和愚弄劳动群众的工具。我们摧毁了这个发财和欺骗的工具。我们**开始**使报纸成为启发群众、教导他们在**赶跑了**地主和资本家之后怎样生活，怎样建设自己经济的工具。但是，我们还刚刚开始这样做。三年多以来我们做的工作不多。还需要做很多工作，走很长的道路。少来一些政治上的喧嚷，少发表一些没有经验和不了解自己任务的共产党员所欣赏的空泛议论和抽象口号，多作一些生产宣传，尤其是对实际经验多作一些切实的、在行的、适合群众水平的考虑。

在报纸的分配方面（我没有关于书籍的材料；大概这方面的情况更糟），我们取消了订阅的办法。这是从资本主义向共产主义迈进了一步。但是，资本主义不是一下子就能消灭的。它在"苏维埃官僚主义者"，即用各种借口侵吞报纸的苏维埃官僚的身上得到复活。要算清楚他们侵吞了多少报纸，这是不可能的，但是，看来为数是很多的。应该坚持不懈地进行工作，以"打击"官僚，不让他们侵吞报纸和书籍，减少官僚分得的份额，不断减少"苏维埃官僚主义者"本身的数目。可惜，我们不能一下子把这个数目减少$^9/_{10}$或99％——在我国现有的文化水平下，许下这样的诺言是骗人的——但是，经常不断地减少这个数目，我们是能够而且应当做的。不这样做的共产党员，那只是口头上的共产党员。

必须不断努力做到使报纸和书籍通常**只**免费分配给各图书馆和阅览室，分配给合理地为全国，为广大工人、士兵和农民服务的图书馆**网**和阅览室**网**。那时人民就会以百倍的干劲、百倍的速度、百倍的成效来要求获得文化、光明和知识。那时教育事业就会飞速地向前发展。

　　为了明显起见,不妨用一个小小的统计作例子,比如《消息报》的全国发行额是 35 万份,《真理报》是 25 万份。我们很穷。没有纸张。工人们受冻挨饿,无衣无鞋。机器陈旧不堪。建筑物摇摇欲坠。假定我们在全国,在 1 万多个乡里,有 5 万个图书馆和阅览室,并且这些图书馆和阅览室不是在纸上,而是实际上存在的。假定每一个乡至少要有三份报纸,每一个工厂、每一个部队一定要有一份。假定我们不仅学会了实行"从资本主义向共产主义过渡的第一个步骤",而且学会了实行第二个和第三个步骤。假定我们学会了合理地分配,每个图书馆和阅览室有三份报纸,比如说其中两份用来"张贴"(假如我们实行了从资本主义向共产主义过渡的第四个步骤,那我主张,而且坚决主张,不再用那种损坏报纸的野蛮的"张贴"方法,而改用木楔——没有铁钉,即使在实行"第四个步骤"时我们的铁还是不够用的!——把报纸固定在光滑的木板上,既便于阅览又便于保存)。总之,5 万个图书馆和阅览室都有两份报纸用于"张贴",一份用于保存。再假定我们虽仍然白白地供给苏维埃官僚主义者报纸,但我们学会了只供给他们**适当的**数量,比如说,最多只供给全苏维埃共和国的娇生惯养的"大官们"几千份报纸。

　　在这些大胆的假设下,全国只要发行 16 万份报纸,或者175 000 份就足够了,而且比现在的情况要好 5 倍。大家都有可能从报纸上看到消息(在适当地建立"流动图书馆"的情况下。弗·多勃列尔同志最近在《真理报》上为流动图书馆所作的辩护[1],我认为是很成功的)。两种报纸加起来是 35 万份。现在虽然发行 60 万

---

　　①　指弗·多勃列尔发表在 1921 年 2 月 4 日《真理报》第 24 号上的文章《现代图书馆网》。——编者注

份,但完全由于资本主义习气而被"苏维埃官僚主义者"侵吞了,被他们白白拿去"卷纸烟了",等等。这就可以节省25万份报纸。换句话说,尽管我们很穷,我们还是可以使这**两种**日报各节省125 000份。而且通过这两种报纸每天都可以给人民提供重要的和有价值的文献材料、优秀的和古典的文学作品、普通教育的教材、农业教材和工业教材。法国资产者为了赚钱早在战前就学会了用无产阶级报纸的形式为大众出版每本价格10生丁(即精装本价格的$\frac{1}{35}$,等于战前的4戈比)的小说,而不是出版价格3.5法郎的精装本小说,为什么我们在实行从资本主义向共产主义过渡的第二个步骤时,反而不能学会这样做呢? 用这种办法,一年之内,即使在目前贫困状况下,就能做到给5万个图书馆和阅览室各两份报纸,给人民一切必需的教材和一切必需的世界文学、现代科学和现代技术的经典著作,为什么我们就不能学会呢?

我们一定要学会这样做。

1921年2月7日

载于1921年2月9日《真理报》　　　　　　译自《列宁全集》俄文第5版
第28号　　　　　　　　　　　　　　　　　　第42卷第322—332页

农民问题提纲初稿[137]

(1921 年 2 月 8 日)

1.满足非党农民关于用粮食税代替余粮收集制(即收走余粮)的愿望。

2.减低粮食税额,使其低于去年征粮数。

3.同意根据农民积极性的高低来调整粮食税的原则,即农民积极性愈高,税率愈低。

4.如果农民能迅速交足粮食税,应扩大他们将纳税后的余粮投入地方经济流转的自由。

载于 1930 年 6 月 26 日《真理报》第 174 号

译自《列宁全集》俄文第 5 版第 42 卷第 333 页

对劳动国防委员会关于克服
燃料危机问题的决定的修改和补充[138]

(1921 年 2 月 11 日)

1. 成立临时委员会

2. 加强和协调各项工作

3. 解除该委员会全体成员的其他一切与燃料无关的工作。

4. 两天内制定出简报格式,于星期一①交劳动国防委员会主席批准,报表应提供:

(1)采伐情况

(2)外运情况

(3)浮运情况

(4)装车情况

(5)运达情况

载于 1959 年《列宁文集》俄文版第 36 卷

译自《列宁全集》俄文第 5 版第 54 卷第 438 页

----

① 即 1921 年 2 月 14 日。——编者注

就石油租让问题给政治局委员的信

(1921 年 2 月 12 日)

致政治局委员们及李可夫同志

斯大林

布哈林

加米涅夫

克列斯廷斯基

李可夫

克拉辛(和博格达齐扬)、石油总委员会主席多谢尔以及总局四位专家对政治局提出的关于石油租让的问题的答复已收到。

我现在把这些答复连同《1920 年底石油工业状况》(1920 年,巴库)报告书一并送交斯大林同志,请所有政治局委员用电话同他联系,以便及时从他那里得到并阅读这些材料。(在铅印报告书的封里即正文的前一页上已列出页码,只要看看那些页中我用蓝铅笔标明的地方就够了。)

必须赶快阅读这些材料,政治局最好能在 2 月 14 日(星期一)晚 8 时的会议上作出决定。

这些材料充分说明:

（1）灾难已经**迫近**；

（2）必须想尽一切办法在巴库实行租让（即找到承租人）；

（3）石油总委员会主席愚蠢到了极点。这样一个重要的负责
人干出蠢事来是很危险的。

现在就这三点简单说明如下：

（1）灾难日益迫近。**石油总委员会的专家们**非常明确地证明
了这一点。傻瓜多谢尔在他的《报告书》里竭力想**缩小**这种危险
性。这是非常愚蠢的。应当读一读石油总委员会**所有专家**的意
见，并且把这些意见同多谢尔轻描淡写的结论加以对比。

（2）"找承租人是否能够得到好处还成问题"——这就是多谢
尔得出的结论。看来，他真是一个心地善良的傻瓜，把他的专家们
吓坏了：他说什么"苏维埃"人就得反对租让！！ 这真是熊的
帮忙[139]！！

其实，从石油总委员会专家们的报告（这是一些符合实际情况
的报告，并且已由《1920 年底》报告书有力地证实了）中，可以十分
明显地看出，我们应当向承租人提出**哪些条件**。

根据这些条件能不能找到承租人，这当然"还成问题"。但是，
任何一个没有失掉理智的政治家都不会向多谢尔和专家们请教这
一点的。

我们的任务就是竭力找到这样的承租人。

如果找不到，那对我们是更不利的。

如果我们不能竭力找到承租人，那我们就会破产。

必须尽快规定出条件来。

必须立刻开始同那种易于迷惑一部分工人的极其有害的偏见
作斗争，无论如何要克服这种偏见。这个偏见就是这样一种"思

想":"我们不愿意为资本家工作",或者说,"既然其他的工人都不为资本家工作,那我们也不愿意为资本家工作"。

从下面这一粗略的计算(即对专家们的报告作一个明显的总结)中,就可以清楚地看出这一偏见(我们俄共党纲和马克思主义都已予以驳斥)是有害的。

我们现在的石油开采量为 100**a**。

采油量不断下降。

淹水可能造成灾难。

如果我们找到一位能开采石油 100**a**＋100**б** 的承租人,把 98**б** 付给他作报酬,那我们的开采量就不会下降,而会增加,虽然增加得很慢(100**a**＋2**б**)。

试问:工人把 100**б** 中的 98**б** 给了承租人,他们是"为资本家"工作呢,还是为苏维埃政权工作?

答案是不难作出的。

为了尽快作出决定,请你们务必赶快阅读附上的材料和报告书。拖延是十分危险的。

列　宁

1921 年 2 月 12 日

载于 1945 年《列宁文集》俄文版
第 35 卷

译自《列宁全集》俄文第 5 版
第 42 卷第 334—336 页

人民委员会关于
进口计划的决定草案[140]

（1921 年 2 月 15 日）

（1）人民委员会不批准向它提出的进口计划，因为这个计划过于庞大，至少超过了四倍。[①]

（2）人民委员会责成劳动国防委员会立即成立有专家参加的计划委员会，并责成该委员会（或它的分委员会）根据我们目前的经济条件，按所要购买的东西的实际需要，压缩并修改这一计划。由劳动国防委员会最后批准。

（3）在这一计划修改之前，对外贸易人民委员部的 71 份主要订货单中的任何一份的进口量都不得超过原订数量的 $\frac{1}{5}$；军事部门不得超过 $\frac{1}{10}$；同时，一定要把满足燃料开采工业和冶金工业的需要摆在第一位。例外情况由劳动国防委员会决定。

载于 1959 年《列宁文集》俄文版
第 36 卷

译自《列宁全集》俄文第 5 版
第 42 卷第 337 页

[①] 在手稿上列宁勾去了第 1 条，并在其上方写了"克拉辛的"一词。——俄文版编者注

劳动国防委员会关于
计划委员会的决定中
一个主要条款的草案[141]

(1921 年 2 月 17 日)

列宁同志以个人名义致劳动国防委员会各委员

明天(2 月 18 日)我将向劳动国防委员会提出关于计划委员会的决定草案,现送上决定中一个主要条款的草案和委员的初步名单(同李可夫同志和克尔日扎诺夫斯基同志商量后拟的),请一阅。请在 2 月 18 日劳动国防委员会开会之前准备好修改意见或另拟草案。

在劳动国防委员会之下设立计划委员会,以便根据全俄苏维埃第八次代表大会批准的电气化计划,制定统一的全国经济计划,并全面监督此项计划的实施。

对首要的经济任务,尤其是那些在最近期间,包括 1921 年内应当完成的任务,应由计划委员会或它的一个分委员会在充分考虑具体经济现实的现有条件后作出极其详细的规定。

载于 1932 年《列宁文集》俄文版
第 20 卷

译自《列宁全集》俄文第 5 版
第 42 卷第 338 页

论统一的经济计划

(1921 年 2 月 21 日)

一些谈统一的经济计划的文章和议论使人产生一种难堪的印象。请看看列·克里茨曼在《经济生活报》[142]上发表的那些文章吧(第一篇发表于 1920 年 12 月 14 日,第二篇——12 月 23 日,第三篇——2 月 9 日,第四篇——2 月 16 日,第五篇——2 月 20 日)。空话连篇。舞文弄墨。不愿考虑这方面所取得的实际成就,也不愿加以研究。一味议论(在五篇冗长的文章里!)应该怎样着手研究,却不去研究具体材料和事实。

再请看看米柳亭的提纲(2 月 19 日《经济生活报》)和拉林的提纲(2 月 20 日《经济生活报》),仔细听听"负责"同志们的言论吧。根本缺点也同克里茨曼一样。枯燥到极点的经院哲学,直到空谈什么链式联系的规律等等;这种经院哲学,文人气官僚气兼而有之,就是没有一点实际的东西。

更坏的是,人们竟用傲慢的官僚主义冷淡态度对待那种已经完成的和必须继续做下去的实际工作。几次三番毫无意义地"生产提纲"或凭空编造一些口号和草案来,却不仔细用心地去了解我们自己的实际经验。

关于统一的经济计划问题所写的唯一的一部严肃的著作,就是《俄罗斯联邦电气化计划》,即"俄罗斯国家电气化委员会"向苏维埃第八次代表大会提出的报告,这个报告是在 1920 年 12 月出版并在第八次代表大会上分发给代表们的。在这部著作里叙述了我们共和国的优秀学者受国家最高机关委托所拟定的——当然只是大致拟定的——统一的经济计划。而同大官们的不学无术的自负和同共产党员著作家们的知识分子的自负作斗争,就得从极平常的事情做起,即从简略地叙述这部著作的写作经过及其内容和意义做起。

1920 年 2 月 2 日至 7 日,即在一年多以前,开了一次全俄中央执行委员会会议,会上通过了关于电气化的决议。在这项决议中有如下一段话:

"……除必须完成整顿运输业、消除燃料危机和粮食危机、消灭流行病以及建立纪律严明的劳动军等方面最迫切最紧急最不容拖延的头等重要任务以外,现在苏维埃俄国初次有可能着手进行比较有计划的经济建设,科学地制定并彻底执行整个国民经济的国家计划。全俄中央执行委员会鉴于电气化事业具有头等重要的意义……估计到电气化对工业、农业、运输业等等的重大意义,特决定:责成最高国民经济委员会同农业人民委员部一起制定建立电站网的计划草案……"

看来很明白了吧?"科学地制定整个国民经济的国家计划",——难道这些话的意思,我们最高政权机关的这项决议的意思,有什么不能理解的地方吗?如果那些在"专家"面前炫耀自己的共产主义的著作家和大官不知道这项决议,那么我们只好提醒他们说:对我们自己的法律无知,并不是论据。

为了执行全俄中央执行委员会的决议,最高国民经济委员会主席团于 1920 年 2 月 21 日批准在电力局下设电气化委员会,后来国防委员会又批准了关于"俄罗斯国家电气化委员会"的条例。该委员会的人选,则责成最高国民经济委员会同农业人民委员

部协商确定和批准。"俄罗斯国家电气化委员会"在 1920 年 4 月
24 日就已出版了它所创办的《公报》[143]第 1 期,上面载有极详细的
工作计划,列出了负责人员、学者、工程师、农艺师和统计学家的名
单,这些人员参加各种分委员会,领导各个地区的工作,担负各种
明确规定的任务。单单这些工作项目及其负责人员的名单,就在
第 1 期《公报》中占 10 页篇幅。凡是最高国民经济委员会和农业
人民委员部以及交通人民委员部所知道的优秀人才,都被吸收来
参加这项工作。

"俄罗斯国家电气化委员会"的工作成果,就是上述那部内容
丰富的——并且是极为出色的——科学著作。参加该书编写工作
的有 180 多位专家。他们送交"俄罗斯国家电气化委员会"的著作
共计 200 多篇。首先,书中载有对这些著作的综述(该书的第一部
分,计占 200 多页篇幅):(一)电气化和国家经济计划;(二)燃料供
应(附有详细制定的**最近 10 年**俄罗斯联邦"燃料预算",以及对这
方面所需的工人人数的估计);(三)水力;(四)农业;(五)运输业;
(六)工业。

这个计划预定大约在 10 年内完成,计划上载有工人人数和动
力数量(单位为千马力)。诚然,这只是一个大致的、初步的、粗略
的甚至含有错误的计划,只是一个"大致拟定的"计划,但它是一个
真正科学的计划。专家们在计划中对一切基本问题作了确切的计
算。他们对各个工业部门作了计算。举个小小的例子来说,计划
中有皮革生产的规模,按每人平均需要两双皮鞋(3 亿双)的计算,
等等。总之,计划中既有电气化的物资平衡表,又有电气化的资金
(按金卢布计算)平衡表(需近 37 000 万个工作日,多少桶水泥,多
少块砖,多少普特铁、铜等等,涡轮发电机总功率多大等等)。这个

平衡表预计,在 10 年内加工工业的产量增加("根据很粗略的估计")80%,采掘工业的产量增加 80%—100%。金卢布平衡表中的赤字(正数 110 亿,负数 170 亿,赤字共计将近 60 亿)"可以通过租让和信贷业务来抵补"。

计划上指明了第一批区域电站(20 座火电站,10 座水电站)的位置,并且详细说明了每座电站的经济意义。

在综述之后,该书还载有(分别标明页码的)下列各个地区的工程大纲:北部地区、中部工业区(这两个区的工程大纲规定得特别明白、详尽而确切,所根据的是极丰富的科学材料)、南部地区、伏尔加河沿岸区、乌拉尔地区、高加索地区(把高加索当做整体,因为预计各共和国在经济上将进行协调)、西西伯利亚以及土耳其斯坦。对于每一个地区的考虑都不限于第一批电站。还有所谓"俄罗斯国家电气化委员会的**甲号计划**",即最合理最经济地利用**现有**电站的计划。另一个不大的例子是:计划上预计在北部地区(即彼得格勒区)把彼得格勒所有电站联接起来后可以节省电力,约近半数的电力可以(北部地区工程大纲第 69 页)输送到北部浮运木材的地点,即摩尔曼斯克、阿尔汉格尔斯克等地去用。在这种条件下,增加木材的采伐和向国外浮运,就有可能"**在最近时期每年提供 5 亿卢布的外汇收入**"。

"每年从出卖北部木材所赚得的钱,在最近几年内就能达到相当于我国黄金储备额那样大的数目"(同上,第 70 页),这里当然要有一个条件,就是我们要从空谈计划转到研究并且实际**执行**由学者们制定的这个计划!

还必须讲到一点,就是问题(当然远不是所有的问题)都已有了初步的年度规划,即不仅是一般计划,而且作了预计:每年(从 1921

年起至1930年止)有多少座电站可以开始发电,以及现有的电站可能扩建的规模(也得具备上面所说的条件,这在我国知识分子文人习气和大官的官僚主义习气盛行的环境中可是不太容易实现的)。

为了认识清楚"俄罗斯国家电气化委员会"所完成的这项工作的重大意义和全部价值,我们不妨看看德国的情形。德国有一位学者巴洛德进行了类似的工作。他编制了一个按社会主义原则改造德国整个国民经济的科学计划[144]。这个计划在资本主义德国不免要落空,只是纸上谈兵和单枪匹马的工作。而我们则提出了国家任务,动员了几百个专家,在十个月内(当然不是像最初预定的那样在两个月内)制定了一个科学的统一的经济计划。我们理应以这一工作自豪;只是必须**懂得**应该**怎样**去利用这一工作的成果,现在我们正是必须对不懂得**这一点**的现象进行斗争。

苏维埃第八次代表大会的决议写道:"……代表大会……**赞同最高国民经济委员会**等机关,特别是'**俄罗斯国家电气化委员会**'为制定俄罗斯电气化计划所进行的工作……认为这个计划**是伟大经济创举方面的第一个步骤**,责成全俄中央执行委员会等等**完成这个计划的制定工作,并批准这个计划**,而且务必在最短期间完成……　责成……采取各种措施来**最广泛地宣传**这个计划……　**共和国所有的学校毫无例外地**都应当学习这个计划"[①]等等。

莫斯科某些人对这个决议所持的态度,他们企图胡乱"解释"这个决议,甚至对它置之不理,这最明显地表明我们机关中特别是上层机关中存在着毛病,即官僚主义病和知识分子病。著作家们

---

① 引自全俄苏维埃第八次代表大会1920年12月29日通过的关于电气化的决议。这个决议的草案是列宁写的(见本卷第195—196页)。——编者注

不宣传这个已经制定的计划,却一味起草提纲,空洞地议论怎样着
手制定计划!大官们纯粹官僚式地强调必须"批准"计划,他们指
的不是提出某些具体任务(例如必须建设什么东西,在什么时候建
设,向国外购买什么东西等等),而是提出另定**新的**计划这类糊涂
透顶的主张!他们什么都不懂,简直令人吃惊,竟然说什么在建设
新东西以前至少先得把旧东西恢复一部分呀;说什么电气化很像
电气幻想呀;说什么为什么不实行煤气化呀;说什么"俄罗斯国家
电气化委员会"中都是资产阶级专家而很少有共产党员呀;说什么
"俄罗斯国家电气化委员会"应当提供的是鉴定人员而不是计划委
员会呀,如此等等。

　　危险的正是这种意见纷纭,因为这表明这些人不善于工作,表
明知识分子的和官僚主义者的自负压倒了真正的实干。嘲笑计划
是幻想,提出实行煤气化之类的问题,正是暴露了不学无术的自
负。随随便便地纠正几百个优秀专家的工作,用一些庸俗的笑话
来回避问题,以自己有权"不予批准"而狂妄自大——难道这不是
可耻的行为吗?

　　应该学会尊重科学,应该摒弃门外汉和官僚主义者的"共产党
员的"狂妄自大,应该学会利用我们自己的经验和我们自己的实
践,有系统地从事工作!

　　当然,关于"计划"这个东西本来可以无止境地谈论和争论下
去。然而我们决不应当容许对"原则"(即编制计划的"原则")作空
泛的议论和争论,因为现在的问题是应该着手研究现有的这个唯
一科学的计划,应该根据**实际**经验和更详细的研究来修正它。当
然,"批准"和"不予批准"之权始终操在某个或某些大官手里。如
果正确地理解这种权利,并且正确地解释第八次代表大会关于批

准它赞同的以及它认为应当竭力广泛宣传的这个计划的决议,那就应当把"批准"理解为提出一些订货单和发布一些命令:什么东西在什么时候到什么地方去购买,什么东西应该开始建设,什么材料应该收集和运到某地等等。如果官僚主义地解释问题,那么"批准"就是意味着大官们的刚愎自用,官场拖拉习气,玩弄审查委员会之类的把戏,一句话,就是用纯粹的官僚态度葬送实际工作。

我们且从另一方面来看看这个问题吧。必须着力把科学的电气化计划与日常的各个实际计划及其具体实施结合起来。这当然是完全不容争辩的。究竟怎样结合呢?为要知道这一点,经济学家、著作家和统计学家就不应当空谈一般计划,而应当详细研究我们的各种计划的执行情况、我们在这种实际工作中所犯的错误以及改正这些错误的办法。不进行这种研究,我们就会盲目行动。只要进行这种研究,同时研究实际经验,剩下的行政事务问题就完全是小问题了。我们的计划委员会真是太多了。要进行合并,应当从某甲所主管的那个机关里拿出两个人来,再从某乙所主管的那个机关里拿出一个人来,或是相反。再把这几个人并入总的计划委员会下面的某个分委员会。显然,这正是一种行政事务,如此而已。反复试验,选出最好的方案来,——为这样简单的事多费唇舌,就显得可笑了。

问题的实质在于我们的人员不善于处理问题,他们用知识分子的和官僚主义者的主观计划来代替实际工作。我们过去和现在都有日常的粮食计划和燃料计划。我们在这两种计划中都犯过一些明显的错误。关于这一点是不会有异议的。精明能干的经济学家不会去编制毫无意义的提纲,而会去细心研究事实、数字和材料,分析我们自己的实际经验,然后指出:我们在某某地方犯了错误，要如此这般来加以改正。精明能干的行政管理人员一定会根据这种研究，提出建议或自行采取措施，来调换工作人员，改变汇报制度，改组机构等等。在我们这里还没有看到过有人用这两种切实的态度来对待统一的经济计划。

　　毛病就在于，人们不正确地处理共产党员对待专家的态度问题和行政管理人员对待学者及著作家的态度问题。在统一的经济计划问题上，也像其他任何问题一样，有些事情（而且总是会出现一些新的事情）只需要共产党员来解决，或只需要用行政手段来解决。这是不容争辩的。但这完全是抽象的说法。而目前在我们这里对这个问题持错误态度的正是共产党员著作家和共产党员行政管理人员，他们不能理解，这方面应该多向资产阶级专家和学者学习，少玩弄些行政手段。除了已经由"俄罗斯国家电气化委员会"制定的计划以外，再没有而且也不可能有什么别的统一的经济计划。应该根据仔细研究过的实际经验来补充、发展、修改和实施这个计划。如果持相反的意见，那就像党纲所说的，完全是一种"貌似激进实则是不学无术的自负"①。那种认为在俄罗斯联邦除了"俄罗斯国家电气化委员会"以外还可能有另外一个计划委员会的想法，同样是一种不学无术的自负，当然这并不是否认对该委员会的成员作局部的切实的调整会带来益处。只有在这个基础上，只有继续进行已经开始的工作，才能在改进我们的国民经济总计划方面做出某种重大的事情来，否则就是玩弄行政手段，或者简单一点说就是刚愎自用。"俄罗斯国家电气化委员会"里的共产党员的任务就是要少发号施令，确切些说完全不要发号施令，而要对科学

_____

　　①　见本版全集第36卷第416页。——编者注

和技术专家(正如俄共党纲所说的那样,"他们大多必然浸透了资产阶级的世界观和习惯"①)采取异常慎重和灵活的态度,要向他们学习,要帮助他们扩大眼界,要以相应的科学的成果和材料为根据,要记住,工程师为了接受共产主义而经历的途径将**不同于过去的地下宣传员和著作家**,他们将**通过自己那门科学所达到的成果来接受共产主义**,农艺师将**循着自己的途径**来接受共产主义,林学家也将循着自己的途径来接受共产主义,如此等等。一个共产党员若不能证明自己善于把专家们的工作统一起来并虚心地给以指导,了解事情的本质,详细地加以研究,那么这样的共产党员往往是有害的。这样的共产党员在我们这里很多,我宁可拿出几十个来换一个老老实实研究本行业务的和内行的资产阶级专家。

至于那些没有参加"俄罗斯国家电气化委员会"的共产党员,他们可以从两个方面来帮助制定和实施统一的经济计划。如果他们是经济学家、统计学家或著作家,那么他们首先应该研究清楚我们自己的实际经验,然后才能根据对有关事实的详细研究,提出改正错误、改进工作的意见。研究是学者的事情。既然我们这里早已不是在谈一般原则,而是谈实际经验,那么,对我们来说,那些虽然是资产阶级的但是精通业务的"科学和技术专家",要比狂妄自大的共产党员宝贵十倍,这种狂妄自大的共产党员无论白天或黑夜随时都愿意起草"提纲",提出"口号",发表完全抽象的议论。多了解一些事实,少来一些竞相标榜共产主义原则性的口角吧。

另一方面,如果某个共产党员是行政管理人员,那么他的首要职责就是防止热衷于发号施令,首先要考虑到科学界已经取得的

① 见本版全集第36卷第416页。——编者注

研究成果，首先要问一问事实是否经过检验，首先要研究（通过报告、报刊、会议等等）我们究竟在什么地方犯了错误，然后才能在这个基础上来纠正已经在进行的工作。少用些季特·季特奇[145]式的手段（"我可以批准，也可以不批准"），多研究些我们的实际错误吧。

　　老早就有人指出过：人们的缺点多半是同人们的优点相联系的。许多担任领导工作的共产党员的缺点就是如此。我们几十年来从事伟大的事业，宣传推翻资产阶级，教导大家不要相信资产阶级专家，揭露这些专家，从他们手中夺取权力，镇压他们的反抗。我们所进行的事业是具有全世界历史意义的伟大的事业。然而，只要稍微一夸大，就会证实一条真理：从伟大到可笑只有一步之差。我们已经说服了俄国，我们已经为劳动者从剥削者手里夺回了俄国，我们已经把剥削者镇压下去，现在我们应当学会管理俄国。为此就必须学会谦虚，学会尊重那些"科学和技术专家"的切实工作，为此就必须学会切实仔细地分析我们的许多**实际**错误，并且学会一步一步地坚持不懈地改正这些错误。少来一些知识分子的和官僚主义者的自负，多研究些我们在中央和地方的实际经验所提供的东西以及科学已经向我们提供的东西吧。

1921 年 2 月 21 日

载于 1921 年 2 月 22 日《真理报》第 39 号　　　　译自《列宁全集》俄文第 5 版第 42 卷第 339—347 页

在莫斯科市
党的积极分子会议上的讲话[146]

（1921 年 2 月 24 日）

今天的这种谈话使我有些惊讶。我觉得目前的政治局势不是这样的。国内外局势已经恶化，必须扭转这种局势。同波兰至今尚未签订和约，在国内，盗匪活动日益猖獗，富农暴动多次发生。粮食及燃料情况大为恶化。去年上半年我们消费了 1 500 万普特的粮食，下半年消费了 800 万普特，而今年上半年我们就消耗了 2 500 万普特；现在应该缩减口粮，而且连这份口粮我们能否按时配给，也没有把握。上半年我们粮食分配不当，这是一个明显的错误；我们不应该把粮食的消耗量增加到 2 500 万普特。现在无法从西伯利亚调运，因为富农暴动分子切断了铁路。我们西伯利亚的同志曾讲过可能发生富农暴动，但是，其规模很难断定。这不是一场可以估计兵力的战争。西伯利亚的农民还不习惯困苦的生活，尽管他们遭受的困苦比俄国欧洲部分的农民要少；通往西伯利亚的交通中断了，运输停止了。大致从 3 月 1 日到 10 日，粮食情况不会好转。我们没有留下储备。现在一切工作都应当为了一个目标，就是坚持下去，毫不动摇地度过目前的困难。从高加索调运的情况有所好转，但也有恶化的可能。看来，亚美尼亚的暴动[147]将平息下来，但是高加索运输情况的好转，无论如何也补偿不了已经中断的西伯利亚运输,尽管为了弥补这一损失,我们已经给东南铁路增加了压力。这些消息令人忧虑,但是毫无办法。

盗匪活动使人感到社会革命党人的影响。他们的主要力量在国外;每年春天他们都梦想推翻苏维埃政权。不久前,切尔诺夫曾在国外的一家俄文报纸上写到了这一点。社会革命党人同地方的叛乱者有勾结。这种勾结还可以从以下情况看出来,即暴动正好发生在我们收集粮食的那些地区。实行余粮收集制真有难以想象的困难。在西伯利亚也实行余粮收集制,但那里还有历年的存粮。

燃料方面的情况也在恶化。这里没有确切的数字,不能作出明确的结论,也不能确定发生燃料危机的原因。

我们得出的结论是,现在普遍存在着不满情绪。应当自下而上地了解这些不满情绪,如果通过苏维埃机关不能很快地了解,那就直接通过党的机关了解。

除了指出过的官僚主义,计划本身也有错误。在编制计划的时候,应通过报纸和会议上的讨论来审查计划。我们被迫让一些企业停工,这就使那些还有燃料的工厂的工作也被破坏了。这是怎么回事呢?显然,在计划工作中除了有错误,还有可以追究法律责任的地方。应当把无产阶级分子充实到各机关中去。

毫无疑问,在木材浮运季节结束之前,我们还不能摆脱燃料危机。应当尽可能地利用滑道和更好地利用浮运。燃料危机也影响了纺织企业,使它们连起码的计划都不能完成。

这就是由于盗匪活动和通往西伯利亚的交通中断而造成的困难。斯米尔诺夫的报告说:他们那里能够对付盗匪活动,但不能保证粮食运输情况好转。因此,不应当空泛地谈论总的形势,而应当集中力量摆脱这个困境。

　　简单地谈谈莫斯科组织的情况。有些同志把争吵归咎于莫斯科委员会的多数人。如果少数人对代表会议的决定不满意,那么可以向中央委员会提出申诉。我不知道中央委员会将如何处理这个问题,但是,我个人的意见认为,应归咎于少数人。全俄代表会议的决议①指出,应当考虑少数人的意见,党内的讨论和辩论是必要的。11月的省代表会议**148**根据这一点选举了莫斯科委员会。当时采用分两间屋子开会的办法,这已经是一个裂痕;但是,这种情形决不容许再继续下去。我们不是为批评而批评,而是为了作出正确的决定。莫斯科在辩论方面打破了纪录。在11月,有人说莫斯科委员会的路线不正确,赞成这一点的有120票。在辩论中当每人表明自己的立场时,反对莫斯科委员会的就比较少了。如果代表会议不能选举莫斯科委员会,这叫什么民主?经过三个月的辩论之后,争吵应归咎于那些表示不满的人。当然,对决议提出申诉的权利是合法的,但是革命者的职责是在困难的时刻团结起来,而不是滥用申诉这种合法权利。

　　我们从国外67种俄文报纸上看到,社会革命党人及其他的人打算在春天让我们在非党代表会议**149**上相互冲突起来。就在这时有人说:我们要对代表会议的决定提出申诉。应当懂得提出申诉的目的、时间和分寸。我们给了所有的人发表意见的机会,展开了辩论,然后由代表大会作出决议,而现在我们是处在战斗岗位上。应当团结起来并且应当懂得,在辩论中再跨出一步,我们就不成其为党了。我一点也不否认申诉的权利,我是说,我们过去没有

_____

　　①　参看《苏联共产党代表大会、代表会议和中央全会决议汇编》1964年人民出版社版第2分册第40—41页。——编者注

开展辩论也履行了自己的职责，我们现在也应当明白自己的职责。应该派共产党员到所有的非党组织中去说明这一严重的形势。

译自《列宁全集》俄文第 5 版
第 42 卷第 348—350 页

给全乌克兰苏维埃
第五次代表大会的贺词[150]

(1921 年 2 月 25 日或 26 日)

同志们！我衷心祝贺全乌克兰苏维埃第五次代表大会。我深信，乌克兰的贫苦农民和工人的联盟必将冲破敌人的一切障碍，粉碎他们的一切阴谋诡计，使苏维埃乌克兰得到加强，使乌克兰共和国获得巩固。

请彼得罗夫斯基同志转达我的歉意，因为我实在不能接受代表大会的邀请出席大会。但我还是希望在不久的将来能访问苏维埃乌克兰。祝代表大会在巩固工农政权和恢复经济方面获得成就。

你们的　**列宁**

载于 1921 年 2 月 27 日《共产党人报》（哈尔科夫）第 45 号

译自《列宁全集》俄文第 5 版第 42 卷第 351 页

劳动国防委员会关于
改善工人供应的决定[151]

1921年2月28日

劳动国防委员会决定立即采取紧急措施,改善对贫苦工人的粮食和日用必需品的供应,为此拨出数额为 **1 000** 万**金**卢布的款项并立即派代表团去国外购买此类物品——代表团中应该有全俄工会中央理事会的代表参加。

劳动国防委员会主席　**弗·乌里扬诺夫(列宁)**

载于1932年《列宁文集》俄文版
第20卷

译自《列宁全集》俄文第5版
第42卷第352页

在莫斯科工农代表苏维埃全体会议上的讲话[152]

（1921年2月28日）

　　（长时间鼓掌）大家自然都很关心也很担忧国内形势，但请允许我在谈国内形势以前先简单地谈谈最近国际方面的几件大事。为了简短起见，我只谈其中的三件大事。第一件是我们已经开始在这里，在莫斯科同土耳其的代表们举行会谈[153]。这件事是特别值得庆贺的，因为过去我们同土耳其政府代表团之间直接进行谈判有很多障碍。而现在既然有可能在这里达成协议，我们相信，两国之间的接近和友好将会有一个十分良好的开端。当然，我们两国之间的接近和友好不是由于施展外交手腕（在这方面我们的敌人比我们高明得多，我们不怕承认这一点），而是由于两国人民这些年来都遭到过帝国主义列强极多的欺凌。前面有一位发言人说，同帝国主义国家断绝关系（分离）是有害处的。[154]可是当狼袭击羊的时候，总不该对羊说别同狼断绝关系。（笑声，鼓掌）到目前为止东方各民族在帝国主义豺狼面前还只是一群羊羔，而苏维埃俄国第一个表明，尽管它的军事力量极其薄弱，但帝国主义豺狼把爪牙伸向它也并不是那么容易的。苏维埃俄国这一范例影响了很多民族，不管他们是否同情这些"造谣生事的布尔什维克"。关于这些"造谣生事者"全世界讲得很多，有人甚至说我们对于土耳其是阴险的造谣生事者。其实到目前为止我们在这方面确实什么也没有做到。尽管如此,土耳其的工人和农民还是表明了:现代各民族对掠夺行为的反抗已是一个不容忽视的事实,各帝国主义政府对土耳其的掠夺引起了土耳其的反抗,以致最强大的帝国主义国家也不得不缩回自己的魔掌。这一事实使我们不能不认为同土耳其政府的谈判是一个很大的成就。我们决不玩弄任何手腕。我们知道,这次谈判很有限,但很重要,因为尽管存在着严重的障碍,各民族工农劳动群众还是愈来愈接近。在估计我们所遇到的困难时,我们不应忘记这一点。

在谈国际形势时必须提到的第二件事情就是在里加举行和谈的情况。[155]你们知道,为了同从前属于俄罗斯帝国的一切国家缔结稍微可靠一点的和约,我们正对这些国家作最大的让步。这是可以理解的,因为民族压迫是激起各民族对帝国主义者的仇恨和团结各民族对帝国主义者作斗争的主要力量之一,何况旧俄罗斯帝国以及同资产阶级结成联盟的克伦斯基、孟什维克、社会革命党人的资产阶级共和国在这方面的胡作非为是世界上少见的。正因为如此,我们要对这些国家表现出最大的忍让,接受某些媾和条件,为此某些社会革命党人就责骂我们,差一点把我们说成是托尔斯泰主义者。对于这种责难我们很泰然,因为对这些国家我们必须表现最大的忍让,以消除过去的压迫在它们中间造成的长期不信任,并为各民族的工农结成联盟打下基础。这些民族过去曾共同遭受过沙皇政府和俄国地主的蹂躏,现在又在遭受帝国主义的蹂躏。我们对波兰采取的这种政策,遭到俄国白卫分子、社会革命党人和孟什维克极严重的破坏,因为他们享有"出版自由"、"言论自由"和诸如此类冠冕堂皇的"自由",此外法国和其他国家的资本家也非常自由，他们自由地收买了波兰的大部分，极其自由地在那里进行鼓动，使波兰卷入反对我们的战争。现在资本家用尽一切力量来破坏已经缔结的和约。我们所以不能按照我们所设想的那样大批复员我们的军队，其原因之一就是我们必须估计到有可能爆发某些人所想象不到的大规模的战争。有人说，我们不必把太多的力量放在军事方面，这种说法是错误的。其所以错误，是因为我们的敌人现在正施展一切阴谋诡计来阻挠我们同波兰签订正式和约（我们同波兰已签订了初步和约）。最近谈判拖延下来了。尽管在几星期以前谈判曾有破裂的严重危险，最近我们决定再作一些让步，这并不是因为我们认为这样做是公平合理的，而是因为我们认为重要的是要粉碎盘踞在华沙的那些俄国白卫分子、社会革命党人和孟什维克以及协约国帝国主义者的阴谋，这些人正竭尽全力来破坏和约的缔结。现在和约尚未签订，但是我可以说，我们完全有权利表示乐观：和约不久就会签订，反对签订和约的阴谋一定会被我们粉碎。我想我们大家都将为这种情况的出现而感到高兴，尽管这还只是一种预测。不过，今夜尚未来临，且慢赞美明晨。所以我们一刻也不会丝毫缩减和削弱我们的军事力量，同时我们也不怕对资产阶级波兰多作一点让步，只要能使波兰的工人和农民摆脱协约国，使他们相信工农政权决不制造民族纠纷。我们甚至将不惜作出重大牺牲来争取缔结这个和约。

第三个国际问题就是高加索事件。那里最近发生了一些大事，详细情形我们现在还不清楚，但这些事件的实质在于，我们正处于大战的边缘。亚美尼亚和格鲁吉亚的冲突不能不使我们十分关切，而这些事件使亚美尼亚和格鲁吉亚的战争转变为起义，参加起义的还有一部分俄国军队。结果，亚美尼亚资产阶级反对我们的阴谋至少到目前为止已经转过来反对他们自己，根据最近得到的尚未证实的消息，在梯弗利斯甚至出现了苏维埃政权。（鼓掌）我们知道，亚美尼亚的起义正好发生在格鲁吉亚和亚美尼亚之间的中立地带，而这个地带是格鲁吉亚经协约国帝国主义者同意后占领的。孟什维克，特别是格鲁吉亚的孟什维克，谈论同西欧国家断绝关系的害处，言下之意是应该信赖协约国帝国主义者，因为他们最强大。可是先进的资本家是最会骗人的，这一点某些白卫分子却忘记了，他们认为：与全世界所有联合起来的帝国主义列强相比，亚美尼亚算得什么呢，亚美尼亚的农民等等算得什么呢，遭到经济破坏的苏维埃共和国算得什么呢；先进的资本家是全世界的文明力量，因此我们要倒向他们。格鲁吉亚的孟什维克就是这样为他们庇护资本家这一丑行作辩护的。此外，格鲁吉亚的孟什维克还握有一把取得亚美尼亚农民的粮食的钥匙，那就是唯一的一条铁路。

谁也不会有耐心去读完我们同格鲁吉亚之间在这方面交换的电报、声明和抗议。如果我们同格鲁吉亚缔结了和约的话，我们一定会尽量维持下去。但是你们要知道，亚美尼亚的农民不是这样看待和约的，结果，2月初爆发了声势浩大的起义，它以惊人的速度扩展开来，不仅亚美尼亚人，而且格鲁吉亚人都投入了这场起义中。现在要得到那里的消息是很困难的。我们最近得到的消息证实了我们的预料。我们很清楚，格鲁吉亚的资产阶级和格鲁吉亚的孟什维克所依靠的不是劳动群众，而是本国的资本家，不过这些资本家正在寻找借口挑起军事冲突，但我们三年来所指望的则是劳动群众，而且至死都要指望他们，虽然他们是落后的和受压迫的国家的劳动群众。不管我们怎样谨慎小心，怎样竭尽全力去巩固红军,但我们还是要尽一切努力去扑灭已经在高加索燃起的大火。哪里有苏维埃政权,哪里就没有民族压迫,这一点我们在西方已经表明了,现在在东方也要表明。整个斗争最终取决于这一点,而不管怎样,工人和农民的力量终究要超过和大于资本家的力量,因为工人和农民要比资本家多得多。

在谈了有关对外政策的看法之后,现在我来谈谈对内政策。可惜布留哈诺夫同志在这里作的报告我没能听全。你们已经听到了他所说的一切详情细节,了解了真实的情况,因此我当然就没有必要再来重复了。我只想谈一下最主要的一点,也许这一点可以使我们明白为什么会引起严重的危机。我们必须向自己提出任务,选择完成任务的途径。途径是有的,我们已经找到了,但是我们还没有力量像战后的艰苦环境所要求的那样,沿着选定的道路顽强地一直走下去。我们在各方面都很穷,但我们遭到的破坏毕竟不比维也纳工人遭到的更厉害。维也纳工人忍饥挨饿,濒于死亡的境地,他们的子女也遭受着同样的命运,但是他们缺乏我们所具有的最主要的东西:他们没有希望。他们因受资本主义的摧残而濒于死亡的境地,他们忍受牺牲的情况也和我们不同。我们是为了向整个资本主义世界宣战而忍受牺牲的。这就是彼得格勒和莫斯科工人的处境与维也纳工人的处境不同的地方。现在是春季,我们的粮食困难又加剧了,虽然不久以前粮食情况有所好转。现在出现的情况是我们没有估计到的。征粮计划制定后所取得的成绩向我们表明,情况是有可能好转的。人民已极度饥饿,以致非改善他们的生活状况不可了。不仅需要救济他们,而且需要改善他们的生活。我们没有估计到,只顾眼前,到后来就会遇到困难。这是一个错误,正是这个错误才使我们现在面临粮食危机。在其他方面我们也犯过同样的错误，比如在对波战争中和在燃料问题上。粮食工作、燃料（煤、石油、木柴）工作是不同的工作，但我们在这三方面都犯了同样的错误。在解决温饱问题时我们夸大了自己的力量，没有很好地估计自己的力量。我们没有估计到我们的物资一下子就会用完；我们没有计算清楚储备的物资有多少，因此我们没有留下一点东西来应付困难的日子。这是一个很简单的道理，是任何一个农民从平常简单的持家中都懂得的。可是我们在国家这个范围内却一直不管储备，只顾眼前，刚有些储备，就从眼前的需要出发去动用它，而不能把它留下来应付困难的日子。

在对波战争中我们的红军勇敢顽强，但是我们前进得稍微远了一些——一直打到了华沙城下，后来一退就几乎退到了明斯克。粮食问题同样如此。诚然，这场战争我们打胜了。1920年我们就向波兰的地主和资产阶级提议缔结和约，当时提出的媾和条件比起现在的来对他们要有利一些。他们从这里取得了教训，全世界也取得了这个谁都没有料想到的教训。当我们讲到自己的情况时，我们讲的都是真话，我们宁可把坏的方面讲得过头一点。我们在1920年4月曾说过：运输业恶化，粮食缺乏。我们在报纸上公开地这样写，我们在莫斯科和彼得格勒的大厅里举行的许多次大会上也这样讲。欧洲的间谍便急忙用电报发回这些情报，于是那里的人们便得意洋洋地说："波兰人，干吧，你们瞧，他们的情况多么糟糕，我们马上就能打败他们。"而我们讲的是真话，有时还把坏的方面讲得过头一点，为的是让工人和农民们知道，我们还有困难。但当波兰军队依靠法英等国的金钱和装备并在这些国家的专家教官的监督下进攻我们时，却被我们粉碎了。现在，我们说我们的情况不好，我们的大使向我们报告说，所有资产阶级的报纸都刊出《苏维埃政权的末日来临》这类标题，连切尔诺夫也在说苏维埃政权必然要垮台，但我们还是要说："你们叫嚣吧，有多大劲就使多大劲吧，这就是资本家出钱的出版自由，这种自由随便你们有多少都行，而我们是丝毫不怕讲出令人难过的真话的。"是的，今年春季我们的情况又恶化了，现在我们的报纸登的全是承认这一点的消息。欧洲的资本家们、孟什维克、社会革命党人、萨文柯夫分子以及诸如此类的人们，你们想借此捞到什么便宜，那就试一试吧，你们准会摔得更重、更痛、更惨。（鼓掌）要改变1918—1919年那种极端贫困的状况显然是很困难的，当时谁都不能去考虑为期一年的储备或分配问题，而只能考虑两三个星期的储备或分配问题，往后只好"走着瞧"。要从1918—1919年的状况变成1920年的状况显然是困难的。到了1920年，我们的军队比波兰的军队多了，粮食比上一年增加了一倍，燃料也有了（顿涅茨和西伯利亚的煤比上一年增加了一半）。在全国范围内分配这些东西我们却没有做好。应当记住，要作出一年的计算是需要有特殊的办法和特殊的条件的。当时我们虽然知道今年春季比去年秋季要困难，但困难到什么程度，我们就不得而知。问题不在于数字和分配，而在于工人和农民饥饿到了什么程度，他们能为全体工农的共同事业忍受多大的牺牲。谁来作这种计算呢？有人责备我们的失误，责备得有道理，因为我们在这方面确有错误，谁都不想掩饰这一点，正像不想掩饰对波战争中的错误一样，那就让指出这个错误的人为我们作这种计算吧，根据这种计算就可以在全国范围内预先确定，需要从上半年的粮食储备中抽出多少来应付下半年困难的日子。可是并没有人作这样的计算。我们在1920年第一次作了这种计算，但是失算了。革命在某种意义上说是一种奇迹。如果在1917年有人对我们说,我们能同全世界打三年仗,战争的结果会使两百万俄国地主、资本家及其子女逃亡国外,而我们却会赢得胜利,那我们每个人都不会相信的。然而出现了奇迹,因为在工人和农民中产生了一种抗击地主和资本家进攻的巨大力量,这种力量甚至威胁到强大的资本主义。正因为在这方面出现了奇迹,我们忽略了作长远打算。结果我们大家都弄得非常狼狈。这次的党代表大会要早一点举行,因为我们必须极其认真地总结这个新的经验。在捍卫工农政权方面出现了奇迹,但这种奇迹不是天意,不是从天上掉下来的,而是因为这场由工人进行的革命从工人和农民那里——尽管他们受尽了压制和屈辱,苦难和折磨——获得了比任何一个富裕、文明和先进的国家强百倍的力量。但是现在不能拿老的一套来对待经济工作。在经济工作中需要有一定程度的"吝啬"(虽然这个字眼不很恰当)。可是我们现在还没有学会"吝啬"。应当记住,资产阶级虽然被我们战胜了,但是它在我国还存在,因此斗争也还存在。他们同我们斗争的手段之一,就是散布惊慌失措的情绪。不应忘记,在这一点上他们是行家。他们有报纸,即使不是铅印的,也能传播很广,他们把苍蝇说成大象,甚至不仅是大象……　但我们决不能惊慌失措。我们的情况所以恶化,是因为我们在各种工作中都犯了错误。可是我们不怕这些错误,不怕承认这些错误,也不互相责难;为了在各种工作中利用一切力量,最大限度地鼓起干劲,必须善于计算,必须以我们全共和国的主人翁的态度来进行计算,只有这样,才能把大量的粮食和燃料算清楚。当然,从健康人的需要来看,我们的粮食将是少的,但是要一下子增加粮食,这不可能。如果不进行储备,粮食就会不够,但是如果我们合理地加以计算,把粮食发给最需要的人,并从拥有较多余粮的人（这是与近三年来几乎把仅有的一点粮食都交出来的人相比较）那里拿来粮食，那我们的粮食还是够的。西伯利亚和乌克兰的农民是否理解这种计算呢？还不理解。他们过去和现在所拥有的余粮都比俄国中部的农民多。他们还没有遇到过俄国中部这样的处境。乌克兰、西伯利亚和北高加索的农民都从来没有经受过莫斯科省和彼得格勒省的农民三年来所经受的那种贫困和饥饿（莫斯科省和彼得格勒省的农民所收获的粮食比乌克兰的农民要少得多）。他们通常拥有几百普特的余粮，他们总认为，要他们拿出这些余粮就得马上给他们商品。可是在工厂停工的情况下，我们无从得到商品。要使工厂开工，就需要时间，需要准备，需要工人。我们不是在绝境中而是在不断取得胜利的斗争中来忍受空前的牺牲的。这个差别决定着一切。

这就是我想在这里向你们强调的主要的一点，不过这不是从做粮食工作的同志和做燃料工作的同志为你们提供的确切材料的角度来谈的，而是从经济和政治的角度来谈的，目的是使大家了解，近几年来我们所犯的错误同过去的错误有什么不同，并且了解，这虽然是另一种性质的错误，但两者毕竟有共同之处，那就是：我们本来能够上升一级，却试图一下子跳两级。不过我们毕竟是上升了。这当然很好。我们今年的燃料平衡毕竟比去年做得好多了。关于粮食方面，我在结束这个问题之前只能再引用一个材料，就是共和国武装力量总司令的主管西伯利亚地区的助理打给我的电报。他在电报中说，现在交通已经恢复，七列运粮直达列车正开向莫斯科。在那里一度发生过骚乱和富农暴动。这当然可以开玩笑说是造谣生事，但要知道，我们在阶级斗争中毕竟学会了一些东西。我们知道，沙皇政府曾说我们是造谣生事者，而当我们说社会革命党人和孟什维克是造谣生事者时，我们说的是另外一个阶级，说的是那些跟着资产阶级走的人，他们趁我们处境困难时印发传单说："你们看呀，他们夺走了你们300普特的余粮，你们交出了一切，但得到的只是花花绿绿的票子。"难道我们不认得这些造谣生事者吗？他们是哪个阶级？还不就是那些地主，不管他们把自己叫做社会革命党人也好，或叫做自由、民权制度、立宪会议等的拥护者也好。他们的话我们全听过了，而且也学会了怎样去理解这些话。这些暴动表明，农民中间有些阶层不愿意接受余粮收集制，也不愿意接受粮食税。会上有一个人谈到了粮食税。他的发言有许多合理的想法，但他不该忘记补充一句，我们在这个讲台上讲这个问题以前，俄国共产党的中央机关报《真理报》就登载过关于实行粮食税的建议，署名的不仅有一般工作人员，而且还有负责人员[156]。非党农民对我们说："请你们在计算时要考虑到小农的需要；小农需要心中有数：我该交出多少粮食，其余的由我支配"，我们说：对，这有道理，这是完全符合当地情况的合理的想法，在我们还没有机器，农民自己还不愿意从小经济转到大经济以前，我们愿意考虑这样的设想。过一个星期就要召开党的代表大会，我们将提出这个问题，分析这个问题，并且作出决定来满足非党农民和广大群众的要求。当然，我们的机关有许多缺点和坏现象，因为官僚主义已经渗透到我们的机关中来，流毒很广很广。难道这些错误和缺点在我们的红军中就没有过吗？要一下子消除这些错误和缺点是不可能的，但是依靠工人和农民的帮助，我们的红军还是获得了胜利。红军中有过的错误和缺点，会以另一种形式存在于一切部门中；这些官僚主义的坏现象，大家经常都在叫喊和责骂，因为它们就是我们的错误和不幸，我们一定要以顽强的工作来根除这些坏现象,我们既不要惊慌失措,也不要忽视有人企图利用这些错误来重演高尔察克和邓尼金的历史。我们这里正苦于煤不够用,而在乌克兰,偷盗储煤这类坏现象却层出不穷。那里成立过许许多多政府,那里的富裕农民受到了腐蚀。他们不能理解什么是工农政府,也不能理解这个政府征收粮食是为了改善工农的生活状况。只要我们还没有向那里的人完全讲清楚所有这些问题,我们就还会不断收到那里发生骚乱、抢劫和暴动的消息。这是不可避免的,因为愚昧、分散以及某些农民的敌意是不可避免的,这是资本主义遗留给我们的,我们需要花好多年的时间来改造他们。每逢春季我们都看到这种情况,今后每逢春季也还会看到这种情况。

东南地区的铁路的情况有所不同。我们这一年主要是依靠西伯利亚和北高加索所供给的资源。我手头有一份五日报表。2月1—5日每昼夜有8个车皮,2月6—10日有32个车皮,2月11—15日有60个车皮,2月16—20日有109个车皮,而我们每昼夜实际需要200个车皮,只是在2月20日到24日这最近五天中我们才达到120个车皮。这等于3列直达列车。今天佛敏同志报告说,在最近两天内我们收到4列直达列车。至于顿巴斯的情况,正像一位同志所说的,那里没有粮食是因为没有煤,而没有煤又是因为没有粮食。因此必须凭着劳动者的毅力、干劲和英雄气概把这条要命的锁链从某个环节上砸断,使全部机器开动起来。我们在这方面经受了最大的困难,现在正开始摆脱这些困难。曙光已经显露出来了。同志们,我决不想用各种诺言来安慰你们,也不想对你们说,困难阶段已经结束。完全不是这么回事!好转的迹象是有的,但目前阶段仍然是非常困难的,不过同去年秋季相比,我们本来可以不像现在这样困难的,尽管我们仍然处于同西欧断绝联系的情况下。为了使我们不致同西欧断绝联系,我们应当实行租让:让你拿走500％的利润,而你为我们增加粮食、煤油等产品。所以我们要实行租让,一定要实行。这将是一场新的斗争,因为不经过讨价还价我们是不会给他们500％的利润或更多的利润的,而转入这场斗争就等于把全部火车纳入新的轨道。

为此就必须使资本家确信,用战争来对付我们是不行的。我们明确地采取了租让政策。你们知道,在这个问题上我们同工人和农民发生过不少争论;你们知道,工人们说:"我们赶走了本国资产阶级,又要把外国的资产阶级放进来。"我们向他们解释说,我们不能一下子从一无所有变得一切都有,为了使这种转变顺利进行,为了得到必要数量的粮食和纺织品,就要不怕作出任何牺牲。让资本家贪得无厌吧,对于我们来说,只要能改善工农生活状况就行。但是实行租让是一件艰巨的事。还在去年11月间我们就颁布了这项法令,可是直到现在我们还没有签订过一个租让合同。当然,白卫分子和孟什维克的报刊在这方面有影响。要知道现在世界上没有一个国家没有俄文报纸,孟什维克就在这些报纸上发出反对租让的叫嚣,说莫斯科不太平,因此苏维埃政权很快就要垮台,而你们资本家先生们,请不要相信他们,也不要同他们做生意。然而我们决不会放弃这场斗争,资本家虽然被我们打败了,但还没有被消灭,他们只是换了一下座位,盘踞在华沙,这个地方曾经是反对俄国专制制度的中心,现在却集结着反对苏维埃俄国的白卫分子。我们要在各个方面,在对外和对内两条战线上同他们作斗争。

我手头有一封季诺维也夫同志从彼得格勒发来的电报,电报中说,那里进行了逮捕,从一个被捕的人身上发现了一张传单,从这张传单中可以清楚地看出，他是外国资本家的间谍。此外还发现一张以《致忠诚的人们》为题的反革命传单。其次，季诺维也夫同志还告诉我们说，在彼得格勒孟什维克张贴了许多传单，他们号召工人举行罢工，而在莫斯科这里则有人放出谣言，说要举行游行示威。事实上这里曾经发生一起挑衅性的枪杀事件，打死了一名共产党员。他是这些不幸的日子里的唯一的牺牲者。当邓尼金盘踞在奥廖尔一带时，白卫报纸曾经说，他一小时几乎可以推进 100 俄里。我们对这些报纸并不感到惊奇。我们看待事物是头脑清醒的。同志们，我们必须紧密地团结起来，否则我们怎么办呢？难道还要再尝一下克伦斯基、高尔察克的"联合"政府的滋味吗？高尔察克已经死了，可是没有高尔察克，还会有别人。俄国的将军真是多不胜数，简直可以组成一支大军。我们应该有什么说什么，不怕世界上一切城市出版的报纸。这没有什么了不起，我们不会因此而闭口不谈我们的困难情况。但是我们要说，同志们，我们正在进行的就是这样一场艰巨的、流血的斗争，现在他们不能用武器来反对我们，因而就用造谣诽谤来反对我们，而且利用我们的各种艰难困苦去帮助我们的敌人。所有这些，我再说一遍，我们都尝过了，经历过了。我们经受过比这大得多的困难，我们非常熟悉这个敌人，我们要在今年春季战胜这个敌人，我们要以更有成效的、更加周密的工作来战胜这个敌人。（鼓掌）

载于 1921 年 3 月 2 日《真理报》
第 46 号

译自《列宁全集》俄文第 5 版
第 42 卷第 353—366 页

给巴库同志们的信的提纲¹⁵⁷

（1921 年 2 月下半月）

秘密

给巴库同志们的信
（关于租让问题）

预备提纲：

1. 在一个极其重要的问题上开始发生分歧。（**人民委员会决议**。1921 年，决议文本。**158**）

2. 巴库的租让企业？全部分歧的例子和关键，分歧的"焦点"。

3—8. 反对的论据（$A1 — a6$）

    ＋补 **8**。

9. 对反对的论据的分析和驳斥。

10. 问题的经济实质。

11. 莫大的政治错误。

12. 问题的原则性实质。

13. 示范性合同。

14. 结语。

注　意

$$\left.\begin{array}{l} \text{a \ I 反对者的主要“论}\\ \text{\ II 据”(和主要错误)}\\ \text{\ III 的主要阶段}\\ \text{\ IV 反对者的“退却”}\\ \text{\ V “偏见借以隐藏的}\\ \text{\ VI 战壕线”} \end{array}\right.$$

3.(aI)"当周围有人在为自己工作时,谁也不愿意为资本家工作。"

4.(aII)"博格达齐扬支持克拉辛。"

> 克拉辛:关于克拉辛这个人的争论的一般原则
> 性的内容是什么? 简直是个"资产阶级专家"!

专家们的欺骗

(关于专家的作用和对
他们的态度的问题。)

4a."资产阶级专家"? 滚!

应该善于利用,善于请教"资产阶级专家",善于了解他们的
"力量"在哪里。

4b. 唱得有点刺耳,好在是滴酒不进[159]的"心地善良的共产主义音
乐家"。

5.(aIII)"私人资本主义是凶恶的强盗,只有国家政权(国有化)才
有能力合理地办事。"

6.(aIV)"不能证明我们自己弄不到设备"

(＝自己能办好)。

7.(aV)监督不住外国人。

8.(aVI)**我们的**专家说:"成问题"

（究竟什么成问题和应该**善于**向专家请教什么）。

补8(aVII) { **巴库**:灾难。
格罗兹尼。另一种。}

$^1/_{14}$的油田、设备及其他——先进的资本主义的"**后方**"。

10. 经济问题:先进的资本主义目前在技术和组织方面是不是比我们高明?

10a. 现在是否可以给我们提出任务:应该自己搞好,要么这是左派幼稚性,要么这是愚蠢的学理主义?

10b. 现在是否必须这样提出任务:鉴于苏维埃政权因经济破坏和落后而面临垮台的巨大危险、**落后**和**赶不上**的危险,只能这样提出任务:**借助**联合外国资本**赶上去**?

"如果租让$^1/_4$,$^2/_4$就不会落后",这是**理想**;这一点我们一年内不能解决,如果五年能解决,那就是伟大的胜利。

这才是切实地,而不是幼稚地提问题的方法。

11. 为什么最终造成巨大的**政治**错误? 错误地估计俄国和**全世界**的前景以及俄国(无产阶级、农民、资产阶级)和**全世界各阶级的关系**。

12. 经济意义=(α)同**先进的国家**资本主义缔结联盟反对**小资产阶级的**和落后的自发势力=(β)同一个**帝国主义**托拉斯缔结联盟反对另一个。

"注意不到"? 是谁? 沙皇和资产阶级官吏们吗? 我们。

租让$^1/_4$? 学习的榜样。租让$^1/_4$,使$^2/_4$赶上($^3/_4$是难以达到的理想)。那么经过30年(平均租让期限)将有把握和平地取得胜利,或许过15年我们就会赎回。

概略:

13. §1. 遵守最新技术成就的科技规程。

 　 §2. 运来粮食、衣服和其他消费品(为"他们的"企业的工人)。

 　 §3. 运来设备。

 　 §4. 从国外运来的一切物资中(§2和§3)给我们 $^1/_4$—$^1/_3$。

 　 　 (根据抽签,3"箱"中给我们 1 箱。)

 　 §5. 我们提供最低数量的东西(例如:木材),而且不按一般

 　 　 收费。

 　 §6. 必须遵守我们的法律。

 　 §7. 我们给"他"50%—75%的石油。

 　 §8. 我们按次序改善我们工人和专家的饮食。

 　 §9. 我们认真地学习,而不叫喊"我们投鞭就能断流"。

14. 我们是否应该**努力**找到接受这些条件的承租人?

 　 这才是唯一正确的提问题的方法。

载于 1959 年《列宁文集》俄文版　　　　　译自《列宁全集》俄文第 5 版
第 36 卷　　　　　　　　　　　　　　　　第 42 卷第 423—426 页

给格·康·奥尔忠尼启则的信¹⁶⁰

1921 年 3 月 2 日

致谢尔戈·奥尔忠尼启则

请向格鲁吉亚共产党员,特别是格鲁吉亚革命委员会的全体委员转达我对苏维埃格鲁吉亚的热烈的敬意。我特地请他们告诉我,我们同他们之间在下面三个问题上意见是否完全一致:

第一,应当立即武装工人和贫苦农民,建立坚强的格鲁吉亚红军。

第二,必须采取对格鲁吉亚的知识分子和小商人让步的特殊政策。应该懂得,对他们不仅不宜采取国有化政策,而且甚至应该作一定的牺牲,以便改善他们的状况,使他们能够从事小规模的商业。

第三,极其重要的是,寻找适当的妥协办法,同饶尔丹尼亚或像他那样的格鲁吉亚的孟什维克结成联盟,因为他们在起义以前并不绝对反对格鲁吉亚在一定条件下实行苏维埃制度的想法。

请记住,现在无论格鲁吉亚所处的国内条件或国际条件都要求格鲁吉亚的共产党员不要硬搬俄国的公式,而要善于灵活地制定以对各种小资产阶级分子采取更大让步为基础的特殊策略。

请答复。

列　宁

斯大林：请把这封信寄出，如有不同意见，请打电话告诉我。

列 宁

载于 1921 年 3 月 6 日《格鲁吉亚
真理报》第 5 号

译自《列宁全集》俄文第 5 版
第 42 卷第 367 页

国际劳动妇女节

(1921 年 3 月 4 日)

布尔什维主义和俄国十月革命的最主要、最根本的一点,就是吸引在资本主义制度下受压迫最深的人们参与政治。无论在君主制度下或者在资产阶级民主共和国,他们都受到资本家的压迫、欺骗和掠夺。只要土地和工厂的私有制还存在,资本家的这种压迫、这种欺骗和这种对国民劳动的掠夺就是不可避免的。

布尔什维主义的实质,苏维埃政权的实质,就在于:它在揭露资产阶级民主制的欺骗性和虚伪性、废除土地和工厂的私有制的同时,把全部国家政权集中在被剥削劳动群众的手里。由这些群众自己来掌管政治即建设新社会的事业。这件事情是困难的,群众受尽了资本主义的压迫和蹂躏,但是没有也不可能有其他摆脱雇佣奴隶制,摆脱资本家奴役的出路。

要吸引群众参与政治就不能不吸引妇女参与政治,因为占人类半数的妇女在资本主义制度下受着双重的压迫。女工和农妇受着资本的压迫,不仅如此,她们甚至在最民主的资产阶级共和国里也仍然没有享受充分的权利,因为法律不允许她们同男子平等,这是第一;第二,——这也是主要的——她们仍然受着"家庭的奴役",仍然是"家庭的奴隶",她们被最琐碎、最粗重、最辛苦、最使人愚钝的下厨房等单独的家务劳动压得喘不过气来。

布尔什维克革命即苏维埃革命彻底铲除了妇女受压迫和不平等的根源,这是过去世界上任何一个政党、任何一次革命都不敢做的。在我们苏维埃俄国,法律上男女的不平等已经完全取消了。苏维埃政权彻底消灭了婚姻法和家庭法上的特别可耻、卑鄙、伪善的不平等,消除了在对子女关系上的不平等。

这只是妇女解放的第一步。但是任何一个资产阶级共和国,哪怕是最民主的资产阶级共和国,都不敢走这第一步,因为它害怕触犯"神圣的私有制"。

第二步,也是主要的一步,就是废除土地和工厂的私有制。这样,也只有这样,才有可能使妇女获得真正彻底的解放,通过从单独的琐碎的家务劳动向社会化的大规模劳动的转变摆脱"家庭的奴役"。

这个转变是困难的,因为这关系到改造根深蒂固的、习以为常的、陈旧和僵化的"规矩"(老实说,这不是什么"规矩",而是丑恶现象和野蛮行为)。但是这个转变已经开始,事情已经向前推进了,我们已经走上新的道路。

在国际劳动妇女节,世界各国的女工将在无数的集会上向苏维埃俄国致敬,因为它已经开始了空前艰苦的但具有伟大世界意义的真正的解放事业。这些集会将会有力地号召女工们不要在凶恶的甚至是残暴的资产阶级反动势力面前丧失斗志。资产阶级国家愈是"自由"、愈是"民主",资本家匪帮对付工人革命就愈是凶恶残暴;北美合众国这个民主共和国就是一个例子。但是广大工人已经觉醒。帝国主义战争已经彻底唤醒了美洲、欧洲以及落后的亚洲的沉睡的、半睡不醒的、死气沉沉的群众。

世界各个角落的坚冰已被打破了。

各民族争取摆脱帝国主义压迫的解放事业,男女工人争取摆脱资本压迫的解放事业,正不可遏止地向前发展着。把这个事业推向前进的是千百万的男女工人和男女农民。因此,这一使劳动摆脱资本压迫的事业,必将在全世界获得胜利。

1921 年 3 月 4 日

载于 1921 年 3 月 8 日《真理报》第 51 号附刊

译自《列宁全集》俄文第 5 版第 42 卷第 368—370 页

对人民委员会关于高等学校
必修科目的决定草案的补充

（1921 年 3 月 5 日）

根据全俄苏维埃第八次代表大会的决议，应加上：

电气化计划，

它的经济原理，

俄国经济地理，

实行计划的意义和条件。

列　宁

载于 1945 年《列宁文集》俄文版
第 35 卷

译自《列宁全集》俄文第 5 版
第 42 卷第 427 页

附　　录

《工会的任务及其实现的方法》
决议草案的草稿①

(1920 年 11 月上旬)

1. 在各方面,包括在工会运动中逐步而坚决地从重点制转到平均制。

2. 这一点特别应该用于运输工会中央委员会同全俄工会中央理事会和整个工会运动的关系方面。

3. 不顾同其他工会的比例关系,过分(人力、物力上)加强运输工会中央委员会的现象应予制止。

4. 拟定(在工作人员、报纸、经费等等方面)加强整个全俄工会中央理事会及其在全国的整个工作的详细规划。

5. 确认多采用工人民主、工会内部民主的方法是刻不容缓的任务并对此进行详细研究。

6. 就开展工会参加生产管理的工作的各个方面(手段、方式、方法)拟定一个详细的指示。

7. 专家也是这样,把他们分为三类或更多的类别,正确地吸收

① 决议草案见本卷第 11—12 页。——编者注

他们并有计划地使用他们等等。

　　拟定指示。

载于 1959 年《列宁文集》俄文版
第 36 卷

译自《列宁全集》俄文第 5 版
第 42 卷第 373 页

《关于生产宣传的提纲》的要点[①]

(1920 年 11 月 16 日和 18 日之间)

(1)《**消息报**》和《**真理报**》。

(2)**统一的生产性报纸**。

(3)小册子和活页文选。

(4)电影和图表。

(5)唱片(生产宣传)。

(6)戏剧?

(7)讲演……

(8)报告会……

(9)革新的汇集……

‖ 利用教师……

＋生产检查。

———————

(1)生产宣传应放在第一位。[②]

(2)《**消息报**》和《**真理报**》;总的指导性刊物。

(3)由统一的小组领导的统一的生产宣传。

(4)这个小组＝通俗的"生产性"报纸《贫苦农民报》编辑部。

———————————

① 提纲见本卷第 16—18 页。——编者注

② 手稿上这一点和以后各点都被列宁删掉。——俄文版编者注

(5)这个小组＝5人：(1)最高国民经济委员会1人；(2)全俄工会中央理事会1人；(3)农业人民委员部1人；(4)政治教育总委员会1人；(5)中央委员会1人。

((7))(4)大约：$\frac{1}{6}$—$\frac{1}{4}$政治；$\frac{1}{2}$—$\frac{1}{3}$工业生产宣传；农业生产宣传$\frac{1}{4}$；其余的是同读者通信。

(5)按生产部门选择材料,翻印成小册子和活页文选；给每一个工厂；给每一个图书馆。

(6)更合理地把报纸(和印刷品)分配给**所有**图书馆。

与11有关 (7)必须吸收所有教师、农艺师、工程师等等,吸收所有"知识分子"和识字的人有组织地参加生产宣传。

(8)与此有关的电影。电影局。

(9)在图书馆、俱乐部、街头等地展出图表和图片。

(10)唱片。

与7有关 (11)讲演；座谈；报告会。

(12)生产检查；指导员、指导列车等等。

载于1959年《列宁文集》俄文版第36卷

译自《列宁全集》俄文第5版第42卷第374—375页

对制定加强和发展农民农业经济的措施的法令草案的意见

（1920 年 12 月 4 日）

给委员会委员的指示

（1）增加农民协助委员会代表的人数……

（2）根据**农业人民委员部**的第 6 条的规定来确定农民协助委员会参加的办法。

（3）限制播种委员会颁布行政决定的权力：无论县、省一级或区域一级要颁布这种决定，都必须事先把要采取的措施提交农民协助委员会开会讨论。

（4）删去回收种子这一条，种子储备的保管方式由地方机关来确定。

（5）删去第 7 部分——关于征收……

（6）把草案的大部分写入工作细则。

载于 1945 年《列宁文集》俄文版
第 35 卷

译自《列宁全集》俄文第 5 版
第 42 卷第 377 页

在全俄苏维埃第八次代表大会上关于对外对内政策的报告的提纲①

(1920 年 12 月 14 日和 22 日之间)

报 告 提 纲

题目:

（А）　（Б）

| 关于对外对内政策的报告。 | 题目 |
| 不是列举,不是叙述,而是谈经验教训和由此产生的任务。 | 阐述这个题目的提纲（或性质,或方法）。 |

一、（А）**对外政策。**

1. 对波战争。（和平还是战争,我们的媾和建议及其失败。）	对波战争及其教训。
2. 华沙城下的失败:疲劳。（**教训**:我们需要一个喘息时机。不能总是那样极其急速地前进。）	
3. 弗兰格尔。	弗兰格尔
4. **协约国内部的争斗。**	教训:

---

① 报告见本卷第 132—161 页。——编者注

5.弗兰格尔残部仍在活动。 ‖ 和平没有保障。

6.同英国签订条约:为什么我们需要这个条约?

拉脱维亚

布哈拉

＋波斯

亚美尼亚＃

从同世界帝国主义交往的经验中得出的结论。

7.**租让**

(1920 年 11 月 23 日的法令)

((注意:**非党农民的警告**))。

拉脱维亚,

布哈拉和阿塞拜疆,

＃波斯——**条约**,亚美尼亚。

同阿富汗,特别是同土耳其的友好关系。

二、(Б)

8.〔接近并转到劳动战线,转到**对内政策**。〕

9.对内政策＝转到劳动战线。

10.参看 1918 年 4 月 29 日**全俄中央执行委员会的**决议。①

11.
……第 2 条:组织任务

……第 5 条:特别是加强劳动纪律和提高劳动生产率……工会……

……第 6 条:服从独裁的权力。

"温故而知新"。

12.参看同官僚主义的斗争。12 月 11 日的组织工作会议。

转向更困难的任务。

13.劳动战线更困难。所以:通过**说服**到**强制**。多说服。

――――――――

① **见本版全集第 34 卷第 257—260 页**。——编者注

14. 生产宣传。中央局。各种报纸。

15. 工会的作用。

16. 农业问题法案(1920 年 12 月 14 日写成)。

> "调整"?
>
> 通过**说服**。
>
> 群众("活动的规模"[161])。
>
> 非党农民＝关键。

17. 经济计划? 基础:粮食收购

(32 000 万——5 000 万——1 亿——2 亿——? 3 亿)。

18. 实物
奖励
{
1920 年 4 月 20 日的原则
1920 年 10 月 23 日的法令
}
{
储备——50 万普特;
已用去 172 000。
(11 月＋12 月)。
}

19. 工业和**燃料**状况的改善
{
木柴
煤
石油
}

20. "泥炭水力开采法"。{21.泥炭}

21. 运输业的改善

(特别是 **4 年半和 3 年半**)。

提纲第 9 条。

22. 引自李可夫关于**多年**计划的提纲

((注释))。

23. 经济系统**各人民委员部**的统一(劳动国防委员会)。

(古谢夫的糟糕的小册子。)

24. 经济**热情**(α 政治的;β 军事的;γ 经济的)。

25. 电气化:少一些政治家,多一些工程师和农艺师。

共产主义＝苏维埃制度＋电气化。

电气化是"民主"的基础。

统一的经济计划。伟大的计划。

农民的欢呼:"非自然的光"。

俄国会不会退回到资本主义去?

封闭了苏哈列夫卡。

千百万人心灵上**和行动中**的苏哈列夫卡。

26. 总而言之＝大家都到经济战线上去!!!

电气化。

1920 年 2 月 7 日全俄中央执行委员会提出的任务。

1920 年 2 月 21 日最高国民经济委员会主席团的决定。

国防委员会关于俄罗斯国家电气化委员会的条例(1920 年 4 月 24 日公报第 1 期)。

成果:**一本书。**

第二个党纲……　　　　　　　　　**工程师和农艺师要多于政治家。**

预计工业改组需要 10 年时间……

纲领:总和＝191 页 **170 亿**

物资平衡表。

30 座区域电站

农业
燃料
加工工业和采掘工业
运输业

电气化＋苏维埃政权＝共产主义。　　　资本主义可能

电气化是民主的基础。　　　　　　　　复辟吗？

"非自然的光……"　　　　　　　　　　苏哈列夫卡？

是的，**目前**可能。

在**所有的**学校里：我们的纲领：

综合技术教育＋为劳动作全面准备。

载于 1942 年《列宁文集》俄文版　　　　译自《列宁全集》俄文第 5 版
第 34 卷　　　　　　　　　　　　　　　第 42 卷第 378—381 页

给中央委员和人民委员的便条 并附非党农民会议发言摘要

(1920 年 12 月 22 日)

给中央委员和人民委员的便条

兹通知中央委员和人民委员

下面是列宁摘记的非党农民会议上的一些讨论和发言,请你们一阅。

在非党会议上:

白俄罗斯(明斯克省)**代表:**

给盐、铁和种上**全部**土地所需要的一切东西。应该给。别的我就不说了。

乌克兰代表:

定量太低(牲口吃的和人吃的)。我们绝不荒废土地。

特维尔省代表:

在今年不合适。没有三叶草种子。农民一点都没看到集体经济的好处。

伊万诺沃-沃兹涅先斯克省代表：

？对懒汉和勤劳的人都同样地收集余粮，这太不公平了。

铁匠修理东西的价格要固定（还有木匠）。否则，铁匠和木匠要高价，一要就是 4 000 卢布、5 俄磅，漫天要价。

叶卡捷琳诺斯拉夫省代表：

多接近贫苦农民的生活，多了解他们的想法……

粮食、铁、煤——这就是我们需要的。需要农具。

库尔斯克省代表：

必须使最贫苦的人向认真肯干的人学习……

……奥新斯基只会说漂亮话：我们要在训练班培训 12 万人……

应该支持认真肯干的人……

顿巴斯：

我们要 35 000 种子。有些人只是夹着公文皮包来，可是什么也没解决。你们要是不能给，就让我们自己去想办法……

？ 切列波韦茨省代表：

常有人把别人叫做懒汉。而实际上既没有犁也没有耙。不能往贫苦农民身上推，不能多征收。

应在法律上规定，必须扶持贫苦农民。

强制是非常必要的。

　　　　　　　　　　|高喊：够了。注意|

图拉省代表：

富农现在没有了（高喊：还有）。为了不成为可耻的富农，那最好完全不干活。勤快的人能挣钱,懒汉就是挣不到。

今天你施肥,可是明天归谁呢?

伊希姆县代表:

地是要种的,可是只有 18 普特燕麦是种不上的。应该提高牲口的饲料标准。奥新斯基不了解西伯利亚情况:我种了 38 年的地,可是奥新斯基不懂。

诺夫哥罗德省代表:

把农具使用起来。修理。牲口拉走过多了。对磨坊收税。对开小差的人收款。要减少过重的税收。

奔萨省代表:

需要宣传。只有通过宣传才能实行。我们不会把因战争而破产的人看成懒汉。

委员会会袒护沾亲带故的人。需要更高一级的委员会。

科斯特罗马省代表:

要使农民看到好处,不然就不行。我被强迫去锯木柴。但搞农业不能强迫。

要优先照顾的是勤快的人,而不是成天采蘑菇的人。

诺夫哥罗德省代表:

春天,把时间白白浪费在重新分配土地上。不要老是分来分去。

一定要统计种子。发给贫苦农民。

我们奋斗了三年。

怎样才能使人们看到好处呢? 很简单:按百分比收集余粮,像对牲口……

应该督促一下懒汉……给你 10 普特种子,把地种上,然后该交多少就交多少。

原喀山省察廖沃科克沙伊斯克县代表:

森林多。耕地少。黑麦种子不够。余粮收得太多。请给我们定个标准,要不,我们会把春播的种子都吃完。

梁赞省(由第 7 集团军派出)**代表:**

战争快结束了,大家等着重新平分土地。

在使用公共粮仓的种子时也会发生舞弊行为。我很气愤,有人把农民说成坏蛋。我的父亲有 35 俄亩地。我没有看到过懒汉。贫苦农民正在受苦。富农(和开小差的人)**是有的。**(掌声如雷)

维亚特卡省代表:

重新分配土地有害处。过六年再分,不要老是分。——关于牲口……要爱护……

彼得格勒省代表:

不要彻底破坏土地使用制度。余粮收集制:我们那里发生过拿手枪顶着人家太阳穴这样的**强迫。**大家很气愤……

劳动义务制……　如果设身处地替别人想想,大家会努力干的。

没有鞋,没有工具,硬要赶出去干活。遭火灾的人得不到帮助。

孩子们没有得到过十月革命节该有的东西。

诺夫哥罗德省杰米扬斯克县:

有富农。粮食埋藏起来了。我亲自挖过坑,找到了粮食。我支持保护贫苦农民,他们已经……①。富农赶跑了。我们绝不允许财主藏起来。

彼尔姆省代表:

要发展农业,就要取消强迫。强迫＝征收粮食。

加入各级协助委员会的应该是讲求实际的人。强迫一下也行,但要对我们有所帮助。

让勤劳的人督促懒人。

萨马拉省代表:

给点废铁修理东西。不然我们就无法应付。奖励精耕细作。

举办展览。农具租赁站。

切尔尼戈夫省代表:

没有懒汉,贫苦农民在干活。所有的地都要种的。

顿河州代表:

匪帮把整个运输业弄得一塌糊涂。破坏很大。应当建设国家生活。

吉尔吉斯共和国:

粮食收集得像扫帚扫过一样干净。一点也没剩。需要帮助牧民。经济被战争破坏了。需要宣传。

图拉省代表:

应该通过法案。有好处。没有肥料。牲口少。10个省都没有种子(都是中部地区的省)。应该给**种子**。用租让去换化肥。

---

① 手稿上有一个词辨认不清。——俄文版编者注

库尔斯克省代表：

增加 100 匹马和一些车轮。有盐。没有耙。不需要煤油。

察里津省代表：

原来是产粮省。现在是消费省。只要有收成就好。由于反革命暴乱遭了殃。

叶尼塞斯克省代表：

很多新住户。寒冷。庄稼要冻死了。我们生活很苦。应迁到合适的地方去。

载于 1945 年《列宁文集》俄文版　　　　　译自《列宁全集》俄文第 5 版
第 35 卷　　　　　　　　　　　　　　　第 42 卷第 382—386 页

关于经济建设任务的意见

（1920 年 12 月底）

经济建设的基本任务

对农民的态度：征税＋奖励。（Продов. прод.）……①

征税＝余粮收集制。

同上　　燃料。

同上　　原料。

面包和燃料。粮食和燃料。

　　统一的经济计划和**俄罗斯国家电气化委员会**……　**最低要求**与**最高要求**的比例关系。冶金工业。

载于 1942 年《列宁文集》俄文版
第 34 卷

译自《列宁全集》俄文第 5 版
第 42 卷第 387 页

---

① 括号内的两个缩写词的词义不明。——俄文版编者注

《论工会、目前局势及托洛茨基同志的错误》讲话的提纲①

(1920年12月29日)

（1）工会＝在历史上是必然存在的，而且在目前条件下**几乎包括了全体**工业无产阶级的组织。

（2）因此，在实现无产阶级专政方面，工会的作用和任务是特别重要的。

（3）这种作用的特殊性＝一方面，是一个掌权的、统治的、执政的阶级的组织，但不是实行强制的组织，不是国家组织。另一方面，是一个教育、吸引、训练的组织，是一所学校，是学习管理的学校，是学习主持经济的学校，是**共产主义的学校**。

（4）工会的地位，可以说是在共产党与国家政权之间。全部特殊性就在于工会把两个特征结合了起来：说服**群众**，政权的蓄水池。联系群众（无产阶级专政＝**执政的**无产阶级的先锋队。通过工会与群众联系）。

（5）政治工作和军事工作的蓄水池。因此是对工会的削弱。托洛茨基的基本前提（把危机当做工会的**特征**）是完全错误的。 ——在托洛茨基提纲第1条里的"思想混乱"。

---

① 讲话见本卷第201—225页。——编者注

工会"在生产中的作用"是俄共第九次代表大会公认了的①。
(托洛茨基)引证的托姆斯基和洛佐夫斯基的话。

(6)"在原则上"——托洛茨基对问题的提法　　"一般原则"
是错误的,因为他把我们**拉回去**,从实际　托洛茨基提纲第9
执行**回到**"原则"。　　　　　　　　　　条;第24条;

(7)真正的分歧在于对待群众和**掌握群众**的方法,**联系**群众。

(8)梁赞诺夫的"苏维埃工联主义"? 不对。　托洛茨基提纲第14
梁赞诺夫有正确的部分(保护物质利益)。　条"捍卫物质利益"

(9)"工人国家"里的工会? 在带有**官僚主义**　可是,在**工农**国家
弊病的工人国家里呢? 需要与之斗争的　里呢?
人是有的!

(10)托姆斯基和其他人的"**半工联主义**"? 不对! 表达群众的观
点,联系群众,指出工作速度和联系方法。

(11)"生产民主"。生产永远存在,民主　　　⎡布哈林及其用的⎤
将消失,将过去。　　　　　　　　　　　　⎣　"词儿"　　　⎦
当民主不再存在时,生产将由所有的人来管理。
从"生产的"角度来选举? **不对**:不仅是选举,还有委派。②

(12)重点制和平均制。托洛茨基的看法是错　托洛茨基提纲第
误的。　　　　　　　　　　　　　　　　　41条(第31页)。

(13)"结合"? 同半官僚主义机关结合要**谨慎**和**聪明点**。少谈点结

---

① 参看《苏联共产党代表大会、代表会议和中央全会决议汇编》1964年人民出版
社版第2分册第2—17、18—23页。——编者注

② 在列宁的手稿上这一句最初是这样写的(后被勾去):"**不对**:行政手段。对人
的态度。苏维埃职员的行政、会计工作;从'生产'角度来选举? 不对。"——
俄文版编者注

合,多实事求是地检查结合取得的实际成就(因为这些成就早已到处都有了)。

(14)托洛茨基的主观计划、"官僚主义"、标准或建议:从$\frac{1}{3}$到$\frac{1}{2}$等等。

　　说1%到100%将更正确些!

(15)在生产中的作用和**生产宣传**。

正是在"在生产中的**作用**"这个
问题上最少取决于强制、**管理**
和行政手段,而最多取决于**物**
质手段(食物、衣服、鞋子)和
说服。

(α)正常的,通常的民主	
(β)生产宣传	
(γ)奖励	
(δ)纪律审判会	

生产宣传①是切合实际地提出
来的,**没有**所谓的原则分歧。在
工会在生产中的作用这个问题
上,工会只能这样也只应当这样。

(16)目前的政治局势。托洛茨基不估量政治局势,因而他的整个提法是反马克思主义的。政治=集中起来的经济。

(17)从战争时期转到经济时期,从军事为重点的工作转到经济为重点的工作。

　　军队的复员。

　　普遍期望领到工资。

　　疲惫不堪的广大群众(既包括无产阶级又包括农民)的过高期望——但物资少。

　　到处是危机。"反对派"中的**健康因素**和**危险因素**。

---

①　在手稿上,紧接着是被列宁勾掉的一句话:"《汽笛报》**162**和它的错误的力量分配:只片面地给运输部门)"。——俄文版编者注

(18)在这种局势下,在**无产阶级**内部,在它的群众中(包括在工会运动中)同心协力地工作是最重要的。在没有绝对必要的情况下,挑起斗争是错误的。

没有必要性;托洛茨基在斗争中的立场是错误的。

(19)过渡时期中的过渡时期=目前局势的总结。

(20)因此=同官僚主义斗争的问题是第一位的;要周密考虑,要反复领会,要在改选、撤换、更新之后,使新的人员、新的阶层熟悉国家机器。

(21)借空谈"在生产中的作用"来偷换和掩盖同官僚主义的斗争和对民主制的保护——这就是托洛茨基立场的**客观**实质。

证据:托洛茨基提纲**第 23 条**末尾:交通人民委员部总政治部和运输工会中央委员会。

(22)"查阅过"吗?

$$\left\{\begin{array}{ll} \text{俄共第九次代表大会} & (\text{1920 年 4 月}) \\ \text{中央九月决议} & \text{1920 年 9 月} \\ \text{十一月决议} & \text{1920 年 11 月} \\ \text{十二月决议} & \text{1920 年 12 月} \\ \text{一月告全党书} & \text{1921 年 1 月}^{163} \end{array}\right\}$$

1920 年 11 月**全会**。

否决托洛茨基的(比现在更加**好斗的**)提纲的决议。

(10 票对 4 票)

(23)　　　　　　**委员会和它遭到的破坏**。

1920 年 12 月。破裂:水运员工和运输工会中央委员会。

伊先科的错误等等?

(24)　　　不。决议

8 票对 7 票。

| 布哈林＋普列奥布拉任斯基 |
| ＋谢列布里亚科夫 |
| 缓冲还是混乱? |

托洛茨基的退出。

不是和解,而是斗争的加剧。

(25)＋鲁祖塔克在工会第五次代表会议上的提纲。

(26)＋一批"共产党员军人"转到工会工作。

　"领导人员"?(托洛茨基的旧提纲,第 5 条)

　或者自下而上?

　运输工会中央委员会的失败。不了解工会运动特点的许多共产党员军人的错误。

　在客观上托洛茨基的立场＝支持**共产党员军人**中的偏见、恶习这些**最坏的东西**,而不是**最好的东西**。

　这场斗争的总结?

(27)(1)托洛茨基在理论上的错误。

　(2)布哈林在理论上的错误(生产民主)。

　(3)托洛茨基在对待工会运动上的一系列错误。

　(4)运输工会中央委员会内部的斗争＝**它**在**工会运动**中的**作用**的消失和方法的失败。退出后,引起了愤恨,分裂。

　(5)布哈林同志的缓冲? 它什么也刹不住,不是缓冲,而是"叹

理论上是错误的,在原则上有一系列的错误,政治上是不妥当的和有害的。总之是官僚主义的干扰,党代表大会将予以斥责并否定。

息"和火上加油。

(6)从切实的工作倒退到"提纲"

　和倒退到对早已决定了的问

　题进行"原则"争论。**倒退**
　　　　　　　　　　　．．

　行为。

(28)(7)**党代表大会**应当

　　(α)否定理论上的错误……

　　(β)纠正原则上的错误……

　　(γ)消除有害的争吵

　　(δ)制止倒退行为:抓紧工作

　　(ε)取消不能起缓冲作用的缓冲、不能制动的制动器。

载于1959年《列宁文集》俄文版
第36卷

译自《列宁全集》俄文第5版
第42卷第388—393页

《党内危机》一文最后部分的草稿①

(不晚于 1921 年 1 月 19 日)

共产主义和工团主义

共产主义**领导**非党群众并发动他们（学校）管理**整个国民经济**。

工团主义把**工业**的各个部门**交给**非党群众管理。

俄共党纲。

党走向哪里？分裂……

布哈林"盖住了"托洛茨基。

"软蜡"……　**无原则的煽动**。

派别斗争的逻辑。

> 施略普尼柯夫派——工团主义的派别。
>
> "喊得最响"派
>
> 　　　　　　（"工会的权利"）。
>
> 伊格纳托夫派的摇摆。

我们大家团结起来，也许那时候会获得选票……　**谁要作更多的许诺**？

（布哈林的）一派胡言乱语

---

① 该文见本卷第 234—246 页。——编者注

　　试比较委派的最小数量（XI，第 2 条；XII，第 2 条）

　　与此相反，任何委派制都不要（布哈林，第 15 条，**2**）

布哈林不是施略普尼柯夫：工团主义分子的领袖？"尼诺奇卡"？

　　"智慧的物质力量"（拉萨尔）和**性格的**物质力量？

不要为官僚主义的极端行为辩护

　　　　还有委派制

　　谁在损害红军的名誉？

　　　　还有委派制？

不要捏造关于"新任务"的各种说法，而应在**鲁祖塔克提纲的基础**

　　上齐心协力地工作。

无政府主义＋工团主义。

党内危机：协约国和社会革命党人，从外部和内部

　　团结队伍，——纪律——每个人坚守岗位——集中注意力，加

　　强监督等等。**在党代表大会以前治好**。

载于 1959 年《列宁文集》俄文版　　　　译自《列宁全集》俄文第 5 版
第 36 卷　　　　　　　　　　　　　　　第 42 卷第 394—395 页

《再论工会、目前局势及托洛茨基同志和布哈林同志的错误》小册子的材料^①

（1920 年 12 月—1921 年 1 月）

1

在托洛茨基《工会的作用和任务》小册子上作的批注

（1920 年 12 月 29 日）

列·托洛茨基

工会的作用和任务^②

代　序

党的第十次代表大会上讨论的最重要的问题（看来也是唯一**引起争论**的问题）将是关于工会的作用及其工作方法的问题。本小册子试图对那些决定工会今后前途

---

① 小册子全文见本卷第 266—309 页。——编者注

② 在小册子封面的右角，有列宁的手迹："本件是列宁的"，而左面偏下方不知谁用淡紫色铅笔写着："送列宁同志"。——俄文版编者注

的基本问题作出扼要的、近乎提纲式的回答。

虽然小册子署的是我的名字，其实它是<u>集体工作的</u><u>成果</u>。<u>一群负责工作人员</u>，特别是<u>工会工作者</u>（全俄工会中央理事会主席团委员、五金工会中央委员会委员、运输工会中央委员会委员等）参与了<u>商定原则性条文的措辞</u>和<u>制定实际建议</u>的工作，这<u>些</u>条文和建议构成了本小册子的内容。

我和所有这些同志希望，<u>本纲领性小册子</u>将使同志们更好地了解工会在苏维埃政权发展中的新的经济时期的新任务，从而有所裨益。

1920 年 12 月 25 日

一　工会组织的危机

1.<u>我们的工会正经历着严重的危机</u>，它表现在工会同群众联系的削弱，同经济机关和<u>党组织</u>经常的摩擦和频繁的冲突，工会的踏步不前，它所面临的任务不明确和由此而产生的<u>思想混乱</u>①，这种思想混乱使工会运动的某些工作人员<u>倒退到原则上早已为党所肃清的工联主义</u><u>立场上去了</u>。

2.产生危机的最不容争辩的原因之一是，工会因在整个国内战争时期牺牲惨重而受到削弱并一蹶不振。此外，工会的许多积极分子和有首创精神的人被调到粮食部门和各个苏维埃行政工作部门。领导干部力量的削弱不能不影响到工会的工作，影响到领导机关同群众的联系等等。

3.而在这方面更加具有决定性作用的是党把全部注意力和全部精力都转移到前线方面去了。经济方面的任务以及工会运动问题退居到第二、第三位②。

----

① 在"思想混乱"这几个字下面另外还有用淡紫色铅笔画的两条线。——俄文版编者注

② 小册子里提纲第 2 条和提纲第 3 条第 1 段已用两条淡紫色铅笔横线勾掉。——俄文版编者注

在工人阶级的一切力量极端集中地投入战争的情况下,工人组织,其中包括工会组织的内部生活和主动精神不可避免地受到削弱。实现工人民主的方法(广泛的讨论、批评、思想斗争、选举制等等) 变得 极为有限,极不完备。

**在很大程度上是由于集中过头

* *

4.上述各种原因,对于工人阶级的一切组织,无论是党组织、苏维埃组织,还是工会组织,都是共同的,但是它们绝对掩盖不了**工会危机本身特殊的、独有的特点**。这一事实在目前显得尤为突出。

当前,采取发挥主动精神和实行选举制等方法,已是大势所趋,对全党来说已根本无须争辩,在这个时候,在工会运动方面,在工会的作用、意义及其工作方法的问题上却出现了各种不同的趋势。即将举行的党代表大会只会一致**批准**在我们各方面的工作中愈来愈广泛而深入地采用工人民主的方法。但本次党代表大会**必须在工会运动方面的两种趋势之间作出选择**。

5.工会危机的基本原因是:我们工会在发展的现阶段客观上所面临的**任务**同过去遗留下来的在工会中占统治地位的**思维习惯和工作方式方法不相适应**。现有的工会和应有的工会之间的不相适应目前已经发展成为工人国家内部的**最大**矛盾。不克服这个矛盾,我们就不能在经济方面采取重大的步骤。

?*

*不对

二　工会在党纲上和实际上的地位

6.关于工会组织的作用和任务问题,我们的党纲写道:

"社会化工业的组织机构应当首先依靠工会。工会必须逐渐摆脱行会的狭隘性,变成包括本生产部门的大多数劳动者**并且逐渐地**包括**全体**劳动者的大规模的产业联合组织。

　　根据苏维埃共和国的法律和已有的实践,**工会已经成为一切地方的和中央的工业管理机关的参加者,工会应当做到把**作为统一经济整体的**全部国民经济的全部管理切实地集中在自己手中**。工会在用这样的方法保证中央国家管理机关、国民经济和广大劳动群众之间的密切联系的同时,应当最广泛地吸引后者直接参加经济管理。**工会参加经济管理**并吸收广大群众参加这一工作,**同时也就是防止苏维埃政权经济机关官僚化的主要方法**,并且为对生产的结果实行真正的人民监督提供了可能性。"①

　　实际上,在最近一个时期, 我们 不是接近了党纲所提出的目标,而是离它更远了。如果沿着这条道路继续发展下去,这不论对工会,还是对经济,都有极大的危险。

　　7.在资产阶级社会里,工会把工人阶级联合起来,是为了争取改善工人的状况,进而是为了用革命推翻资本主义的生产方式。

　　在克伦斯基执政时期,工会转而对工业实行监督,这种监督是劳动同资本进行阶级斗争的一种形式。

　　十月革命以后,工人阶级(主要是通过工会)自己设立极简单的机构来掌握国有化企业。人们没有多大道理地把这个运动称为自发的工团主义。事实上,工人群众在革命的这个最初时期就是用这样一些群众半自发创造的方法建立了苏维埃国家机关、经济机关、军队等等。

　　随着经济机关的进一步发展,随着它们的分工更细和专业化等等,经济机关就从工会分离出来。经济机关独立性的增长引起了机构重叠、权限争执、组织上的摩擦和冲突等不可避免的现象。经济机关在这个专业化和划分权限的时期,力图限制工会对经济生活的干预,使它的活动局限在一定的范围内,整个苏维埃政权在很大程度上也是这样做的。

―――――――――
① 引文中的黑体是托洛茨基用的。――编者注

* 没有
失去意
义。非
阶级的
斗争等
等。

作为资产阶级社会中工会的本质的东西已失去意
义，因为在工人国家中工会不能进行阶级的经济斗争。 *
另一方面，从工会分离出来的经济机关发展得愈来愈独
立，它们为自己挑选必要的工作人员，创立新的工作方法
和习惯，建立和改造自己的机构——随着这种情况的发
展，工会参加经济建设的活动变得愈来愈少，愈来愈没有
系统，愈来愈有名无实。工会运动的深刻危机正是从这
里产生并发展起来的。

8. 把工会排除在积极而重大的建设之外，这就极大
地助长了工会工作者领导层中的工会保守主义。

在建立苏维埃制度的三年期间，在机构、工作方法和
领导机关人员等方面，工会的变化都比工人国家其他一
切组织的变化小得多。工会在失去了旧的生存基础即阶
级的经济斗争以后，由于种种条件，还来不及在自己队伍
中集合起必要的力量，并且规定出必要的方法，以便能够
有效地完成无产阶级革命向它提出的、在我们党纲中规
定下来的新任务：组织生产。

9. 现在全俄工会中央理事会和某些产业工会的中央
委员会仍然完全置身于基本的经济工作之外，这种状况 ?? ＃
是根本不能容忍的。几乎所有在组织、经济和行政方面
有才干的工会工作者都被生产机关吸收而自动脱离工
会，这种做法是很不正常的。各总管理局和人民委员部
愈来愈与产业工会相分离，与之相隔绝，似乎要把经济领
导权垄断在自己手里，这种情况无论如何不能仅仅归咎
于经济机关。为了建立更加合理的相互关系，必须使工
会自己愿意并且能够 直接 参加制定经济计划和实现这 　胡说！
些计划的方法。必须使工会给自己全面地提出这个
任务。

在工人国家里不可能有在组织上彼此分开的组织生
产的专家和工会运动的专家。应该承认，任何一个社会
主义生产所需要的人，也是工会所需要的人，相反，任何
一个有用的工会工作者也应该参与生产的组织工作，这

＃不对＃

??

哈—哈!! ▷ 是<u>一般原则</u>。

　　10. <u>正如我们党纲所要求的那样</u>,把生产的<u>全部管理</u>集中在工会手中,这就意味着有计划地把工会变为工人国家的<u>机关</u>,并逐步地把工会机关同经济机关<u>结合</u>起来。问题不在于形式上宣布工会为国家机关,<u>而在于事实上使工会变为生产</u>组织,把每一个工业部门从各个方面包括进来并且既对生产的利益也对生产者的利益承担责任。

　　11. 在党的第九次代表大会的决议中也得到反映的这个观点,在形式上,即在口头上,为大多数工会工作者所承认。例如,托姆斯基同志①在第九次代表大会上由于同意布哈林同志对我们党纲的观点的阐述就没有作副报告。

　　不久前由全俄工会中央理事会出版社再版的小册子对工人国家中工会的作用和地位作了如下的阐述:

　　"<u>由于业已形成的过程</u>,工会不可避免地会变成社会　注意主义国家的机关,对于在该生产部门工作的一切人员来说,参加这个机关将是一种国家义务。"

　　"工会正在由同资本进行斗争的机关变成社会主义建设的机关,而且,<u>随着从资本主义向共产主义的推进</u>,<u>工会</u>‖‖　注意<u>工作的重心便转移到组织经济的方面</u>。工会担负着组织‖‖劳动和生产的主要工作,并且<u>工会愈是精通这项任务</u>,就‖‖　注意愈能够同国民经济<u>结合起来</u>,成为它的脊梁骨。"

　　"工人代表苏维埃和工会在转变时期共同建立生产管理机关(国民经济委员会,主要的国有化企业管理委员会,等等),而它们本身,<u>随着向社会主义的推进</u>②便失去

---

①　在小册子里"在形式上,即在口头上,为大多数工会工作者所承认"这些字的下面用淡紫色铅笔画了一条线。"托姆斯基同志"这几个字下面画了三条线;另外,在画了线的这些词旁边还画有三条线,不知是谁还写有:"原文如此!"——俄文版编者注

②　在提纲第11条的第三、四段和第五段一部分中画的线以及在画线处旁边加的三个注意,是用墨水写的。——俄文版编者注

自己的特点：苏维埃和工会的全部工作集中到组织劳动和生产上；它们的非生产职能消失了。工会和苏维埃经济机关于是**融合起来**，产生统一的经济机关。"①

12. 可见，我们的任务不是要重新审查党纲规定的关于工会问题的前提，而是要采取**新的切实步骤**实现党所承 ＜注意认的和党纲所规定的原则。第九次代表大会以来的一年中经济组织向前迈进了很大的一步。某些部门取得了重大的生产成果。经济计划的统一问题具有愈来愈具体的、实际的 轮廓 。然而整个这项工作对于工会几乎毫无影响。既然工会机关同生产机关结合这一总的发展方向我们都同意，那么，十分明显，在经济方面的每一个新阶段同时也应该是工会同经济机关相结合的道路上的一个新阶段。在这一点未达到之前，危机将会加深。

但是我们看到这样的事实：随着经济任务被提到首位，许多工会工作者日益激烈地和不妥协地反对"结合"的前景和由此产生的实际结论。托姆斯基和洛佐夫斯基两位同志就属于这样的工会工作者。

注意（α）

不仅如此。许多工会工作者拒绝接受新任务和新方法，在自己一伙人中间培养小团体的排他情绪和敌视本经济部门的新工作人员的情绪，因而实际上支持了工会组织中的工人的行会习气的残余。

注意（β）
*敌视罗森霍尔茨之流!

三　在工会问题上的不同立场

13. 如果 正确地 提出问题，那么**在工人国家里**组织劳动这一任务的基础和目的 只 能是生产。换句话说，组织劳动和组织生产 应该一致 。正是由此而产生工

一团糟

---

① **阿·洛佐夫斯基**《苏维埃俄国的工会》1920 年全俄工会中央理事会出版社版第 34 页和第 35 页。——托洛茨基注

会机关和经济机关的逐渐"结合"。正如我们看到的,党纲的观点就是如此。

14. 与此相对立的观点是**苏维埃工联主义**。这种观点在我们党的队伍中只有梁赞诺夫同志说得比较完整,比较公开。(见他在党的第九次代表大会上的<u>副报告</u>。)

梁赞诺夫同志要工会保持它在国家中的原有地位,即<u>仍然作为联合工人以保护或捍卫他们的物质利益和精神利益</u>的组织。当然,梁赞诺夫同志拒绝采取战斗的方法,即拒绝罢工,而把这方面的任务转变为对国家政权有组织地施加压力或影响。在资产阶级国家里,特别是在盎格鲁撒克逊各国中,大工联的领袖们也是把自己的任务归结为对国家在思想、议会等等方面施加压力,而拒绝对资产阶级和资产阶级国家采取战斗的方法。可见,梁赞诺夫同志实质上是力图使工会在**工人**国家中保持强大的机会主义工联在**资本主义国家**中所占据的那种地位。梁赞诺夫同志希望托姆斯基同志成为工人国家的龚帕斯。

15. 以上我们看到,托姆斯基同志在党的第九次代表大会上形式上同意布哈林同志的报告,而洛佐夫斯基同志却相当鲜明地表达了工会机关和经济机关"结合"和"融合"的观点。但是,工会的旧方法、旧习惯、旧组织与崭新任务(组织生产)之间的矛盾是如此之大,<u>以致许多工会领袖几乎不由自主地背离了根据党纲的立场而得出的实际结论</u>。既然托姆斯基同志和他的志同道合者把<u>自己的立场同逐步结合和国家化对立起来,他们也就愈来愈变得像梁赞诺夫同志的苏维埃工联主义</u>。

16. 施略普尼柯夫同志和他的志同道合者建议把领导经济的工作立即全部交给<u>工会</u>,即实行国家"<u>工会化</u>"。这种明显受<u>工团主义</u>思想倾向的支配而提出来的措施似乎是很激进的,但是实际上没有任何一点切实可行的内容。把领导生产的工作交给工会在目前的情况下就等

注意

在哪些问题上? 在哪里?

胡说

于说把担任这项领导工作的现有**机构**交给工会,换句话说,就是以五金工会中央委员会主席团代替金属局局务委员会,同时在地方上也作相应的更替。五金工会中央委员会没有任何自己的机构来直接领导五金工业。它把金属局形式上工会化后,就不得不利用过去三年中在五金工会参加下在金属局内实际上业已形成的那个机构。

当然,今后由工会建立的新的金属局局务委员会可以通过安置适当的工会工作者的办法来着手改造管理机关、进行人员的更新,等等。但是这样一来,结果不是由工会一下把生产全部管起来,而是<u>非常接近于询问</u>①,只是这种结合未必十分正确和有系统,因为根本无法证明,按照工会目前的状况,五金工会中央委员会主席团会比现在的金属局局务委员会更适合于领导五金工业。而<u>用简单的群众性袭击生产</u>(在生产方面已有固定的、并非偶然建立起来的机构)来回避一切困难的做法丝毫不能提高工会在生产上的作用,只能在组织上带来极大的混乱。

施略普尼柯夫同志假激进的立场同<u>保守</u>的<u>工会工作</u><u>者</u>的立场在下述方面是一致的:看不到<u>根据组织生产的</u><u>任务必须对工会进行改组</u>、<u>改建</u>和<u>重新教育</u>这样一个<u>基</u><u>本</u>任务。

旁注：? 结合　军事 "袭击"　* 托洛茨基的基本错误　*

四　生产准则和生产教育

17. 把工会变成产业工会(不是仅仅从名义上,而是从工作内容上)是我们这个时代的最伟大的任务。工会

---

①　在俄文中"询问"(спрашивание)一词与"结合"(сращивание)一词很相似。小册子把"结合"印成了"询问"。列宁因此在页边上指出这个错误。——编者注

工作者应该把自己 不是 看做满足工人的需要和要求的调停人，而是 看做劳动者在不断提高技术的基础上从事生产的组织者。

> 不对。

在工人国家里工会之所以有意义，就在于它将生产中的全部工作者吸收进自己的队伍，从而实际上掌管着生产，它改善劳动组织，提高劳动的机械化程度和生产率，并在此基础上改善群众的物质状况和提高他们的精神境界。

> 工团主义的胡言乱语

工会在进行生产方面的、教育方面的、军事方面的其他一切工作的时候，都不能违背自己作为劳动者的生产组织这一基本性质。

18. 产业工会应该把本经济部门所需要的全部工作人员，从干粗活的工人到最熟练的工程师都吸收进来。

工会应该对自己的会员从生产的角度进行考核，对每个工作人员在生产中所起的作用随时都应该有十分完整和精确的鉴定。

工会应该让在各个行政岗位和技术岗位上工作的所有工作人员都担负一定的工会职责。**担任工会的工作应该是对行政工作和生产工作的一种必需的和必要的补充。**

必须使工人群众充分意识到，最善于保护他们利益的是那些提高劳动生产率、恢复经济、增加物质财富的人。必须把这类组织者和行政管理人员同继续在车床旁边工作的工人，同专职的工会工作者一起选拔到工会领导机关中去。

> 工团主义

"进行一切选举、提出候选人、支持候选人等等，都应当不仅考虑政治坚定性，而且要考虑经济工作能力、行政管理工作资历、组织才能以及经过实际考验的对劳动群众物质利益和精神利益的关心程度。"

"党有责任采取一切措施 支持 和 培养 新型的工会工作者，即有毅力的、积极主动的经济工作者，他们不是从分配和消费的观点，而是从发展生产的观点，不是从

注意 〉

向苏维埃政权提要求、讲价钱的角度,而是从组织者-主人翁的角度来看待经济生活。"(<u>党中央 12 月 7 日的决议</u>。)

19. <u>生产上的重新教育</u>,自然首先应该在工会工作者中间进行,因为这些人员要尽量加强和 <u>更新</u>。中央和地方的工会领导人应该熟悉纯经济问题,从而给工会的日常工作提出生产准则。另一方面,经济机关的领导人员应该学会处理生产中的一切问题,其中包括纯技术问题,首先是学会处理诸如把<u>觉悟日益提高、团结精神不断加强</u>、富有朝气的工人组织起来的问题。只有这两种观点的相互结合才能为平行地存在的机构从组织上结合成统一的机构创造必要的心理基础,这个统一的机构将既保证生产的总利益,同时也直接保证生产者的利益。

20. 生产宣传是生产教育的组成部分,其任务是建立工人和生产之间新的相互关系。如果说在资本主义制度下工人的批判思维是随着摆脱雇佣劳动的压抑而发展的,那么在现在的条件下,必须把工人的思维、批评、首创精神和意志引向更好地安排生产本身,引向更合理地制造和使用工具和车床,引向劳动的机械化,引向科学地组织车间、工厂、地区和全国的劳动。

不对

这种细致的、孜孜不倦的、在实践经验的基础上一次又一次反复进行的鼓动和宣传(主要的是用事实和范例,同时也用口头和文字)从现在起应该成为工会生活和工作的 <u>最重要的</u> 内容。工会是否有生气、起作用,最可靠的一条标准是看它的生产宣传是否认真、具体和有效。

群众应该学会以轻蔑的态度对待虚有其表的、毫无经济意义的、装潢门面的建设,对待没有切实内容,即首先是没有生产内容的纯属点缀的工人民主形式。

过去,工人群众受布尔什维克罢工者、街垒战士的鼓舞和教育,跟着他们去冲击资产阶级国家。后来工人群众在战场上了解了作为指挥员和政委的布尔什维克,同他们一起学习,一起锻炼,在他们的领导下取得了一系列胜利。现在,最广大和最落后的群众应该了解到昨天的罢工者、街垒战士、红色战士是生产者、组织者和经济工作者,应该恢复和坚定自己对他们这些共产主义社会的实际建设者的信赖。 ＃

*而他对**工人群众**的信赖呢？＃托洛茨基错误的关键*

五　工人民主和生产,军事方法,官僚主义,专家和"工人化"

21. 某些工会工作者力图把目前关于工会作用问题的思想斗争说成是"民主方法"同"委派制"、"委员制和命令"等方法的斗争,这是对问题的本质制造根本错误的概念。

胡说＃

经济方面的委派制和委员制仅仅是该工会在生产上软弱无力、当时无力胜任刻不容缓的经济任务而采取的一种不可避免的补充措施。从原则上指责苏维埃政权在经济战线最受威胁的地方曾经采用委派制和委员制这种非常措施是不够的。必须用生产民主的方法在实际上消除这种非常措施的必要性。必须使工会牢固地立足于经济之上,学会用自己的方法去完成那些迄今为止通常不由工会完成的极其重要的经济任务。

22. 生产观点在任何情况下都不能被解释为同工人民主的思想是对立的。相反,工人民主只有作为生产民主才能发展。工人民主在民穷财竭的条件下是不能发展的。群众的主动性只有在物质生活不断提高的基础上才能得到发挥。把一切力量和全部注意力都集中到经济方面去,这应该是所有机关内部生活和工人民主形式的内容。

工会的工作愈沿着新的方向开展,工会愈深入群众,

×比较：
洛佐夫斯基

给群众以崭新的**生产**观点，那就**愈来愈**有可能在经济领域运用**民主的方法**，也就是说，不仅在广泛的群众大会上对最重要的经济措施进行系统的讨论，而且对一系列经济和行政管理性质的岗位**愈来愈广泛地采用选举制**，其方法是将这些岗位与生产组织内部一定的职务结合起来。

托
词

23．工人民主应该自觉地服从生产准则。非常明显，会议、建议、讨论、批评、宣传、选举，在它们不破坏生产进程的范围内是必要的，是允许的。运用民主方法的程度和方式必须由客观情况来决定。从<u>抽象的</u>，即空洞的<u>工人民主的口号</u>的角度来看待一切 任务 ，是根本不对的。

？

注意

> 部分工会工作者猛烈<u>攻击交通人民委员部总政治部</u>过去在运输部门的<u>活动</u>，这是用<u>形式上的民主</u>对待经济问题的鲜明的小例证。尽管党是由于铁路状况非常严重而建立了交通人民委员部总政治部作为<u>临时</u>机构，尽管<u>交通人民委员部总政治部完成了交给它的任务</u>，就是说，它使运输部门摆脱了那种使全国受到致命威胁的状态，但是，某些工会工作者完全忽视了问题的生产方面，用形式民主的准则去对待问题，他们不问<u>用工会民主的方法</u>在当前的条件下能否取得必要的结果，就指责交通人民委员部总政治部。工人民主的观点在这里成了形式主义的，因而是<u>庸俗的</u>观点。工人民主不懂得<u>偶像</u>。它只知道对革命的适宜性。

可笑。
问题不
在原则。

24．生产民主（劳动者的主动性，尽可能广泛地采用选举制等等）的 原则 同劳动军事化以及经济上的重点制（根据党的第九次代表大会决议精神）的 原则 之间没有任何矛盾。在从被毁掉和被破坏的劳动市场转向有计划的普遍劳动义务制的时候，即在国家经济最困难的条件下，劳动军事化是不可避免的办法。但是这种军事化，正如党的第九次代表大会所阐明的那样，只有<u>在工会的领</u>

导下才能实现,而且,在转变时期实行的这种不可避免的强制性措施应该依靠愈来愈广泛地进行工作来吸引和组织千百万工人和农民,发挥他们的首创精神,提高他们的生产水平和总的文化水平。

军事方法和劳动军事化不久以前也得到工会组织中的保守派的承认。

托姆斯基同志在1920年10月写道:"在无产阶级专政的情况下,劳动军事化就是劳动力的分配,就是根据整个国家计划和目前的经济要求进行这种分配,尽管它违背了这一措施在某个时期所涉及的某些工人的愿望。现在应当知道并懂得,在劳动战线上的斗争同军事战线上的斗争一样艰苦。每一起玩忽职守、经营不力、对经济活动漠不关心的事例都会给成千上万的劳动者带来贫困、寒冷和饥饿,不可避免地随之而来的则是瘟疫和死亡。这里需要有像战时那样的毅力和决心。诅咒'强制'的哭嚎阻止不了工人阶级及其组织为了本阶级的利益,为了摆脱失败、贫困和疾病而采取刻不容缓的措施。"

"不管小市民社会主义的代表们(他们现在是工人阶级中损人利己的旧阶层的思想家)怎样叫喊,工会从阶级的整体利益出发,正在实行并且必须实行劳动军事化,这是使俄国无产阶级在经济战线上取得胜利的最必要的先决条件之一。"[1]

洛佐夫斯基同志写道:"工业战线是俄国革命的最重要的战线,每个公民都有劳动的义务。对逃避劳动的人决不宽恕。"这就是劳动义务制,这就是劳动军事化。在消灭生产工具私有制和消灭交换的时期谁能否认无产阶级国家拥有这个权利? 谁能否认它有义务要求每个人为社会提供一定数额的劳动? 除了可怜的庸人、十足的笨蛋或者无耻的蛊惑者之外,是谁也不能否认的[2]。

---

[1]　米·托姆斯基的文章载于《劳动通报》,全俄工会中央理事会月刊,1920年10月号第24页。——托洛茨基注

[2]　阿·洛佐夫斯基《苏维埃俄国的工会》1920年版第63—64页。——托洛茨基注

谢天
谢地

25. "按军事方法工作"对我们来说决不是只用<u>或者</u>说主要用恐吓的方法，而 <u>不用</u> 说服的 <u>方法</u> 工作。共产党人的军事工作要求有高度的自我牺牲精神，培养**对待职责观念的英雄主义态度**：即使牺牲，也要完成。因此需要勤奋、准确、负责。只有在我们的经济工作中发扬我们做前线工作时那样的英雄主义精神，我们才能完成我们当前的巨大任务。在这[*]方面，按军事方法工作同表面上的纪律和形式主义是直接对立的，它不是对工人民主的否定，相反，是<u>工人民主的最英勇的表现</u>。

* 而不是
在运输
工会中
央委员
会方面

26. 生产民主意味着克服**官僚主义**。我们的党纲非常透彻地谈到，正是"工会参加经济管理，并且由它吸收广大群众参加管理，这就是同经济机关的官僚主义作斗争的主要手段……" 因此，同官僚主义作斗争，从我们党纲的观点来看，不是一项借助于<u>某些组织手段</u>所能完成的孤立的任务，而首先是工会对群众进行生产教育和实际掌管生产这一工作的一个组成部分。

由此可以得出这样一个结论：在同官僚主义作斗争方面，工人国家与其花力量来<u>滥设监察机关</u>，不如花力量采用使经济机关同群众性的产业工会相结合的办法来<u>整顿</u>和<u>改善</u>现有的经济机关。

由于工会不立足于创造性的生产工作，所以它开始踏步不前，僵化，并且表现出官僚主义的一切恶劣特点。

27. 所谓苏维埃机关"工人化"，并不是要硬性排挤专家，用外行的工作人员来代替他们，而是要使有组织的无产阶级系统地掌握国家活动的各个方面，这只有在生产民主的基础上才能完全达到。只有培养、挑选、提拔工人经济工作者、组织者，在工会和全国创造生产气氛，党和工会才能在最近的时期内造成富有创造精神的新生力量从下面大量涌现出来的必然局面。经济振兴不仅将使整个无产阶级精神振奋，而且将为无产阶级最有天赋的子弟充分发挥创造才能准备条件。

28. 可能有人反对说，不应该加紧（竭力加速）工会机关和经济机关的结合,应该考虑群众的觉悟水平,工会国家化会给敌视工人国家的孟什维克工联主义提供滋生的土壤等等,等等,这些都没有谈到点子上。发展速度可能受到最近时期我们整个发展所处的基本条件的制约而有所不同。但必须使工会全体工作人员都明确工会的发展方向,并沿此发展方向确定每一个前进步骤,哪怕这一步骤是微不足道的。

把工会国家化变成对当前实践没有任何影响的脱离现实的"最终目标"是完全不能容许的,因为在当前实践的环境中工联主义的趋势正因此而得到复活。国家化是一个分阶段完成的创造性过程。必须考虑到群众的总的水平和某些工业部门的特点,认真细致地确定这些阶段,但是应该明确地遵循这个方向,以便在形势坚决要求前进时不至于后退①。

29. 认为似乎工人群众不能理解工会向产业工会的转化,并且会背离工会,这种想法在任何情况下都是根本错误的。工联主义的政策,即从外面向国家施加压力,现在不会给群众指出任何前途。相反,生产政策却由于使经济得到好转,将会消除群众的贫困。**劳动者首先希望经济上取得成就,他们将会支持在这方面所作的任何认真而明智的努力。**一旦取得初步的、群众可以看得见的经济成就,他们就会表现出极大的生产热情。如果说有

哈—哈!

谁反对工会的新的生产方针,那决不是群众,而是比较保守的那一部分工会官僚。

六 实际的结论

30. 根据以上所发挥的观点,必须立刻采取一系列组织措施,以便消除工会的消极作用,切实地引导它去完

哈—哈!

官僚主义

成新的任务,使它的工作同经济机关协调起来。必须现

---

① 提纲第28条第二段的线是用墨水画的。——俄文版编者注

在就使全俄工会中央理事会的委员和最高国民经济委员 !?! 哈
会主席团的委员总数的⅓到½兼任这两个机关的委员。
这样,两个最负责的生产集体管理机构单方面的专业化
将是不可能的。其中每一个集体管理机构中的成员都将 ((哈—哈!
有一部分工作人员直接承受生产方面的行政要求和技术
要求的压力,同时又生活在工会组织的环境中。

　　与此同时,在每一个集体管理机构中有½到⅔的 ‖正是这样
"纯"行政管理人员和"纯"工会工作者,这样就能够在

哈—哈! 足够的 程度上在过渡时期既保证工作上必要的专业化,
又保证在经济组织和工会组织的相互关系中有充分的伸
缩性。

　　全俄工会中央理事会和最高国民经济委员会这两个
集体管理机构,在全体成员参加的联席会议上定期报告
自己的工作,讨论并解决组织经济,包括组织劳动中的一
切重大问题。

　　对于经济系统各人民委员部、各总管理局和各相应
的产业工会中央委员会,也应建立起这样一种组织上的
相互关系的体制和⅓到½委员兼职的制度,兼职委员必
须合理地处理在两个机关兼任的工作。

　　这个组织原则适用于经济组织和工会组织的下级单
位(州和专区、省、区和联营企业、铁路、工厂等等)。

　　凡是实行个人管理制原则的行政经济机关,其个人
管理制的行政负责人必须参加相应的工会基层工作,即
使列席也好。

＃关键‖ 　　既然是得到工会充分信任的工作人员,最好用选举 ＃
就在于 的方法使这种行政负责人成为工会基层组织的正式 ×
"既然"!!! 成员。
×终于!!

　　如果是专家,工会因某种原因认为不能让他参加工
会的基层工作,甚至不能列席,那么工会基层组织就要指
派自己的全权代表(政委)来代表工会对负责行政工作的
专家进行监督。

附注:任命全权代表(有政委的权力)是产业工会的特权,也是在经济机关中实行无产阶级制度的手段之一。

在各工厂、矿山和其他地方,工会愈是坚决执行生产方针,群众在各种选举时愈是深刻地理解生产准则,那么行政机关和工会机关组织上的结合和人员的结合也就愈容易实行。任命工厂委员会的一名委员为工厂厂长是完全适当的,当然,要以人选合适为条件。相反,工厂厂长如果是由外面委派来的,而他通过自己的工作赢得了工人的信任,工会基层组织就应该竭尽全力吸收他参加自己的组织。

31. 由于配备了相应的经济机关的优秀行政工作者和技术工作者而得到加强的工会经济部,应该成为改善整个经济组织、科学地安排生产、实行机械化、<u>泰罗制</u>等(新花样!等的强大工具。

各工厂的相应的基层组织应与工厂管理委员会建立一定的关系。工厂管理委员会有义务仔细审查通过基层的协助委员会等这类组织所提出的一切有关技术和组织方面的建议,并且尽可能向工厂全体大会定期报告对所提各项建议的采用情况。

32. 劳动力的分配及其工资标准的调整交工会机关处理。

33. <u>工人</u>和<u>经济</u>机构在<u>生产过程中</u>的冲突<u>只能由工会来解决</u>,因为工会对工农国家负有责任。　?

34. 从生产民主的观点来看,**专家问题**,也就是如何使他们在生产中的地位和在工会组织中的地位的协调一致的问题有一定的困难。但是,只要产业工会采取坚定和果断的政策,这个问题也可以圆满解决。

所有专家毫无例外地必须经过工会的审查。由于整个历史条件和国内战争刚刚结束,专家大致上可分三类:(1)受考查的(昨天的高尔察克分子、弗兰格尔分子等等);(2)候补工会会员;(3)享有充分权利的工会会员。

　　只有最后一类专家可以被委派担任负责工作而不需
要配备政治委员。第二类专家只有在产业工会配备政治
委员的情况下才能担任负责工作。第一类专家只能在作
为工会会员的行政管理人员的手下当助手或顾问。通过
这种方法,工会会员的称号在生产上将取得很高威信,这
种威信无论对工人的思想还是对专家的思想都同样会产
生良好影响。

　　35.工业企业的一长制仍是整个过渡时期不可动摇
的法规,尽管在相当的程度上仍然平行地存在着产业工
会和经济机关。按相应的制度建立起来的管理委员会拥
有管理权。但是,委任管理委员会和安排候选人的制度
本身,管理委员会对工会的总的关系以及它进行工作的
生产气氛应该<u>使管理委员会愈来愈成为行政经济机关,</u>
<u>而这种机关就是产业工会</u>为此目的而设置的。在这种情
况下,关于工会干涉或不干涉生产管理的问题本身<u>就会</u>
<u>消失</u>,因为非常自然,搞生产宣传的部门或者改善工人生
活的部门将不可能干涉行政管理工作,行政管理工作由
专门部门来担任。

　　36.为了在产业工会和经济机关的工作中做到步调
完全一致,两者大体上应该根据该生产部门的结构和要
求按照同一型式建立起来。

　　在改建和改组工会、工会区域等等的时候,不应该以
工会机关自身的需要和方便为准,而应该以经济本身更
深远的需要为准。

　　37.没有而且也不可能有涉及经济组织和工会组织
相互关系中一切情况的现成的组织方案。在这方面要有
创造性、主动精神,要有符合客观具体条件的人员和组织
上的互相配合。但是,所有这些试验都必须根据下述共
同任务来加以阐明:

　　在工会工作者当中培养和提拔经济工作者、生产工
作者和行政管理人员;

　　密切工会与经济机关的工作,并使之在组织上结合

起来；

划分出两者工作的共同部分,共同予以解决;

不断地努力使这部分共同工作变得愈来愈大,最后扩大到全部工作,也就是说,使工会机关和经济机关彻底融合。

38.全面发展这种制度,<u>逐步扩大采用选举制原则的范围</u>,使工会负责的作用同生产上负责的作用愈来愈紧密地结合起来,我们就 或迟 或早 能够达到这样一种状况,即<u>工会</u>为了从各个方面完全控制本生产部门,将通过挑选和淘汰相结合的办法,<u>在协调各经济部门工作的工</u>

不对 ?

<u>人国家总的监督和领导下</u>,从工会中产生出 整个 行政经济机关。

注意

39.关于以何种<u>速度</u>向上述方向发展的问题是<u>根本无法事先决定的</u>,因为这在很大程度上取决于国际局势和<u>世界革命</u>①的发展情况,也就是说,取决于我们能够把我们的全部力量和资金集中到经济工作上去的程度。但是,很明显,无论是在顺利的条件下,还是在不利的条件下,发展速度在不同的经济部门将是不同的,它取决于该工业部门的技术特点和在其中工作的工人的水平。

毫无疑问,在运输部门,特别是在铁路运输部门,以及在五金工业部门,经济机关和工会机关的相互关系问题,比在纺织工业和木器工业部门能更早得多地得到解决,更不用说比农业部门了,因为在农业部门,这个问题目前甚至还没有在稍大的范围内提出来。

注意

全俄工会中央理事会和经济机关的政策在这<u>方面</u>应该是<u>灵活的</u>,应当具体地考虑到各该经济部门的特点,绝对不能追求按照某种一般的组织模子机械地把所有的工会和经济部门搞成一个样子,因为这种模子对一些工会和经济部门会显得太宽,而对另一些工会和经济部门则

① 提纲第39条第一段和第三段中的线以及两个"注意"是用墨水写的。——俄文版编者注

显得太窄。

　　如果比较先进的生产部门在其社会主义建设中走在比较落后的生产部门的前面,给它们作出榜样,从而加快发展速度,那么,这不仅不会给工人阶级的统一和团结带来任何损失,而且对于它的整个工作会有极大的好处。

　　40. 根据上述一切,可以得出如下结论,<u>改组</u>工会应该:(1)使工会具有广泛的生产<u>目标</u>(掌握生产),这个目标应该成为鼓动、宣传、组织和挑选人员的基础;(2)<u>立即调大量的、具有经过各方面实践考验的经济才干以及组织才干的工作人员来加强工会</u>;(3)保证工会拥有一个真正能担负起它所面临的任务的必要<u>机关</u>。

　　41. 国家总的状况没有可能使整个经济同时均衡地发展,因而所有工会也不可能同时均衡地加强,因为既缺乏人力,也缺乏资金。

　　在消费方面,也就是说在劳动者个人生活条件方面,必须<u>实行平均制的方针</u>。在生产方面,重点制原则在今后很长时期内对我们还是有决定意义的,因为只有通过重点制阶段,我们才能在一些基本的经济部门达到必要的比例关系。

＃不对。既在消费方面也在生产＿＿＿和……① 方面实行重点制

　　这种思想在工会工作者本身的队伍中已很深入,最近一次(第五次)工会代表会议上以绝对的多数通过关于全俄工会中央理事会报告的决议就表明了这一点。这项决议对工会领导机关采用重点制的方法不够坚决的问题提出了指责。

　　42. 目前,为适应经济的普遍需要,解决矿工工会和五金工会的问题已成为当务之急。尽力加强这些工会应该成为党和全俄工会中央理事会特别注意的问题。

　　　　　＊　　　　　＊　　　　　＊

　　43. 生产教育不能只限于工厂和俱乐部范围之内。

---

　　① 有一个词无法辨认。——俄文版编者注

工人个人的日常生活问题应该受到每个产业工会的特别关心。虽然我国经济困难重重,但只要有地方苏维埃机关的协助,只要男女工人发挥自己应有的首创精神,只要把集体主义的因素带到日常生活领域(公社住房、公共食堂、托儿所、合作修补厂等等)中去,就有相当大的可能去改善工人住、衣、食的状况。每一个工会负责人必须寻求改善工人生活条件的办法,并且定期地使上级工会机关和工会刊物知道他们所采取的措施和取得的成果。

译自《列宁文集》俄文版第 6 卷
第 320—348 页

2

对托洛茨基《工会的作用和任务》
小册子的意见

(1921 年 1 月 21—25 日)

托洛茨基：

托洛茨基《工会的作用和任务》

(1)集体工作的成果

序言—— 　(2)"一群"

派别组织： (3)纲领性小册子。

提纲第 1 条。一开始就是错误的。

"倒退"的不是那些人，

(而是托洛茨基)，

不是倒退到那里

整个第
一部分
是根本
错误的

(参看提纲
第 4 条末尾)

而是**从实际倒退
到提纲**，从民主
倒退到官僚主义

提纲第 4 条 (末尾)"在工会运
动方面的**两种趋
势**〈派别组织!〉之
间作出选择"

提纲第 5 条。"工人国家内部的
最大矛盾"

不对!!!

提纲第 6 条。党纲:"**做到**把作为统一经济整体的**全**   αα   提纲第

部国民经济〈**因此,也包括农业!!**〉的全   6 条:党纲

部管理**切实地**集中……""**实际上**……

我们……离它更远了"??? **不对**。

提纲第 7 条   (末尾,第 8 页):"已失去意义","阶级的经济斗争"。

不对!

提纲第 7 条   (末尾,第 9 页):"愈来愈少,愈来愈没有系统"???

不对。

提纲第 8 条。"领导层中的工会保守主义"   提纲第 8 条

是一个飞跃

"在领导机关人   **注意:**

员方面"???   派别 ⎰ +以官僚主义的态度将注 ⎱

攻击 ⎱ 意力集中在"上层" ⎰

提纲第 8 条   末尾   任务:"**组织生产**"(黑体)=党纲

{**理论上是错误的**}   不对。**不相等**‖

"做到"把……切实

地集中……

ββ

提纲第 9 条。   (第 10 页):"直接……"(胡说!)

提纲第 9 条   (末尾)"不可能有"组织生产的专家和工会运动的

专家   (胡说! 可能有!!)。

提纲第 10 条。"把生产的全部管理集中在工会手中"(=党纲)。

不。不对

(党纲="做到把……**切实地**集中……而且**不是**把

生产)……(把每一个工业部门"   提纲第 10 条末尾)

(γγ)

注意

(**不是这个**)

提纲第 11 条。“这个观点在形式上，即**在口头上**，为大多数工会工作者所承认。**例如，托姆斯基同志**……”

δδ　派别攻击“在口头上”

引证**洛佐夫斯基**……　　(注意)

聪明一百倍　“……由于……**过程**……随着……的**推进**……(**两次**)共同建立……”

(**洛佐夫斯基**说的**结合**和**融合**都是对的)。

提纲**第 12 条**。**托姆斯基**和**洛佐夫斯基**“日益激烈地反对**结合**”

εε　派别攻击

提纲第 12 条　末尾“培养小团体的排他情绪”

“**敌视**新工作人员的情绪”

“……支持了行会习气的残余……”

提纲**第 14 条**。梁赞诺夫认为工会仍然有“保护或捍卫他们的物质利益和精神利益”的职能

“苏维埃工联主义”。

胡说。**梁赞诺夫**在这里**是正确的**。

提纲第 15 条。(“……**领袖**……　背离了……”)

ζζ　派别攻击“背离了”

官僚主义的观点：全俄工会中央理事会的**领袖们**是有过错的。

提纲第 15 条 (末尾)托姆斯基**变得**像梁赞诺夫　　胡说！

提纲第 16 条　末尾"基本任务：对工会进行改
　　　　　　　组、改建和重新教育"
　　　　　　　（根据组织生产的任务）
　　　　　　　（（注意：重新教育工会还是重
　　　　　　　新教育 650 万？注意））

> 官僚主义：
> 改造上层！

提纲第 17 条。"不是调停人，而是组织者"（胡
　　　　　　说！既是这个，又是那个）

> 与第 18 条抵触
> （引自 12 月 7
> 日中央委员会
> 的决议）[164]

　　　　　　　"工会提高它（劳动）　　（工团主义的狂热）
　　　　　　　的机械化程度"　　　　（参看施略普尼柯夫）

提纲第 19 条。"生产上的重新教育……首先在
　　　　　　　工会工作者中间进行……更新
　　　　　　　……领导人……"

> 官僚主义观点
> 更新上层

提纲第 20 条。生产宣传（"生产教育〈？〉的组
　　　　　　　成部分〈？〉……""……应该成
　　　　　　　为工会生活和工作的最重要
　　　　　　　的内容"

> 不对！
> 不是"最重要
> 的"，而是重要
> 的内容之一

提纲第 20 条　末尾　工人"群众"应该"了解
　　　　　　　到"……是经济工作者，"恢复
　　　　　　　和坚定对他们的信赖"。

> 相反，主语不对。应该是经济工作者去
> 争取群众，而不是群众去争取他们。

提纲**第 21 条**。"某些工会工作者"力图把"**目前的思想
斗争**"(?)说成是**委派制**同民主的斗争
"是根本错误的"。

$\left.\begin{array}{c}\text{"偷换"}\\\text{问题?}\end{array}\right\}$

不正确地使用委派制呢?

"委派制"="生产上软弱无力"的不可避免
的补充措施?

提纲**第 22 条**。工人民主**只有**作为生
产民主

胡说! 把文化水平和上
千种其他因素都忘了

提纲**第 23 条**。"某些工会工作者"——"**指责**"交通人民
委员部总政治部……是"形式上的民主
的鲜明的小例证"

$\left.\begin{array}{c}\text{"偷换"}\\\text{问题?}\end{array}\right\}$

（为了什么?? **措施**,而不是"原则"……）

提纲**第 24 条**。强制应该"**依靠**……"　这就是实质!
愈来愈广泛地进行　措施!
工作来吸引、组织、　相应的方法!
提高总的文化水平
……

$\left.\begin{array}{c}\text{依靠!}\\\text{而你们没}\\\text{有}\textbf{依靠}\text{过}\end{array}\right\}$

提纲**第 24 条**。"工会组织中的保守派"……"托姆
斯基"?

$\left.\begin{array}{c}\widehat{\eta\eta}\\\text{派别攻击}\end{array}\right\}$

提纲**第 25 条**。"按军事方法工作"意味着"**也用说
服**的方法"

好极了!
而**措施**呢?
而**方法**呢?

提纲**第 26 条**。同官僚主义作斗争……首先是工会
工作的"一个组成部分"?（胡说!）
与其滥设监察机关,**不如整顿**。（很
好! **赞成工农检查院**!）

提纲第 28 条。有人反对说,不应该加紧,应该考虑　哈哈!!这才是
水平,这些都"没有谈到点子上　关键……

……"速度可能有所不同(托洛茨基

同志的全部错误就是速度上的错　注意

误:太急了!)

提纲第 28 条　末尾"应该遵循　| 关键! 什么样 | | 总结=

这个方向,在形势　| 的"形势"? 运 | | 注意=

坚决要求前进时　| 输工会中央委 | | 用极端行为损

不至于后退"　| 员会同水运员 | | 害正确的方针

　| 工的冲突? | | 和阻碍速度!

第 29 条:末尾"反对新的生产方针……　| 99　派别攻击 |

是保守的那一部分工会官僚"

提纲第 29 条:"群众"!! "群众　| 托洛茨基强调 | | 哈—哈!!

可以看得见的经　| 经济成就,列 | | 参看托洛茨基

济成就……"　| 宁强调政治 | | 的总结发言

六、实际的结论

提纲第 30 条:"……一系列组织措施……"

"以便消除工会的消　| 哈—哈! | | 这也算实

极 作 用 ……" $\frac{1}{3}$ 到　| 官僚! | | 际的结论?

$\frac{1}{2}$……和 $\frac{1}{2}$ 到 $\frac{2}{3}$……

提纲第 30 条。(第 26 页):"既然工作人员　| 关键就在这里! 就

得到工会的充分信任……"　| 包藏在既然之中!!

提纲第 33 条。冲突"**只能**由**工会**"来　　　〔不对！走向另一极端。
　　　　　解决？？　　　　　　　　　　　　　　　**工团主义**。〕

提纲第 35 条。"**工会**干涉管理的问题本　　　〔什么时候？**速度**！！
　　　　　身""就会消失"（？？ 什么　　　　这也算"实际的结论"？？〕
　　　　　时候？）

提纲第 38 条。"我们就能够达到……"

　　　　　这样一种状况，即工会为

　　　　　了控制本生产部门……将

　　　　　"**从工会中产生出**〈？？〉**整**　　　　　　　　　　　　〔不对！不是**整**
　　　　　个〈？？〉**行政经济机关**　　　　　　　　　　　　　**个**,工团主义！〕
　　　　　……"

提纲第 39 条。"……**速度**根本无法事　　　〔我看到的、赞美的是善
　　　　　先决定……世界革　　　　良的东西，然而向往的
　　　　　命……**灵活的政策**"　　　　却是丑恶的东西……①〕

提纲第 40 条。改组工会＝

　　　　　（1）使**工会**具　　　　　　　　　〔从下面做起，而不是从
　　　　　有**目标**（！！　　　　　　　　上面做起？
　　　　　生产宣传）　　　　　　　　　1920 年 12 月 7 日决议？〕

　　　　　（2）**调工作人员**来加强

　　　　　（3）保证拥有机关

提纲第 41 条。消费——平均制。

　　　　　生产——重点制。（不对。）

---

① 见奥维狄乌斯《变形记》。——编者注

提纲第 43 条。"有相当大的可能
　　　　去改善住、衣、食的
　　　　状况……"

这就是**调停人!!** 注意
注意 这就是"**保护物
质利益和精神利益。**"
　　参看提纲第 14 条
反对梁赞诺夫

提纲中的"**派别攻击**"：

"**倒退**"(1)；"**领导层中的工会保守主义**"(8)；"**全俄工会中央理事
会完全置身于基本的经济工作之外**"(9)；"**领导机关人员的变化小
得多**"(8)；

$\alpha\alpha$(提纲第 6 条)；$\beta\beta$(提纲第 8 条)；$\gamma\gamma$(提纲第 10 条)；$\delta\delta$(提纲第
11 条开头)；$\varepsilon\varepsilon$(提纲第 12 条末尾)；$\zeta\zeta$(提纲第 15 条末尾)；$\eta\eta$(提
纲第 24 条)；$\vartheta\vartheta$(提纲第 29 条末尾)

载于 1959 年《列宁文集》俄文版
第 36 卷

译自《列宁全集》俄文第 5 版
第 42 卷第 396—403 页

3

《再论工会、目前局势及托洛茨基同志和布哈林同志的错误》小册子的提纲

（1月21—25日）

再论工会、目前局势及
托洛茨基同志的错误

α 理论上的分歧。

β "两种趋势"和托洛茨基派

　　（"偷换问题"）

　　"运输工会中央委员会的恶毒言词"

　　（＋"方向和速度"）

γ "一个字没有提"反对"结合"

　　　　　　　　"4 点"

{ ＋我的"动摇"
和我的"进攻" }

＋托洛茨基的"官僚主义的"态度

＋经济工作者的态度

δ 背离俄共第九次代表大会

　　　　　委派制,要还是不要？

　　　　　季诺维也夫的"两面手法"

　　　　　（托洛茨基,27）。

ε 不要夸大。

ζ 因祸得福。

"题目"(不是章节)如下:

我们的分歧 （α）

托洛茨基的派别活动和派别狂热 （β＋γ）

背离俄共第九次代表大会 （δ）

夸大分歧的危险 （ε）

因祸得福 （ζ）

1. 托洛茨基12月25日的言论的**派别**性质
   ＝对党的危害。①

   集体著作｜
   两种趋势｜
   派别攻击｜
   整刷

2. 运输工会中央委员会的分裂
   ＝政治上的危险性。

   形式上的民主**与**交通人民委员
   部总政治部
   　　"佐夫"

3. 这种双重危险性的根源:

   11月8日全会和委员会的被破坏。

   ＋补3缓冲?

4. 尖锐和严重的分歧也许说明这是对的? 分歧的**实质**——从理
   论上分析提纲等等。

5. 从政治上看问题和从经济上
   看问题(相对)
   　　　折中主义。

   ＋补5:政治上的看风使舵
   和经济上的改善(相对)

6. 学校和"机关的组成部分"

---

① 第1、2、3、4、5、6、7、9、11、12、补12、15和16条在手稿上被列宁删去。——俄
　文版编者注

（相对）

　　　　折中主义。

7. "生产民主"?

8. "苏维埃工联主义"? "保护物质利益和精神利益"? 调停人?

9. 党纲　是执行它还是粗暴地对待它?

10. **重点制和平均制**?

11. "结合"。为什么要对这个问题采取沉默态度?

　　　　"季诺维也夫和列宁一个字也没有提"?

12. 我 12 月 30 日发言中的 4 点。①

　　（α）通常的民主

　　（β）生产宣传——反对民主

　　　　"气氛"

　　（γ）实物奖励

　　（δ）纪律审判会。

> ＋补12。
> "运输工会中央委
> 员会的恶毒言词"
> （鲁祖塔克提纲事件）
> 佐夫和"替罪羊"

13. "背离"俄共第九次代表大会

　　　　季诺维也夫的"两面手法"。

　　　　委派制, 要还是不要?

14. 托洛茨基的方向、速度、形势

　　　　宣传员的态度和行政管理人员的态度。

15. 冲突应该由工会解决? 工团主义的狂热。

16. 从实际的和切实的工作**倒退**到提纲上去

　　（把时间浪费在政治上）

　　　　态度和形势

---

① 见本卷第 203—215 页。——编者注

17. 不要夸大意见分歧

　　（不是"排挤"）。

18. "因祸得福"。

　　缓冲和"脏衬衣"。

19. 总结＝

我的
"纲领"：

　　派别言论

　　　　对党的危害。

　　运输工会中央委员会的分裂

　　　　政治上的危险性。

　　理论上的错误

　　　　和错误的趋势。

　　从切实的和实际的工作倒退

　　　　到"提纲"和"原则"上去

　　　　4"点"。

————

α 理论上的分歧

1. 从政治上和从经济上　（"政治"和"经济"）（"缓冲的"）
　看问题（或者观点）　（"学校"和"机关"）（观点）

2. 是折中主义还是辩证法？

3. "生产民主"。形式上的民主与交通人民委员部总政治部
　（提纲第 23 条）……托洛茨基，67，布哈林

4. 是苏维埃工联主义还是对"速度"和形势的错误估计

5. 党纲与托洛茨基对党纲的简单化和破坏。"保护物质利益
　和精神利益"和"葬礼"。布哈林和托洛茨基，第 48 页。

派别组织(1920 年 12 月 25 日由托洛茨基建立的)。短暂地

　　(八点派别攻击)。

由于在生产中的作用或对待群众的态度而产生的"两种趋势"?

缓冲派和缓冲观点(折中主义

　　和辩证法)①

> 破坏辩论
> 托洛茨基,65

不要夸大分歧(或意见分歧?)

"排挤",托洛茨基,34

因祸得福。

("中央委员会的脏衬衣"?)

+"缓冲派"

事务局的厨房?　　托洛茨基,31

列宁怎样(错误地)抓住了"运输工会

　　中央委员会这根避雷针"和托洛

　　茨基怎样揭露我②

　　　"运输工会中央委员会的恶毒言词"

　　　(和佐夫事件)

> 运输工会中央委
> 员会……
> "就假定是错误"
> 托洛茨基,24

"结合"和为什么对此最好采取沉默态度

　(1)没有事实根据就别乱说

　(2)用不着白费劲来吓唬人②

> 托洛茨基,32
> 不是作为诉讼当事
> 人双方,而是作为
> 共同工作的参加者

宣传员和行政管理人员的态度

---

① 从"派别组织"起到"辩证法"为止这几行在手稿上被列宁删去。——俄文版
　　编者注

② 手稿上这一句被列宁删去。——俄文版编者注

行政管理的 **"学校"**	"宣传者"和行政管理人员 （**托洛茨基，第 27 页**）	"特殊问题"，按托 洛茨基的提法，22

方向（提纲第 28 条）和速度（提纲第 39 条）　　　季诺维也夫的

　和"形势"（提纲第 28 条末尾）　　　　　　　　"两面手法"

　　　　　　　　　　　　　　　　　　　　　　　　（托洛茨基，27）

α　　6.平均制和重点制	（托洛茨基，67）

冲突将由工会解决（提纲第 33 条）？

狂热的例证，过火行动的例证。

托洛茨基的官僚主义观点　　　　　　　（参看提纲第 24 条：

$\left\{\begin{array}{l}{}^1\!/_3\text{和}{}^1\!/_2\\ \text{纠正上层}\end{array}\right\}$　　　　　　　　　强制应依靠什么）

委派制，要还是不要？托洛茨基，25

"替罪羊"。托洛茨基，25

载于 1959 年《列宁文集》俄文版　　　译自《列宁全集》俄文第 5 版

第 36 卷　　　　　　　　　　　　　　　第 42 卷第 404—408 页

4

《政治和经济。辩证法和折中主义》及《辩证法和折中主义。"学校"和"机关"》两部分的提纲

（1月21—25日）

（1）缓冲的折中主义

（2）辩证法和折中主义

（3）学校和机关

　　　　（从一方面和从另一方面）

（4）而作为机关，它们＝学校

　　　1 500×5＝7 500×5＝37 500

　　　37 500:**600 万**＜1％[165]

（5）布哈林1月3日在**彼得格勒**

（6）托洛茨基　　**整刷**

　　　"敌视情绪在滋长"

　　　行政管理人员与宣传员（托洛茨基，27）

（7）国家——强制

　　　党——开除

　　　工会——学校。

————

　　　　　(1)广泛辩论

　　　　　　　谁愿意？

　　　　　(2)"结合"

　　　　　　　关于结合的争论？

　　　　　　　谁挑起的？①

　　　　　　　　　──────

"玻璃杯"：2个"方面"，而不是222？为了什么？什么时候？

　　　　　对谁？由于什么？

形式逻辑和辩证逻辑

　　　　　(α)全面地

　　　　　(β)发展地

　　　　　(γ)**包括人的实践**

　　　　总结＝(δ)"没有抽象的真理"。"真理总是具体的"。

从玻璃杯转到

　　工会：学校和机关……

　　　　一般？是的！

　　在无产阶级专政即"从资本主义向共产主义过渡的最初步骤"

　　　　(俄共党纲)的时期

　　机关＝当融合起来时(既没有工会，也没有国家)

　　而现在是学校，**既**是共产主义教育＝学校

　　　　又是机关＝**机关的学校**，学校＝"学习在行政

　　和技术上管理生产的学校"

────────────

① 这一段是列宁用铅笔写在一张纸上的，未删去，后又在这段文字上面写了前
　　面的7点。——俄文版编者注

　　　　不是一方面是学校,另一方面是机关,而是从两方面和从
各方面来看都是学校。

更具体些。

　　　机关? 是的。1 500×5＝7 500;7 500×5＝37 500:600 万<1%

　　　以行政管理人员的身份对待这个机关(1%)

　　　　(参看托洛茨基,第 27 页)

　　　以"宣传员"的身份对待工会。

国家＝强制。行政手段。其中也包括对待工会工作者(少数,上层)。

党＝开除

　　　(另一种上层)。

工会＝群众。　　学校。宣传者。

┌─────────────┐
│ 结论 2 总结。   │
│ 不要这样对待。   │
└─────────────┘

更具体些。

　　托洛茨基的提纲第 12 条

　　　敌视情绪在滋长。上层? 打倒他们?

　　群众?　　(α)整顿运输工会中央委员会

　　　　　　(β)训练、教育群众。最好是讲话,宣传。

　　结论和总结＝不要像托洛茨基的提纲第 12 条那样对待。

───────

为什么以宣传员的身份,而不以行政管理人员的身份?

　　(1)因为,一般首先应以宣传者的身份——尤其是现在——对待
　　　　工会要加倍如此,对待这种题目还要再加倍。

　　(2)国家(行政管理人员)——党(开除)——工会 ⎰学校,⎱
　　　　　　　　　　　　　　　　　　　　　　　⎱联系 ⎰

　　(3)假如托洛茨基研究的是另一题目:

90"整刷"①

更具体些　提纲第 12 条。

"应该做到——组织生产"。

———

托洛茨基谈经济作用:季诺维也夫的"一个字也没有提"(托洛茨
基,22)。列宁"一个字也没有提"(托洛茨基,66)。②

季诺维也夫"偷换问题"(托洛茨基,25)

生产宣传与生产气氛(托洛茨基,29)

(重新教育等等)

(参看　提纲第 16 条末尾)　　　　　　有没有教育?

有还是没有?

(托洛茨基,29)②

经济工作者的态度

施略普尼柯夫

诺根

季诺维也夫和列宁

(澡堂)

我的 4 点 { 通常的民主 / 生产宣传 / 实物奖励 / 纪律审判会。③ }

———

① 见本卷第 299—301 页。——编者注
② 手稿上这一句被列宁删去。——俄文版编者注
③ 放在花括号内的这一段文字和"我的 4 点"几个字在手稿上被列宁删去。——
俄文版编者注

浪费时间（为什么从政治上（托洛茨基，65），而不是以工程师的身
　　份？因为托洛茨基同志发了言。

　　托洛茨基由于自己的政治错误把党拉回去）。

我的"动摇"和进攻。

　　　　"背离"俄共第九次代表大会（**布哈林，第 46 页**）。

（1）政治和经济

　　　　　　　不对

（2）选举？

　　　可是选举谁？

（3）上层和下层。

　"重视"从政治上看问题的态度——关键是粮食，衣服

　　　　　　　　　　　托洛茨基，70

载于 1959 年《列宁文集》俄文版　　　　译自《列宁全集》俄文第 5 版
第 36 卷　　　　　　　　　　　　　　　第 42 卷第 409—412 页

5

结论的提纲

（1月21—25日）

结 · 论 ·

（1）党纲。①

（2）重点制和平均制。

（3）背离俄共第九次代表大会

提纲第9条(?)"我们离它更远了"? 提纲第7条。

（4）不夸大。

（5）因祸得福。

载于1959年《列宁文集》俄文版
第36卷

译自《列宁全集》俄文第5版
第42卷第413页

---

① 第一点在手稿上被列宁删去。——俄文版编者注

在全俄矿工第二次代表大会俄共（布）党团会议上作的讨论笔记和总结发言提纲

（1921年1月23—24日）

1921年1月23日

托洛茨基……列宁想吓唬人……　不会发生分裂……　600万—700万人，其中300万—350万人是产业工人……

……列宁的主观主义……

党纲不是施略普尼柯夫同志起草的：掌握生产……不可能一蹴而就……（……不能靠基层选举，有点儿像施略普尼柯夫的话）……我看不出有列宁的参与：就让列宁读它半个小时吧……

（特殊的、个别的问题是运输工会中央委员会问题，而不是产业工会问题。）

我的报告共七个部分：我已把它分发出去。与党纲对照过："好像没有差错"；我给中央委员们写了一封信。

"……组建顿巴斯政治部的是斯大林，把它关闭的是我……""有分寸"（被委派者应该做到）说起来容易，做起来难。

———有些人民委员被称做"宪兵"……（（列宁似乎在煽动反对托姆斯基））

$$\boxed{\text{软蜡制成的煽动者和冒险者}}$$

‖ 列宁反对施略普尼柯夫"在很大程度上是正确的"……

列宁在俄共第九次代表大会上的讲话中反对民主……

我没忘记实物奖励和纪律审判会,在顿巴斯和乌拉尔实行过……

库图佐夫与施略普尼柯夫相近

工会由委员会领导,委员会有权使用强制手段……	总的核心是最高国民经济委员会和全俄工会中央理事会——官僚主义?不对。

"党的监督依然完整"? 但是党通过工会……　**布哈林愚蠢地表述了这一点**……

注意　"工会推举的候选人除非有重大理由才不能被接受……"

请给我的表现打 1 分,但请谈一谈工会的将来和作用……

施略普尼柯夫:整个中央委员会在俄共第九次代表大会之前都在搞运输工会中央委员会那一套

在党纲中……(1)依靠(机关依靠工会)……

(2)应该做到切实的集中,等等。

(两点)

(我们的工团主义的基础)

梁赞诺夫说:应该取消这个——我服从。

‖ 比较一下"参加组织" (列宁等人的)与鲁祖塔克的第 11 条

即参加……

　　"要铲除对国民经济和共和国的官僚主义管理。"

　　首先是工会的改组,然后是我们的纲领

　　米赫耶夫:结合(顿巴斯的)应该取消:国民经济委员会施加压力…… 骑着高头大马,到处饮酒作乐…… 不要管…… 去找特别部!

　　萨普诺夫(巴库人):我们还不知道有分歧…… 现在工会还不能掌握。等我们强大了,我们就能掌握。

　　卡尔宁:运输工会中央委员会维护(?)——(说管理不错)

　　希费尔斯:托洛茨基的"小脓疱"(按列宁的说法)…… 整个工人运动的危机:群众离我们而去(切列姆霍沃区)…… 托洛茨基在国民经济委员会和工会的纠纷问题上是对的。卡尔宁有"运输工会中央委员会的一对角"…… 托洛茨基主义的实践受到谴责。而列宁和十人纲领呢?季诺维也夫计算过有多少工人参加工会吗?而参加管理呢?西伯利亚工业状况(西伯利亚革命委员会)…… 第7页上的引文(我们的纲领第4条)……

　　让我们转告工人群众,他们将要学习。孟什维克在1917年也害怕过…… 资本家也说过,一切都会被偷走。

　　1921年1月23日和24日。在全俄矿工第二次代表大会上

　　叶戈罗夫:如果专家看到区里的力量,就会予以重视……

　　托姆斯基:

　　俄共党委书记**尤诺夫**反对施略普尼柯夫。

　　库德里亚夫采夫(西伯利亚游击队员):施略普尼柯夫"废话连篇"……

基谢廖夫：提纲……布哈林……工团主义者？（用的是哥尔茨曼援引季诺维也夫的话）哥尔茨曼引自俄共第九次代表大会的速记报告（第138页）（"天才人物"）。

奥新斯基和萨普龙诺夫"也在玩反对派的游戏"……

苏季克，矿工的中央委员会委员……

我们俄国人总是走极端（委派），干蠢事（施略普尼柯夫）……

梅利尼昌斯基：①

托洛茨基：施略普尼柯夫和梅德维捷夫：他说——"不要相信他们会联合起来……"

> 施略普尼柯夫没有找到自己在苏维埃制度中的位置。要找一找。
> 工人政党中的工人反对派是危险的。讽刺画。封建主，自由派？阶级背景？亡党方针？

基谢廖夫贪婪地吸吮哥尔茨曼的"胡言乱语"。出乖露丑。

托姆斯基：关于权力列宁清洗过②，而托姆斯基（在济明剧院[166]）则一再乱说一气：提法（更多权力）愚蠢……

> 在纲领中退后一步：参加……　　忘了第5节

> 洛佐夫斯基认为，工会脱离了生产

什么是集中制？不是在吓唬自己吗？

> （1）棍子；（2）经济建设计划

《汽笛报》

施略普尼柯夫:（字字"见血"……）

（（在我们的提纲中））

　　　　　　　　　自发地给我们命名

　　　　　　　　　（工人反对派），也像布尔什维克一样

我在阿斯特拉罕失败过，基谢廖夫在纺织工业总管理局失败过。

施略普尼柯夫:

全俄生产者代表大会——这里指的是什么？

总结发言提纲

铲除官僚
主义

党纲（第 5 节） 参加？ 结合？

党的 监督 有没有。

"官吏们发高烧"——施略普尼柯夫

　　　　　　　希费尔斯

运输工会中央委员会和分裂

我的 4 点

"1 分"和作用？

　　　　　　　　　译自 1999 年《不为人知的列宁文献
　　　　　　　　　（1891—1922）》俄文版第 409—412 页

《中央委员会给教育人民委员部党员工作人员的指示》的提纲^①

(1921年2月2日和5日之间)

关于教育人民委员部：

1. 综合技术教育与职业教育的关系。

2. 利用发电站
　　工厂
　　国营农场
　　集体农庄
　　办得好的农庄
　　实验站。

3. 讲演与训练班
　　技术的
　　农艺的

4. 准确地反映情况的报表
　　讲演次数　　　　　　　＋尤其是

---

① 指示见本卷第328—329页。——编者注

　　　训练班期数　　　　　　　　　扫除文盲

　　　训练班学员人数

　　　听课的次数

　　　结业人数

　　　等等有关工作总结。

5. 经常地、大量地吸收专家(有学识和有经验的教师)。

6. 审查并提拔地方工作人员到中央机关工作的推荐名单和一系
　　列此类措施。

7. 教育人民委员部的主要缺点仍然是:缺乏实践精神,没有充分
　　地考虑和检验实际经验,空泛的议论和抽象的口号太多。无论
　　如何要克服这个缺点。

8. 图书馆。图书馆网。这个网的正确组织和利用。

9. 按 600 个(将近)县和 10 000 个(将近)乡分配书籍和教科书。

10. 简单扼要的、能清楚而准确地反映情况的报表

　　　　　　{ 其中包括各处、科的 }
　　　　　　{ 学员和职员人数等等 }

11. 学校的**大纲**。

　　　1

　　　7

　　　5.6

　　　11

　　　2.3

4.10

8.9①

载于 1959 年《列宁文集》俄文版
第 36 卷

译自《列宁全集》俄文第 5 版
第 42 卷第 415—416 页

---

① 列宁在这里把原提纲的 11 条合并为 7 条，并按这里的 7 条写了《中央委员会给教育人民委员部党员工作人员的指示》。手稿上所有的数字列宁都划掉了。——俄文版编者注

《论教育人民委员部的工作》一文材料[①]

(不晚于 1921 年 2 月 7 日)

1

根据 1920 年 12 月 1 日的材料

38 个省 305 个县的材料	图书馆	图书馆数目
	中央图书馆	342
	市辖区图书馆	521
	乡图书馆	4 474
	流动图书馆	1 661
	农村阅览室	14 739
	其他[②]	12 203
	共　计	33 940

$$\begin{array}{r} 33\ 940 \\ +\quad 305 \\ \hline 34\ 245 \end{array}$$

把图书馆同县合在一起了!!

(在相加时搞错了)[③]

---

① 该文见本卷第 330—340 页。——编者注

② "农村图书馆、儿童图书馆、参考图书室、各机关团体的图书馆。"

③ 在所批注的《苏维埃俄国中部地区图书馆资料(截至 1920 年 11 月 30 日)》中,相加时搞错了。——俄文版编者注

莫斯科国民教育局莫斯科图书馆科的材料

18 个县—518

$$+137 \quad 流动图书馆 \quad +工会图书馆大约 16 个，$$

$$+154 \quad 农村阅览室 \quad 军队图书馆大约 125 个，$$

$$+ \quad 5 \quad 其他(?) \quad 私人组织的??$$

814＋204＝1 018 个省、市图书馆。

全市

图书馆科的图书馆	81
俱乐部图书馆	42
民众文化馆的图书室	9
党的图书馆	7

总　计＝

$$\frac{139＋65 \text{ 个流动图书馆}}{204}$$

莫斯科省的农村阅览室

　　　　纸上有大约 180 个　　　实际上是³⁄₄

　　实际上是 154 个

　　军队图书馆大约 **14 个，**

　　　其余是附设在俱乐部的图书馆。

2

中央出版物发行处(1921 年 1 月 31 日)有：

　　　　60 个省办事处

　　　570 个县办事处

　　1 640 个(乡)区办事处

470 个**火车站鼓动站**

工作人员：

莫斯科达 3 000 人

俄罗斯联邦有 **17 000** 人。①

————

3

《**消息报**》(1)350 000 ｛｛200 000｝｝ **10 000 个乡** ‖ **50 000 个** ‖
《**真理报**》(2)250 000 ｛100 000｝ ‖ **图书馆** ‖
　　　　　　600 ｛300｝

　　　　　　　　　　　　　　　　　　　　　　千
给工人、农民和红军代表苏维埃和机关　　**15 千**×2＝　30
给图书馆　　　　　　　　　　　　　　　50 千×2＝100
　　　　　　　　　　　　　　　　　　　　　　　130 千
　　　　　　　　　　　　　　　　　　　　　　＋ 20
　　　　　　　　　　　　　　　　　　　　　　　150 千

　　　千　　　　　　　　　　　　　10 000 个乡
（3）50—75　　　　　　　　　　　×5＝ 50 000 个图书馆

　　　千
（2）10—15　　军队图书馆
　　　　　　　和机关图书馆　　　　　　　　　20 000 ＝20

————

①　写在《各省和各州中央报纸的分配》通报上。——俄文版编者注

（1）1—1.5　　　　　　　　　　　　　70 000 ×2＝140

　　（2）—（3）　　　　　　　　　　　　　　　　　　＋10
　　　　　　　　　　　　　　　　　　　　　　　　──────
　　　　　　　　　　　　　　　　　　　　　　　　　150

　　　　　　　　　300 千

　　　　　　　　　 300
　　　　　　　　─────────
　　　　　　　　90 000 千

　　　　　　　　9 000 **万份**

　　　　　　　　150 千

　　　　　　　　2 **种报纸**×300　　№№

　　　　　　　　　　　　　　＝600　　№№

　　　　　　　　300　№№×2＝600

⎧⎡100　文学作品⎤⎫　　　　　50⎫
⎪⎢200　农业的　⎥⎪　　　 100⎪
⎨⎢200　技术　　⎥⎬　　　 100⎬300
⎪⎢100① 科学和政治⎥⎪　　　 50⎭
⎩⎣600　　　　　 ⎦⎭

载于 1959 年《列宁文集》俄文版　　　　　译自《列宁全集》俄文第 5 版
第 36 卷　　　　　　　　　　　　　　　　 第 42 卷第 417—419 页

────────────

　　① 手稿上的数字 100、200、200、100 被列宁删去。——俄文版编者注

教育人民委员部条例

（1921 年 2 月 11 日）

1.教育人民委员部的工作由教育人民委员根据俄罗斯联邦宪法规定的一般原则进行领导。

2.人民委员配有两名副手。一名副人民委员主管业务指导中心。另一名副人民委员主管组织中心。

3.人民委员下设部务委员会,该委员会根据俄罗斯联邦宪法规定的一般原则进行工作。

附注:两名副人民委员参加教育人民委员部部务委员会。

4.教育人民委员部的机构有:业务指导中心、组织中心和四个总局:

（a)15 岁以前少年儿童社会教育和综合技术教育总局。

（b)职业综合技术学校（15 岁起）和高等学校总局（职业教育总局）。

（c)社会教育总局,负责成人的各种社会教育工作,主要是政治教育工作（政治教育总委员会）。

（d)国家出版总局。

5.业务指导中心或一般理论和计划领导中心,分为两个部:

(a)科学部(国家学术委员会),下设三个分部:(1)政治科学分部,(2)技术科学分部和(3)教育科学分部。

(b)艺术部(艺术总委员会),下设五个分部:(1)文学分部,(2)戏剧分部,(3)音乐分部,(4)造型艺术分部和(5)电影分部。

此外,业务指导中心还包括档案总局和博物馆总局,这两个总局的局务委员会又直接受业务指导中心领导机构的领导。

6.组织中心,集中掌握对教育人民委员部的各机构的组织行政领导,下设三个局:

(a)行政管理局负责:监督现行计划的实际执行;人事管理;办事机构的设置;教育人民委员部工作人员的分配。

(b)组织管理局负责:对组织中心主管的各种问题进行检查和指导;情报,统计,组织各种代表大会。

(c)供给管理局负责:财务;物资供应;住房建设等等。

7.第4条规定的四个总局分别下设(a)一般事务司,(b)特别事务处,(c)科学部和艺术部及相应的分部。

8.第7条规定的每个总局的下属机构中的一般事务司和科学部、艺术部及各自所辖的分部受双重领导,具体说:一方面,这两部分下属机构受相应的总局的领导,完成领导交给的任务,并就完成任务的情况向局领导报告;另一方面,它们分别受组织中心(一般事务司)和业务指导中心(科学部和艺术部及各自所辖的分部)负责人对各该中心所辖的问题的领导。

9.教育人民委员部部务委员会下设少数民族教育事务委员会,该事务委员会组织上与各总局和业务指导中心保持联系。

人民委员会主席

弗·乌里扬诺夫(列宁)

办公厅主任　**尼·哥尔布诺夫**

代理秘书　**格利亚谢尔**

1921 年 2 月 11 日

于莫斯科克里姆林宫

载于 1921 年 2 月 15 日《全俄中央
执行委员会消息报》第 33 号

译自 1986 年《苏共历史问题》
杂志第 7 期第 16—17 页

接见达吉斯坦代表团时作的笔记

（1921年2月12日）

达吉斯坦

请提醒一下！

达吉斯坦**代表团**：

（1）**粮食**……

    （同粮食机关协商）

    （**什么**也没有得到）

    （缺少50％种子……）

（2）**纺织品**

    1920年3月得到将近100万俄尺

    山区每人还得到 1½ —2   } 其他山区……多少

    达吉斯坦——**一点也没有**。

（3）**运输**。有公路。需要载重汽车，至少40辆。

（4）**人民邮电**

    电话

    电报

    和**无线电**。

（5）石印厂（至少两个）和纸张

    （120万人6 000份。只有这么多!! **大家都识字**）。

（6）请求:**火速用火车送去**。

　　星期六义务劳动已蔚然成风。

列　宁

载于 1945 年《列宁文集》俄文版
第 35 卷

译自《列宁全集》俄文第 5 版
第 42 卷第 420 页

在有党的积极分子参加的
俄共(布)莫斯科委员会
会议上的讲话的提纲①

(1921 年 2 月 16 日)

1921 年 2 月 16 日的讲话提纲

不满。

专家？

上层和下层。平等？

官僚主义？

事实 ‖ 红军。

‖ 从红军转到其他。

纲领 ‖ 俄共纲领：

平等？

"最初步骤。"

同官僚主义作斗争。

例子 ‖ 错误：

对波战争

---

① 列宁的讲话记录没有找到。——俄文版编者注

燃料　　　　1920—1921

面包（粮食）1920—1921

印刷厂（1921 年 2 月 15 日）。[167]

主要的：官僚主义？

　　基谢廖夫？　　　　　　　　**奥新斯基**

　　施略普尼柯夫？

　　工团主义倾向。

分歧程度。

　　无产阶级专政？

危险性？

载于 1959 年《列宁文集》俄文版
第 36 卷

译自《列宁全集》俄文第 5 版
第 42 卷第 421 页

在莫斯科工农代表苏维埃全体会议上的讲话的要点[①]

(1921年2月24日和28日之间)

(1)国际形势

可靠的和约

(2)**高加索**

(3)开始同土耳其代表会谈

————————

(4)国内形势

圣彼得堡的传单

(5)粮食情况 { 恶化和开 始好转 }

(6)燃料危机

载于1959年《列宁文集》俄文版第36卷

译自《列宁全集》俄文第5版第42卷第422页

————————

① 讲话见本卷第364—376页。——编者注

关于资源利用问题的笔记[168]

(1921 年 2 月 26 日)

1921 年 2 月 26 日会议

原料

从前	1920 年	征收量
纤维		
棉花 725 000 俄亩	10 万俄亩	1 200 万普特 到 2 200 万
亚麻　1 100 俄亩	300 俄亩	2 560 万普特
大麻 485 000 俄亩	238 000 俄亩	2 000 万普特
羊毛		600 万普特(500 万)

	1920 年	1920 年实征数
纤维		
棉花	150 万普特	90 万普特
亚麻	290 万普特	200 万普特
大麻	450 万普特	130 万普特
羊毛	250 万普特	150 万普特

	从前？	1920—1921 年征集数为 2 850 万普特
皮革	不详……	至 1921 年 2 月 1 日实征 880 万(30％)

毛皮　4 000 万张——征集数 1 750 万

（70％在西伯利亚征集，　　　　　　　　（任务）

其中 30％由游牧民）　　　　　——实征 60 万

（＝4％）

1920 年 9 月交粮食人民委员部,但是它不善于同游牧民进行商品交换,把事情弄糟了。

需要：

棉花　　　　2 000 万—2 400 万普特

羊毛　　　　　　　　500 万普特

亚麻　　　　　　　1 200 万普特

大麻　　　　　　　1 500 万普特

总　共＝5 600万普特纺织原料

总　共＝5 600万普特

我们的收获量可以满足需要量的 21％。

库存(目前 1921 年 2 月)1 480 万普特

措施(补救法)

（1）地方上以粮易麻的自由等；

（2）能够提高农民对增加收获量的热情的征集原则；

（3）禁止用纺织作物种子制油(现已禁止)；

（4）从居民手中取得种子,以扩大播种面积

｛保证居民得到一部分收获物；

（5）奖励改进加工；

（6）《《组织措施》》

　　最广泛地吸引居民参加原料改良工作（劳动组合、**协作社**等）；

（7）鼓励小工厂进行原料加工。

　　羊毛：

（8）奖励吉尔吉斯人，即使一普特羊毛给一俄尺纺织品也可以

$\left\{\begin{array}{l}1920\ 年\ 10\ 月\ 1\ 日交 \\ 粮食人民委员部，但它弄糟了\end{array}\right\}$ ①

载于 1932 年《列宁文集》俄文版
第 20 卷

译自《列宁全集》俄文第 5 版
第 54 卷第 503—504 页

---

① 　手稿页边有列宁的铅笔注语："关于原料，人民委员会讨论这个问题时，交给我看。"——俄文版编者注

注　释

1　协约国(三国协约)是指与德、奥、意三国同盟相对立的英、法、俄三国帝国主义联盟。这个联盟的建立,始于1891—1893年缔结法俄同盟,中经1904年签订英法协定,而由1907年签订英俄协定最终完成。在第一次世界大战期间先后有美、日、意等20多个国家加入。十月革命后,协约国联盟的主要成员——英、法、美、日等国发动和组织了对苏维埃俄国的武装干涉。——2。

2　1920年10月底,苏维埃俄国红军对协约国的最后一个傀儡——彼·尼·弗兰格尔的白卫军发动进攻,在北塔夫利亚击溃了它的主力。11月7—11日,红军攻克了克里木地峡的防御工事;17日,完全解放了克里木。弗兰格尔残部乘协约国军舰逃往国外。列宁称对弗兰格尔的胜利是"红军史上光辉的篇章之一"(见本卷第133页)。弗兰格尔的被粉碎标志着国内战争和外国武装干涉时期的基本结束。——3。

3　第三国际第二次代表大会即共产国际第二次代表大会于1920年7月19日—8月7日举行(开幕式在彼得格勒举行,以后的会议从7月23日起在莫斯科举行)。出席大会的有来自37个国家的67个组织(其中有27个共产党)的217名代表。法国社会党和德国独立社会民主党派代表列席大会,有发言权。代表大会的全部筹备工作是在列宁的领导下进行的。他在会前写的《共产主义运动中的"左派"幼稚病》一书(见本版全集第39卷)对规定共产国际的任务和制定共产国际的政治路线起了重要的作用。列宁以俄共(布)代表团成员身份出席大会,被选入了主席团。

　　代表大会的议程包括:国际形势和共产国际的基本任务;共产党在

无产阶级夺取政权以前和以后的作用和结构;工会和工厂委员会;议会斗争问题;民族和殖民地问题;土地问题;对新中派的立场和加入共产国际的条件;共产国际章程;组织问题(合法与不合法组织、妇女组织等等);青年共产主义运动;选举;其他事项。为了预先审议议程上的重大问题,在7月24日举行的大会第3次全体会议上成立了6个委员会:工会运动委员会、议会斗争委员会、土地问题委员会、国际形势和共产国际任务委员会、民族和殖民地问题委员会、制定加入共产国际的条件的委员会。列宁在代表大会上作了关于国际形势和共产国际的基本任务的报告、民族和殖民地委员会的报告,就共产党的作用、议会斗争等问题发了言,并积极参加了大多数委员会的工作。

代表大会将列宁起草的《关于共产国际第二次代表大会的基本任务的提纲》作为大会决议予以批准。在民族和殖民地问题上,代表大会通过了以列宁的初稿为基础的《民族和殖民地问题提纲》和《民族和殖民地问题补充提纲》。在土地问题上,代表大会通过了以列宁提纲为基础的决议。代表大会非常注意共产党争取和领导劳动群众的问题,它谴责了左倾学理主义,通过了《共产党和议会斗争》、《工会运动、工厂委员会和第三国际》等决议。代表大会通过的《共产党在无产阶级革命中的作用》的决议指出:共产党是工人阶级解放的主要的和基本的武器;共产党的作用在工人阶级夺得政权以后不但没有缩小,相反还无比地增大了。代表大会通过的《加入共产国际的条件》这一文件对于在革命纲领基础上巩固共产党和防止机会主义的和中派的政党钻入共产国际具有重大的作用。代表大会还批准了共产国际的章程,通过了《共产国际第二次代表大会宣言》和一系列号召书。

共产国际第二次代表大会奠定了共产国际的纲领的、策略的和组织的基础,对发展国际共产主义运动具有重大意义。——3。

4　指1920年10月12—17日在哈雷举行的德国独立社会民主党非常代表大会。格·叶·季诺维也夫、阿·洛佐夫斯基、让·龙格、尔·马尔托夫等作为来宾出席了代表大会。关于共产国际和加入共产国际的21项条件的报告是这次代表大会议程上的中心问题。大会以多数票(237票对156票)表示赞成该党参加共产国际。该党右翼因此退出代表大会,并另行组党,仍用德国独立社会民主党这一名称,直到 1922 年 9 月同德国社会民主党合并为止。德国独立社会民主党的左翼于 1920 年 12 月同德国共产党合并。——3。

5 芬兰革命于 1918 年 1 月在芬兰南部工业地区爆发。1918 年 1 月 27 日夜,芬兰赤卫队占领了芬兰首都赫尔辛福斯,资产阶级的斯温胡武德政府被推翻。1 月 28 日,工人们建立了芬兰革命政府——人民代表委员会。参加革命政府的有库·曼纳、奥·库西宁、尤·西罗拉等人。国家政权的基础是由工人选出的工人组织议会。芬兰革命政府在斗争初期还没有明确的社会主义纲领,主要着眼解决资产阶级民主革命的任务,但这一革命从性质上说是社会主义革命。革命政府的最主要的措施是:将一部分工商企业和大庄园收归国有;把芬兰银行收归政府管理,并建立对私营银行的监督;建立工人对企业的监督;将土地无偿地交给佃农。芬兰这次无产阶级革命只是在芬兰南部取得了胜利。斯温胡武德政府在芬兰北部站稳了脚跟后,集结了一切反革命力量,在德国政府的援助下向革命政权发动进攻。由于德国的武装干涉,芬兰革命经过激烈的内战以后于 1918 年 5 月初被镇压下去。——4。

6 匈牙利苏维埃共和国于 1919 年 3 月 21 日诞生。从 4 月起协约国帝国主义者对它实行经济封锁,并利用罗马尼亚和捷克斯洛伐克资产阶级政府的军队对它进行武装干涉。在匈牙利红军制止了罗捷军队的进攻并攻入斯洛伐克、协助建立了斯洛伐克苏维埃共和国时,协约国帝国主义者借助外交压力迫使匈牙利红军停止进攻并撤退到 1918 年 11 月签订停战协定时由协约国划定的分界线内。此后,在罗马尼亚干涉军反攻得手的严重时刻,协约国帝国主义者与匈牙利右派社会民主党人相勾结,加紧进行破坏活动。右派社会民主党人以匈牙利苏维埃共和国政府妨碍同协约国缔结和约和解除封锁为借口,迫使它于 1919 年 8 月 1 日辞职。——4。

7 指 1919 年 4 月法国海军黑海第 2 分舰队水兵的起义。这是在入侵苏俄的外国干涉军中发生的一次大规模的革命起义。乌克兰共产党(布)敖德萨省委员会建立的外国工作部在协约国军队中进行的革命宣传,对这次起义的准备起了很大作用。起义于4月20日由停泊在塞瓦斯托波尔的法国战列舰"让·巴尔"号和"法兰西"号的水兵发动。随后，停泊在该地的其他军舰上的水兵和停泊在敖德萨的军舰上的水兵以及部分陆军部队士兵也加入了起义者的行列。起义者要求立即停止对苏维埃俄国的武装干涉，将法军撤回法国，否则他们将投奔红军。这次起义在法国政府的镇压下遭到失败，有130人被判处了不同刑期的苦役和监禁。但是它推动了法国国内的革命运动，并在迫使法国最终撤走干涉军队方面起了重大的作用。——4。

8 根据列宁的这项建议，1920年11月9日俄共（布）中央全会决定委托格·马·克尔日扎诺夫斯基为全俄苏维埃第八次代表大会准备一个关于俄罗斯电气化的报告。报告被列入了代表大会的议程。——8。

9 1920年11月6日，人民委员会审议了实行工人供应基本标准的问题。列宁的这一条补充意见写入了人民委员会当天通过的决定，作为它的第2项。关于这个问题，还可参看列宁1920年11月2日写的一个草稿（《列宁文稿》人民出版社版第16卷第559页）和11月12日写的一封信（本版全集第50卷第11号文献）。——10。

10 《〈工会的任务及其实现的方法〉决议草案》是全俄工会第五次代表会议俄共（布）党团1920年11月8日通过的关于工会运动的任务的决议的基础。该决议发表于11月13日《真理报》。

这个文件的产生过程如下。11月2—6日，全俄工会第五次代表会议在莫斯科举行。俄共（布）在这次会议上提出了改变工会工作的方法，即用民主的方法代替行政命令的军事的方法以适应社会主义和平建设任务的问题。列·达·托洛茨基反对采用新的工作方法。11月3日，他在代表会议俄共（布）党团会议上提出了"整刷"工会的口号，要求"拧紧螺母"和立即实现"工会国家化"。托洛茨基的发言挑起了党内关于工会的作用和任务问题的争论。因此，俄共（布）中央讨论了这个问题。11月8日，列宁在中央全会上提出了与托洛茨基观点相对立的提纲。表决结果：托洛茨基的提纲得7票，列宁的提纲得8票。列宁以他的提纲为基础写成了《〈工会的任务及其实现的方法〉决议草案》。这一文件被中央全会以多数票(10票赞成、4票反对、1票弃权)通过。——11。

11　俄共(布)第九次代表大会于1920年3月29日—4月5日在莫斯科举行。参加代表大会的共有715名代表,其中有表决权的代表553名,有发言权的代表162名,共代表611 978名党员。这次代表大会是在红军取得了反对外国武装干涉和国内反革命的决定性胜利、苏维埃俄国获得了暂时的和平喘息时机的条件下召开的。大会主要议程是:中央委员会的工作报告;经济建设的当前任务;工会运动;组织问题;共产国际的任务;对合作社的态度;向民兵制过渡;选举中央委员会。

列宁直接领导了代表大会的工作,作了中央委员会的工作报告,并就经济建设、合作社等问题发了言。

这次代表大会的中心议题是经济建设问题,即从军事战线的斗争转向劳动战线的斗争、战胜经济破坏、恢复和发展国民经济的问题。列·达·托洛茨基作了关于经济建设的当前任务的报告。大会就这个问题通过的决议指出,苏维埃俄国经济恢复的基本条件是贯彻执行最近一个历史时期的统一的经济计划。决议规定了完成统一计划的各项根本任务的先后顺序:(1)首先是改善运输部门的工作,调运和储备必要的粮食、燃料和原料;(2)发展为运输业和获取燃料、原料、粮食服务的机器制造业;(3)加紧发展为生产日用品服务的机器制造业;(4)加紧生产日用品。实现国家电气化在统一经济计划中居于重要地位;大会通过了关于制定电气化计划的指示。

代表大会要求各级党组织执行俄共(布)中央关于给运输部门调配5 000名优秀的经过考验的共产党员的指令,并决定动员这次代表大会的10%的代表投入运输战线。代表大会决定把1920年的"五一"节(适逢星期六)定为全俄星期六义务劳动日。

代表大会批准了俄共(布)中央关于动员工业无产阶级、实行劳动义务制、经济军事化以及为经济需要动用军队等问题的提纲,责成党组织帮助工会和劳动部门统计全部熟练工人,以便吸收他们参加生产,同时否决了托洛茨基关于把成立劳动军作为保证国民经济劳动力的唯一良策和把军事方法搬用于和平经济建设的意见。代表大会十分重视生产管理的组织问题。大会就这个问题通过的决议指出,必须在一长制的基础上建立熟悉业务、坚强得力的领导。以季·弗·萨普龙诺夫等为代表的民主集中派反对在企业中实行一长制和个人负责制,坚持无限制的集体管理制,同时也反对使用旧专家,反对国家的集中管理,他们得到了阿·伊·李可夫、米·巴·托姆斯基、弗·巴·米柳亭、阿·洛莫夫等的支持。大会谴责和拒绝了民主集中派的建议。

代表大会在关于工会问题的决议中明确规定了工会的作用、工会同国家和党的相互关系、共产党领导工会的形式和方法以及工会参加经济建设的方式,在关于合作社问题的决议中要求巩固党在合作社组织中的领导地位。

代表大会还作出了关于出版《列宁全集》的决定。

4月4日,在大会秘密会议上选出了由19名委员和12名候补委员组成的新的中央委员会。——11。

12　1920年9月俄共(布)第九次全国代表会议通过的《关于党的建设的当前任务的决议》指出:"苏维埃共和国在成立的最初几年里处境极为困难,破坏极其严重,军事方面存在着极大的危险,所以必然要确定若干'重点的'(因而实际上是拥有特权的)部门和工作人员。这是必然的,因为不把人力和物力集中于这些部门和工作人员,就不能拯救遭到破坏的国家;不这样,全世界联合在一起的帝国主义者无疑就会扼杀我们,根本不让我们苏维埃共和国着手进行经济建设。但是,由于过去遗留下来的难以克服的资本主义的和私有制的习惯和情绪,上述情况就使我们必须一再提醒全党注意争取进一步实现平等,——首先是在党内,其次是在无产阶级内部以及一切劳动群众内部,最后是在各部门同各个工作人员之间,特别是在'专家'和负责工作人员同群众之间。党只能按党员的觉悟、忠诚、坚定、政治上的成熟、所具备的革命经验和自我牺牲的决心的程度来区别党员,而根本反对按任何其他标志(领导和群众、知识分子和工人、民族标志等等)来区别党员。"(参看《苏联共产党代表大会、代表会议和中央全会决议汇编》1964年人民出版社版第2分册第37—38页)

俄共(布)第九次全国代表会议于1920年9月22—25日在莫斯科举行。出席会议的代表共241名,其中有表决权的116名,有发言权的

125 名,共代表 70 万党员。会议议程是:波兰共产党人代表的报告;中
央委员会的政治报告;中央委员会的组织报告;关于党的建设的当前任
务;党史研究委员会的报告;关于共产国际第二次代表大会的报告。

　　列宁在会上作了中央委员会政治报告。根据列宁的报告,会议一
致通过了苏维埃俄国同波兰缔结和约的条件的决议。会议同意在列宁
直接领导下拟定的并经他审阅过的全俄中央执行委员会关于同波兰媾
和的具体条件的声明。

　　关于党的建设的当前任务的讨论,在这次代表会议上占有很重要
的位置。会议批评了民主集中派反对党的纪律和否定共产党在苏维埃
和工会工作中的领导作用的错误意见,通过了由列宁起草的《关于党的
建设的当前任务的决议》。决议在发扬党内民主、巩固党的团结和纪
律、加强苏维埃机关和经济机关中的反官僚主义斗争、加强对青年党员
进行共产主义教育工作等方面规定了一系列实际措施。代表会议指
出,必须广泛吸收普通党员积极参加省代表会议和俄共(布)省委全体
会议。为了同各种舞弊行为作斗争和审理党员提出的申诉,代表会议
认为必须成立监察委员会,在省委员会下面则成立党的专门委员会。

　　会议根据中央委员会的组织报告通过决议,建议加强中央委员会
书记处在了解地方工作情况和总结地方工作经验方面的活动,改善中
央委员会对红军和红海军部队中党的组织工作的直接领导,不要使这
些组织的工作同社会生活脱节。——11。

13　运输工会中央委员会即铁路和水路运输联合工会中央委员会,成立于
　　1920 年 9 月。两个运输工会之所以合并起来,是由于当时俄国运输业
　　的破坏已使整个国民经济濒于瘫痪,因而需要建立起坚强的集中化领
　　导,以保证迅速完成恢复运输业的任务。由于任务艰巨,运输工会中央
　　委员会在工作中还采取了某些非常措施和军事工作方法。运输工会中
　　央委员会在恢复运输业方面做了大量工作,但是后来却蜕化成为脱离
　　职工群众的官僚主义机关。1920 年底—1921 年初,领导这个机构的托
　　洛茨基分子培植官僚主义,单纯采用行政命令和委派制,拒绝民主的工
　　作方法。所有这些引起了工人群众对党的不满,并分裂了运输工人的
　　队伍。俄共(布)中央谴责了这些错误做法。1920 年 11 月 8 日和 12 月

7 日中央全会决定将运输工会中央委员会和其他工会一样划归全俄工
会中央理事会领导,同时建议它改变工作方法。1921 年 3 月根据俄共
(布)中央决议召开的全俄运输工人第一次代表大会改选了运输工会中
央委员会,制定了工会工作的新方法。——11。

14　1920 年 10 月,俄共(布)中央政治局以列宁的草案(见本版全集第 39
卷第 373—374 页)为基础通过了一项有关无产阶级文化协会问题的
决议。11 月 10 日,俄共(布)中央全会讨论了政治教育总委员会根据
政治局的上述决议制定的关于无产阶级文化协会和教育人民委员部的
相互关系的指示草案,并几乎未加修改地通过了这里收载的列宁拟的
决定草案。这次全会还讨论了俄共(布)中央关于无产阶级文化协会的
信的草稿。该信发表于 1920 年 12 月 1 日《真理报》。

无产阶级文化协会是十月革命前夕在彼得格勒成立的独立的无产
阶级文学艺术活动组织。十月革命后在国内各地成立分会。各地协会
最多时达 1 381 个,会员 40 多万。1918 年春,亚·亚·波格丹诺夫及
其拥护者逐渐从思想上和组织上控制了协会,他们仍继续坚持协会对
共产党和苏维埃国家的"独立性",否认以往的文化遗产的意义,力图摆
脱群众性文教工作的任务,企图通过脱离实际生活的"实验室的道路"
来创造"纯粹无产阶级的"文化。波格丹诺夫口头上承认马克思主义,
实际上鼓吹马赫主义这种主观唯心主义哲学。列宁在《关于无产阶级
文化》(见本版全集第 39 卷)等著作中批判了无产阶级文化派的错误。
无产阶级文化协会于 20 年代初趋于衰落,1932 年停止活动。——13。

15　政治教育总委员会是根据人民委员会《关于共和国政治教育总委员会的
法令》、在教育人民委员部社会教育司的基础上成立的。这一法令是根
据列宁的指示(见本版全集第 39 卷第 439—440 页)制定的,1920 年 11
月 12 日由列宁签署,公布于 1920 年 11 月 23 日《全俄中央执行委员会消
息报》第 263 号。政治教育总委员会是教育人民委员部的总局级机构,
在行政上和组织上归它领导,但在涉及工作的思想内容的问题上则直接
归俄共(布)中央领导。政治教育总委员会统一和指导全国的政治教育
和宣传鼓动工作,领导群众性的成人共产主义教育(扫除文盲、学校、俱

乐部、图书馆、农村阅览室)以及党的教育(共产主义大学、党校)。政治
教育总委员会的主席一职一直由娜·康·克鲁普斯卡娅担任。1930 年
6 月,政治教育总委员会改组为教育人民委员部群众工作处。——13。

16　这个决定草案是列宁就阿尔乔姆(费·安·谢尔盖耶夫)在俄共(布)中
央全会 1920 年 11 月 10 日下午的会议上作的《关于吸收列金派工会对
我国订货的完成情况进行监督的报告》而拟的,为中央全会通过。
——14。

17　这个决定草案是在 1920 年 11 月 16 日人民委员会会议审议租让法令
草案时提出的,为会议所通过。租让法令草案是人民委员会 1920 年
10 月 30 日成立的专门委员会草拟的。11 月 23 日,人民委员会批准了
租让法令。关于租让问题并见本卷第 58—80、98—131 页。——15。

18　列宁起草的这个文件是刊载于 1920 年 11 月 27 日《真理报》第 267 号
的政治教育总委员会提纲草案的基础。这个提纲草案的标题是:《生产
宣传(政治教育总委员会的提纲草案)》。
　　　生产宣传的问题最初是在 1920 年 3、4 月间俄共(布)第九次代表
大会讨论经济建设当前任务时提出的。随后由于波兰对苏俄发动战
争,经济建设问题被搁置起来。1920 年底,在同波兰签订了初步和约和
击溃了弗兰格尔白卫军之后,为了动员广大人民群众自觉地投入国民
经济的恢复工作,生产宣传的问题再次被突出地提了出来。——16。

19　《贫苦农民报》(《Беднота》)是俄共(布)中央主办的供农民阅读的报纸
(日报),1918 年 3 月 27 日—1931 年 1 月 31 日在莫斯科出版。该报的
前身是在彼得格勒出版的《农村贫民报》、《士兵真理报》和在莫斯科出
版的《农村真理报》。国内战争时期,《贫苦农民报》也是红军的报纸,在
军内销售的份数占总印数的一半。先后担任该报编辑的有维·阿·卡
尔宾斯基、列·谢·索斯诺夫斯基、雅·阿·雅柯夫列夫等。该报编辑
部曾为列宁编写名为《贫苦农民晴雨表》的农民来信综述。从 1931 年
2 月 1 日起,《贫苦农民报》与《社会主义农业报》合并。——17。

20　这是列宁1920年11月21日下午在俄共(布)莫斯科省代表会议上的两个讲话。其中第一个讲话是就会议第2项议程作的报告,当年用俄文、德文和法文印成了小册子。列宁还在11月19日代表会议预备会议上讲了话,这个讲话的记录没有保存下来。

　　俄共(布)莫斯科省代表会议于1920年11月20—22日在克里姆林宫举行。出席会议的有289名有表决权的代表和89名有发言权的代表。会议议程是:关于俄共(布)莫斯科委员会的工作报告,关于国内外形势和党的任务的报告,关于国家经济状况的报告,关于生产宣传的报告,选举莫斯科委员会。代表会议是在工会问题争论已经开始时举行的。出席会议的民主集中派、工人反对派和伊格纳托夫派的代表激烈反对党的政策。他们从会议筹备时起就企图在莫斯科的党组织中取得优势。工人反对派力图把自己的人更多地安插进莫斯科委员会,竟撇开在斯维尔德洛夫大厅开会的其他代表,而在米特罗范大厅另外召开工人代表的会议,从而形成了"两个房间开会"的局面。代表会议在列宁领导下对反对派进行了回击,就莫斯科委员会的工作报告通过了体现党中央观点的决议。代表会议否决了反对派在非正式会议上拟的莫斯科委员会名单,通过了中央政治局提出的名单。——19。

21　指1920年苏维埃俄国抗击地主资产阶级的波兰的战争。从1918年波兰国家重建起,波兰的统治集团就实行敌视苏维埃俄国的政策。1919年波军占领了乌克兰和白俄罗斯的一些地区,包括明斯克在内。协约国帝国主义者在准备对苏维埃俄国发动新的军事进攻时把地主资产阶级的波兰和彼·尼·弗兰格尔纠集的邓尼金残部作为主要突击力量。在他们的唆使和大力援助下,波兰政府拒绝了苏维埃政府一再提出的媾和建议,并于1920年4月25日不宣而战,对苏维埃俄国发动了大规模进攻。已经开始转入和平建设的苏维埃俄国不得不重新动员起来,抗击波兰武装干涉者。这场苏波战争进程曲折。先是波军进攻,占领了日托米尔、科罗斯坚、基辅等地。5月底红军展开反攻,6月12日解放基辅,8月中旬逼近华沙和利沃夫。但红军由于指挥上的失误等原因,在波军反扑下又被迫撤退。9月19日,波军在白俄罗斯重新发动进攻,进展不大。至此波兰已疲惫不堪,不得不同意缔结和约。

1920 年 10 月 12 日双方签订了初步和约。1921 年 3 月 18 日签订了正式和约。——19。

22　《时报》(«Le Temps»)是法国资产阶级报纸(日报),1861—1942 年在巴黎出版。——20。

23　苏维埃俄国同芬兰的和约于 1920 年 10 月 14 日在尤里耶夫(现称塔尔图)签订。根据和约,两国停止战争,苏维埃俄国再次确认芬兰的独立和主权,两国建立了外交关系。和约还划定了两国间的边界。

　　苏维埃俄国同爱沙尼亚的和约于 1920 年 2 月 2 日在尤里耶夫签订。根据和约,苏维埃俄国承认爱沙尼亚的独立,双方建立外交关系,并互相承担义务不允许外国的或敌视对方的武装集团在本国领土上驻扎。这个和约是苏维埃俄国同资本主义国家建立和平关系的第一步。它使苏维埃俄国开始有了同欧美进行商品交换的可能。列宁形象地称它是“一扇通向欧洲的窗户”(见本版全集第 38 卷第 126 页)。

　　苏维埃俄国同拉脱维亚的和平谈判于 1920 年 4 月 16 日在莫斯科开始举行。8 月 11 日,和约在里加签订。——20。

24　布列斯特和约是 1918 年 3 月 3 日苏维埃俄国在布列斯特-里托夫斯克同德国、奥匈帝国、保加利亚和土耳其签订的条约,3 月 15 日经全俄苏维埃第四次(非常)代表大会批准。和约共 14 条,另有一些附件。根据和约,苏维埃共和国同四国同盟之间停止战争状态。波兰、立陶宛全部、白俄罗斯和拉脱维亚部分地区脱离俄国。苏维埃俄国应从拉脱维亚和爱沙尼亚撤军,由德军进驻。德国保有里加湾和蒙海峡群岛。苏维埃军队撤离乌克兰、芬兰和奥兰群岛,并把阿尔达汉、卡尔斯和巴统各地区让与土耳其。苏维埃俄国总共丧失 100 万平方公里土地(含乌克兰)。此外,苏维埃俄国必须复员全部军队,承认乌克兰中央拉达同德国及其盟国缔结的和约,并须同中央拉达签订和约和确定俄国同乌克兰的边界。布列斯特和约恢复了对苏维埃俄国极其不利而对德国有利的 1904 年的关税税率。1918 年 8 月 27 日在柏林签订了俄德财政协定,规定俄国必须以各种形式向德国交付 60 亿马克的赔款。布列斯特和约是当时刚建立的苏维埃政权为了摆脱帝国主义战争,集中力量巩固十月革命取得的胜利而实行的一种革命的妥协。这个和约的签订，虽然使苏维埃俄国受到割地赔款的巨大损失，但是没有触动十月革命的根本成果，并为年轻的苏维埃共和国赢得了和平喘息时机去巩固无产阶级专政，整顿国家经济和建立正规红军，为后来击溃白卫军和帝国主义的武装干涉创造了条件。1918年德国十一月革命推翻了威廉二世的政权。1918年11月13日，全俄中央执行委员会宣布废除布列斯特和约。——24。

25 指1920年秋苏维埃政府同美国万德利普辛迪加的代表华盛顿·万德利普在莫斯科进行的租让谈判，租让的项目是在堪察加和东经160°以东的东西伯利亚其余地区开发渔场、勘探并开采石油和煤炭。为了进行这项谈判，苏维埃政府成立了由最高国民经济委员会、外交人民委员部和对外贸易人民委员部的代表组成的专门委员会。10月底，合同草案拟就。根据合同，万德利普辛迪加获得为期60年的承租权。满35年后，苏维埃政府有权提前赎回全部租让企业。满60年后，各企业及其运转的设备无偿地转归苏维埃俄国所有。由于万德利普辛迪加没有得到美国政府以及美国有势力财团的支持，这一合同后来没有签订。——24。

26 美国社会党是由美国社会民主党（尤·维·德布兹在1897—1898年创建）和以莫·希尔奎特、麦·海斯为首的一批原美国社会主义工人党党员联合组成的，1901年7月在印第安纳波利斯召开代表大会宣告成立。该党社会成分复杂，党员中有美国本地工人、侨民工人、小农场主、城市小资产阶级和知识分子。该党重视同工会的联系，提出自己的纲领，参加选举运动，在宣传社会主义思想和开展反垄断的斗争方面作出了贡献。后来机会主义分子（维·路·伯杰、希尔奎特等）在党的领导中占了优势，他们强使1912年该党代表大会通过了摒弃革命斗争方法的决议。以威·海伍德为首的一大批左派分子退党。第一次世界大战期间，社会党内形成了三派：支持美国政府帝国主义政策的社会沙文主义派；只在口头上反对帝国主义战争的中派；站在国际主义立场上反对帝国主义战争的革命少数派。1919年，退出社会党的左派代表建立了美国共产党和美国共产主义工人党。社会党的影响下降。——25。

27 指亚美尼亚和土耳其之间的战争。亚美尼亚的达什纳克党政府为了实现建立"大亚美尼亚"的计划,在协约国的挑唆下,于1920年9月24日对土耳其发动进攻。9月29日土耳其军队转入反攻,先后占领了萨勒卡默什、卡尔斯和亚历山德罗波尔等地。11月11日苏维埃俄国政府向交战双方提出调停的建议,但遭到拒绝。土耳其军队进逼埃里温。11月18日达什纳克党人被迫签订停战协定,12月2日与土耳其签订了亚历山德罗波尔和约。在这个和约签订以前,11月29日,亚美尼亚宣布成立了苏维埃政权。达什纳克党政府被推翻,因此这个和约没有生效。土耳其政府企图证明和约有效,并拖延撤军。在苏维埃俄国的坚决要求下,土军于1921年5月撤出了亚历山德罗波尔地区。——26。

28 劳动军是在国内战争末期暂时用于国民经济战线而保持军队建制的苏俄红军部队。第3集团军革命军事委员会首先倡议把军队用于经济战线,得到列宁的赞同。1920年1月15日,工农国防委员会把第3集团军改组成为第1(乌拉尔)革命劳动军。此后陆续成立的劳动军有:乌克兰劳动军(由西南方面军组成)、高加索劳动军(由高加索方面军第8集团军组成)、第2特种铁路劳动军(由高加索方面军第2集团军组成)、彼得格勒劳动军(由第7集团军组成)、第2革命劳动军(由土耳其斯坦方面军第4集团军组成)、顿涅茨劳动军、西伯利亚劳动军等。劳动军从事修复铁路、采煤、伐木、征购和运输粮食等工作,并在人民群众中开展文化教育活动。1920年对波战争爆发后,有些劳动军转为战斗部队。随着国内战争的结束,根据劳动国防委员会1921年12月30日的决定,劳动军被撤销。——27。

29 捷克斯洛伐克军的叛乱是协约国帝国主义者策划的。在俄国的捷克斯洛伐克军共有两个师和一个预备旅,约5万人,是第一次世界大战期间由奥匈帝国军队的战俘和侨居俄国的捷克斯洛伐克人组成。十月革命胜利以后,协约国帝国主义者决定利用该军反对苏维埃共和国,主动给它提供军费。捷克斯洛伐克民族委员会主席托·马萨里克征得法国同意后宣布该军是法军的部队,协约国代表随后要求苏俄政府遣送该军回法国。1918年3月26日,苏俄政府已经决定同意捷克斯洛伐克军通过符拉迪沃斯托克撤走,条件是要把主要武器交给当地苏维埃政府。但该军指挥人员却同协约国代表和右派社会革命党人于5月14日在车里雅宾斯克举行会议,决定发动叛乱。这些人煽惑士兵,妄说苏维埃政府要解除他们的武装、把他们关进战俘营等等,同时鼓动他们用武力开路,冲到符拉迪沃斯托克去。5月25日和26日,叛乱在马林斯克和车里雅宾斯克开始。接着,叛军同社会革命党白卫部队一起占领了乌拉尔、伏尔加河流域和西伯利亚的大部分地区。在占领区,捷克斯洛伐克军大批逮捕和杀害当地党政工作人员和革命工农,消灭苏维埃政权的机关,协助建立反革命政府(萨马拉的立宪会议委员会,叶卡捷琳堡的乌拉尔政府,鄂木斯克的西伯利亚临时政府)。苏俄红军于1918年9月转入进攻,解放了伏尔加河流域。由于军事上的失利和共产党人的地下工作,捷克斯洛伐克军开始瓦解,拒绝站在白卫军一边作战。1919年下半年,该军随着高尔察克军队的败退而东撤。1920年2月7日,红军同该军签订了停战协定。1920年春,捷克斯洛伐克军集中于符拉迪沃斯托克,然后陆续撤出俄国。——28。

30　工农检查院(工农检查人民委员部)是苏维埃俄国的国家监察机关,1920年2月由国家监察人民委员部改组而成,享有人民委员部的一切权力和职责。它的主要任务是:监督各国家机关和经济管理机关的活动,监督各社会团体,同官僚主义和拖拉作风作斗争,检查苏维埃政府法令和决议的执行情况等。工农检查院在工作中依靠广大的工人、农民和专家中的积极分子。根据列宁的意见,1923年俄共(布)第十二次代表大会决定成立中央监察委员会——工农检查院这一党和苏维埃的联合监察机构。1934年工农检查院撤销,分设党的监察委员会和苏维埃监察委员会。——34。

31　这是《真理报》对列宁在莫斯科印刷业工厂委员会代表会议上的讲话的报道。这次代表会议于1920年11月25日在工会大厦圆柱大厅举行,出席的有2 000多名工会会员。——40。

32　这是列宁在俄共(布)莫斯科组织支部书记会议上关于1920年11月

23 日的租让法令的讲话。这次会议于 1920 年 11 月 26 日在工会大厦圆柱大厅举行,议程是:俄共(布)莫斯科省代表会议的总结报告和军事形势报告。——41。

33 1917 年 11 月在人民委员会之下设立了小人民委员会(参看注 131)以后,人们有时就把人民委员会叫做大人民委员会,以区别于小人民委员会。——41。

34 凡尔赛条约即第一次世界大战后英、法、意、日等国对德和约,于 1919 年 6 月 28 日在巴黎郊区凡尔赛宫签订。和约的主要内容是,德国将阿尔萨斯—洛林归还法国,萨尔煤矿归法国;德国的殖民地由英、法、日等国瓜分;德国向美、英、法等国交付巨额赔款;德国承认奥地利独立;限制德国军备,把莱茵河以东 50 公里的地区划为非军事区。中国虽是战胜国,但和约却把战前德国在山东的特权交给了日本。这种做法遭到了中国人民的强烈反对,中国代表因而没有在和约上签字。列宁认为凡尔赛和约"是一个闻所未闻的、掠夺性的和约,它把亿万人,其中包括最文明的一部分人,置于奴隶地位"(见本版全集第 39 卷第 394 页)。——42。

35 日本帝国主义政府与美、英统治集团相勾结,于 1918 年春发动了对苏维埃俄国远东的武装干涉。4 月 5 日,日军在符拉迪沃斯托克登陆,进而侵占滨海地区、萨哈林岛北部和外贝加尔。到 1922 年,随着远东地区白卫军被消灭、群众性游击运动兴起以及日本经济危机加深,日本干涉军已不可能继续留在苏维埃远东地区。1922 年 10 月 25 日,日本干涉军撤离符拉迪沃斯托克。日本的武装干涉遂以彻底失败告终。——42。

36 这里说的是 1919 年 3 月苏维埃政府同美国政府代表威·克·布利特在莫斯科进行的谈判。布利特前往莫斯科,是为了了解苏维埃政府同意在什么条件下同协约国媾和。

布利特在谈判中转达了美国总统伍·威尔逊和英国首相戴·劳合-乔治的建议。苏维埃政府为了尽快缔结和约,同意按照他们提出的条件进行谈判,但对这些条件作了一些重要修改(美国政府代表布利特和苏俄政府共同制定的和平建议草案全文见《苏联对外政策文件汇编》

1958年俄文版第2卷第91—95页）。

布利特离开苏维埃俄国之后不久,高尔察克军队在东线取得了一些胜利。帝国主义各国政府指望借助高尔察克的力量来消灭苏维埃俄国,于是拒绝了和平谈判。威尔逊不准公布布利特带回的协定草案,劳合-乔治则在议会宣称他同与苏维埃政府谈判一事根本没有关系。——43。

37 这个决定草案于1920年11月27日在俄共(布)中央政治局会议上稍作补充后被通过。——45。

38 国防委员会(工农国防委员会)是全俄中央执行委员会为贯彻它在1918年9月2日颁发的宣布苏维埃共和国为军营的法令而于1918年11月30日设立的。国防委员会是苏维埃俄国的非常最高机关,有动员人力物力保卫苏维埃国家的全权。国防委员会的决议,中央以及地方各部门和机关、全体公民都必须执行。在外国武装干涉和国内战争时期,国防委员会是组织共和国战时经济和编制计划的中心。革命军事委员会及其他军事机关的工作都处于它的严格监督之下。列宁被任命为国防委员会主席。1920年4月初,国防委员会改组为劳动国防委员会,其任务是指导经济系统各人民委员部和所有国防机关的活动。劳动国防委员会一直存在到1937年4月。——45。

39 贫苦农民委员会(贫委会)是根据全俄中央执行委员会1918年6月11日《关于组织贫苦农民和对贫苦农民的供应的法令》建立的,由一个乡或村的贫苦农民以及中农选举产生。根据上述法令,贫苦农民委员会的任务是:分配粮食、生活必需品和农具;协助当地粮食机构没收富农的余粮。到1918年11月,在欧俄33省和白俄罗斯,共建立了122 000个贫苦农民委员会。在许多地方,贫苦农民委员会改选了受富农影响的苏维埃,或把权力掌握在自己手里。贫苦农民委员会的活动超出了6月11日法令规定的范围,它们为红军动员和征集志愿兵员,从事文教工作,参加农民土地(包括份地)的分配,夺取富农的超过当地平均份额的土地(从富农8 000万俄亩土地中割去了5 000万俄亩),重新分配地主土地和农具,积极参加组织农村集体经济。贫苦农民委员会实际上是无产阶级专政在农村中的支柱。到1918年底,贫苦农民委员会已完成了自己的任务。根据1918年11月全俄苏维埃第六次(非常)代表大会的决定,由贫苦农民委员会主持改选乡、村苏维埃,改选后贫苦农民委员会停止活动。

阿塞拜疆建立苏维埃政权后,阿塞拜疆共产党(布)中央政治局于1920年8月作出决定,在农村建立贫苦农民委员会。——45。

40　列宁的这个意见是在1920年11月27日俄共(布)中央政治局审议格·叶·季诺维也夫准备在全俄苏维埃第八次代表大会上作的《关于改进中央和地方苏维埃机关工作和同官僚主义作斗争的报告》的提纲时提出的。政治局批准了列宁的这个意见,并成立了一个小组负责修改报告提纲。提纲的最后定稿发表于1920年12月14日《真理报》和《全俄中央执行委员会消息报》。——47。

41　工人反对派是俄共(布)党内的一个无政府工团主义集团,主要代表人物是亚·加·施略普尼柯夫、谢·巴·梅德维捷夫、亚·米·柯伦泰等。工人反对派作为派别组织是在1920—1921年的工会问题争论中形成的,但是这一名称在1920年9月俄共(布)第九次全国代表会议上即已出现。工人反对派的纲领则早在1919年就已开始形成。在1920年3—4月举行的俄共(布)第九次代表大会上,施略普尼柯夫提出了一个关于俄共(布)、苏维埃和工会之间关系的提纲,主张由党和苏维埃管政治,工会管经济。在1920年12月30日全俄苏维埃第八次代表大会俄共(布)党员代表、全俄工会中央理事会党员委员及莫斯科工会理事会党员委员联席会议上,施略普尼柯夫要求将国民经济的管理交给工会。将工人反对派的观点表达得最充分的是柯伦泰在俄共(布)第十次代表大会前出版的小册子《工人反对派》。它要求把整个国民经济的管理交给全俄生产者代表大会,由各生产者选举出中央机关来管理共和国的整个国民经济;各个国民经济管理机关也分别由相应的工会选举产生,而且党政机关不得否决工会提出的候选人。工人反对派曾一度得到部分工人的支持。1920年11月,在俄共(布)莫斯科省代表会议上,它的纲领获得了21%的票数。1921年初,在全俄矿工第二次代表大会共产党党团会议上则获得 30％的票数。由于党进行了解释工作,工人反对派的人数到俄共(布)第十次代表大会时已大大减少,它的纲领在这次代表大会上得票不足 6％。第十次代表大会批评了工人反对派的观点,并决定立即解散一切派别组织。但施略普尼柯夫、梅德维捷夫等在这次代表大会后仍继续保留非法组织,并且在 1922 年 2 月向共产国际执行委员会递送了一份题为《二十二人声明》的文件。1922 年俄共(布)第十一次代表大会从组织上粉碎了工人反对派。——50。

42 指由列·波·克拉辛率领的同英国政府进行贸易协定谈判的苏俄代表团。——51。

43 行动委员会是英国工人为阻止英国参加反对苏维埃俄国的战争而创建的群众组织。1920 年 8 月初,英国外交大臣乔·纳·寇松向苏维埃政府发出最后通牒,要求苏维埃军队停止进攻波兰,否则将出兵干涉。英国政府的帝国主义行径引起广大英国工人的抗议。他们纷纷成立工人的战斗中心——行动委员会;各地的行动委员会总数达 350 个,其中一部分是共产党人主持的。在工人群众的强大压力下,工党和工联领袖们被迫参加了这一运动。8 月 9 日,在伦敦召开了工联议会委员会、工党执行委员会和议会党团代表的联席会议,由这 3 个组织各出 5 名代表组成了中央行动委员会。8 月 13 日,中央行动委员会召开了全英工人代表会议。会议要求给予苏维埃俄国以外交承认,同它建立正常的经济关系,并授权中央行动委员会在反战斗争中采用一切手段,直至举行总罢工。英国工人最终迫使英国政府放弃了公开参加对苏维埃俄国作战的打算。行动委员会于 1921 年初停止活动。——51。

44 这个决定草案于 1920 年 11 月 30 日由人民委员会通过。——52。

45 这是列宁就教育人民委员部的改组问题于 1920 年 11 月拟的决定草案。在 1920 年 12 月 8 日的俄共(布)中央全会上,列宁没有使用这个草案,而另外拟了一个内容更广泛的决定草案,被全会通过(见本卷第89—90 页)。

教育人民委员部的改组是从 1920 年 2 月开始酝酿的。11 月
24 日,在列宁参加下,俄共(布)中央政治局成立了一个直属中央的委
员会,来拟定改组方案。委员会成员是:教育人民委员阿·瓦·卢那察
尔斯基(可由副教育人民委员米·尼·波克罗夫斯基代替)、政治教育
总委员会副主席叶·亚·利特肯斯和人民委员会办公厅主任尼·彼·
哥尔布诺夫(可由共和国革命军事委员会政治部副主任瓦·伊·索洛
维约夫代替)。委员会成立后,列宁先后研究了利特肯斯和索洛维约夫
分别提出的草案,认为都还不能令人满意。11 月 29 日,他写信给卢那
察尔斯基,谈了他自己的初步设想(见本版全集第 50 卷第 39 号文献)。
12 月 8 日的中央全会没有批准改组方案,而是要求继续对改组问题进
行研究和讨论。1920 年 12 月 31 日—1921 年 1 月 4 日举行了党内国
民教育问题研讨会。但这次会议的讨论不够成功。由教育人民委员部
拟出的《教育人民委员部基本条例草案》得到会议赞同,但遭到工会代
表的尖锐批评。因此列宁指示:这次会议的决议暂不执行。1921 年
1 月 26 日中央全会再次讨论这一问题,决定成立由列宁任主席的委员
会来制定改组教育人民委员部的方案,并授权它在全体一致的情况下
以中央名义决定问题。列宁调集了人民委员会秘书处以及教育人民委
员部有关这一问题的全部材料,进行了切实研究,于 1 月 29 日拟出了
《教育人民委员部条例草案》。经委员会三次会议讨论和广泛征求意见
后修改定稿,于 2 月 11 日由小人民委员会批准,然后由列宁签署公布
(见本卷第 466—468 页)。另外,委员会还以中央名义发出了由列宁起
草的政治性指示:《中央委员会给教育人民委员部党员工作人员的指
示》(见本卷第 328—329 页)。教育人民委员部根据条例在 1921 年进
行了改组。——53。

46 1920 年 12 月 8 日俄共(布)中央全会的决定也写进了这一条,但人民
委员会 1921 年 1 月 25 日的会议没有批准这一任命。小人民委员会副
主席亚·格·哥伊赫巴尔格认为它不合宪法规定。1 月 31 日小人民委
员会通过决定,任命叶·亚·利特肯斯为第二副人民委员。——53。

47 这个决定草案是列宁在人民委员会经济委员会第二次会议上写的。以

全俄中央执行委员会和人民委员会的名义向全俄苏维埃第八次代表大会提出的《关于劳动国防委员会的决定》是根据这个草案的精神拟定的,并由代表大会于 1920 年 12 月 29 日批准。

人民委员会经济委员会是 1920 年 11 月 26 日成立的,其任务是协调经济系统各人民委员部之间的关系,由列宁担任主席。为了使劳动国防委员会将工作重心转移到经济建设的任务上去,经济委员会制定了改组劳动国防委员会的方案。后来,经济委员会又制定了人民委员会《关于按照苏维埃第八次代表大会〈关于劳动国防委员会的决定〉整顿经济系统各人民委员部的工作的决定》草案。这个草案在文字上作了一些改动后作为《关于计划委员会的条例》于 1921 年 3 月 17 日由人民委员会批准。——54。

48　亚美尼亚苏维埃政权建立后,亚美尼亚革命军事委员会于 1920 年 11 月 30 日给列宁发了致敬电。这封电报是列宁给亚美尼亚革命军事委员会的回电。——56。

49　这个决定草案在俄共(布)中央政治局 1920 年 12 月 4 日会议上被通过。关于这个问题,还可参看本卷第 136—138 页和列宁 1920 年 11 月 19 日给格·瓦·契切林的信(本版全集第 50 卷第 23 号文献)。——57。

50　指苏俄政府 1920 年 6 月 29 日致英国政府的备忘录(见《苏联对外政策文件汇编》1958 年俄文版第 2 卷第 593—598 页)。——57。

51　1920 年 11 月 30 日《真理报》第 269 号摘要发表了列宁在俄共(布)莫斯科组织支部书记会议上的讲话(见本卷第 41—44 页)。其中某些内容,列宁认为从政治上考虑当时不宜公开发表。伊·伊·斯克沃尔佐夫-斯捷潘诺夫在《对什么人不应该实行租让!》(载于 1920 年 12 月 5 日《真理报》第 274 号)一文中纠正了《真理报》编辑部的错误。他写道,肃反委员会的机关将进行监督,不让承租人从事敌视苏维埃国家的活动。"而列宁同志在他的讲话(11 月 30 日《真理报》第 269 号发表的报道过于简略,而且有不少地方与原意不符)中提到存在着全俄肃反委员会、

莫斯科肃反委员会、省肃反委员会时,显然指的就是这种情况。同样,
他说一旦发生战争,根据战争法规全部财产将归我们所有,也说得完全
正确,他是说只有那些确信其本国利益不要求同我们作战,而要求同我
们进行贸易的集团才会记住这一点,而愿意向我们承租。"——59。

52　远东共和国是 1920 年 4 月 6 日在东西伯利亚和远东地区成立的民主
共和国,首都在上乌金斯克(现称乌兰乌德),后迁到赤塔。政府领导人
是布尔什维克亚·米·克拉斯诺晓科夫、彼·米·尼基福罗夫等。苏
维埃俄国政府于 1920 年 5 月 14 日正式承认远东共和国,并提供财政、
外交、经济和军事援助。远东共和国是适应当时极为复杂的政治形势
而成立的,目的是防止苏维埃俄国同日本发生军事冲突,并为在远东地
区消除外国武装干涉和白卫叛乱创造条件。为了领导远东地区党的工
作,成立了俄共(布)远东局(后改为俄共(布)中央远东局)。这个特别
党组织的任务之一就是保证俄共(布)中央和俄罗斯联邦人民委员会对
远东共和国的对内对外政策起决定性作用。在远东大部分地区肃清了
武装干涉者和白卫军后,远东共和国国民议会于 1922 年 11 月 14 日作
出加入俄罗斯联邦的决定。1922 年 11 月 15 日,全俄中央执行委员会
宣布远东共和国为俄罗斯联邦的一部分。——65。

53　指 1920 年国家出版社出版的小册子《关于租让。1920 年 11 月 23 日人
民委员会法令。法令全文。租让项目。地图》。——71。

54　指 1920 年 11 月 29 日由英国商业大臣爱·弗·怀斯交给在伦敦的苏
维埃贸易代表团团长列·波·克拉辛的英苏贸易协定草案。
　　苏俄同英国进行的关于经济和政治关系正常化的谈判从 1920 年
5 月开始,至 1921 年 3 月 16 日双方签订贸易协定后结束。——73。

55　《东方民族》杂志(《Народы Востока》)是东方各民族宣传及行动委员会
的机关刊物(月刊),由 1920 年 9 月 1—7 日在巴库举行的东方各民族
第一次代表大会决定出版。该杂志只于 1920 年 10 月用俄、土、波斯和
阿拉伯四种文字在巴库出版了一期。——73。

56 指人民委员会提请全俄中央执行委员会主席团交全俄苏维埃第八次代表大会批准的《关于加强和发展农民农业经济的措施》的法案。该法案刊载于 1920 年 12 月 14 日《消息报》第 281 号。法案规定把国家调节农业发展的措施同农民个人从提高本农户生产率中得益的原则结合起来。法案被代表大会一致通过。——79。

57 列宁的这个贺词于 12 月 6 日在全俄各省妇女工作部工作会议上宣读。

全俄各省妇女工作部工作会议于 1920 年 12 月 1—6 日在莫斯科举行。出席会议的有来自 5 个共和国、65 个省和 5 个州的 200 多名妇女代表。会议听取了国内外形势的报告、中央妇女工作部的工作报告,研究了妇女工作部当前的任务和妇幼保健问题。会议着重讨论了生产任务、开展生产宣传以及女工参加工会和工农检查院等问题。——86。

58 这个决定草案补充了第 2 条后于 1920 年 12 月 8 日由俄共(布)中央全会通过。第 2 条的内容是:"教育人民委员部本机关的和全国范围的组织和行政管理方面的工作,由人民委员完全通过其助理来领导。"——89。

59 列宁的这条意见写入了《关于生产宣传的决定》草案,成为该决定的第 1 项。该决定于 1920 年 12 月 8 日在俄共(布)中央全会上被通过。——91。

60 列宁的建议是就国家出版社副社长 Д.Л.魏斯向俄共(布)中央书记尼·尼·克列斯廷斯基提出的一项请示而写的。魏斯请示的问题是:俄共(布)莫斯科委员会请求允许在即将召开的全俄苏维埃第八次代表大会之前迅速出版民主集中派首领季·弗·萨普龙诺夫的文章和报告汇编,但国家出版社管理委员会认为这样会加重印刷厂的负担和打乱他们的工作秩序。

克列斯廷斯基按照列宁的建议征求了中央委员意见之后,对魏斯作了如下答复:中央同意莫斯科委员会的请求,但要以不影响按时出版俄罗斯国家电气化委员会、各人民委员部和俄共(布)中央向全俄苏维埃第八次代表大会提供的报告和材料为条件。——92。

61　西班牙社会主义工人党代表团是为与共产国际执行委员会商讨加入共产国际的问题于1920年10月抵达莫斯科的。

共产国际成立后,西班牙社会主义工人党展开了广泛的争取加入共产国际的运动,尤其是当西班牙共产党在共产国际第二次代表大会上被确认为共产国际西班牙支部之后,这一运动更是加紧进行。在1920年6月举行的西班牙社会主义工人党第二次非常代表大会上,绝大多数代表赞成立即加入第三国际,但是由于右派领袖的坚持,大会决议中写进了一系列附加条件。例如,要求共产国际保留西班牙社会主义工人党在其代表大会上修改第三国际决议的权利并保证该党拥有反对将中派分子开除出共产国际的自由。

赴莫斯科的代表团成员中,既有赞成西班牙社会主义工人党加入共产国际的丹尼尔·安吉亚诺(该党书记),也有反对加入共产国际的费尔南多·德洛斯·里奥斯。

两位代表回国后向1921年4月举行的西班牙社会主义工人党第三次非常代表大会汇报了他们的莫斯科之行。在大会就加入共产国际问题的决议进行表决时,机会主义者获得了多数票,拥有少数票的革命派宣读了加入第三国际的宣言后退出会场,他们宣布成立独立的组织——西班牙共产主义工人党。该党于1921年11月与西班牙共产党合并为统一的西班牙共产党。

西班牙社会主义工人党代表团在向西班牙社会主义工人党全国委员会作的报告中谈到了列宁同西班牙代表团的谈话内容,报告发表在1921年1月18日西班牙社会主义工人党中央机关报《社会党人报》上。——93。

62　列宁的这些建议在作了若干文字上的修改之后,于1920年12月20日由俄共(布)中央全会通过。——96。

63　这两点补充写入了1920年12月20日俄共(布)中央全会通过的关于创办专门的生产性机关报问题的决定。——97。

64　这是有关全俄苏维埃第八次代表大会的一组文献。

全俄苏维埃第八次代表大会于1920年12月22—29日在莫斯科

举行。出席大会的代表有 2 537 名,其中有表决权的代表 1 728 名,有发言权的代表 809 名。按党派区分,代表中有共产党员 2 284 名,党的同情者 67 名,无党派人士 98 名,孟什维克 8 名,崩得分子 8 名,左派社会革命党人 2 名,另外还有一些其他党派的成员。

这次代表大会是在国内战争胜利结束、经济战线成为主要战线的时候召开的。大会议程是:全俄中央执行委员会和人民委员会关于对外对内政策的报告;俄罗斯电气化;恢复工业和运输业;发展农业生产和帮助农民经济;改善苏维埃机关工作和同官僚主义作斗争;选举全俄中央执行委员会。议程上的主要问题预先在俄共(布)党团会议上进行讨论。

大会的工作是在列宁的直接领导下进行的。代表大会根据列宁所作的全俄中央执行委员会和人民委员会关于对外对内政策的报告,以压倒多数票通过了完全赞同政府工作的决议。大会通过了在列宁倡议下制定的国家电气化计划和列宁起草的关于电气化报告的决议(见本卷第 195—196 页)。大会审议了人民委员会 1920 年 12 月 14 日通过的关于加强和发展农民农业经济的措施的法案,并一致通过了这一法案。大会通过了一个关于苏维埃建设的详尽决定。这个决定对中央和地方政权机关和经济管理机关的相互关系作了调整。大会还批准了劳动国防委员会的新条例,选举了由 300 名委员和 100 名候补委员组成的新的全俄中央执行委员会。——98。

65 这是列宁在全俄苏维埃第八次代表大会俄共(布)党团会议上作的关于租让问题的报告。这次党团会议是在 1920 年 12 月 21 日晚,即代表大会开幕前一天,在工会大厦圆柱大厅举行的。会议讨论了代表大会的议程和工作程序。会议还决定,全俄中央执行委员会和人民委员会关于对外对内政策的报告以及关于发展农业生产和帮助农民经济、关于改善中央与地方苏维埃机关的工作和同官僚主义作斗争等报告都要预先在党团会议上进行讨论。——98。

66 看来是指《阿穆尔真理报》编辑部为纪念在日本侵略下的死难者于 1920 年在布拉戈维申斯克出版的文集《红色各各他》。各各他在耶路撒冷附近,传说是耶稣殉难的地方。——100。

67　1919 年 5 月 26 日,协约国最高会议给亚·瓦·高尔察克发出一份由伍·威尔逊、戴·劳合-乔治、若·克列孟梭、维·奥兰多和西园寺公望共同签署的照会,声明愿意承认高尔察克,并提供军事装备、粮食和弹药的援助,以巩固他的"全俄执政者"的地位,但高尔察克必须履行下述条件:占领莫斯科后召开立宪会议;承认波兰和芬兰独立;如不能妥善解决俄国同爱沙尼亚、拉脱维亚、立陶宛以及高加索和外里海地区的相互关系问题,则将这个问题移交国际联盟,在此以前,承认这些领土为自治领土,等等。高尔察克在复信中表示愿意接受协约国提出的一系列条件。7 月 12 日,英、法、美、意四国对高尔察克的答复表示满意,并重申愿意援助高尔察克。——101。

68　指共产国际第二次代表大会通过的加入共产国际的条件。

　　共产国际第二次代表大会于 1920 年 7 月 24 日成立了关于制定加入共产国际的条件的委员会。参加该委员会的有保加利亚、荷兰、德国、匈牙利、俄国、美国、奥地利等国共产党以及法国共产主义小组、瑞士社会党左派、爱尔兰世界产业工人联合会的代表共 11 人。列宁参加了该委员会的工作。委员会讨论了列宁草拟的《加入共产国际的条件》(见本版全集第 39 卷第 201—206、207 页)这一文件。7 月 29 日和 30 日,代表大会第 6、7、8 次全体会议讨论了委员会的报告和它提出的加入共产国际的条件的提纲。代表大会通过了提纲,并决定把所有的补充和修改意见交委员会审定。加入共产国际的 21 项条件的定稿在 8 月 6 日代表大会最后一次全体会议上以绝对多数(两票反对)通过。——107。

69　东方各民族代表大会是指 1920 年 9 月 1—7 日在巴库举行的东方各民族第一次代表大会。出席这次大会的有高加索、中亚细亚、阿富汗、埃及、印度、伊朗、中国、朝鲜、叙利亚、土耳其、日本等 37 个民族的代表 1 891 名,其中共产党员 1 273 人。代表大会讨论了国际形势及东方各民族劳动者的任务、民族和殖民地问题、土地问题、东方苏维埃问题以及组织问题等。大会同意共产国际第二次代表大会的各项决议,并根据这些决议通过了关于东方的苏维埃政权和关于土地问题这两个提纲。大会还发表了号召同殖民主义者作斗争的告东方各民族书和号召支持东方各民族解放运动的告欧洲、美洲和日本劳动者书。为了贯彻大会所通过的各项决议,大会在共产国际执行委员会之下建立了一个常设机构——东方各民族宣传及行动委员会。列宁对东方各民族第一次代表大会给予很高的评价(见本版全集第39卷第398页)。——108。

70　国际联盟(国际联合会)是根据1919年在巴黎和会上通过的《国际联盟章程》于1920年1月成立的,总部设在日内瓦,先后参加的国家有60多个。美国本是国际联盟的倡议者之一,但因没有批准《国际联盟章程》,所以不是会员国。国际联盟自成立起就为英、法帝国主义所操纵。它表面上标榜"促进国际合作,维持国际和平与安全",实际上是帝国主义国家推行侵略政策、重新瓜分殖民地的工具。1920—1921年,国际联盟是策划武装干涉苏维埃俄国的中心之一。第二次世界大战爆发后,国际联盟无形中瓦解,1946年4月正式宣告解散。——109。

71　斯巴达克派(国际派)是德国左派社会民主党人的革命组织,第一次世界大战初期形成,创建人和领导人有卡·李卜克内西、罗·卢森堡、弗·梅林、克·蔡特金、尤·马尔赫列夫斯基、莱·约吉希斯(梯什卡)、威·皮克等。1915年4月,卢森堡和梅林创办了《国际》杂志,这个杂志是团结德国左派社会民主党人的主要中心。1916年1月1日,全德左派社会民主党人代表会议在柏林召开,会议决定正式成立组织,取名为国际派。代表会议通过了一个名为《指导原则》的文件,作为该派的纲领,这个文件是在卢森堡主持和李卜克内西、梅林、蔡特金参与下制定的。1916年至1918年10月,该派定期出版秘密刊物《政治书信》,署名斯巴达克,因此该派也被称为斯巴达克派。1917年4月,斯巴达克派加入了德国独立社会民主党,但保持组织上和政治上的独立。斯巴达克派在群众中进行革命宣传,组织反战活动,领导罢工,揭露世界大战的帝国主义性质和社会民主党机会主义领袖的叛卖行为。斯巴达克派在理论和策略问题上也犯过一些错误,列宁曾屡次给予批评和帮助。1918年11月,斯巴达克派改组为斯巴达克联盟,12月14日公布了联盟的纲领。1918年底,联盟退出了独立社会民主党,并在1918年12月30日—1919年1月1日举行的全德斯巴达克派和激进派代表会议上创建了德国共产党。——110。

72 指1920年12月6日举行的俄共(布)莫斯科组织积极分子大会。——115。

73 苏哈列夫卡是莫斯科的一个市场,坐落在1692年彼得一世所建造的苏哈列夫塔周围。在外国武装干涉和国内战争时期,苏哈列夫卡是投机商活动的中心。从此,苏哈列夫卡一词就成了私人自由贸易的同义语。1920年12月,莫斯科苏维埃作出封闭该市场的决议。新经济政策时期该市场曾恢复,1932年被取缔。——118。

74 根据俄共(布)中央全会1920年12月8日的决定,党的第十次代表大会于1921年2月召开。1921年1月,俄共(布)中央根据各地党组织的请求,决定将这次代表大会推迟到3月举行。——124。

75 1920年8月10日,法国政府正式宣布承认彼·尼·弗兰格尔为"南俄执政者",并任命了驻弗兰格尔"政府"的外交代表。——133。

76 指布哈拉人民苏维埃共和国。

　　布哈拉人民苏维埃共和国于1920年10月8日成立。布哈拉原是16世纪在中亚建立的一个封建国家(布哈拉汗国),居民有乌兹别克人、塔吉克人、土库曼人等,1868年被沙皇俄国征服,成为它的属国。1920年,在红军的援助下,布哈拉共产党发动了武装起义,建立了布哈拉人民苏维埃共和国。1924年该共和国改称布哈拉社会主义苏维埃共和国。由于中亚细亚各苏维埃共和国重新划定国界,该共和国从1924年10月27日起不再存在,其领土分别划归新成立的乌兹别克、土库曼和塔吉克三个苏维埃共和国。——135。

77 1921年2月26日,在莫斯科签订了俄罗斯联邦和波斯建立友好关系的条约。条约规定:沙皇政府同波斯以及第三国签订的有损于波斯主权的所有协定一概废除;沙皇俄国在波斯占有的租借地和财产全部归还波斯;苏维埃政府放弃对沙皇政府向波斯提供的贷款的一切权利。条约还规定:双方互不干涉内政,禁止在各自领土上建立或驻留旨在反对俄国或波斯的组织或团体;如遇帝国主义武装干涉,双方采取共同措施。——135。

78　指马克思和恩格斯合著的《神圣家族,或对批判的批判所做的批判》一书中的一个论点:"历史活动是群众的活动,随着历史活动的深入,必将是群众队伍的扩大。"(见《马克思恩格斯文集》第1卷第287页)——142。

79　指根据俄共(布)中央委员会1920年12月8日全体会议的决定建立的全俄工会中央理事会全俄生产宣传局。全俄生产宣传局由俄共(布)中央委员会、全俄工会中央理事会、最高国民经济委员会、政治教育总委员会、职业教育总局和农业人民委员部的代表组成。1921年1月21日,俄共(布)中央组织局批准了该局章程。章程规定了中央和地方的生产宣传机关的目的、任务和组织机构。全俄生产宣传局的职责是制定总的工作计划,领导和检查各机关的生产鼓动和宣传工作。——144。

80　第1042号命令是交通总管理局于1920年5月22日发布的。命令就修复第一次世界大战和国内战争期间被破坏的机车的问题作出规定,要求在四年半内(从1920年7月1日起)把待修机车的百分比从60%下降到20%。——154。

81　指谢·伊·古谢夫的小册子《统一的经济计划和统一的经济机关》。他以前的那本小册子,指《经济建设的当前问题(关于俄共中央的提纲)》。列宁1920年3月29日在俄共(布)第九次代表大会上所作的报告中给了这本小册子以肯定的评价(见本版全集第38卷第293页)。——155。

82　1920年11月14日,列宁应莫斯科省沃洛科拉姆斯克县亚罗波列茨乡卡希诺村农民的邀请,和娜·康·克鲁普斯卡娅一起出席了当地农民修建的卡希诺电站的落成典礼。列宁同农民们进行了亲切的交谈,随后在群众大会上发表了关于国际形势和电气化对国民经济的意义的讲话,并同参加群众大会的部分农民一起照了相。

列宁提到的在群众大会上讲话的农民是德米特里·罗季昂诺夫。12月1日,列宁通过莉·亚·福季耶娃要到了他的讲话稿,准备在向全俄苏维埃第八次代表大会作报告时引用。——160。

83 指1920年7月11日英国外交大臣乔·纳·寇松给苏维埃政府的照会。1920年夏,红军从乌克兰和白俄罗斯击退了入侵的波兰军队。苏维埃军队不断发起进攻,几乎打到利沃夫和华沙。寇松的照会就是为了阻止红军继续推进、挽救地主资产阶级波兰和弗兰格尔白卫军而发出的。照会要求红军停止进攻,不得越过协约国最高会议1919年所建议的波兰东部临时国界线,即所谓"寇松线",照会要求苏维埃俄国同波兰签订停战协定,停止同弗兰格尔白卫军作战,并以协约国最高会议的名义威胁说,如不接受照会提出的建议,就将以其"拥有的一切手段"援助波兰。1920年7月17日,苏维埃政府根据列宁的建议发出复照,坚决拒绝寇松的调停,主张苏维埃俄国同波兰直接谈判。苏维埃政府对英国并吞克里木的企图表示抗议,提出只有在弗兰格尔及其军队立即完全投降的情况下,才能保障他们的生命安全。——163。

84 指当时由莫斯科苏维埃领导的一切行政、经济和文化机关的职员人数。——165。

85 关于这个问题,《俄国共产党(布)纲领》说:"俄共在全部农村工作中仍然是依靠农村无产者阶层和半无产者阶层,首先把他们组织成为独立的力量,建立农村党支部、贫苦农民组织、农村无产者和半无产者的特种工会等等,尽量使他们接近城市无产阶级,使他们摆脱农村资产阶级和小私有者利益的影响。"(见本版全集第36卷第418页)——170。

86 指《俄国共产党(布)纲领》的如下内容:"工会参加经济管理并吸收广大群众参加这一工作,同时也就是防止苏维埃政权经济机关官僚化的主要方法,并且为对生产的结果实行真正的人民监督提供了可能性。"(见本版全集第36卷第415页)——171。

87 1920年12月22日列宁参加了出席全俄苏维埃第八次代表大会的非党农民代表的非正式小型会议。这个会议是根据列宁的请求由全俄中央执行委员会主席米·伊·加里宁组织召开的,内容是预先讨论提交代表大会审议的人民委员会关于加强和发展农民农业经济的措施的法案。列宁认真听取了代表们的发言,并作了简要记录(见本卷第397—402页)。——173。

88 指在革命群众压力下退出了伯尔尼国际的各国中派社会党正在筹建的国际组织。这一组织在1921年2月22—27日举行的维也纳代表会议上成立,通称第二半国际或维也纳国际,正式名称是社会党国际联合会。参加这一组织的有英国独立工党、德国独立社会民主党等十多个中派社会党以及俄国的孟什维克和社会革命党。奥地利社会民主党的弗·阿德勒任总书记。成立第二半国际的真正目的是阻碍广大群众转向共产国际。第二半国际的领袖们(阿德勒、奥·鲍威尔、罗·格里姆、阿·克里斯平、让·龙格、尔·马尔托夫、维·米·切尔诺夫等)口头上批评第二国际,实际上在无产阶级运动的一切主要问题上都执行机会主义的中派路线。1923年5月,在革命浪潮开始低落的形势下,第二半国际同伯尔尼国际合并为社会主义工人国际。——174。

89 这是列宁在全俄苏维埃第八次代表大会俄共(布)党团1920年12月24日上午举行的会议上的讲话。这次会议预先讨论了人民委员会12月14日通过并提交代表大会审议的《关于加强和发展农民农业经济的措施》法案。在党团会议讨论以后,法案提交代表大会全体会议讨论,然后又由大会农业小组作了补充和修改。党团会议于12月25日和27日对农业小组修改后的法案又进行了讨论。经过这样认真细致的讨论以后,代表大会于12月28日通过了这个法案。——178。

90 列宁指的是他1919年3月23日在俄共(布)第八次代表大会上所作的关于农村工作的报告中的一句话:"用暴力对待中农是极有害的。"(见本版全集第36卷第189页)——178。

91 播种委员会即扩大播种面积和改善土地耕作委员会。《关于加强和发展农民农业经济的措施》法案规定:在省、县(区)、乡三级都设立这样的委员会;成员不多于5人,必须有农民代表参加。在村苏维埃之下设立改善农业生产的农民委员会,主席由村苏维埃主席兼任。——179。

92　指全俄苏维埃第三次代表大会于1918年1月18日(31日)通过的土地社会化基本法(载于2月19日《中央执行委员会和彼得格勒工兵代表苏维埃消息报》第28号)。该法令第6条规定:非劳动户全部私有耕畜和农具视其作用分别无偿地转归县、省、州和联邦苏维埃的土地局支配。——181。

93　全俄苏维埃第八次代表大会俄共(布)党团在讨论代表大会《关于加强和发展农民农业经济的措施的决议》草案时,决定删去有关奖励个体农民的条文。1920年12月27日中央全会研究这一问题时指出,俄共(布)党团的这一决定是错误的,建议党团重新考虑这个决定。全会通过了列宁提出的决定草案,其中规定了奖励个体农民的条件和原则(见本卷第198页)。全会还委托列宁就这一问题向代表大会俄共(布)党团作报告。党团在听取了列宁的报告后,撤销了原来的决定。——184。

94　1920年12月28日,全俄苏维埃第八次代表大会决定设立劳动红旗勋章,以奖励在完成经济任务中在献身精神、首创精神、热爱劳动和组织纪律性方面有突出表现的劳动者集体和公民个人。——187。

95　指全俄苏维埃第八次代表大会代表叶列敏。——189。

96　在讨论列宁在全俄苏维埃第八次代表大会俄共(布)党团会议上的讲话(见本卷第184—188页)时,中农出身的红军战士叶列敏为了证明富农总会想方设法夺走贫农手中的农具和马匹,举了这样一个例子:坦波夫省科兹洛夫县饥饿的贫苦农民不得不把自己的马卖给富农来换取5普特粮食。——190。

97　列宁在全俄苏维埃第八次代表大会俄共(布)党团会议上发表了讲话后,有人提出这样一个问题:既然中央全会的决议(见注93)需要用列宁的威信为之辩护,那么这不正说明决议中存在着某些严重的缺点吗?

列宁在这里回答了这个问题。——194。

98 关于奖励个体农民的条文于 1920 年 12 月 27 日由中央全会通过,并写进了全俄苏维埃第八次代表大会《关于加强和发展农民农业经济的措施的决议》。——198。

99 指俄国第一次资产阶级民主革命期间的 1905 年莫斯科十二月武装起义。

　　1905 年 12 月 5 日(18 日),布尔什维克莫斯科市代表会议表达工人的意志,决定宣布总罢工并随即开始武装斗争。次日,布尔什维克领导的莫斯科苏维埃全体会议通过了同样的决议。12 月 7 日(20 日),政治总罢工开始。在最初两天有 15 万人参加罢工。12 月 10 日(23 日)罢工转为武装起义。起义的中心是普列斯尼亚区、莫斯科河南岸区、罗戈日-西蒙诺沃区和喀山铁路区。武装斗争持续了 9 天,莫斯科工人奋不顾身地进行战斗。但由于起义者缺乏武装斗争的经验、武器不足、同军队的联系不够、打防御战而没有打进攻战以及起义一开始布尔什维克莫斯科委员会的领导人员维·列·尚采尔、米·伊·瓦西里耶夫-尤任等就遭逮捕等原因,莫斯科起义最终在沙皇政府从其他城市调来军队进行镇压之后遭到失败。为了保存革命力量和准备下一步的斗争,党的莫斯科委员会和苏维埃决定从 1905 年 12 月 19 日(1906 年 1 月 1 日)起停止武装抵抗。1905 年 12 月—1906 年 1 月,继莫斯科之后,下诺夫哥罗德、顿河畔罗斯托夫、新罗西斯克、顿巴斯、叶卡捷琳诺斯拉夫、彼尔姆(莫托维利哈)、乌法、克拉斯诺亚尔斯克、赤塔等城市都发生了起义,外高加索、波兰、波罗的海沿岸地区、芬兰也举行了大规模的武装起义。但这些零星分散的起义都遭到了沙皇政府的残酷镇压。十二月武装起义是俄国 1905—1907 年革命的最高点。关于十二月武装起义,参看列宁《莫斯科起义的教训》一文(本版全集第 13 卷)。——199。

100 《论工会、目前局势及托洛茨基同志的错误》是列宁就工会问题的争论向俄共(布)积极分子发表的第一次讲话。

　　俄共(布)党内关于工会问题的争论是列·达·托洛茨基在 1920 年 11 月 3 日全俄工会第五次代表会议俄共(布)党团会议上挑起的(参看

注 10）。最初争论仅限于俄共（布）中央内部。托洛茨基 12 月 24 日在济明剧院发表的演说和 12 月 25 日发表的纲领性小册子《工会的作用和任务》把争论扩大到了全党。

12 月 30 日在大剧院举行的全俄苏维埃第八次代表大会俄共（布）党员代表、全俄工会中央理事会党员委员及莫斯科省工会理事会党员委员联席会议，是专门为讨论工会问题而召开的。除列宁的讲话外，会议听取了格·叶·季诺维也夫和托洛茨基的报告，尼·伊·布哈林、维·巴·诺根、亚·加·施略普尼柯夫和达·波·梁赞诺夫的副报告。这次会议以后，争论扩展到彼得格勒、乌拉尔、乌克兰、西伯利亚等地。争论开始后，各派纷纷提出纲领和提纲。但多数纲领在争论过程中陆续撤回。到俄共（布）第十次代表大会开幕时，还剩下 3 个主要的纲领，这就是：代表列宁观点的《十人纲领》、托洛茨基和布哈林的联合纲领、工人反对派的纲领。1921 年 3 月 8—16 日举行的俄共（布）第十次代表大会以绝大多数票通过了《十人纲领》，对这场争论作了总结。

列宁的《党内危机》一文分阶段地分析了这场争论的过程（见本卷第 234—240 页）。——201。

101 靴子还没有穿破出自英国作家威·莎士比亚的悲剧《哈姆雷特》，意为时间十分短暂。丹麦王后在国王死去一个月后就嫁给了国王的弟弟。王子哈姆雷特在独白中责备她"在送葬的时候所穿的那双鞋子还没有破旧"就改了嫁（第 1 幕第 2 场）。——210。

102 《俄国共产党（布尔什维克）中央委员会通报》（《Известия Центрального Комитета Российской Коммунистической Партии（Большевиков）》），简称《俄共（布）中央通报》，是根据俄共（布）中央第八次代表大会的决定创办的，1919 年 5 月 28 日在莫斯科创刊。最初是《真理报》的附刊，从 1920 年 10 月起成为独立的刊物。《通报》刊登中央委员会的决定、指示、通报以及中央领导机关的工作报告、中央各部工作情况、关于党的建设问题的文章和评论等。最初几年是不定期刊物，1924 年起为周刊，1928 年起为旬刊。1926 年改名为《联共（布）中央通报》。1929 年 10 月，该刊改组为《党的建设》杂志，1946 年 6 月以后又改组为《党的生活》杂志。——210。

103 缓冲派是1920—1921年工会问题争论中出现的一个派别性集团,其首领是尼·伊·布哈林,参加者有尤·拉林、叶·阿·普列奥布拉任斯基、列·彼·谢列布里亚科夫、格·雅·索柯里尼柯夫、瓦·尼·雅柯夫列娃等。"缓冲派"以缓和列宁与列·达·托洛茨基在工会的作用和任务问题上的分歧为名,行帮助和掩护托洛茨基进行的派别活动之实。布哈林不久就放弃了自己的纲领,公开附和托洛茨基的立场。——211。

104 交通人民委员部总政治部是直属俄共(布)中央的运输业方面的临时政治工作机关,1919年2月建立,当时叫交通人民委员部总政治处,1920年1月改为交通人民委员部总政治部。建立这个总政治部的目的是:采取非常措施防止运输业遭到彻底破坏;加强对运输工人中的党的工作和政治工作的领导;加强铁路工会使之成为进一步发展运输业的工具。交通人民委员部总政治部在铁路上实行了军事纪律。1920年,由于国内战争结束和转入和平建设,根据俄共(布)中央全会12月7日的决定,交通人民委员部总政治部被撤销。——218。

105 水运政治部(交通人民委员部水运总政治部)成立于1920年4月,是交通人民委员部总政治部的分支机构。它的职责是:对行政业务部门实行政治监督;领导政治教育工作以迅速恢复水路运输业;为提高劳动生产率和整顿劳动纪律而斗争。1920年12月被撤销。——218。

106 指1920年11月8日俄共(布)中央全会选出的由格·叶·季诺维也夫、米·巴·托姆斯基、列·达·托洛茨基、扬·埃·鲁祖塔克、阿·伊·李可夫组成的工会问题委员会,不是中央委员的工会领导干部阿·洛佐夫斯基、亚·加·施略普尼柯夫和尤·赫·卢托维诺夫也是工会问题委员会委员。托洛茨基拒绝参加该委员会。关于这个问题参看本卷第236页。——219。

107 本来要进这间屋子,结果却跑进了那间屋子这句话出自俄国作家亚·谢·格里鲍耶陀夫的喜剧《智慧的痛苦》第1幕第4场,意为主观上要做某一件事,结果却做了另外一件事。——220。

108 《工人纪律同志审判会条例》是苏俄早期的同志审判会条例之一,由劳动人民委员部拟定、人民委员会审议通过,于1919年11月14日颁布。条例规定,审判会负责审理各种违反纪律的案件,设于产业工会地方分会之下,由地方或中央工厂管理处、工会理事会和发案企业的工会会员大会各出一名代表组成。企业的工厂管理处、机关的领导机构和产业工会及其机关有起诉权。审判会在非劳动时间公开开庭,可判处训诫、暂时(不超过6个月)剥夺在工会组织中的选举权与被选举权、暂时(不超过1个月)调任较低职务和降低工资等级、送往公共工程服重劳役等处分。顽抗同志纪律、屡受处分者,将作为不劳动分子从企业开除并送集中营。诉讼双方都有权就地方审判会的判决向省级审判会上诉。省级审判会设于省劳动局,由省劳动局、省工会理事会、省国民经济委员会各出一名代表组成,其判决为终审判决。条例还规定,工厂管理处、机关、企业的行政技术人员有玩忽职守等行为者由最高国民经济委员会主席、各人民委员就其所辖范围分别作出决定,给予各种处分,直至逮捕和送集中营监禁。——224。

109 这是列宁对娜·康·克鲁普斯卡娅关于综合技术教育的提纲提的意见。
　　1920年12月31日—1921年1月4日,俄共(布)中央在莫斯科召开了党内国民教育问题研讨会。会议的任务是为俄共(布)第十次代表大会准备有关教育工作的材料。会议讨论了社会教育、教学改革、职业教育的任务等一系列问题。会议原定听取克鲁普斯卡娅关于综合技术教育的报告,上述提纲就是为此而草拟的。这个报告后来因克鲁普斯卡娅患病而没有作。这次会议对改组教育人民委员部问题的讨论不够成功(参看注45)。——228。

110 乌克兰教育人民委员格·费·格林科提出了一个有关国民教育的方案,其基本内容是下述两点:(1)为未满15岁的儿童建立"统一的社会教育体系,而且它的一切组织形式(幼儿园、托儿所、七年制学校等)均按劳动原则建立";(2)年满15岁后即"在一定的生产部门或有组织的班级(工业班、农业班、工业经济班等)内开始专业训练"。这个方案是同俄共(布)纲领下述规定相抵触的:"对未满17岁的男女儿童一律实行免费的义务的普通教育和综合技术教育(从理论上和实践上熟悉各主要生产部门)。……对 17 岁以上的人广泛开展同普通综合技术知识有联系的职业教育。"(见本版全集第 36 卷第 412—413 页)

　　奥·尤·施米特是教育人民委员部职业教育总局副局长,他同格林科一样主张必须"更早一些……即从 15 岁开始"就对青年进行职业技术教育。——230。

111 这是列宁起草的俄共(布)中央全会关于农业人民委员部的决定的第 4 项。这个决定于 1921 年 1 月 4 日由俄共(布)中央全会通过。——233。

112 1921 年 3 月 19—20 日举行的第八届全俄中央执行委员会第 2 次会议没有讨论农业人民委员部的问题。——233。

113 1920 年 12 月 30 日,在全俄苏维埃第八次代表大会俄共(布)党员代表、全俄工会中央理事会党员委员及莫斯科省工会理事会党员委员联席会议上,发生了一场关于扬·埃·鲁祖塔克是不是《工会在生产中的任务》这个提纲的作者问题的争论。为此,列宁要求全俄工会中央理事会提供有关这个提纲的来源的确凿材料。全俄工会中央理事会随即将 11 月 1 日理事会主席团会议第 44 号记录的摘抄件送给了列宁,并附送了索·阿·洛佐夫斯基的报告。这个摘抄件证明,主席团讨论鲁祖塔克的提纲以后,基本上予以通过,并委托米·巴·托姆斯基和鲁祖塔克修改定稿。所附报告说,托姆斯基未参加工作,提纲是鲁祖塔克修改定稿的。之后,全俄工会第五次代表会议听取了鲁祖塔克的报告并基本上通过了他的提纲,委托由安·安·安德列耶夫、格·弗·策彼罗维奇和鲁祖塔克组成的委员会对这个提纲进行最后审定。委员会集体对提纲作了一些修改和补充。

　　列宁于 1921 年 1 月 19 日将收集到的材料和鲁祖塔克的提纲寄给《真理报》编辑部,同时还给编辑部写了一封信(见本版全集第 50 卷第 99 号文献)。列宁的信和他所寄的材料刊登于 1921 年 1 月 21 日《真理报》第 13 号,材料的标题是《关于鲁祖塔克同志的提纲的来源问题的材料》。——238。

114　1921年1月3日,俄共(布)彼得格勒组织在该市各区党组织代表的讨
论会上通过了《告全党书》。《告全党书》叙述了彼得格勒布尔什维克对
工会的作用和任务的观点,表示完全赞同列宁的立场,号召所有其他党
组织支持列宁的纲领。《告全党书》要求全党注意列·达·托洛茨基纲
领的危险性,指出实行这一纲领就意味着在事实上取消工会和瓦解无
产阶级专政。《告全党书》于1月6日在民众文化馆召开的全市党员大
会上得到批准并发表于1921年1月13日《真理报》第7号。

　　　　当时持"缓冲"立场的俄共(布)莫斯科委员会针对彼得格勒党组织
的《告全党书》作出一项决议,发表在同一号《真理报》上。决议声称"绝
对不能"赞同《告全党书》中所提出的建议,并指责彼得格勒党组织的活
动是一种"极其危险"的倾向,是要使自己成为筹备党代表大会的特殊
中心。决议对托洛茨基的派别活动只字不提,从而支持了托洛茨基的
派别斗争。——240。

115　《俄共第十次代表大会关于工会的作用和任务问题的决定草案》即所谓
《十人纲领》,是部分中央委员和中央委员会所属工会问题委员会委员
提交中央审议的。草案根据国内战争结束和转向和平建设后出现的新
形势规定了工会的任务,明确说明了工会的作用,指出工会应该是学习
管理的学校、学习主持经济的学校、学习共产主义的学校,同时规定了
工会工作的主要方法是说服教育的方法,即在工会内部广泛实行无产
阶级民主的方法。草案在工会问题争论中得到了大多数地方党组织的
支持,成为俄共(布)第十次代表大会通过的关于工会的作用和任务的
决定的基础。——240。

116　指民主集中派的纲领。

　　　　民主集中派是俄共(布)党内的一个派别集团,1919年初开始出
现,1920年最终形成,主要代表人物是季·弗·萨普龙诺夫、恩·奥新
斯基、弗·米·斯米尔诺夫、弗·尼·马克西莫夫斯基等。民主集中派
否认党在苏维埃和工会中的领导作用,反对在工业中实行一长制和个
人负责制,要求在党内有组织派别和集团的自由。民主集中派的代表
主张人民委员会和全俄中央执行委员会主席团合并,要求取消地方政

权机关对中央的从属关系。他们还反对中央政治领导和组织领导的统一,力图把组织局排除于政治领导之外。在1920—1921年的工会问题争论中,民主集中派曾公布该派的纲领。俄共(布)第十次代表大会决定解散一切派别集团后,该派某些成员仍继续进行反对党的总路线的活动。1923年,他们同托洛茨基反对派结成联盟。1926年,他们结成了以萨普龙诺夫和斯米尔诺夫为首的所谓"十五人集团",参加了托洛茨基—季诺维也夫联盟。1927年12月联共(布)第十五次代表大会把民主集中派分子共23人开除出党。——241。

117 伊格纳托夫派(也称"莫斯科市各区的一批积极工作者")是1920—1921年工会问题争论期间的一个以叶·尼·伊格纳托夫为首的无政府工团主义派别。该派在俄共(布)第十次代表大会前夕提出了两个纲领:关于工会当前任务的纲领和关于党的建设问题的纲领。伊格纳托夫派同意"工人反对派"的无政府工团主义的观点,把工会同苏维埃国家对立起来,否定党对社会主义建设的领导,反对民主集中制,主张辩论自由,要求党"工人化"。他们要求将国民经济交全俄工会代表大会选出的机关管理,与"工人反对派"不同的地方是他们主张这一选出的机关还应由全俄中央执行委员会批准。在俄共(布)第十次代表大会上,伊格纳托夫曾作为"工人反对派"关于党的建设问题的正式报告人发言。代表大会后,伊格纳托夫派不再存在。——241。

118 为了反对俄国社会民主工党第六次(布拉格)全国代表会议的决议,由召回派、最后通牒派和造神派组成的"前进"集团("前进派")同孟什维克取消派和托洛茨基派结成了联盟。他们分裂革命工人运动,瓦解无产阶级政党,反对布尔什维克。他们提出的所谓"改造"党的主张实际上是要取消党。这个建立在取消主义基础上的联盟不久就瓦解了。——243。

119 指1921年1月17日在有莫斯科各市区和各县党组织的代表参加的俄共(布)莫斯科委员会扩大会议上关于工会的作用和任务问题的辩论。会议听取并讨论了各派提出的纲领草案。在初步表决中,各派纲领得票数为:列宁纲领76票,托洛茨基纲领27票,布哈林纲领5票,施略普尼柯夫纲领4票,萨普龙诺夫纲领11票,伊格纳托夫纲领25票,诺根纲领 0 票,梁赞诺夫纲领 0 票。在就两个主要纲领再次表决时,列宁纲领得 84 票,托洛茨基纲领得 27 票。列宁及其拥护者提出的纲领得到绝大多数人的赞成而被通过。1 月 18 日俄共(布)莫斯科委员会通过了《告各级党组织书》,号召全体党员团结一致支持列宁的纲领。——243。

120　这句话出自俄国作家伊·费·哥尔布诺夫的故事《在驿站》:一个驿站马车夫自吹赶了 15 年车,对山坡很熟悉,却老是把车赶翻,翻车以后还满不在乎地逗趣说:"你看,每次都在这个地方……"——244。

121　这是列宁在全俄矿工第二次代表大会俄共(布)党团会议上作的报告和关于该报告的总结发言。

全俄矿工第二次代表大会于 1921 年 1 月 25 日—2 月 2 日在莫斯科工会大厦圆柱大厅举行。出席大会的有 341 名代表(其中有表决权的代表 295 名,有发言权的代表 46 名),代表 332 000 余名矿工工会会员。代表中有共产党员和预备党员 259 名。代表大会听取和讨论了矿工工会中央委员会的工作报告、矿业委员会和各总管理局的报告,讨论了燃料供应、工会任务、组织生产等问题,并选举了新的中央委员会。这次大会对克服燃料危机和制定矿业生产计划有巨大意义。

代表大会开幕前(1 月 22—24 日)俄共(布)党团召开了 4 次会议,对工会的作用和任务展开了充分的讨论。列宁、列·达·托洛茨基和亚·加·施略普尼柯夫分别在会上作了报告,阐述了各自的纲领。列宁的主张得到党团绝大多数人的拥护。表决中列宁所维护的纲领得 137 票,施略普尼柯夫纲领得 61 票,托洛茨基纲领得 8 票。——247。

122　指 1920 年 12 月 25—30 日在图尔举行的法国社会党(工人国际法国支部)第十八次代表大会。出席这次代表大会的代表共 285 名,他们共有委托书 4 575 份。大会讨论的中心问题是关于法国社会党加入共产国际的问题。该党地方组织在大会前分别召开了代表大会,其中绝大多数都已表示赞成该党立即加入共产国际。但是在大会上围绕这个问题仍展开了激烈斗争。克·蔡特金化名出席了大会,作了长篇发言,向代表们转达了共产国际的敬意。经过 4 天辩论,大会以多数票(3 208 份委托书,占总数 70% 以上)通过了加入共产国际的决定。以莱·勃鲁姆为首的少数派拒绝代表大会的决定,退出大会,另行建立一个独立的党,仍用法国社会党这一名称。多数派建立了法国共产党。——256。

123　《再论工会、目前局势及托洛茨基同志和布哈林同志的错误》这本小册子是1921年1月21日或22日开始写的,当时列宁正在哥尔克休养。1月22日晚,列宁返回莫斯科时,小册子已写了大半部分。1月25日,小册子完稿,当天付排。1月26日夜,印好的一部分小册子就分发给了到各地参加关于工会问题争论的党中央委员。1月27日,小册子全部印出。小册子封面上标明仅供俄共党员阅读。——266。

124　《彼得格勒真理报》(《Петроградская Правда》)于1918年4月2日创刊,最初是俄共(布)中央委员会和彼得格勒委员会的机关报。1919年4月12日起是俄共(布)彼得格勒委员会的机关报。1924年1月30日改名为《列宁格勒真理报》。——266。

125　水运总管理局局务委员会委员维·伊·佐夫1920年5月3日的命令载于《玛丽亚区水运管理局公报》第5期。命令说:"这样一来,水运方面出现了决定性的转折。手工业方式、乱设委员会的做法、无组织和无权威状态已经成为过去,水运工作成为国家的了。担任领导的将是有相应权力的政治委员。委员会、工会以及选举产生的代表对技术和行政问题进行干预的权力已被废除。"这一命令把工会同已经过时的军队中的委员会相提并论,并以命令方式不让它们参加整顿水运的工作。——277。

126　1920年12月24日,苏俄铁路和水路运输联合工会中央委员会在济明剧院召开了工会运动工作者积极分子和全俄苏维埃第八次代表大会代表的联席会议。列·达·托洛茨基在会上作了关于工会在生产中的任务的报告。这个报告挑起了俄共(布)党内关于工会问题的公开争论。——307。

127　1921年1月26日,俄共(布)中央全会讨论了格鲁吉亚问题(全会议程第3项)。

1920年5月7日,格鲁吉亚的孟什维克政府同苏维埃俄国签订了条约。根据条约,格鲁吉亚孟什维克政府应断绝同俄国反革命势力的一切联系,从格鲁吉亚撤出外国军队,并让布尔什维克组织合法化。但是格鲁吉亚孟什维克政府不断违反条约,对苏维埃俄国采取敌对行动,并残酷迫害共产党人。苏维埃俄国政府的代表不止一次向格鲁吉亚政府提出抗议,都没有得到答复。

列宁写的这个草案作为中央全会决定的第1项得到了通过。——310。

128 1921年1月26日,运输工会中央委员会的13名委员向俄共(布)中央提出辞职申请,其理由之一是:在关于工会问题的争论期间,对运输工会中央委员会的工作方法所展开的批评,使铁路工人和水运工人感到党中央是在谴责运输工会中央委员会过去和现在的全部工作。申请人还把这种批评说成是一些水运员工以及党中央个别委员和全俄工会中央理事会主席团个别成员对运输工会中央委员会的诽谤中伤。

俄共(布)中央政治局于1月31日通过了列宁提出的关于运输工会中央委员会工作人员的申请的决定草案。——314。

129 这里提到的谈判是指同荷兰石油工业辛迪加——荷兰皇家石油公司进行的关于向该公司提供从巴库地区和格罗兹尼地区出口石油产品权的谈判。

关于石油租让问题,苏俄人民委员会于1921年2月1日通过了一项决定。决定的头两条是以列宁这份决定草稿为基础写成的:"(1)原则上赞同在格罗兹尼和巴库以及其他正在开采的油田提供石油租让,并开始谈判,谈判要加速进行。(2)责成最高国民经济委员会派遣一个由第一流石油权威组成的非常内行的小组去巴库和格罗兹尼,以便考察保障石油开采的问题和弄清采用现行开采办法可能造成灾难的原因。责成最高国民经济委员会提出小组成员名单交人民委员会批准。"

关于石油租让问题,参看本卷第315、343—345页和列宁1921年1月16日和26日之间、1月21日给尼·彼·哥尔布诺夫的两封信,1921年3月27日给阿·伊·李可夫的信(本版全集第50卷第95、

102、232 号文献)以及《列宁文集》俄文版第 20 卷第 125—159 页所载的一批材料。——315。

130 这个草案在人民委员会 1921 年 2 月 1 日会议上通过。——316。

131 小人民委员会是俄罗斯联邦人民委员会所属的一个常设委员会,1917 年 11 月成立。设立小人民委员会是为了减轻人民委员会的负担。小人民委员会预先审议应由人民委员会决定的问题,自身也决定某些财政经济问题。小人民委员会一致作出的决定,经人民委员会主席签署,即具有人民委员会决定的效力。如遇意见分歧,则把问题提交人民委员会解决。小人民委员会的主席、副主席、成员由人民委员会从人民委员和副人民委员中任命,全俄工会中央理事会的代表也参加小人民委员会。1930 年,小人民委员会被撤销。——316。

132 这是列宁在莫斯科五金工人扩大代表会议最后一次会议上的讲话。

莫斯科五金工人扩大代表会议是一次非党工人代表会议,于 1921 年 2 月 2—4 日在工会大厦圆柱大厅举行。莫斯科市和莫斯科省的五金工人代表约 1 000 人出席了会议。这次会议是在粮食危机非常尖锐的时候召开的,因此国家粮食状况和工人阶级同农民的关系是会议的中心议题。此外,列入会议议程的还有工资问题和工会在生产中的作用问题。会议就工人和农民相互关系的报告通过决议,其中谈到必须用实物税代替余粮收集制。出席会议的孟什维克和社会革命党人试图利用国家遭到的困难,唆使代表们反对苏维埃政权的经济政策、反对共产党,受到了会议的谴责。——317。

133 这是列宁在全俄服装工业工人第四次代表大会第 9 次全体会议上的讲话。

全俄服装工业工人第四次代表大会于 1921 年 2 月 1—6 日在莫斯科举行。出席大会的有 287 名代表,其中有共产党员 172 名。大会议程包括下列问题:工会中央委员会的工作报告;服装总管理局的报告;经济任务;制定劳动定额;文化教育工作;组织建设;国际工会组织;选举。

列宁讲话一开始提到的冲突,是指代表大会俄共(布)党团内部在

讨论该工会中央委员会候选人时发生的尖锐分歧。俄共(布)中央派代
表参加党团会议,使问题得到了圆满解决。——321。

134　指《俄罗斯意志报》。

　　《俄罗斯意志报》(«Воля России»)是俄国右派社会革命党人的中
央机关报,1920 年 9 月 12 日—1921 年 10 月 9 日在布拉格出版。参加
该报工作的有弗·米·晋季诺夫、В. И. 列别捷夫、Е. 拉扎列夫等。
——323。

135　指登载在《苏维埃第八次代表大会公报附录(党内国民教育问题研讨
会)》上的《综合技术教育或专业技术教育(同职业教育总局副局长奥·
施米特的谈话)》一文。在这篇谈话中,施米特企图把由于国家的贫困
和破产而把青年职业技术教育开始的年龄从 17 岁提前到 15 岁这种暂
时措施当做原则。他说:"生产利益、经济建设利益强烈要求缩短所谓
普通的其实是纯粹语文的学校教育,而尽早转向具体的专业教育",况
且"教育学的要求同这种改革完全一致,因为在 15—16 岁还进行那种
与个人具体志向和个人选定的生活道路脱节的教育,就简直是犯罪;在
社会主义制度下,每个公民都是劳动者而且大多数正是从事生产劳动,
那就尤其不能这样"。——331。

136　中央图书分配委员会隶属于苏俄国家出版社,1919 年 12 月成立,其任
务是制定分配图书的统一计划。——336。

137　《农民问题提纲初稿》是列宁 1921 年 2 月 8 日在俄共(布)中央政治局
会议上写的,这次会议研究了春播运动和农民生活状况的问题。

　　《提纲初稿》是规定工农联盟的新的经济基础和规划从战时共产主
义向新经济政策的具体转变的第一份文件。3 月 15 日俄共(布)第十
次代表大会通过的关于以实物税代替余粮收集制的决议就是以这一文
件为基础的。——341。

138　1921 年 2 月 9 日,劳动国防委员会听取了瓦·亚·阿瓦涅索夫关于燃
料情况的报告,任命了一个由费·埃·捷尔任斯基、安·安·安德列耶

夫、德·伊·库尔斯基、阿·伊·李可夫、瓦·瓦·佛敏组成的委员会，
并责成该委员会在劳动国防委员会下一次会议前提出决定草案。2月
11日,捷尔任斯基向劳动国防委员会提交了决定草案。草案根据这里
收载的列宁的意见修改补充后被通过。——342。

139　熊的帮忙意为帮倒忙,出典于俄国作家伊·安·克雷洛夫的寓言《隐士
和熊》。寓言说,一个隐士和熊做朋友,熊热心地抱起一块大石头为酣睡
的隐士驱赶鼻子上的一只苍蝇,结果把他的脑袋砸成了两半。——344。

140　1921年2月15日,人民委员会会议就进口计划修改委员会的报告通
过了一项决定。列宁写的这份草案(第(2)、(3)两条)被全部吸收进了
该决定。——346。

141　列宁写的这个草案全部列入了《国家计划委员会条例》。该条例以及列
宁拟定的委员会成员名单(见《列宁文集》俄文版第20卷第24页)于
1921年2月22日由人民委员会批准。

　　国家计划委员会是在俄罗斯国家电气化委员会基础上建立的,由
格·马·克尔日扎诺夫斯基领导。

　　由于有些人反对把俄罗斯国家电气化委员会变为统一的计划委
员会,1921年2月18日那次劳动国防委员会会议没有通过成立计划
委员会的决定,问题被提到人民委员会讨论。从列宁作的笔记(参看
《列宁文稿》人民出版社版第16卷第747—748页)来看,发言反对成立
计划委员会的有尤·拉林、弗·巴·米柳亭、恩·奥新斯基和阿·伊·
李可夫。——347。

142　《经济生活报》(《Экономическая Жизнь》)是苏维埃俄国的报纸(日报),
1918年11月—1937年11月在莫斯科出版。该报最初是最高国民经
济委员会和经济系统各人民委员部的机关报,1921年7月24日起是
劳动国防委员会机关报,后来是苏联财政人民委员部、国家银行及其他
金融机关和银行工会中央委员会的机关报。1937年11月16日,《经
济生活报》改为《财政报》。——348。

143 《公报》即《俄罗斯国家电气化委员会公报》(《Бюллетени Государственной Комиссии по Электрификации России》)由最高国民经济委员会科学技术局国家技术出版社于 1920 年 4—8 月在莫斯科出版,共出了 5 期。——350。

144 指德国政治经济学教授卡尔·巴洛德的《未来的国家。社会主义国家的生产和消费》一书。该书于 1898 年在德国出版,1919 年出了经过修订的第 2 版。俄译本于 1920 年在莫斯科出版。——352。

145 季特·季特奇(基特·基特奇·勃鲁斯科夫)是俄国剧作家亚·尼·奥斯特罗夫斯基的喜剧《无端遭祸》中的一个专横霸道、贪婪成性的富商。——357。

146 这是列宁在 1921 年 2 月 24 日莫斯科市党的积极分子会议上的讲话。这次会议是在国家经济破坏达到顶点的严重困难形势下由俄共(布)莫斯科委员会召开的。当时许多企业因燃料和原料短缺而停产,工人的粮食供应恶化,农民的不满情绪增长,这种不满情绪甚至影响到了工人的某些阶层。孟什维克和社会革命党人乘机加紧反革命宣传并组织边远地区的富农暴动,破坏向工业中心地区运粮的工作。召开这次会议的目的是把改善莫斯科劳动者的供应的措施通知党的积极分子。会议决定在莫斯科苏维埃全体会议上提出关于国内外形势的报告。——358。

147 指 1921 年 2 月亚美尼亚达什纳克党人的反革命暴动。1920 年 11 月 29 日,亚美尼亚人民推翻了达什纳克党政府,建立了苏维埃政权。但是军事革命委员会对许多著名的达什纳克党活动家未加逮捕,该党在首都埃里温和其他一些亚美尼亚城市的领导组织仍在活动,某些达什纳克党人还打进了苏维埃政权机关。逃到格鲁吉亚的达什纳克党领导人成立了反革命的"救国委员会",在外国帝国主义政府以及格鲁吉亚孟什维克政府的援助下进行武装暴动的准备。暴动于 1921 年 2 月 13 日开始。2 月 18 日,达什纳克党人占领了埃里温。"救国委员会"自封为政府,在其占领的地区实行血腥的恐怖统治。亚美尼亚工人和农民在布尔什维克党领导下和红军第11集团军部队的支援下,经过英勇斗争,粉碎了达什纳克党人的暴动,于1921年4月4日夺回了埃里温。——358。

148　指1920年11月20—22日举行的俄共(布)莫斯科省代表会议。参看注20。——360。

149　非党代表会议是1918—1921年期间俄共(布)和苏维埃政权联系群众的一种方式。这种会议由地方党政机关召集,参加会议的代表按召集机关规定的名额由工人、农民选出。非党代表会议在当时起了重大的积极作用,但也曾被孟什维克、社会革命党人和无政府主义者利用来进行反苏维埃政权的活动。非党代表会议后来逐渐为共产党员和非党员都参加的代表会议所取代。——360。

150　1921年2月25日,全乌克兰苏维埃第五次代表大会主席团致电列宁,邀请他出席大会,列宁复电向大会祝贺。贺电曾在2月26日代表大会的第2次全体会议上宣读。

　　全乌克兰苏维埃第五次代表大会于1921年2月25日—3月3日在哈尔科夫举行。出席大会的有1000多名代表。大会听取和讨论了乌克兰社会主义苏维埃共和国政府的工作报告以及有关经济建设、乌克兰电气化、组织劳动、恢复运输业、粮食和土地问题、国民教育等报告,并进行了选举。列宁被选入了全乌克兰中央执行委员会。——362。

151　劳动国防委员会关于改善工人供应的决定发表于1921年3月1日《真理报》第45号。——363。

152　这是列宁在莫斯科工农代表苏维埃全会会议(莫斯科工农代表苏维埃全会同莫斯科各区苏维埃全会以及各工厂委员会代表联席会议)上作的关于国内外形势的讲话。这次会议是由俄共(布)莫斯科委员会根据1921年2月24日举行的党的积极分子会议的决定(见注146)召开的。会议听取了列宁的讲话和粮食人民委员尼·巴·布留哈诺夫关于粮食状况的报告后,一致通过了告莫斯科市和莫斯科省工人、农民和红军战士书。这个文件向人民群众解释了粮食危机的原因,号召他们起来同那些利用粮食的暂时困难进行反革命活动的敌人作斗争(见1921年3月1日《真理报》第45号)。——364。

153　指俄罗斯联邦政府和土耳其大国民议会政府之间的谈判。谈判于1921年2月26日在莫斯科开始。3月16日,两国签订了友好亲善条约。10月13日,土耳其和外高加索的几个苏维埃共和国(亚美尼亚、格鲁吉亚、阿塞拜疆)也在卡尔斯签订了友好条约。——364。

154　这里说的是孟什维克Β.Γ.叶皮法诺夫在讨论尼·巴·布留哈诺夫的报告时的发言。他说:"我认为,祸根不在于要废除强制性的余粮收集制,祸根在于俄国在经济上同国际经济生活断绝了关系。这个问题很尖锐,应当提上日程。"——364。

155　以俄罗斯社会主义联邦苏维埃共和国和乌克兰社会主义苏维埃共和国为一方,以波兰为另一方于1920年10月12日在里加签订了关于休战和媾和初步条件的条约之后,双方即在里加开始关于最终缔结和约的谈判。这个谈判持续了5个月,直到1921年3月18日双方才在里加签订了正式和约。和约规定,乌克兰西部和白俄罗斯西部划归波兰。1939年9月17日,苏联政府废除了里加和约,乌克兰西部和白俄罗斯西部并入苏联。——365。

156　指莫斯科省粮食委员彼·谢·索罗金和莫斯科省土地局局长米·伊·罗戈夫合写的题为《余粮收集制还是实物税》的文章。这篇供讨论用的文章刊登于1921年2月17日和26日《真理报》第35号和第43号。——373。

157　据《列宁全集》俄文第5版编者考证,这个文件的主要部分(从"当周围有人在为自己工作时……"起到结束)可能是列宁在1921年2月24日俄共(布)中央全会上讨论石油租让问题时作的笔记。后来列宁把笔记系统化,加了分项数码(3—14),并将笔记上方空白处划出,写上了信的预备提纲(1—14项)。列宁根据这个提纲写的信没有保存下来。提纲中提到的主要问题,在列宁1921年4月2日给亚·巴·谢列布罗夫斯基的信中有所反映(见本版全集第50卷第248号文献)。——377。

158 指1921年2月1日人民委员会通过的关于石油租让的决定(参看注129)。——377。

159 唱得有点刺耳,好在是滴酒不进这句成语出自伊·安·克雷洛夫的寓言《音乐家们》。寓言说,有一个人请客,邀了一批歌手助兴。这些歌手各唱各的调,叫客人实在受不了。主人却解释说,他们唱得是有些刺耳,可是个个生活严肃,滴酒不进。——378。

160 这封信是在格鲁吉亚苏维埃政权建立以后不久写的。俄国十月革命后,孟什维克掌握了格鲁吉亚的政权,并宣布格鲁吉亚为独立共和国。1921年2月11日夜,在布尔什维克领导下,格鲁吉亚爆发了武装起义。2月25日,支援起义的红军第11集团军部队和格鲁吉亚起义军一起攻入梯弗利斯。孟什维克政府被推翻。格鲁吉亚社会主义苏维埃共和国宣告成立。

　　　1921年3月6日《格鲁吉亚真理报》第5号刊登这封信时,用的标题是:《列宁同志谈格鲁吉亚共产党人的策略》。——381。

161 见注78。——394。

162 《汽笛报》(《Гудок》)是苏联铁路工人报纸,1917年12月在莫斯科创刊。该报曾是交通人民委员部总政治部和全俄铁路工会中央委员会的机关报。——406。

163 指俄共(布)第九次代表大会和1920年9、11、12月举行的各次中央全会有关工会问题的决议以及1921年1月彼得格勒全市各区党组织代表在讨论工会问题时所通过的《告全党书》(见注114)。——407。

164 指列·达·托洛茨基在他的小册子的第18条里引用的1920年12月7日俄共(布)中央全会关于水运员工共产党员同运输工会中央委员会会议共产党党团之间冲突问题的决议(见本卷第421—422页)。这个决议由尼·伊·布哈林提出,得到托洛茨基的支持,在违背列宁等人的意见的情况下被通过。——437。

165　这里说的是参加管理机关的工人数与工会会员总数之比。参看本卷第288页。——448。

166　指米·巴·托姆斯基1920年12月24日在济明剧院的讲话。——457。

167　1921年2月15日,人民委员会听取了弗·巴·米柳亭关于印刷厂集中的进度报告。这个报告对人民委员会1920年9月28日、10月19日和11月23日作出的关于将莫斯科各印刷厂的管理集中于市国民经济委员会印刷局和将印刷生产集中于若干办得较好的企业等决定的执行情况进行了检查。人民委员会认为,印刷厂集中的工作进行得不能令人满意。——472。

168　1921年2月18日,在列宁主持下,人民委员会经济委员会举行第十次会议,讨论国家原料资源利用问题。会上决定组织专门会议(主席是列宁,成员有农业人民委员部代表尼·伊·穆拉洛夫、最高国民经济委员会代表维·巴·诺根和阿·伊·李可夫),负责详细研究原料收集的问题。这里收载的笔记可能是列宁在1921年2月26日召开的专门会议上作的。1921年4月7日,人民委员会批准了关于收集原料的决定草案。——474。

人 名 索 引

A

阿尔乔姆(**谢尔盖耶夫,费多尔·安德列耶维奇**)(Артем(Сергеев,Федор Андреевич)1883—1921)——1901年加入俄国社会民主工党。曾在叶卡捷琳诺斯拉夫、哈尔科夫、乌拉尔从事革命工作。多次被捕。1911年流亡澳大利亚,积极参加当地的工人运动。1917年二月革命后回国,当选为党的顿涅茨-克里沃罗格区域委员会书记。在党的第六、第七、第九和第十次代表大会上当选为中央委员。在第八次代表大会上当选为候补中央委员。1917年10月是哈尔科夫和顿巴斯武装起义的组织者之一,11月任哈尔科夫苏维埃主席、省军事革命委员会主席,12月当选为乌克兰苏维埃中央执行委员会委员和工商业人民书记。1918年2—4月任顿涅茨-克里沃罗格苏维埃共和国人民委员会主席,1918年10月—1920年10月任乌克兰共产党(布)中央委员;是同乌克兰反革命势力和德奥占领者斗争的组织者之一。1920—1921年任俄共(布)莫斯科委员会书记,1921年2月起任全俄矿工工会中央委员会主席。曾任全俄中央执行委员会委员。在莫斯科—库尔斯克铁路试验螺旋桨式机车时殉职。——240、257、277。

阿列克辛斯基,格里戈里·阿列克谢耶维奇(Алексинский,Григорий Алексеевич 1879—1967)——俄国社会民主党人,后蜕化为反革命分子。1905—1907年革命期间是布尔什维克。第二届国家杜马彼得堡工人代表,社会民主党党团成员,参加了杜马的失业工人救济委员会、粮食委员会和土地委员会,并就斯托雷平在杜马中宣读的政府宣言,就预算、土地等问题发了言。作为社会民主党杜马党团代表参加了俄国社会民主工党第五次(伦敦)代表大会的工作。斯托雷平反动时期是召回派分子、派别性的卡普里党校(意大利)的讲课人和"前进"集团的组织者之一。第一次世界大

战期间是社会沙文主义者,曾为多个资产阶级报纸撰稿。1917年加入孟
什维克统一派,持反革命立场;七月事变期间伙同特务机关伪造文件诬陷
列宁和布尔什维克。1918年逃往国外,投入反动营垒。——25、41。

安德列耶夫,安德列·安德列耶维奇(Андреев, Андрей Андреевич 1895—
1971)——1914年加入俄国布尔什维克党。1915—1917年任党的彼得堡
委员会委员,彼得格勒五金工会组织者之一。十月革命期间在工人中做了
大量工作。苏维埃政权建立初期,在乌拉尔和乌克兰担任工会和党政领导
工作。在党的第九次和第十一至第二十次代表大会上当选为中央委员。
1920—1922年任全俄工会中央理事会书记,1922—1927年任铁路工会中
央委员会主席,1924—1925年兼任党中央书记。1926—1930年为党中央
政治局候补委员,1932—1952年为中央政治局委员。1927—1930年任联
共(布)北高加索边疆区委书记。1930—1931年任联共(布)中央监察委员
会主席、苏联工农检查人民委员和人民委员会副主席,1931—1935年任交
通人民委员。1935—1946年任联共(布)中央书记,1939—1952年任联共
(布)中央党的监察委员会主席。1943—1946年任农业人民委员,1946—
1953年任苏联部长会议副主席。1953—1962年任苏联最高苏维埃主席
团委员。1957年起任苏中友好协会主席。——236、238。

安吉亚诺,丹尼尔(Anguiano, Daniel 1882—1963)——1920年是西班牙社会
主义工人党书记。——93。

奥尔忠尼启则,格里戈里·康斯坦丁诺维奇(Орджоникидзе, Григорий Кон-
стантинович 1886—1937)——1903年加入俄国社会民主工党,布尔什维
克。曾在西格鲁吉亚、阿布哈兹、巴库从事革命工作,多次被捕和流放。
1912年在党的第六次(布拉格)全国代表会议上当选为中央委员和中央委
员会俄国局成员。1917年二月革命后在雅库特从事建立革命政权的工
作。1917年6月任党的彼得堡委员会委员和彼得格勒苏维埃执行委员会
委员。在彼得格勒参加十月武装起义。十月革命后任乌克兰地区临时特
派员和南俄临时特派员。国内战争时期任第16、第14集团军和高加索方
面军革命军事委员会委员。1920年起是俄共(布)中央委员会高加索局成
员,是为建立阿塞拜疆、亚美尼亚和格鲁吉亚苏维埃政权而斗争的组织者
之一。1921年在党的第十次代表大会上当选为中央委员。1922—1926

年任党的外高加索边疆区委第一书记和北高加索边疆区委第一书记。1924—1927年任苏联革命军事委员会委员。1926年起为中央政治局候补委员,1930年起为中央政治局委员。1926—1930年任联共(布)中央监察委员会主席和苏联工农检查人民委员、苏联人民委员会和劳动国防委员会副主席。1930年起任苏联最高国民经济委员会主席,1932年起任重工业人民委员。——381—382。

奥列霍夫,亚历山大·米哈伊洛维奇(Орехов, Александр Михайлович 生于1887年)——1907年加入俄国社会民主工党。1918—1920年在红军中工作。1920—1921年工会问题争论期间支持伊格纳托夫派的主张。1920年当选为莫斯科苏维埃主席团委员和莫斯科国民经济委员会委员。1921—1923年任亚麻管理委员会托拉斯的工厂厂长,1923—1929年任托拉斯主席。——241。

奥新斯基,恩·(**奥博连斯基,瓦列里安·瓦列里安诺维奇**)(Осинский, Н. (Оболенский, Валериан Валерианович) 1887—1938)——1907年加入俄国社会民主工党。曾在莫斯科、特维尔、哈尔科夫等地做党的工作。屡遭沙皇政府迫害。斯托雷平反动时期是召回派分子,新的革命高涨年代参加布尔什维克的《明星报》、《真理报》和《启蒙》杂志的工作。1917年二月革命后在党的莫斯科区域局工作,参加布尔什维克的《社会民主党人报》编辑部。十月革命后任俄罗斯联邦国家银行总委员、最高国民经济委员会主席。1918年是"左派共产主义者"纲领起草人之一。1918—1919年在《真理报》编辑部和全俄中央执行委员会宣传部工作;是共产国际第一次代表大会的代表。1920年任图拉省执行委员会主席、粮食人民委员部部务委员。1920—1921年是民主集中派的骨干分子。1921—1923年任副农业人民委员、最高国民经济委员会副主席。后历任苏联驻瑞典全权代表、国家计划委员会主席团委员、中央统计局局长、最高国民经济委员会副主席。在党的第十次和第十四至第十七次代表大会上当选为候补中央委员。——179、180、219、233、241、244、398、399、457、472。

B

巴甫洛夫,伊万·彼得罗维奇(Павлов, Иван Петрович 1849—1936)——俄

国生理学家,科学院院士。1875年毕业于彼得堡大学,1879年毕业于外科
医学院(后为军医学院)。1890—1925年任军医学院教授,同时兼任实验医
学研究所生理学实验室主任。1925年起领导苏联科学院生理学研究所,直
至逝世。1904年荣获诺贝尔生理学和医学奖金,他创立的高级神经活动
学说对于医学、心理学以至哲学等领域都产生过影响。——264—265。

巴洛德,卡尔(Ballod,Karl 1864—1931)——德国经济学家。1905年起任柏
林大学教授,1919—1931年任拉脱维亚大学教授。写有一些关于经济问
题的著作,其中包括《未来的国家。社会主义国家的生产和消费》一书。
——352。

彼得罗夫斯基,格里戈里·伊万诺维奇(Петровский, Григорий Иванович
1878—1958)——1897年参加俄国社会民主主义运动。俄国第一次革命
期间是叶卡捷琳诺斯拉夫工人运动的领导人之一。第四届国家杜马叶卡
捷琳诺斯拉夫省工人代表,布尔什维克杜马党团主席。1912年被增补为
党中央委员。因进行反对帝国主义战争的革命活动,1914年11月被捕,
1915年流放图鲁汉斯克边疆区,在流放地继续进行革命工作。积极参加
十月革命。1917—1919年任俄罗斯联邦内务人民委员,1919—1938年任
全乌克兰中央执行委员会主席。1922—1937年为苏联中央执行委员会主
席之一,1937—1938年任苏联最高苏维埃主席团副主席。在党的第十至
第十七次代表大会上当选为中央委员,1926—1939年为中央政治局候补
委员。1940年起任国家革命博物馆副馆长。——240、257、277、362。

波波夫,帕维尔·伊里奇(Попов, Павел Ильич 1872—1950)——苏联统计
学家,1924年加入俄共(布)。1918年起任中央统计局局长、苏联国家计划
委员会主席团委员。1926—1949年任俄罗斯联邦国家计划委员会主席团
委员和全苏列宁农业科学院主席团委员、俄罗斯联邦国家计划委员会农业
局领导人。后任苏联中央统计局科学方法论委员会委员。写有统计学方
面的著作。——164。

波克罗夫斯基,米哈伊尔·尼古拉耶维奇(Покровский, Михаил Николаевич
1868—1932)——1905年加入俄国社会民主工党,历史学家。曾参加
1905—1907年革命,任党的莫斯科委员会委员。1907年在党的第五次
(伦敦)代表大会上当选为候补中央委员。1908—1917年侨居国外。斯托

雷平反动时期参加召回派和最后通牒派,后加入"前进"集团,1911年与之决裂。第一次世界大战期间持国际主义立场,从事布尔什维克书刊的出版工作,曾编辑出版列宁的《帝国主义是资本主义的最高阶段》一书。1917年8月回国,参加了莫斯科武装起义,是莫斯科河南岸区革命司令部的成员。1917年11月—1918年3月任莫斯科苏维埃主席。布列斯特和约谈判期间是第一个苏俄代表团的成员,一度持"左派共产主义者"立场。1918年5月起任俄罗斯联邦副教育人民委员。1923—1927年积极参加反对托洛茨基主义的斗争。在不同年代曾兼任共产主义科学院、共产主义科学院历史研究所、红色教授学院、中央国家档案馆、马克思主义历史学家协会等单位的领导人。1929年起为科学院院士。1930年起为党中央监察委员会委员。多次当选为全俄中央执行委员会和苏联中央执行委员会委员。写有《俄国古代史》(五卷本,1910—1913)、《俄国文化史概论》(上下册,1915—1918)、《俄国历史概要》(上下册,1920)等著作。——332。

博格达齐扬,M.C.(Богдатьян M.C.)——1919年任乌克兰红军供给非常委员会主席、乌克兰工农国防委员会委员和中央军事统计分配委员会主席。1921年在石油工业部门工作,1922年任中央燃料工业管理局代理局长,后任燃料总管理局中央管理委员会副主席。——343、378。

博古斯拉夫斯基,米哈伊尔·索洛蒙诺维奇(Богуславский, Михаил Соломонович 1886—1937)——1905—1917年是俄国犹太社会党党员,1917年加入俄国社会民主工党(布);职业是排字工人。十月革命后任乌克兰第一届中央执行委员会委员和乌克兰政府成员。1920年起在交通人民委员部总政治部工作,后任印刷工会主席。1920—1921年工会问题争论期间支持民主集中派的纲领。1921年在莫斯科苏维埃工作,1922—1924年任莫斯科苏维埃副主席。1924年2月被任命为国家保险总局局长,同年9月起任俄罗斯联邦小人民委员会主席。曾参加托洛茨基反对派。1927年被开除出党。——241。

布勃诺夫,安德列·谢尔盖耶维奇(Бубнов, Андрей Сергеевич 1884—1940)——1903年加入俄国社会民主工党。曾在伊万诺沃-沃兹涅先斯克、莫斯科、彼得堡等城市做党的工作,屡遭沙皇政府迫害。1912年在党的第六次(布拉格)全国代表会议上当选为候补中央委员,为《真理报》撰稿。1917年二

月革命后是党的莫斯科区域局成员。在党的第六次代表大会上当选为
中央委员,是中央委员会驻彼得堡委员会的代表。在十月革命的准备和
进行期间参加领导武装起义的彼得格勒军事革命委员会和党总部。十
月革命后任交通人民委员部部务委员、派驻南方的共和国铁路委员,曾
参与平定卡列金叛乱。1918 年参加"左派共产主义者"集团。1918 年 3
月参加乌克兰苏维埃政府,先后当选为乌克兰共产党(布)中央委员和中央
政治局委员。以乌克兰方面军革命军事委员会委员、第 14 集团军革命军
事委员会委员和乌克兰国防委员会委员的身份参加了国内战争前线部队
的领导工作。1921 年起任北高加索军区和骑兵第 1 集团军革命军事委员
会委员,党中央委员会东南局成员。1920—1921 年参加民主集中派。
1922—1923 年主管党中央委员会鼓动宣传部的工作。1923 年参加托洛
茨基反对派,不久脱离。1924—1929 年任工农红军政治部主任和苏联革
命军事委员会委员,1925 年任党中央委员会书记。1929—1937 年任俄罗
斯联邦教育人民委员。在党的第八、第十一和第十二次代表大会上当选为
候补中央委员,在党的第十三至第十七次代表大会上当选为中央委员。
——36、50、241。

布哈林,尼古拉·伊万诺维奇(软蜡)(Бухарин, Николай Иванович(Мягкий
воск)1888—1938)——1906 年加入俄国社会民主工党。1907 年进入莫斯
科大学法律系经济学专业学习。1908 年起任党的莫斯科委员会委员。
1909—1910 年几度被捕,1911 年从流放地逃往欧洲。在国外开始著述活
动,参加欧洲工人运动。1917 年二月革命后回国,当选为莫斯科苏维埃执
行委员会委员、党的莫斯科委员会委员,任《社会民主党人报》和《斯巴达
克》杂志编辑。在党的第六至第十六次代表大会上当选为中央委员。1917
年 10 月起任莫斯科军事革命委员会委员,参与领导莫斯科的武装起义。
同年 12 月起任《真理报》主编。1918 年初反对签订布列斯特和约,是"左
派共产主义者"集团的领袖。1919 年 3 月当选为党中央政治局候补委员。
1919 年共产国际成立后任共产国际执行委员会委员和主席团委员。
1920—1921 年工会问题争论期间领导"缓冲"派。1924 年 6 月当选为中央
政治局委员。1926—1929 年主持共产国际的工作。1929 年被作为"右倾
派别集团"的领袖受到批判,同年被撤销《真理报》主编、中央政治局委员、

共产国际执行委员会委员和主席团委员职务。1931 年起任苏联最高国民
经济委员会主席团委员。1934—1937 年任《消息报》主编。1934 年当选
为候补中央委员。1937 年 3 月被开除出党。1938 年 3 月 13 日被苏联最
高法院军事审判庭以"参与托洛茨基的恐怖、间谍和破坏活动"的罪名判处
枪决。1988 年平反并恢复党籍。——8、93、124、125、158、207、209—210、
215、216、218、220、224、225、235、236、237、238、239、240、241、242、243、
244、249、250、253、254、255、266—309、343、405、408、410、411、445、448、
452、455、457。

布利特，威廉·克里斯蒂安(Bullitt，William Christian 1891—1967)——美国
　　外交家，新闻工作者。1917 年领导美国国务院中欧情报局。1919 年是美
　　国出席巴黎和会代表团的随员。同年被威尔逊总统派往苏俄执行特别使
　　命，后辞职。1933 年重返外交界。1934—1936 年为美国首任驻苏大使。
　　1936—1941 年任驻法大使。1942—1943 年任美国海军部长特别助理。
　　——102。

布留哈诺夫，尼古拉·巴甫洛维奇(Брюханов，Николай Павлович 1878—
　　1942)——1902 年加入俄国社会民主工党，1904 年起是布尔什维克。曾在
　　喀山、辛比尔斯克、乌法及其他城市做党的工作，屡遭沙皇政府迫害。1917
　　年二月革命后任党的乌法统一委员会委员，乌法工兵代表苏维埃主席。
　　1917 年 10 月起任乌法省革命委员会委员。1918 年 2 月起任粮食人民委
　　员部部务委员，6 月起任副粮食人民委员；1919 年 8 月起兼任东方面军粮
　　食特设委员会主席。1921 年起历任粮食人民委员、财政人民委员、副供给
　　人民委员、苏联人民委员会农业产量核定委员会副主席等职。在党的第十
　　五次和第十六次代表大会上当选为候补中央委员。——368。

布罗夫采夫，М.В.(Буровцев，М.В.1889—1954)——1905 年加入俄国社会民
　　主工党。十月革命后在莫斯科苏维埃工作，任莫斯科市劳动局局长、莫斯
　　科国民教育局局务委员。1921—1922 年任俄共(布)中央少数民族事务部
　　部长。1920—1921 年工会问题争论期间支持伊格纳托夫派的主张。
　　1923—1924 年属托洛茨基反对派。1922—1936 年(有间断)在外交人民
　　委员部工作。1937 年被开除出党。——241。

布马日内，叶菲姆·奥西波维奇(Бумажный，Ефим Осипович 1894—1968)——

1917 年加入俄国社会民主工党（布）。曾在莫斯科省奥列霍沃-祖耶沃做党的工作，代表莫斯科省出席党的第七次全国代表会议（四月代表会议）和全俄苏维埃第一次代表大会。积极参加十月革命。十月革命后任劳动人民委员部部务委员、俄共（布）中央委员会乌拉尔区域劳动局成员和第 1 劳动军革命军事委员会主席。1920—1921 年在全俄工会中央理事会工作；工会问题争论期间支持托洛茨基的纲领。1922—1923 年任党的布良斯克省委书记，1924—1925 年任党的莫斯科委员会鼓动宣传部部长和书记处书记，1926 年起任党中央报刊部副部长。1930 年退休。——244。

C

策彼罗维奇，格里戈里·弗拉基米罗维奇（Цыперович，Григорий Владимирович 1871—1932）——苏联经济学家。1888 年参加革命运动，多次被捕和流放。十月革命后在工会工作，曾为多种杂志撰稿。1919 年加入俄共（布）。1920—1921 年工会问题争论期间是列宁纲领的拥护者。1921—1929 年在彼得格勒国民经济委员会、外交人民委员部和列宁格勒州计划委员会工作，后任列宁格勒工业学院院长、列宁格勒国民经济委员会主席团委员。写有《革命前俄国的辛迪加和托拉斯》等经济学著作和论文。——238、240。

D

邓尼金，安东·伊万诺维奇（Деникин，Антон Иванович 1872—1947）——沙俄将军。第一次世界大战期间曾任旅长和师长。1917 年 4—5 月任俄军最高总司令的参谋长，后任西方面军司令和西南方面军司令。积极参加科尔尼洛夫叛乱。十月革命后参与组建白卫志愿军，1918 年 4 月起任志愿军司令。在协约国扶植下，1919 年 1 月起任"南俄武装力量"总司令。1919 年夏秋进犯莫斯科，被击溃后率残部退到克里木。1920 年 4 月将指挥权交给弗兰格尔，自己逃亡国外。——29、31、43、94、116、142、319、374、376。

多勃列尔，弗里达·爱德华多夫娜（Доблер，Фрида Эдуардовна 生于 1890 年）——苏联图书馆工作者。1911 年起在莫斯科的一些图书馆工作。十月革命后在莫斯科国民教育局图书馆科工作。1921—1939 年为教育人民

委员部工作人员；多年领导图书馆学院的工人预备班。1940年起在莫斯科
图书馆专科学校担任图书馆专业课教员。1956年退休。——339。

多谢尔，季诺维·尼古拉耶维奇（Доссер，Зиновий Николаевич 1882—
1938）——1917年加入俄国社会民主工党（布）；石油专家。十月革命后历
任最高国民经济委员会石油总委员会会务委员会主席、全俄石油辛迪加经
理、全俄石油辛迪加驻中国代表、苏联驻意大利商务代表。1928—1937年
在俄罗斯联邦商业人民委员部任局长。——343—344。

F

费多托夫，Ф.（Федотов，Ф. 1897—1933）——1914年加入俄国布尔什维克党，
工人。因遭沙皇保安机关追捕逃到美国，在那里继续从事革命工作，屡
遭美国当局迫害。回到苏联后从事党和苏维埃的工作，历任莫斯科省的
县委书记、谢米列奇耶州委书记、中央监察委员会党的调查员。曾在红
色教授学院学习。1933年初被任命为阿尔泰国营谷物农场政治部主任。
——82、103。

佛敏，瓦西里·瓦西里耶维奇（Фомин，Василий Васильевич 1884—1938）——
1910年加入俄国社会民主工党。曾在奥伦堡做党的工作，多次被捕和流
放。第一次世界大战期间被征入伍，在士兵中从事革命工作。1917年二
月革命后任党的明斯克委员会和西北区域委员会委员、明斯克苏维埃委员
和西方面军委员会委员，编辑战地报纸《明星报》。积极参加十月革命，是
彼得格勒军事革命委员会委员。1918—1920年任全俄肃反委员会会务委
员和部主任、中央军事交通部政委、交通总管理局委员。1921年起任最高
运输委员会主席、副交通人民委员、中央河运管理局局长、最高国民经济委
员会主席团委员。1927—1931年和1935年起在商业人民委员部工作。
1931年起任副水运人民委员。1924—1925年为党中央监察委员会委员。
——374。

弗兰格尔，彼得·尼古拉耶维奇（Врангель，Петр Николаевич 1878—1928）——
沙俄将军，君主派分子，男爵。第一次世界大战期间任骑兵军军长。十月
革命后到克里木，1918年8月参加白卫志愿军，先后任骑兵师师长、骑兵
军军长、高加索集团军司令、志愿军司令。1920年4月接替邓尼金任"南

俄武装力量"总司令,11月起任克里木"俄军"总司令;在克里木和南乌克
兰建立了军事专政。1920年11月中旬被红军击溃后逃亡国外。——3、
19、20、26、57、94、109、133、134、172、216、324、392、393。

弗鲁姆金,莫伊塞·伊里奇(Фрумкин,Моисей Ильич 1878—1938)——1898
年加入俄国社会民主工党。曾在戈梅利、坦波夫、彼得堡、莫斯科等城市做
党的工作。1911年起流放叶尼塞斯克省。1917年二月革命后在克拉斯诺
亚尔斯克做党的工作,12月起任西西伯利亚边疆区经济委员会主席团委
员。1918—1922年历任粮食人民委员部部务委员、副粮食人民委员、中央
消费合作总社理事会理事、党中央委员会西伯利亚局成员和西伯利亚革命
委员会副主席。1922—1929年先后任副对外贸易人民委员、副财政人民
委员。1928—1930年属党内"右倾派别集团"。1932—1935年任副对外
贸易人民委员,后从事经济工作。——45。

G

高尔察克,亚历山大·瓦西里耶维奇(Колчак,Александр Васильевич 1873—
1920)——沙俄海军上将(1916),君主派分子。第一次世界大战期间任波
罗的海舰队作战部部长、水雷总队长,1916—1917年任黑海舰队司令。
1918年10月抵鄂木斯克,11月起任白卫军"西伯利亚政府"陆海军部长。
11月18日在外国武装干涉者支持下发动政变,在西伯利亚、乌拉尔和远
东建立军事专政,自封为"俄国最高执政"和陆海军最高统帅。叛乱被平定
后,1919年11月率残部逃往伊尔库茨克,后被俘。1920年2月7日根据
伊尔库茨克军事革命委员会的决定被枪决。——29、31、35、43、69、70、94、
101、116、142、374、376。

高尔基,马克西姆(彼什科夫,阿列克谢·马克西莫维奇)(Горький,Максим
(Пешков,Алексей Максимович)1868—1936)——苏联作家和社会活动
家,社会主义现实主义文学的奠基人,苏联文学的创始人。出身于木工家
庭,当过学徒、装卸工、面包师等。1892年开始发表作品。1901年起因参
加革命工作屡遭沙皇政府迫害。1905年夏加入俄国社会民主工党,同年
11月第一次与列宁会面,思想上受到很大影响。1906年发表反映俄国无
产阶级革命斗争的长篇小说《母亲》,被认为是第一部社会主义现实主义作

品。1906—1913 年旅居意大利,一度接受造神说。第一次世界大战爆发
后坚决谴责帝国主义战争,揭露战争的掠夺性,但也曾向资产阶级爱国主
义方面动摇。十月革命后,积极参加社会主义文化建设工作。1934 年发
起成立苏联作家协会,担任协会主席,直到逝世。——264。

哥尔茨曼,阿布拉姆·季诺维耶维奇(Гольцман, Абрам Зиновьевич 1894—
1933)——1910 年参加俄国革命运动,1917 年 4 月加入俄国社会民主工党
(布)。十月革命后担任工会和经济部门的领导工作。1917—1920 年任五
金工会中央委员会委员,1920—1921 年任全俄工会中央理事会主席团委
员、劳动国防委员会俄罗斯联邦资源利用委员会委员。工会问题争论期间
支持托洛茨基的纲领。1922 年起在最高国民经济委员会、中央监察委员
会—工农检查院和民航总局担任负责工作。——238、457。

格林科,格里戈里·费多罗维奇(Гринько, Григорий Федорович 1890—
1938)——原为乌克兰民族主义政党"斗争派"成员,1919 年加入俄共(布)。
1913—1917 年在叶卡捷琳诺斯拉夫掷弹兵团当兵,后为军官。十月革命后
在乌克兰担任负责职务:1919—1920 年任全乌克兰军事革命委员会委员,
1920 年起历任乌克兰苏维埃社会主义共和国教育人民委员、国家计划委
员会主席、人民委员会副主席。1924—1927 年为乌克兰共产党(布)中央
委员。1926 年 12 月起任苏联国家计划委员会副主席,1929 年 11 月起任
苏联副农业人民委员,1930—1937 年任苏联财政人民委员。1934 年在联
共(布)第十七次代表大会上当选为候补中央委员。——230、330。

古布金,伊万·米哈伊洛维奇(Губкин, Иван Михайлович 1871—1939)——
苏联地质学家。1921 年加入俄共(布)。1918 年在石油总委员会工作。
1919—1924 年任页岩总委员会主席、页岩工业总管理局局长,1920—1925
年兼任库尔斯克地磁异常研究特设委员会主席。此外还担任一些院校和
科研机关的领导职务。1929 年起为苏联科学院院士。——315。

古谢夫,谢尔盖·伊万诺维奇(德拉布金,雅柯夫·达维多维奇)(Гусев,
Сергей Иванович(Драбкин, Яков Давидович)1874—1933)——1896 年在
俄国彼得堡工人阶级解放斗争协会开始革命活动。1899 年起住在顿河畔
罗斯托夫,积极参加俄国社会民主工党顿河区委员会的工作,是 1902 年罗
斯托夫罢工和 1903 年三月示威游行的领导人之一。1903 年在俄国社会

民主工党第二次代表大会上是顿河区委员会的代表,属火星派多数派。会后到俄国南方一些城市传达大会情况。1904 年 8 月参加在日内瓦举行的 22 个布尔什维克的会议。1904 年 12 月—1905 年 5 月任多数派委员会常务局书记和党的彼得堡委员会书记,后为敖德萨布尔什维克组织的领导人之一。1906 年起任党的莫斯科委员会委员,是党的第四次(统一)代表大会莫斯科组织的代表。当年被捕,流放托博尔斯克,1909 年从流放地逃走。斯托雷平反动时期反对取消派和召回派。屡遭沙皇政府迫害。十月革命期间领导彼得格勒军事革命委员会秘书处。1918—1920 年在红军中做政治工作,历任第 5 和第 2 集团军革命军事委员会委员,东方面军、东南方面军、高加索方面军和南方面军革命军事委员会委员,共和国革命军事委员会野战司令部政委等职。1921—1923 年任工农红军政治部主任、共和国革命军事委员会委员。1923 年起任党中央监察委员会书记和苏联工农检查人民委员部部务委员。1925 — 1926 年任党中央报刊部部长。1929—1933 年任共产国际执行委员会主席团委员。写有《统一的经济计划和统一的经济机构》(1920)、《经济建设的当前问题(关于俄共中央的提纲)》(1920)等小册子以及一些关于党史、军事、社会主义建设和国际工人运动方面的著作。——155、164、165、166、394。

H

哈定,沃伦(Harding,Warren 1865—1923)——美国政治活动家,共和党人。早年从事报纸出版业。曾任俄亥俄州议会议员和副州长,参议院议员。1921—1923 年任美国总统。——68、102、103。

汉诺夫,А.М.(Ханов,А.М.生于 1889 年)——1917 年加入俄国社会民主工党(布)。1919—1920 年在红军中工作。1920 年任下诺夫哥罗德省执行委员会主席。在全俄苏维埃第八次代表大会上当选为全俄中央执行委员会委员。——178。

黑格尔,乔治·威廉·弗里德里希(Hegel,Georg Wilhelm Friedrich 1770—1831)——德国哲学家,客观唯心主义者,德国古典哲学的主要代表。1801—1807 年任耶拿大学哲学讲师和教授。1808—1816 年任纽伦堡中学校长。1816—1817 年任海德堡大学哲学教授。1818 年起任柏林大学哲学教授。黑格尔哲学是 18 世纪末至 19 世纪初德国唯心主义哲学的最高发展。他根据唯心主义的思维与存在同一的基本原则,建立了客观唯心主义的哲学体系,并创立了唯心主义辩证法的理论。认为在自然界和人类出现以前存在着绝对精神,客观世界是绝对精神、绝对观念的产物;绝对精神在其发展中经历了逻辑阶段、自然阶段和精神阶段,最终回复到了它自身;整个自然的、历史的和精神的世界都处于不断的运动、变化和发展中,矛盾是运动、变化的核心。黑格尔哲学的特点是辩证方法同形而上学体系之间的深刻矛盾。他的唯心主义辩证法是马克思主义哲学的理论来源之一。在社会政治观点上是保守的,是立宪君主制的维护者。主要著作有《精神现象学》(1807)、《逻辑学》(1812—1816)、《哲学全书》(1817)、《法哲学原理》(1821)、《哲学史讲演录》(1833—1836)、《历史哲学讲演录》(1837)、《美学讲演录》(1836—1838)等。——294、295。

华盛顿,乔治(Washington,George 1732—1799)——美国国务活动家和军事家。1775—1783 年美国独立战争时期任总司令。1789—1797 年为美国第一任总统。——67、103。

J

基谢廖夫,阿列克谢·谢苗诺维奇(Киселев,Алексей Семенович 1879—1937)——1898 年加入俄国社会民主工党。曾在彼得堡、哈尔科夫、巴库、敖德萨和西伯利亚的一些城市做党的工作。1914 年被增补进党中央委员会。多次被捕和流放。1917 年二月革命后任伊万诺沃-沃兹涅先斯克市苏维埃主席和党的市委员会委员。在全俄苏维埃第一次代表大会上当选为全俄中央执行委员会委员。从党的第六次代表大会起多次当选为候补中央委员。十月革命后从事苏维埃、经济和工会工作。1918 年当选为中央纺织工业委员会主席,后当选为最高国民经济委员会主席团委员。1920 年任矿工工会主席。1920—1921 年工会问题争论期间参加工人反对派。1921 年在党的第十次代表大会上是莫斯科党组织的代表。1921—1923 年任小人民委员会主席。1923 年在党的第十二次代表大会上当选为中央监察委员会委员;曾任中央监察委员会主席团委员、俄罗斯联邦工农检查人民委员和苏联副工农检查人民委员。1924 年起任全俄中央执行委员会秘书。苏联中央执行委员会主席团委员。——262、308、457、458、472。

主席,1922年起任苏联中央执行委员会主席,1938年起任苏联最高苏维埃主席团主席。在党的第八至第十八次代表大会上当选为中央委员。1919年起为中央政治局候补委员,1926年起为中央政治局委员。写有许多关于社会主义建设和共产主义教育问题的著作。——167、240、257、276—277。

加米涅夫(**罗森费尔德**),列夫·波里索维奇(Каменев(Розенфельд),Лев Борисович 1883—1936)——1901年加入俄国社会民主工党,党的第二次代表大会后是布尔什维克。是高加索联合会出席党的第三次代表大会的代表。1905—1907年在彼得堡从事宣传鼓动工作,为党的报刊撰稿。1908年底出国,任布尔什维克的《无产者报》编委。斯托雷平反动时期对取消派、召回派和托洛茨基分子采取调和主义态度。1914年初回国,在《真理报》编辑部工作,曾领导第四届国家杜马布尔什维克党团。1914年11月被捕,在沙皇法庭上宣布放弃使沙皇政府在帝国主义战争中失败的布尔什维克口号,次年2月被流放。1917年二月革命后反对列宁的《四月提纲》。从党的第七次全国代表会议(四月代表会议)起多次当选为中央委员。十月革命前夕反对举行武装起义的决定。在全俄苏维埃第二次代表大会上当选为全俄中央执行委员会第一任主席。1917年11月主张成立有孟什维克和社会革命党人参加的联合政府,遭到否决后声明退出党中央。1918年起任莫斯科苏维埃主席。1922年起任人民委员会副主席,1924—1926年任劳动国防委员会主席。1923年起为列宁研究院第一任院长。1919—1925年为党中央政治局委员。1925年参与组织"新反对派",1926年1月当选为中央政治局候补委员,同年参与组织"托季联盟",10月被撤销政治局候补委员职务。1927年12月被开除出党,后来两次恢复党籍,两次被开除出党。1936年8月25日被苏联最高法院军事审判庭以"参与暗杀基洛夫、阴谋刺杀斯大林及其他苏联领导人"的罪名判处枪决。1988年6月苏联最高法院为其平反。——44、109、166、240、243、257、276、277、308、343。

捷尔任斯基,费利克斯·埃德蒙多维奇(Дзержинский,Феликс Эдмундович 1877—1926)——波兰和俄国革命运动活动家,波兰王国和立陶宛社会民主党的组织者和领导人之一。1895年在维尔诺加入立陶宛社会民主党组织,1903年当选为波兰王国和立陶宛社会民主党总执行委员会委员。积极参加1905—1907年革命,领导波兰无产阶级的斗争。1907年在俄国社会民主工党第五次(伦敦)代表大会上被缺席选入中央委员会。屡遭沙皇政府迫害,度过十年以上的监禁、苦役和流放生活。1917年二月革命后在莫斯科做党的工作。在党的第六次代表大会上当选为中央委员,进入党中央书记处。十月革命期间是彼得格勒军事革命委员会委员和党的军事革命总部成员。十月革命后当选为全俄中央执行委员会委员和主席团委员。1917年12月起任全俄肃反委员会(1923年起为国家政治保卫总局)主席。1918年初在布列斯特和约问题上一度采取"左派共产主义者"的立场。1919—1923年兼任内务人民委员,1921—1924年兼任交通人民委员,1924年起兼任最高国民经济委员会主席。1920年4月起为党中央组织局候补委员,1921年起为中央组织局委员,1924年6月起为中央政治局候补委员。——168、169、176。

K

卡尔宁,安斯·埃内斯托维奇(Калнин, Анс Эрнестович 1883—1950)——1904年加入拉脱维亚社会民主党,被选为拉脱维亚边疆区社会民主党中央委员。1912—1917年侨居澳大利亚,加入澳大利亚社会党。回国后,1917年5月加入俄国社会民主工党(布)。1920—1921年任矿工工会南方局主席,1921—1924年任矿工工会中央委员会组织部部长。——456。

卡缅斯基,阿布拉姆·扎哈罗维奇(Каменский, Абрам Захарович 1885—1938)——1917年加入俄国社会民主工党(布)。十月革命后从事党政和工会工作。1920—1921年任俄罗斯联邦副民族事务人民委员;工会问题争论期间参加民主集中派。1921—1922年任顿河州委书记,1922—1923年任农业人民委员部部务委员。1925—1926年参加托洛茨基反对派。1927—1933年任工业学院院长,1933—1936年任轻工业人民委员部部务委员,1936年起在俄罗斯联邦财政人民委员部工作。——241。

卡普伦,Б.Г.(Каплун, Б.Г. 生于1894年)——1917年加入俄国社会民主工党(布)。1918—1921年是彼得格勒苏维埃管理局局务委员,后在彼得格勒国民经济委员会工作。1921年11月因追逐名利和滥用职权被开除出党。——264。

卡西扬(**捷尔-卡斯帕良**),萨尔基斯·伊万诺维奇(Касьян(Тер-Каспарян),
Саркис Иванович 1876—1937)——1905 年加入俄国社会民主工党。曾在
外高加索进行革命工作,编辑第一份布尔什维克秘密报纸《工人呼声报》。
多次被捕和流放。1912—1914 年领导梯弗利斯党组织。1917—1920 年
任俄国社会民主工党(布)高加索边疆区委书记、区委委员和边疆区委梯弗
利斯局成员。1919—1920 年任俄共(布)亚美尼亚委员会主席。1920 年
11 月起任亚美尼亚共产党(布)中央委员和亚美尼亚革命委员会第一任主
席。1924—1927 年任外高加索共产主义大学校长。1927—1931 年任外
高加索联邦中央执行委员会主席,1928—1930 年兼任亚美尼亚苏维埃社
会主义共和国中央执行委员会主席。曾任全俄中央执行委员会和苏联中
央执行委员会委员。——56。

凯恩斯,约翰·梅纳德(Keynes,John Maynard 1883—1946)——英国资产阶
级经济学家。长期在剑桥大学任教和编辑《经济学杂志》,兼任英国财政部
顾问和英格兰银行董事等职。1919 年作为英国财政部首席代表参加了巴
黎和会的工作。同年 6 月辞职,发表《和约的经济后果》一书,猛烈抨击凡
尔赛和约,证明和约有关赔偿的条款在经济上是行不通的,并预言和约所
定各款将对世界经济产生不良影响。1921 年起是英国一家大保险公司的董
事长。30 年代创立了凯恩斯主义这一经济学的重要流派,提出失业和经济
危机的原因是"有效需求"不足的理论和国家必须全面干预经济生活等主
张。最重要的著作是《就业、利息和货币通论》(1936)。——70、71。

柯普,维克多·列昂季耶维奇(Копп,Виктор Леонтьевич 1880—1930)——
1917 年加入俄国社会民主工党(布)。1898 年参加革命运动,在哈尔科夫、
叶卡捷琳诺斯拉夫、彼得堡开展工作。1903—1905 年曾组织运送秘密书
刊通过德国边境。第一次世界大战期间被征入伍,1915—1918 年在德国
当俘虏。1919—1930 年在苏联外交人民委员部系统工作,1919—1921 年
是外交人民委员部和对外贸易人民委员部驻德国全权代表,1921 年 5 月
起是俄罗斯联邦驻德国负责战俘事务的代表。——14。

科尔济诺夫,Г.Н.(Корзинов,Г.Н.1886—1926)——1904 年加入俄国社会民
主工党。曾参加 1905—1907 年革命,在彼得堡、里加、赫尔辛福斯和莫斯科

做党的工作。1917 年在莫斯科参加十月武装起义。十月革命后任莫斯科苏
维埃执行委员会委员、俄共(布)莫斯科委员会委员。1920—1921 年工会问
题争论期间支持伊格纳托夫派的主张。1921—1926 年任某工厂厂长。
——162、163、164、241。

克尔日扎诺夫斯基,格列勃·马克西米利安诺维奇(Кржижановский, Глеб
Максимилианович 1872—1959)——1893 年参加俄国革命运动,协助列宁
组织彼得堡工人阶级解放斗争协会。1895 年 12 月被捕,1897 年流放西伯
利亚(米努辛斯克专区捷辛斯克村),为期三年。1901 年流放期满后住在
萨马拉,领导当地的火星派中心。1902 年秋参加筹备召开俄国社会民主
工党第二次代表大会的组织委员会。1903 年在俄国社会民主工党第二次
代表大会上缺席当选为中央委员。积极参加 1905—1907 年革命。在布尔
什维克的出版机关做了大量工作。1917 年二月革命后任莫斯科苏维埃委
员,参加布尔什维克党团。十月革命后致力于恢复和发展莫斯科的动力事
业。1919 年底起任最高国民经济委员会电机工业总管理局局长。1920 年
被任命为俄罗斯国家电气化委员会主席。1921—1930 年任国家计划委员
会主席。1930—1936 年历任最高国民经济委员会动力总管理局局长、苏
联中央执行委员会高等技术教育委员会主席和俄罗斯联邦副教育人民委
员。在党的第十三至第十七次代表大会上当选为中央委员。1929 年当选
为苏联科学院院士,1929—1939 年任苏联科学院副院长。1930 年创建苏
联科学院动力研究所,担任所长直至逝世。写有许多动力学方面的著作。
——8、9、195、347。

克拉辛,列昂尼德·波里索维奇(Красин, Леонид Борисович 1870—1926)——
1890 年参加俄国社会民主主义运动,是布鲁斯涅夫小组成员。1895 年被
捕,流放伊尔库茨克三年。流放期满后进入哈尔科夫工艺学院学习,1900
年毕业。1900—1904 年在巴库当工程师,与弗·扎·克茨霍韦利一起建
立《火星报》秘密印刷所。俄国社会民主工党第二次代表大会后加入布尔
什维克党,被增补进中央委员会;在中央委员会里一度对孟什维克采取调
和主义态度,帮助把三名孟什维克代表增补进中央委员会,但不久即同孟
什维克决裂。俄国社会民主工党第三次代表大会的参加者,在会上当选为
中央委员。1905 年是布尔什维克第一份合法报纸《新生活报》的创办人之

一。1905—1907年革命期间参加彼得堡工人代表苏维埃,领导党中央战斗技术组。在党的第四次(统一)代表大会上代表布尔什维克作了关于武装起义问题的报告,并再次当选为中央委员,在第五次(伦敦)代表大会上当选为候补中央委员。1908年侨居国外。一度参加反布尔什维克的"前进"集团,后脱离政治活动,在国内外当工程师。十月革命后是红军供给工作的组织者之一,任红军供给非常委员会主席、最高国民经济委员会主席团委员、工商业人民委员、交通人民委员。1919年起从事外交工作。1920年起任对外贸易人民委员,1920—1923年兼任驻英国全权代表和商务代表,参加了热那亚国际会议和海牙国际会议。1924年任驻法国全权代表,1925年起任驻英国全权代表。在党的第十三次和第十四次代表大会上当选为中央委员。——51、57、104、108、109、123、343、378。

克里茨曼,列夫·纳坦诺维奇(Крицман,Лев Натанович 1890—1938)——1918年加入俄共(布)。苏维埃政权初期从事经济工作,任最高国民经济委员会食品工业局局务委员会主席和化学工业局成员。1921年任国家计划委员会主席团委员和劳动国防委员会俄罗斯联邦资源利用委员会主席。1923—1924年任《真理报》编委、共产主义科学院主席团委员、第1版《苏联大百科全书》总编辑部成员。1925—1931年先后任苏联中央统计局局务委员和副局长、国家计划委员会副主席。1931年起从事科学研究工作,是经济学博士。曾任《经济百科全书》、《经济问题》杂志和《农业战线》杂志编辑。写有一些经济和农业问题的著作。——348。

克里斯季,米哈伊尔·彼得罗维奇(Кристи,Михаил Петрович 1875—1956)——1893年开始进行革命工作。1905—1906年参加俄国第一次革命。1917年二月革命后先后在刻赤市和彼得格勒工作。1918—1926年任教育人民委员部驻彼得格勒全权代表。1926年起任科学机构、博物馆及艺术科学部门总管理局副局长。1928—1937年任国立特列季雅科夫绘画陈列馆馆长,1938—1948年任莫斯科艺术家协会艺术指导。——264。

克列孟梭,若尔日(Clemenceau,Georges 1841—1929)——法国国务活动家。第二帝国时期属左翼共和派。1871年巴黎公社时期任巴黎第十八区区长,力求使公社战士与凡尔赛分子和解。1876年起为众议员,80年代初成为激进派领袖,1902年起为参议员。1906年3—10月任内务部长,1906

年 10 月—1909 年 7 月任总理。维护大资产阶级利益,镇压工人运动和民主运动。第一次世界大战期间是沙文主义者。1917—1920 年再度任总理,在国内建立军事专制制度,积极策划和鼓吹经济封锁和武装干涉苏维埃俄国。1919—1920 年主持巴黎和会,参与炮制凡尔赛和约。1920 年竞选总统失败后退出政界。——70。

克列斯廷斯基,尼古拉·尼古拉耶维奇(Крестинский, Николай Николаевич 1883—1938)——1903 年加入俄国社会民主工党,布尔什维克。1905 年革命的积极参加者。斯托雷平反动时期和新的革命高涨年代为布尔什维克报刊撰稿。屡遭沙皇政府迫害。1917 年二月革命后任党的乌拉尔区域委员会主席和叶卡捷琳堡市委员会副主席。在党的第六至第九次代表大会上当选为中央委员。十月革命期间任叶卡捷琳堡军事革命委员会主席。十月革命后任人民银行总委员和彼得格勒劳动公社司法委员。1918 年布列斯特和约谈判期间支持"左派共产主义者"。1918—1921 年任俄罗斯联邦财政人民委员。1919—1921 年任党中央政治局委员和中央书记处书记。1920—1921 年工会问题争论期间支持托洛茨基的纲领。1921—1930 年任苏联驻德国全权代表,1930—1937 年任苏联副外交人民委员。曾任全俄中央执行委员会和苏联中央执行委员会委员。—— 168、224、236、304、343。

克鲁格,卡尔·阿道福维奇(Круг, Карл Адольфович 1873—1952)——苏联电工学家,苏联科学院通讯院士。1905 年起在莫斯科高等技术学校任教,在该校建立了电机工程专业,十月革命后又将该专业改建为电机工程系。曾参加制定俄罗斯国家电气化计划,参与创建全苏电工学研究所并担任所长(1921—1930)。写有电工学方面的著作。——9。

克鲁普斯卡娅,娜捷施达·康斯坦丁诺夫娜(Крупская, Надежда Константиновна 1869—1939)——列宁的妻子和战友。1890 年在彼得堡大学生马克思主义小组中开始革命活动。1895 年参与组织彼得堡工人阶级解放斗争协会。1896 年 8 月被捕,后被判处流放三年,先后在舒申斯克和乌法服刑。1901 年流放期满后侨居国外,任《火星报》编辑部秘书。曾参加俄国社会民主工党第二次代表大会的筹备工作,作为有发言权的代表出席了大会。1904 年起先后任布尔什维克的《前进报》和《无产者报》编辑部秘书。

曾参加党的第三次代表大会的筹备工作。1905—1907 年革命期间在国内
担任党中央委员会秘书。斯托雷平反动时期积极参加反对取消派和召回
派的斗争。1911 年在隆瑞莫党校(法国)工作。1912 年党的布拉格代表会
议后协助列宁同国内党组织、《真理报》和第四届国家杜马布尔什维克党团
保持联系。第一次世界大战期间参加国际妇女运动和布尔什维克国外支
部的活动,担任国外组织委员会秘书并研究国民教育问题。1917 年二月
革命后和列宁一起回国,在党中央书记处工作,参加了十月武装起义。十
月革命后任教育人民委员部部务委员,领导政治教育总委员会;1929 年起
任俄罗斯联邦副教育人民委员。1924 年起为党中央监察委员会委员,
1927 年起为党中央委员。历届全俄中央执行委员会和苏联中央执行委员
会委员,苏联第一届最高苏维埃代表和主席团委员。——228—230。

克伦斯基,亚历山大·费多罗维奇(Керенский, Александр Федорович 1881—
1970)——俄国政治活动家,资产阶级临时政府首脑。1917 年 3 月起为社
会革命党人。第四届国家杜马代表,劳动派党团领袖。第一次世界大战期
间是护国派分子。1917 年二月革命后任彼得格勒工兵代表苏维埃副主
席、国家杜马临时委员会委员。在临时政府中任司法部长(3—5 月)、陆海
军部长(5—9 月)、总理(7 月 21 日起)兼最高总司令(9 月 12 日起)。执政期
间继续进行帝国主义战争,七月事变时镇压工人和士兵,迫害布尔什维克。
1917 年 11 月 7 日彼得格勒爆发武装起义时,从首都逃往前线,纠集部队
向彼得格勒进犯,失败后逃亡巴黎。在国外参加白俄流亡分子的反革命活
动,1922—1932 年编辑《白日》周刊。1940 年移居美国。——365、376。

寇松,乔治·纳撒尼尔(Curzon, George Nathaniel 1859—1925)——英国国务
活动家和外交家,保守党领袖之一,侯爵。1898—1905 年任印度总督,残
酷镇压当地的民族解放运动。1915—1918 年担任政府和议会的一些职
务。1919—1924 年任外交大臣,是武装干涉苏维埃俄国的策划者之一。
苏波战争期间,1920 年 7 月照会苏俄政府,要求红军不得越过 1919 年 12
月协约国最高会议规定的波兰东部边界线(所谓"寇松线")。1923 年 5 月
又向苏联政府发出最后通牒,以新的武装干涉相威胁。——51、163。

库德里亚夫采夫(Кудрявцев)——西伯利亚游击队员。1921 年出席矿工工
会代表大会。——456。

库尔斯基,德米特里·伊万诺维奇(Курский, Дмитрий Иванович 1874—1932)——1904 年加入俄国社会民主工党。1900 年毕业于莫斯科大学法律系。1905 年积极参加莫斯科十二月武装起义。1906 年起是布尔什维克组织莫斯科区域局成员。1914 年被征入伍,在士兵中进行革命宣传活动。1917 年 5—8 月任罗马尼亚方面军第 4 集团军士兵代表苏维埃主席;是全俄苏维埃第一次代表大会代表。1917 年 10 月任敖德萨军事革命委员会委员。1918—1928 年任俄罗斯联邦司法人民委员、苏联第一任总检察长,在他的领导下制定了民法典和刑法典。1919—1920 年兼任工农红军总参谋部政委和野战司令部政委、共和国革命军事委员会委员。1921 年起任全俄中央执行委员会主席团委员,1923 年起任苏联中央执行委员会主席团委员。1924—1927 年任党中央检查委员会主席,1927—1930 年任党中央监察委员会委员。1928—1932 年任驻意大利全权代表。——15。

库拉诺娃,E. Я.(Куранова, E. Я. 生于 1891 年)——俄共(布)党员。1920—1921 年任莫斯科省工农兵代表苏维埃执行委员会委员。工会问题争论期间支持伊格纳托夫派的主张。——241。

库拉耶夫,瓦西里·弗拉基米罗维奇(Кураев, Василий Владимирович 1892—1938)——1914 年加入俄国布尔什维克党。曾在彼得格勒和奔萨做党的工作。第一次世界大战期间在士兵当中进行革命工作。1917 年二月革命后是奔萨工农兵代表苏维埃的组织者之一。十月革命后任奔萨省苏维埃执行委员会主席、党的省委书记、省人民委员会主席。1918 年参与平定捷克斯洛伐克军的反革命叛乱。国内战争期间在红军中做军事政治工作,担任几个集团军的革命军事委员会委员。1920 年起任农业人民委员部部务委员、最高国民经济委员会主席团委员,后在苏联国家计划委员会担任领导工作。——148、183。

库图佐夫,伊万·伊万诺维奇(Кутузов, Иван Иванович 1885—1943)——1917 年加入俄国社会民主工党(布)。1917 年二月革命后任莫斯科苏维埃委员、莫斯科纺织工会主席。1918 年起任纺织工会中央委员会主席。1920—1921 年参加工人反对派。后任全苏工会中央理事会俄共(布)党团委员会委员和主席团委员、苏联中央执行委员会国家贷款和储蓄事业促进委员会主席。1920 年起为全俄中央执行委员会主席团委员,后为苏联中央执行委员会主席团委员。——455。

L

拉法伊尔（**法尔布曼，Р.Б.**）（Рафаил（Фарбман，Р.Б.）生于 1893 年）——1910
年加入俄国社会民主工党。1920 年任乌克兰共产党（布）中央委员会书
记，后任莫斯科国民教育局局长。1930 年起任矿产贸易股份公司管理局
副局长和人事处处长。1920—1921 年是民主集中派分子，1927 年是"联
合反对派"的骨干分子。1927 年被开除出党，1932 年恢复党籍，1933 年被
再次开除出党。——241。

拉林，尤·（**卢里叶，米哈伊尔·亚历山德罗维奇**）（Ларин，Ю.（Лурье，
Михаил Александрович）1882—1932）——1900 年参加俄国社会民主主义
运动，在敖德萨和辛菲罗波尔工作。1904 年起为孟什维克。1905 年是俄
国社会民主工党彼得堡孟什维克委员会委员。1906 年进入党的统一的彼
得堡委员会；是党的第四次（统一）代表大会有表决权的代表。维护孟什维
克的土地地方公有化纲领，支持召开"工人代表大会"的取消主义思想。党
的第五次（伦敦）代表大会波尔塔瓦组织的代表。斯托雷平反动时期和新
的革命高涨年代是取消派领袖之一，参加了"八月联盟"。第一次世界大战
期间是中派分子。1917 年二月革命后领导出版《国际》杂志的孟什维克国
际主义派。1917 年 8 月加入布尔什维克党。在彼得格勒参加十月武装起
义。十月革命后主张成立有孟什维克和社会革命党人参加的联合政府。
在苏维埃和经济部门工作，曾任最高国民经济委员会主席团委员、国家计
划委员会主席团委员等职。1920—1921 年工会问题争论期间先后支持布
哈林和托洛茨基的纲领。——241、348。

拉萨尔，斐迪南（Lassalle，Ferdinand 1825—1864）——德国工人运动活动家，
小资产阶级社会主义者，德国工人运动中的机会主义——拉萨尔主义的代
表人物。积极参加德国 1848 年革命。曾与马克思和恩格斯有过通信联
系。1863 年 5 月参与创建全德工人联合会，并当选为联合会主席。在联
合会中推行拉萨尔主义，把德国工人运动引上了机会主义道路。宣传超阶
级的国家观点，主张通过争取普选权和建立由国家资助的工人生产合作社
来解放工人。曾同俾斯麦勾结并支持在普鲁士领导下"自上而下"统一德

国的政策。在哲学上是唯心主义者和折中主义者。——243、411。

劳合-乔治,戴维(Lloyd George,David 1863—1945)——英国国务活动家和
　外交家,自由党领袖。1890 年起为议员。1905—1908 年任商业大臣,
　1908—1915 年任财政大臣。对英国政府策划第一次世界大战的政策有很
　大影响。曾提倡实行社会保险等措施,企图利用谎言和许诺来阻止工人阶
　级建立革命政党。1916—1922 年任首相,残酷镇压殖民地和附属国的民
　族解放运动;是武装干涉和封锁苏维埃俄国的鼓吹者和策划者之一。曾参
　加 1919 年巴黎和会,是凡尔赛和约的炮制者之一。——70。

李卜克内西,卡尔(Liebknecht,Karl 1871—1919)——德国工人运动和国际
　工人运动活动家,德国社会民主党左翼领袖之一,德国共产党创建人之一;
　威·李卜克内西的儿子;职业是律师。1900 年加入社会民主党,积极反对
　机会主义和军国主义。1912 年当选为帝国国会议员。第一次世界大战期
　间持国际主义立场,反对支持本国政府进行掠夺战争。1914 年 12 月 2 日
　是国会中唯一投票反对军事拨款的议员。是国际派(后改称斯巴达克派和
　斯巴达克联盟)的组织者和领导人之一。1916 年因领导五一节反战游行
　示威被捕入狱。1918 年 10 月出狱,领导了 1918 年十一月革命,与卢森堡
　一起创办《红旗报》,同年底领导建立德国共产党。1919 年 1 月柏林工人
　斗争被镇压后,于 15 日被捕,当天惨遭杀害。——326。

李可夫,阿列克谢·伊万诺维奇(Рыков,Алексей Иванович 1881—1938)——
　1899 年加入俄国社会民主工党。曾在萨拉托夫、莫斯科、彼得堡等地做党
　的工作。1905 年党的第三次代表大会起多次当选为中央委员。斯托雷平
　反动时期对取消派、召回派和托洛茨基分子采取调和主义态度。曾多次被
　捕流放并逃亡国外。1917 年二月革命后被选进莫斯科苏维埃主席团,同
　年 10 月在彼得格勒参与领导武装起义。十月革命后参加第一届人民委员
　会,任内务人民委员。1917 年 11 月主张成立有孟什维克和社会革命党人
　参加的联合政府,遭到否决后声明退出党中央和人民委员会。1918 年 2
　月起任最高国民经济委员会主席,1921 年夏起任人民委员会和劳动国防
　委员会副主席。1923 年当选为党中央政治局委员。1924—1930 年任苏
　联人民委员会主席。1929 年被作为“右倾派别集团”领袖之一受到批判。
　1930 年 12 月被撤销政治局委员职务。1931—1936 年任苏联交通人民委

员。1934 年当选为候补中央委员。1937 年被开除出党。1938 年 3 月 13
日被苏联最高法院军事审判庭以"参与托洛茨基的恐怖、间谍和破坏活动"
的罪名判处枪决。1988 年平反昭雪并恢复党籍。——8、66、152、155、
164、236、277、343、347、394。

里亚布申斯基,帕维尔·巴甫洛维奇(Рябушинский, Павел Павлович 1871—
　　1924)——俄国莫斯科大银行家和企业主,反革命首领之一。曾积极参与
　　创建资产阶级的进步党,出版反映大资产阶级利益的《俄国晨报》。1917
　　年 8 月扬言要以饥饿手段窒息革命,是科尔尼洛夫叛乱的策划者和领导人
　　之一。十月革命后逃亡法国,继续进行反对苏维埃俄国的活动。——123。

利特肯斯,叶夫格拉弗·亚历山德罗维奇(Литкенс, Евграф Александрович
　　1888—1922)——1904 年加入俄国社会民主工党。1917 年是孟什维克国
　　际主义派中央委员会委员。1917 年二月革命后任莫斯科省苏维埃执行委
　　员会委员。1918 年任莫斯科省苏维埃国民教育局局长。1919 年加入俄共
　　(布),在红军中工作。1920 年任政治教育总委员会副主席,1921 年起任俄
　　罗斯联邦副教育人民委员。——53、89。

梁赞诺夫(**戈尔登达赫**),达维德·波里索维奇(Рязанов(Гольдендах), Давид
　　Борисович 1870—1938)——1889 年参加俄国革命运动。曾在敖德萨和基
　　什尼奥夫开展工作。1900 年出国,是著作家团体斗争社的组织者之一;该
　　社反对《火星报》制定的党纲和列宁的建党组织原则。俄国社会民主工党
　　第二次代表大会反对斗争社参加大会的工作,并否决了邀请梁赞诺夫作为
　　该社代表出席大会的建议。代表大会后是孟什维克。1905—1907 年在国
　　家杜马社会民主党党团和工会工作。后再次出国,为《新时代》杂志撰稿。
　　1909 年在"前进"集团的卡普里党校(意大利)担任讲课人,1911 年在隆瑞
　　莫党校(法国)讲授工会运动课。曾受德国社会民主党委托从事出版《马克
　　思恩格斯全集》和第一国际史的工作。第一次世界大战期间是中派分子,
　　为孟什维克的《呼声报》和《我们的言论报》撰稿。1917 年二月革命后参加
　　区联派,在俄国社会民主工党(布)第六次代表大会上随区联派集体加入布
　　尔什维克党。十月革命后从事工会工作。1918 年初因反对签订布列斯特
　　和约一度退党。1920—1921 年工会问题争论期间持错误立场,被解除工
　　会职务。1921 年参与创建马克思恩格斯研究院,担任院长直到 1931 年。

1931 年 2 月因同孟什维克国外总部有联系被开除出党。——163、166、168、206、208、405、436、441、455。

列金,卡尔(Legien,Karl 1861—1920)——德国右派社会民主党人,德国工会领袖之一。1890 年起任德国工会总委员会主席。1903 年起任国际工会书记处书记,1913 年起任主席。1893—1920 年(有间断)为德国社会民主党国会议员。1919—1920 年为魏玛共和国国民议会议员。第一次世界大战期间是社会沙文主义者。1918 年十一月革命期间同其他右派社会民主党人一起推行镇压革命运动的政策。——14。

列宁,弗拉基米尔·伊里奇(乌里扬诺夫,弗拉基米尔·伊里奇)(Ленин,Владимир Ильич(Ульянов,Владимир Ильич)1870—1924)——7、15、21、24、25、26、28、36、40、44、48、49、50、60、64、67、68、73、77、78、93、94、95、99、103、104、105、122、164、173、193、194、201、205、211、221、224—225、235、236、237、238—239、240、255、256、257、258、259、261、262、266—267、272、277、279、282—283、284、286、287、304、305、317、347、368、397、439、444、446、451、454、455、456、457。

列扎瓦,安德列·马特维耶维奇(Лежава,Андрей Матвеевич 1870—1937)——1904 年加入俄国社会民主工党。19 世纪 80 年代末参加民粹主义运动。1893 年因参与筹建地下印刷所被捕,监禁两年后,流放雅库特卡五年。在尼·叶·费多谢耶夫的影响下成为马克思主义者。流放期满后在梯弗利斯、沃罗涅日、下诺夫哥罗德、萨拉托夫、莫斯科等地做党的工作。十月革命后担任经济部门和苏维埃的领导工作。1919—1920 年任中央消费合作总社主席,1920—1922 年任副对外贸易人民委员,1922—1924 年任国内商业人民委员,1924—1930 年任俄罗斯联邦人民委员会副主席兼俄罗斯联邦国家计划委员会主席,1930—1937 年任苏联亚热带作物总管理局局长。1927—1930 年为党中央监察委员会委员。多次当选为全俄中央执行委员会和苏联中央执行委员会委员。——15、123、163、168。

林肯,阿伯拉罕(Lincoln,Abraham 1809—1865)——美国国务活动家,共和党领袖之一,美国总统(1861—1865)。1847—1849 年为众议员。主张维护联邦统一,逐步废除奴隶制度。1860 年作为共和党候选人当选总统。美国内战时期,在人民群众推动下实行一系列革命民主改革,颁布《宅地法》和《解放黑奴宣言》，使战争成为群众性的革命斗争，保证了战争的胜利。1865年4月被维护奴隶制的狂热分子暗杀。——67。

柳比莫夫(Любимов)——238。

卢那察尔斯基,阿纳托利·瓦西里耶维奇(Луначарский, Анатолий Васильевич 1875—1933)——19世纪90年代初参加俄国社会民主主义运动。俄国社会民主工党第二次代表大会后是布尔什维克。曾先后参加布尔什维克的《前进报》、《无产者报》和《新生活报》编辑部。代表《前进报》编辑部出席了党的第三次代表大会，受列宁委托，在会上作了关于武装起义问题的报告。党的第四次(统一)代表大会和第五次(伦敦)代表大会的参加者，布尔什维克出席第二国际斯图加特代表大会(1907)和哥本哈根代表大会(1910)的代表。斯托雷平反动时期脱离布尔什维克，参加"前进"集团；在哲学上宣扬造神说和马赫主义。第一次世界大战期间持国际主义立场。1917年二月革命后参加区联派，在俄国社会民主工党(布)第六次代表大会上随区联派集体加入布尔什维克党。十月革命后到1929年任教育人民委员，以后任苏联中央执行委员会学术委员会主席。1930年起为苏联科学院院士。在艺术和文学方面著述很多。——229、330、331、332、333—334。

卢森堡,罗莎(Luxemburg, Rosa 1871—1919)——德国、波兰和国际工人运动活动家，德国社会民主党和第二国际左翼领袖和理论家之一，德国共产党创建人之一。生于波兰。19世纪80年代后半期开始革命活动，1893年参与创建和领导波兰王国社会民主党，为党的领袖之一。1898年移居德国，积极参加德国社会民主党的活动，反对伯恩施坦主义和米勒兰主义。曾参加俄国第一次革命(在华沙)。1907年参加俄国社会民主工党第五次(伦敦)代表大会，在会上支持布尔什维克。斯托雷平反动时期和新的革命高涨年代对取消派采取调和主义态度。1912年波兰王国和立陶宛社会民主党分裂后，曾谴责最接近布尔什维克的所谓分裂派。第一次世界大战期间持国际主义立场，是建立国际派(后改称斯巴达克派和斯巴达克联盟)的发起人之一。参加领导了德国1918年十一月革命，同年底参与领导德国共产党成立大会，作了党纲报告。1919年1月柏林工人斗争被镇压后，于15日被捕，当天惨遭杀害。主要著作有《社会改良还是革命》(1899)、《俄国社会民主党的组织问题》(1904)、《资本积累》(1913)等。——326。

卢托维诺夫,尤里・赫里桑福维奇(Лутовинов, Юрий Хрисанфович 1887 —
1924)——1904 年加入俄国社会民主工党。曾在俄国一些城市做党的工
作,屡遭沙皇政府迫害。十月革命后在顿河流域和乌克兰积极参加国内战
争,1918 年是处于地下状态的乌克兰共产党(布)中央委员会委员。后从
事工会及苏维埃工作。1920 年起任五金工会中央委员会委员和全俄中央
执行委员会主席团委员;是全俄工会中央理事会主席团委员。1920 —
1921 年工会问题争论期间是工人反对派的骨干分子。1921 年被撤销工会
负责职务,被任命为俄罗斯联邦驻德国副商务代表。——219、240、257。

鲁祖塔克,扬・埃内斯托维奇(Рудзутак, Ян Эрнестович 1887 — 1938)——
1905 年加入俄国社会民主工党,布尔什维克。1906 年任党的里加委员会
委员。1907 年被捕并被判处十年苦役。1917 年二月革命时获释。十月革
命后担任工会领导工作,后任最高国民经济委员会主席团委员、中央纺织
工业委员会主席。从 1920 年党的第九次代表大会起当选为中央委员。
1920 年起任运输工会中央委员会主席、全俄工会中央理事会总书记、全俄
中央执行委员会和俄罗斯联邦人民委员会土耳其斯坦事务委员会主席、俄
共(布)中央委员会土耳其斯坦局主席。1922—1924 年任俄共(布)中央委
员会中亚局主席。1923—1924 年任党中央委员会书记。1924 — 1930 年
任交通人民委员。1926 年起任苏联人民委员会和劳动国防委员会副主
席,1931 年起同时任党中央监察委员会主席和苏联工农检查人民委员。
1923—1926 年为党中央政治局候补委员,1926 — 1932 年为政治局委员,
1934 年起为政治局候补委员。曾任全俄中央执行委员会和苏联中央执行
委员会主席团委员。—— 221、224、235、238、239、240、243、253、257、273、
275、277、279、280、281、283、284、285、408、411、444、455。

罗宾斯,雷蒙德(Robins, Raymond 1873 — 1954)——美国社会活动家,上校;
职业是律师。1917—1918 年是美国红十字会驻俄国代表团的领导人,作
为红十字会的代表会见了列宁。曾从事俄国社会问题研究。——60。

罗森霍尔茨,阿尔卡季・巴甫洛维奇(Розенгольц, Аркадий Павлович 1889 —
1938)——1905 年加入俄国社会民主工党。曾在基辅、叶卡捷琳诺斯拉夫
等地做党的工作。1917 年二月革命后当选为莫斯科苏维埃主席团委员。十
月革命期间任莫斯科军事革命委员会委员。国内战争期间担任一些集团军

和方面军的革命军事委员会委员。1920—1921 年工会问题争论期间支持托洛茨基的纲领。1921—1922 年任财政人民委员部部务委员，后从事军事、外交和苏维埃的工作。1927 年后先后当选为党中央监察委员会委员、候补中央委员、苏联中央执行委员会委员。1937 年被开除出党。——418。

洛克哈特，罗伯特·汉密尔顿(Lockhart, Robert Hamilton 1887—1970)——英国外交家，新闻工作者。1912 年起任英国驻莫斯科副领事，1915—1917 年任驻莫斯科总领事。1918 年 1 月起为英国驻苏维埃政府的特别代表团团长。因被全俄肃反委员会指控策划国际间谍活动和反苏阴谋而于 1918 年 8 月被捕，10 月被驱逐出境。——76。

洛莫夫，阿·(奥波科夫，格奥尔吉·伊波利托维奇)(Ломов, А.(Оппоков, Георгий Ипполитович)1888—1938)——1903 年加入俄国社会民主工党。曾在彼得堡、伊万诺沃-沃兹涅先斯克、莫斯科、萨拉托夫做党的工作，屡遭沙皇政府迫害。1917 年二月革命后任党的莫斯科区域局和莫斯科委员会委员、莫斯科工人代表苏维埃副主席。十月革命期间任莫斯科军事革命委员会委员。十月革命后参加第一届人民委员会，任司法人民委员。1918 年是"左派共产主义者"。1918—1921 年任最高国民经济委员会主席团委员和副主席，林业总委员会主席，1921—1931 年在党的机关和经济部门担任领导工作，1931—1933 年任苏联国家计划委员会副主席。在党的第六、第七和第十四次代表大会上当选为候补中央委员，第十五次和第十六次代表大会上当选为中央委员。历届苏联中央执行委员会委员。——81。

洛佐夫斯基(德里佐)，索洛蒙·阿布拉莫维奇(Лозовский(Дридзо), Соломон Абрамович 1878—1952)——1901 年加入俄国社会民主工党。曾在彼得堡、喀山、哈尔科夫做党的工作。积极参加俄国第一次革命。1906 年被捕，1908 年在押解途中逃往国外。1909—1917 年流亡日内瓦和巴黎，1912 年参加布尔什维克调和派。第一次世界大战期间参与组织法国社会党和工会中的国际主义派。1917 年 6 月回国，在全俄工会第三次代表会议(1917 年 7 月)上被选为全俄工会中央理事会书记。1917 年 12 月因反对党的政策被开除出党。1918—1919 年领导社会民主党人国际主义派，1919 年 12 月以该派成员身份重新加入俄共(布)。1920 年任莫斯科省工会理事会主席。曾参加共产国际第二次代表大会的工作。1921—1937 年任红色工会国际总书记。1937—1939 年任国家文学出版社社长,1939—1946 年先后任苏联副外交人民委员和外交部副部长。1927 年党的第十五次代表大会起为候补中央委员,1939 年在党的第十八次代表大会上当选为中央委员。——204、208、240、248、249、250、252、253、257、270、276、405、424、436、457。

M

马尔金,波里斯·费多罗维奇(Малкин, Борис Федорович 1891—1938)——1908 年加入俄国社会革命党,是左派社会革命党组织者之一和党中央委员。十月革命后任第二届和第六届全俄中央执行委员会主席团委员;领导彼得格勒电讯社,是《消息报》编辑之一。1918 年春加入俄共(布)。1919—1921 年是中央出版物发行处的领导人。曾任国家造型艺术出版社社长。——334。

马尔托夫,尔·(策杰尔包姆,尤利·奥西波维奇)(Мартов, Л.(Цедербаум, Юлий Осипович)1873—1923)——俄国孟什维克领袖之一。1895 年参与组织彼得堡工人阶级解放斗争协会。1896 年被捕并流放图鲁汉斯克三年。1900 年参与创办《火星报》,为该报编辑部成员。在俄国社会民主工党第二次代表大会上是《火星报》组织的代表,领导机会主义少数派,反对列宁的建党原则;从那时起成为孟什维克中央机关的领导成员和孟什维克报刊的编辑。曾参加党的第五次(伦敦)代表大会的工作。斯托雷平反动时期和新的革命高涨年代是取消派分子,编辑《社会民主党人呼声报》,参与组织"八月联盟"。第一次世界大战期间是中派分子,参加齐美尔瓦尔德代表会议和昆塔尔代表会议。曾参加孟什维克组织委员会国外书记处,为书记处编辑机关刊物。1917 年二月革命后领导孟什维克国际主义派。十月革命后反对镇压反革命和解散立宪会议。1919 年当选为全俄中央执行委员会委员,1919—1920 年为莫斯科苏维埃代表。1920 年 9 月侨居德国。参与组织第二半国际,在柏林创办和编辑孟什维克杂志《社会主义通报》。——174、175。

马克思,卡尔(Marx, Karl 1818—1883)——科学共产主义的创始人,世界无产阶级的领袖和导师。——228。

马克西莫夫斯基,弗拉基米尔·尼古拉耶维奇(Максимовский,Владимир Николаевич 1887—1941)——1903 年加入俄国社会民主工党。曾在莫斯科、图拉、科洛姆纳做党的工作。十月革命后历任莫斯科州执行委员会秘书、党中央登记分配处处长、内务人民委员部部务委员、教育人民委员部部务委员、副教育人民委员等职。1918 年布列斯特和谈期间为"左派共产主义者"。1920—1921 年工会问题争论期间是民主集中派的骨干分子。1923 年在托洛茨基的 46 人声明上签名,后参加"新反对派"。党的第十四次代表大会后同反对派决裂。1929 年起在高等院校从事教学科研工作。——166、241。

马斯洛夫,И.Н.(Маслов,И.Н. 1891—1938)——1917 年加入俄国社会民主工党(布)。1918—1937 年历任副邮电和报刊人民委员、莫斯科州执行委员会邮电局局长、莫斯科市区党委书记、轻工业人民委员部棉纺托拉斯经理。1920—1921 年工会问题争论期间与叶·尼·伊格纳托夫等人结成无政府工团主义派别,反对列宁关于工会问题的主张。——241。

梅德维捷夫,谢尔盖·巴甫洛维奇(Медведев,Сергей Павлович 1885—1937)——1900 年加入俄国社会民主工党。曾在彼得堡、塞瓦斯托波尔从事革命工作,屡遭沙皇政府迫害。十月革命后在红军中做政治工作。1918 年 7 月起在东方面军任职,1918 年 9 月—1919 年 1 月任第 1 集团军革命军事委员会委员。1920—1922 年任五金工会中央委员会主席,后在全俄中央执行委员会和苏联中央执行委员会工作。是工人反对派领袖之一,后为"新反对派"骨干分子。1924 年被开除出党,1926 年恢复党籍。1933 年清党时被再次开除出党。——457。

梅利尼昌斯基,格里戈里·纳坦诺维奇(Мельничанский,Григорий Натанович 1886—1937)——1902 年加入俄国社会民主工党。十月革命期间任莫斯科军事革命委员会委员。十月革命后任莫斯科省工会理事会主席和全俄工会中央理事会主席团委员,1918—1920 年代表全俄工会中央理事会任工农国防委员会委员。——457。

美舍利亚科夫,尼古拉·列昂尼多维奇(Мещеряков,Николай Леонидович 1865—1942)——1885 年参加俄国革命运动。1893 年到比利时完成学业,1894 年成为马克思主义者。1901 年加入俄国革命社会民主党人国外同盟。1902 年作为《火星报》代办员返回莫斯科,任俄国社会民主工党莫斯科委员会委员。不久被捕,流放雅库特州四年,1905—1907 年革命时获释。1906 年任党的莫斯科郊区委员会委员,同年 10 月被捕,流放东西伯利亚。1917 年二月革命后先后任俄国社会民主工党(布)克拉斯诺亚尔斯克委员会委员,莫斯科省工人代表苏维埃主席,党的省委委员。十月革命后任《真理报》编委(1918—1922)、中央消费合作总社理事会理事(1919—1921)、国家出版社编辑委员会主席(1920—1924)。1924—1927 年任农民国际组织书记。1927—1938 年任《苏联小百科全书》总编辑。1939 年起为苏联科学院通讯院士。——129。

米尔巴赫,威廉(Mirbach, Wilhelm 1871 — 1918)——德国外交家,伯爵。1915—1917 年任德国驻雅典大使,1918 年 4 月起任德国驻莫斯科大使。俄国左派社会革命党人为了挑起对德战争,于 1918 年 7 月 6 日将他杀死。米尔巴赫被杀事件成了莫斯科左派社会革命党人叛乱的信号。——104。

米赫耶夫(Михеев)——1921 年 1 月为矿工第二次代表大会顿巴斯代表。——456。

米柳亭,弗拉基米尔·巴甫洛维奇(Милютин, Владимир Павлович 1884 — 1937)——1903 年参加俄国社会民主主义运动,起初是孟什维克,1910 年起为布尔什维克。曾在库尔斯克、莫斯科、奥廖尔、彼得堡和图拉做党的工作,屡遭沙皇政府迫害。1917 年二月革命后任俄国社会民主工党(布)萨拉托夫委员会委员、萨拉托夫苏维埃主席。在党的第七次全国代表会议(四月代表会议)和第六次代表大会上当选为中央委员。十月革命后参加第一届人民委员会,任农业人民委员。1917 年 11 月主张成立有孟什维克和社会革命党人参加的联合政府,遭到否决后声明退出党中央和人民委员会。1918—1921 年任最高国民经济委员会副主席。1922 年任西北地区经济会议副主席。1924 年起历任工农检查人民委员部部务委员、中央统计局局长、国家计划委员会副主席、苏联中央执行委员会学术委员会主席等职。1920—1922 年为候补中央委员。1924—1934 年为中央监察委员会委员。写有一些关于经济问题的著作。——15、71、79、115、240、287、348。

敏金,亚历山大·叶列梅耶维奇(Минкин, Александр Еремеевич 1887 —

1955)——1903年加入俄国社会民主工党。曾在华沙和乌拉尔做党的工作,屡遭沙皇政府迫害。1917年二月革命后任俄国社会民主工党(布)彼得堡委员会委员、彼得格勒区委员会主席。十月革命后担任党和苏维埃的负责工作,历任党的奔萨省委书记和省执行委员会主席、彼尔姆省委书记和省执行委员会主席、阿尔汉格尔斯克省委书记、商业人民委员部部务委员、苏联驻乌拉圭全权代表、俄罗斯联邦最高法院副院长等职。——168。

莫杰斯托夫,瓦西里·亚历山德罗维奇(Модестов, Василий Александрович 1880—1960)——苏联图书馆工作者。1902—1917年在特维尔省当教员。十月革命后在图书馆部门工作。苏维埃政权建立初期领导莫斯科国民教育局图书馆科。1918年在莫斯科工会大厦建立了第一所工会图书馆,领导该馆达35年之久。——334、335。

N

拿破仑第一(波拿巴)(Napoléon Ⅰ(Bonaparte)1769—1821)——法国皇帝,资产阶级军事家和政治家。法国资产阶级革命时期参加革命军。1799年发动雾月政变,自任第一执政,实行军事独裁统治。1804年称帝,建立法兰西第一帝国,颁布《拿破仑法典》,巩固资本主义制度。多次粉碎反法同盟,沉重打击了欧洲封建反动势力。但对外战争逐渐变为同英俄争霸和掠夺、奴役别国的侵略战争。1814年欧洲反法联军攻陷巴黎后,被流放厄尔巴岛。1815年重返巴黎,再登皇位。滑铁卢之役战败后,被流放大西洋圣赫勒拿岛。——61。

诺根,维克多·巴甫洛维奇(Ногин, Виктор Павлович 1878—1924)——1898年加入俄国社会民主工党,布尔什维克。曾在国内外做党的工作,是《火星报》代办员。积极参加1905—1907年革命。1907年和1917年两度当选为党中央委员。屡遭沙皇政府迫害。斯托雷平反动时期对孟什维克取消派采取调和主义态度。第一次世界大战期间在莫斯科和萨拉托夫的自治机关工作,为《莫斯科合作社》等杂志撰稿。1917年二月革命后先后任莫斯科苏维埃副主席和主席。十月革命后参加第一届人民委员会,任工商业人民委员。1917年11月主张成立有孟什维克和社会革命党人参加的联合政府,遭到否决后声明退出党中央和人民委员会。1918—1924年历任副劳动人民委员、最高国民经济委员会主席团委员、全俄纺织辛迪加管理委员会主席等职。1921 年起任俄共(布)中央检查委员会主席。曾任苏联中央执行委员会主席团委员。——451。

P

皮达可夫,格奥尔吉·列昂尼多维奇(Пятаков, Георгий Леонидович 1890—1937)——1910 年加入俄国社会民主工党。1914—1917 年先后侨居瑞士和瑞典;曾参加伯尔尼代表会议,为《共产党人》杂志撰稿。1917 年二月革命后任党的基辅委员会主席和基辅工人代表苏维埃执行委员会委员。十月革命后任国家银行总委员。1918 年在乌克兰领导"左派共产主义者"。1918 年 12 月任乌克兰临时工农政府主席。1919 年后担任过一些集团军的革命军事委员会委员。1920 年起历任顿巴斯中央煤炭工业管理局局长、国家计划委员会和最高国民经济委员会副主席、驻法国商务代表、苏联国家银行管理委员会主席、副重工业人民委员、租让总委员会主席等职。1920—1921 年工会问题争论期间支持托洛茨基的纲领。1923 年起属托洛茨基反对派。在党的第十二、十三、十四、十六和十七次代表大会上当选为中央委员。1927 年被开除出党,1928 年恢复党籍,1936 年被再次开除出党。1937 年 1 月被苏联最高法院军事审判庭以"进行叛国、间谍、军事破坏和恐怖活动"的罪名判处枪决。1988 年 6 月苏联最高法院为其平反。——152。

皮尔苏茨基,约瑟夫(Piłsudski, Józef 1867—1935)——波兰国务活动家,法西斯独裁者。早年参与创建波兰社会党,1906 年起是波兰社会党"革命派"领导人。第一次世界大战期间统帅波兰军团配合德军对俄作战。1918—1922 年是地主资产阶级波兰的国家元首,残酷镇压革命运动。1920 年是波兰进攻苏维埃俄国的积极策划者之一。1926 年 5 月发动军事政变,建立法西斯独裁制度。1926—1935 年任国防部长,1926—1928 年和 1930 年任总理。1934 年与希特勒德国订立同盟。——21,26。

普列奥布拉任斯基,叶夫根尼·阿列克谢耶维奇(Преображенский, Евгений Алексеевич 1886—1937)——1903 年加入俄国社会民主工党,布尔什维克。曾在奥廖尔、布良斯克、莫斯科等地做党的工作,多次被捕和流放。

1917年二月革命后在乌拉尔做党的工作,在党的第六次代表大会上当选为候补中央委员。十月革命后做党的工作和军事政治工作。1918年是"左派共产主义者"。国内战争期间任第3集团军政治部主任。1920年在党的第九次代表大会上当选为中央委员、中央委员会书记。1920—1921年工会问题争论期间支持托洛茨基的纲领。党的第十次代表大会后任中央委员会和人民委员会的财政委员会主席、教育人民委员部职业教育总局局长、《真理报》编辑等职。1923年起是托洛茨基反对派的骨干分子。1927年被开除出党,1929年恢复党籍,后来被再次开除出党。——158、194、218、220、241、262、269、277、304、408。

普列汉诺夫,格奥尔吉·瓦连廷诺维奇(Плеханов, Георгий Валентинович 1856—1918)——俄国早期的马克思主义理论家,后来成为孟什维克和第二国际机会主义领袖之一。19世纪70年代参加民粹主义运动,是土地和自由社成员及土地平分社领导人之一。1880年侨居瑞士,逐步同民粹主义决裂。1883年在日内瓦创建俄国第一个马克思主义团体——劳动解放社。翻译和介绍了马克思和恩格斯的许多著作,对马克思主义在俄国的传播起了重要作用;写过不少优秀的马克思主义著作,批判民粹主义、合法马克思主义、经济主义、伯恩施坦主义、马赫主义。20世纪初是《火星报》和《曙光》杂志编辑部成员。曾参与制定俄国社会民主工党纲领草案和参加党的第二次代表大会的筹备工作。在代表大会上是劳动解放社的代表,属火星派多数派,参加了大会常务委员会,会后逐渐转向孟什维克。1905—1907年革命时期反对列宁的民主革命的策略,后来在孟什维克和布尔什维克之间摇摆。在俄国社会民主工党第四次(统一)代表大会上作了关于土地问题的报告,维护马斯洛夫的孟什维克方案;在国家杜马问题上坚持极右立场,呼吁支持立宪民主党人的杜马。斯托雷平反动时期和新的革命高涨年代反对取消主义,领导孟什维克护党派。第一次世界大战期间持社会沙文主义立场。1917年二月革命后支持资产阶级临时政府。对十月革命持否定态度,但拒绝支持反革命。最重要的理论著作有《社会主义与政治斗争》(1883)、《我们的意见分歧》(1885)、《论一元论历史观之发展》(1895)、《唯物主义史论丛》(1896)、《论个人在历史上的作用》(1898)、《没有地址的信》(1899—1900),等等。——294—295。

Q

契切林,格奥尔吉·瓦西里耶维奇(Чичерин, Георгий Васильевич 1872—
1936)——1904 年参加俄国革命运动,1905 年在柏林加入俄国社会民主工
党。长期在国外从事革命活动。斯托雷平反动时期是孟什维主义的拥护
者。第一次世界大战期间是国际主义者。1917 年底转向布尔什维主义立
场,1918 年加入俄共(布)。1918 年初回国后被任命为副外交人民委员,参
加了布列斯特的第二阶段谈判,同德国签订了布列斯特和约。1918 年 5
月—1930 年任外交人民委员,是出席热那亚国际会议和洛桑国际会议的
苏俄代表团团长。曾任全俄中央执行委员会和苏联中央执行委员会委员。
在党的第十四次和第十五次代表大会上当选为中央委员。——51、57、
104、310。

切尔诺夫,维克多·米哈伊洛维奇(Чернов, Виктор Михайлович 1873—
1952)——俄国社会革命党领袖和理论家之一。1902—1905 年任社会革
命党中央机关报《革命俄国报》编辑。曾撰文反对马克思主义,企图证明马
克思的理论不适用于农业。第一次世界大战期间持社会沙文主义立场,曾
参加齐美尔瓦尔德代表会议和昆塔尔代表会议。1917 年 5—8 月任临时
政府农业部长,对夺取地主土地的农民实行残酷镇压。敌视十月革命。
1918 年 1 月任立宪会议主席;曾领导萨马拉的反革命立宪会议委员会,参
与策划反苏维埃叛乱。1920 年流亡国外,继续反对苏维埃政权。在他的
理论著作中,主观唯心主义和折中主义同修正主义和民粹派的空想混合在
一起;企图以资产阶级改良主义的"结构社会主义"对抗科学社会主义。
——359、370。

丘吉尔,温斯顿(Churchill, Winston 1874—1965)——英国国务活动家,保守
党领袖。1906—1917 年历任副殖民大臣、商业大臣、内务大臣、海军大臣
和军需大臣。1919—1921 年任陆军大臣和空军大臣,是武装干涉苏维埃
俄国的策划者之一。1921—1922 年任殖民大臣。1924—1929 年任财政
大臣。1939 年 9 月任海军大臣。1940—1945 年任联合政府首相。1951—
1955 年再度出任首相。1955 年辞职后从事著述,写有一些回忆录和历史
著作。——51。

ру355

瞿鲁巴，亚历山大·德米特里耶维奇（Цюрупа, Александр Дмитриевич 1870—1928）——1891年参加俄国革命运动，1898年加入俄国社会民主工党。曾任《火星报》代办员。1901年起先后在哈尔科夫、图拉、乌法等地做党的工作，屡遭沙皇政府迫害。1917年二月革命后任俄国社会民主工党乌法统一委员会委员、乌法工兵代表苏维埃委员、省粮食委员会主席和市杜马主席。十月革命期间任乌法军事革命委员会委员。1917年11月起任副粮食人民委员，1918年2月起任粮食人民委员。国内战争时期主管红军的供给工作，领导征粮队的活动。1921年12月起任人民委员会和劳动国防委员会副主席。1922年起任全俄中央执行委员会和苏联中央执行委员会主席团委员。1922—1923年任工农检查人民委员，1923—1925年任国家计划委员会主席，1925年起任国内商业和对外贸易人民委员。在党的第十二至第十五次代表大会上当选为中央委员。——180。

R

饶尔丹尼亚，诺伊·尼古拉耶维奇（Жордания, Ной Николаевич 1869—1953）——俄国社会民主党人。19世纪90年代开始政治活动，加入格鲁吉亚第一个社会民主主义团体"麦撒墨达西社"，领导该社的机会主义派。1903年在俄国社会民主工党第二次代表大会上是有发言权的代表，属火星派少数派，会后为高加索孟什维克的领袖。1905年编辑孟什维克的《社会民主党人报》（格鲁吉亚文），反对布尔什维克在资产阶级民主革命中的策略。第一届国家杜马代表，社会民主党党团领袖。1907—1912年为俄国社会民主工党中央委员（代表孟什维克）。斯托雷平反动时期和新的革命高涨年代形式上参加孟什维克护党派，实际上支持取消派。1914年为托洛茨基的《斗争》杂志撰稿。第一次世界大战期间是社会沙文主义者。1917年二月革命后任梯弗利斯工人代表苏维埃主席。1918—1921年是格鲁吉亚孟什维克政府主席。1921年格鲁吉亚建立苏维埃政权后成为白俄流亡分子。——381。

软蜡——见布哈林，尼古拉·伊万诺维奇。

S

萨普龙诺夫，季莫费·弗拉基米罗维奇（Сапронов, Тимофей Владимирович

1887—1939）——1912 年加入俄国布尔什维克党。十月革命后任莫斯科省执行委员会主席（1918—1919）、哈尔科夫省革命委员会主席（1919—1920）。此后历任党中央委员会乌拉尔局书记、小人民委员会主席、建筑工会中央委员会主席、国家建筑工程总委员会主席、最高国民经济委员会副主席、全俄中央执行委员会主席团委员、租让总委员会委员等职。1922 年在党的第十一次代表大会上当选为中央委员。1918 年是"左派共产主义者"。1920—1921 年工会问题争论期间领导民主集中派。1923 年在托洛茨基的 46 人声明上签名。1925—1927 年是"新反对派"和"托季联盟"的骨干分子。1927 年被开除出党，后恢复党籍，1932 年被再次开除出党。——241、244、457。

萨普诺夫，М. Е.（Сапунов，М. Е.）——1920 年为出席共产国际第二次代表大会的阿塞拜疆共产党代表、阿塞拜疆工会理事会成员。1921 年为俄共（布）第十次代表大会代表、代表大会副主席。——456。

萨文柯夫，波里斯·维克多罗维奇（Савинков，Борис Викторович 1879—1925）——俄国社会革命党领袖之一，作家。在彼得堡大学学习时开始政治活动，接近经济派-工人思想派，在工人小组中进行宣传，为《工人事业》杂志撰稿。1901 年被捕，后被押送沃洛格达省，从那里逃往国外。1903 年加入社会革命党，1903—1906 年是该党"战斗组织"的领导人之一，多次参加恐怖活动。1909 年和 1912 年以维·罗普申为笔名先后发表了两部浸透神秘主义和对革命斗争失望情绪的小说：《一匹瘦弱的马》和《未曾有过的东西》。1911 年侨居国外。第一次世界大战期间是社会沙文主义者。1917 年二月革命后回国，任临时政府驻最高总司令大本营的委员、西南方面军委员、陆军部副部长、彼得格勒军事总督；根据他的提议在前线实行了死刑。十月革命后参加克伦斯基—克拉斯诺夫叛乱，参与组建顿河志愿军，建立地下反革命组织"保卫祖国与自由同盟"，参与策划反革命叛乱。1921—1923 年在国外领导反对苏维埃俄国的间谍破坏活动。1924 年偷越苏联国境时被捕，被判处死刑，后改为十年监禁。在狱中自杀。——119、323、370。

施利希特尔，亚历山大·格里戈里耶维奇（Шлихтер，Александр Григорьевич 1868—1940）——1891 年参加俄国社会民主主义运动。曾在乌克兰、乌拉尔、萨马拉、图拉、基辅、莫斯科、彼得堡等地做党的工作,多次被捕和流放。1917年二月革命后任克拉斯诺亚尔斯克工兵代表苏维埃执行委员会委员和俄国社会民主工党(布)中西伯利亚区域局成员。十月革命后任俄罗斯联邦农业人民委员、粮食人民委员。1919年任乌克兰粮食人民委员,1920年任坦波夫省执行委员会主席。1921年起从事外交工作,历任苏联对外贸易人民委员部部务委员、驻奥地利全权代表和外交人民委员部驻乌克兰全权代表。1927—1929年任乌克兰农业人民委员。1931—1938年任乌克兰科学院副院长。1924年起为乌克兰共产党(布)中央委员,1926—1937年为乌克兰共产党(布)中央政治局候补委员。曾任全俄中央执行委员会和苏联中央执行委员会委员。——178、180。

施略普尼柯夫,亚历山大·加甫里洛维奇(Шляпников, Александр Гаврилович 1885—1937)——1901年加入俄国社会民主工党。曾在索尔莫沃、穆罗姆、彼得堡和莫斯科做党的工作。1905—1906年两度被捕,1908年移居国外。第一次世界大战期间在彼得堡和国外做党的工作,负责在党中央委员会国外局同俄国局和彼得堡委员会之间建立联系。1917年二月革命后任党的彼得堡委员会委员、彼得格勒工兵代表苏维埃执行委员会委员和彼得格勒五金工会主席。十月革命后参加第一届人民委员会,任劳动人民委员,后领导工商业人民委员部。1918年参加国内战争,先后任南方面军革命军事委员会委员和里海—高加索方面军革命军事委员会主席。1919—1922年任全俄五金工会中央委员会主席,1921年5月起任最高国民经济委员会主席团委员。1920—1922年是工人反对派的组织者和领袖。1921年在党的第十次代表大会上当选为中央委员。后在经济部门担任负责职务。1933年清党时被开除出党。1935年因所谓"莫斯科反革命组织'工人反对派'集团"案被追究刑事责任,死于狱中。1988年恢复名誉。——50、219、237、240、241、253、254、255、257、258、260、261、262、307、308、410、411、437、451、454、455、456、457、458、472。

施米特,奥托·尤利耶维奇(Шмидт, Отто Юльевич 1891—1956)——苏联学者,数学家、天文学家和地球物理学家,北极考察家和社会活动家,苏联科学院院士。1918年加入俄共(布)。1918—1920年任粮食人民委员部部务委员,1920年任中央消费合作总社理事会理事,1920—1921年任教育人民委员部部务委员,1921—1922年任财政人民委员部部务委员。1921—1924年任国家出版社社长。1932—1939年任北方海运总管理局局长,1939—1942年任苏联科学院副院长。是《苏联大百科全书》的首创人之一和总编辑、莫斯科大学及其他一些高等院校的教授。曾任苏联中央执行委员会委员、苏联第一届最高苏维埃代表。——230。

施米特,瓦西里·弗拉基米罗维奇(Шмидт,Василий Владимирович 1886—1940)——1905年加入俄国社会民主工党。曾在彼得堡和叶卡捷琳诺斯拉夫做党的工作。1915—1917年是党的彼得堡委员会书记、彼得格勒五金工会领导人,1917年二月革命后兼任彼得格勒工会中央理事会书记。1918—1928年先后任全俄工会中央理事会书记和劳动人民委员,1928—1930年任苏联人民委员会和劳动国防委员会副主席。一度参加党内"右倾派别集团"。在党的第七、第十四和第十五次代表大会上当选为中央委员。——240。

斯大林(**朱加施维里**),约瑟夫·维萨里昂诺维奇(Сталин(Джугашвили),Иосиф Виссарионович 1879—1953)——苏联共产党和国家领导人,国际共产主义运动活动家。1898年加入俄国社会民主工党,党的第二次代表大会后是布尔什维克。曾在梯弗利斯、巴统、巴库和彼得堡做党的工作。多次被捕和流放。1912年1月在党的第六次(布拉格)全国代表会议选出的中央委员会会议上,被缺席增补为中央委员并被选入中央委员会俄国局;积极参加布尔什维克《真理报》的编辑工作。1917年二月革命后从流放地回到彼得格勒,参加党中央委员会俄国局。在党的第七次全国代表会议(四月代表会议)以及此后的历次代表大会上当选为中央委员。在十月革命的准备和进行期间参加领导武装起义的彼得格勒军事革命委员会和党总部。在全俄苏维埃第二次代表大会上当选为全俄中央执行委员会委员;参加第一届人民委员会,任民族事务人民委员。1919年3月起兼任国家监察人民委员,1920年起为工农检查人民委员。国内战争时期任共和国革命军事委员会委员和一些方面军的革命军事委员会委员。1922年4月起任党中央总书记。1941年起同时担任苏联人民委员会主席,1946年起为部长会议主席。1941—1945年卫国战争时期任国防委员会主席、国防人民委员和苏联武装力量最高统帅。1919—1952年为中央政治局委员,1952—1953年为苏共中央主席团委员。1925—1943年为共产国际执行委员会委员。——45、240、257、277、310、343、382、454。

斯捷潘诺夫——见斯克沃尔佐夫-斯捷潘诺夫,伊万·伊万诺维奇。

斯克沃尔佐夫-斯捷潘诺夫,伊万·伊万诺维奇(斯捷潘诺夫)(Скворцов-Степанов, Иван Иванович(Степанов) 1870—1928)——1891年参加俄国社会民主主义运动,1904年成为布尔什维克。1905—1907年革命期间在党的莫斯科委员会写作演讲组工作。1906年是俄国社会民主工党第四次(统一)代表大会的代表。1907年和1911年代表布尔什维克被提名为国家杜马代表候选人。斯托雷平反动时期在土地问题上持错误观点,对"前进"集团采取调和主义态度,但在列宁影响下纠正了自己的错误。因进行革命活动多次被捕和流放。1914—1917年在莫斯科做党的工作。1917年任俄国社会民主工党(布)莫斯科委员会委员、《莫斯科苏维埃消息报》主编和《社会民主党人报》编委。十月革命期间任莫斯科军事革命委员会委员。十月革命后参加第一届人民委员会,任财政人民委员。1919—1925年历任全俄工人合作社理事会副主席、中央消费合作总社理事会理事、国家出版社编辑委员会副主任。1925年起历任《消息报》编辑、《真理报》副编辑、中央列宁研究院院长等职。多次当选全俄中央执行委员会和苏联中央执行委员会委员。1921年起为党中央检查委员会委员,1925年起为党中央委员。马克思《资本论》(第1—3卷,1920年俄文版)以及马克思和恩格斯的其他一些著作的译者和编者。写有许多有关革命运动史、政治经济学、无神论等方面的著作。——59、76、82。

斯米尔诺夫(Смирнов)——359。

斯帕戈,约翰(Spargo, John 生于1876年)——美国社会党人。1901年起任社会党全国执行委员会委员。1917年退出社会党,参与创建美国劳工和民主联合会以及民族主义党。反对布尔什维主义。写有一些社会经济问题的著作。——25、41。

斯琼克尔,波里斯·埃内斯托维奇(Стюнкель, Борис Эрнестович 1882—1938)——苏联电气工程师。十月革命后任博戈罗茨克—晓尔科沃联合企业管理委员会委员。1920年起任俄罗斯国家电气化委员会委员;曾参与制定中部工业区电气化方案。1920—1922年任最高国民经济委员会金属工业总管理局技术委员会主席和局务委员。1925—1928 年任"热与力"股份公司管理委员会委员,后任顿巴斯电气化委员会副主席,并在该地区其他动力机构工作。——9。

斯维杰尔斯基,阿列克谢·伊万诺维奇(Свидерский, Алексей Иванович 1878—1933)——1899 年加入俄国社会民主工党,布尔什维克。曾在彼得堡、萨马拉、乌法等地做党的工作,参加过 1905—1907 年革命。曾被捕和流放。1917 年二月革命后任在乌法出版的布尔什维克报纸《前进报》编辑,后任乌法工兵代表苏维埃主席。1918 年起任粮食人民委员部部务委员,1922 年起任工农检查人民委员部部务委员,1923—1928 年任俄罗斯联邦副农业人民委员,1929 年起任苏联驻拉脱维亚全权代表。——150。

苏季克,Ф.П.(Судик, Ф.П. 1893—?)——布尔什维克。1920 年起为全俄矿工工会中央委员会委员,后任全俄矿工工会书记。——457。

孙中山(1866—1925)——中国伟大的革命先行者。——296。

索柯里尼柯夫(**布里利安特**),格里戈里·雅柯夫列维奇(Сокольников(Бриллиант), Григорий Яковлевич 1888—1939)——1905 年加入俄国社会民主工党。1905—1907 年在莫斯科做宣传鼓动工作。1907 年被捕,流放西伯利亚,后从流放地逃走。1909—1917 年住在国外,第一次世界大战期间为托洛茨基的《我们的言论报》撰稿。1917 年二月革命后是党的莫斯科委员会和莫斯科区域局成员,《真理报》编委。在党的第六、第七、第十一至第十五次代表大会上当选为中央委员。1924—1925 年为政治局候补委员。1930—1936 年为候补中央委员。十月革命后从事苏维埃、军事和外交工作。1918—1920 年任几个集团军革命军事委员会委员。1920 年 8 月—1921 年 3 月任土耳其斯坦方面军革命军事委员会委员和方面军司令、全俄中央执行委员会和俄罗斯联邦人民委员会土耳其斯坦事务委员会主席。1921 年起任财政人民委员部部务委员、副财政人民委员,1922 年起任财政人民委员,1926 年起任国家计划委员会副主席。1932 年任副外交人民委员。1925 年参加"新反对派",后加入"托季联盟"。1936 年被开除出党。1937 年 1 月被苏联最高法院军事审判庭以"进行叛国、间谍、军事破坏和恐怖活动"的罪名判处十年监禁。1939 年死于狱中。1988 年 6 月苏联最高法院为其平反。——241。

568　列宁全集　第四十卷

索斯诺夫斯基，列夫·谢苗诺维奇（Сосновский，Лев Семенович 1886—1937）——1904年加入俄国社会民主工党，新闻工作者。1918—1924年（有间断）任《贫苦农民报》编辑。1921年任党中央委员会鼓动宣传部长。 1920—1921年工会问题争论期间支持托洛茨基的纲领。1927年作为托洛茨基反对派的骨干分子被开除出党。1935年恢复党籍，1936年被再次开除出党。——274—275、276、277。

T

唐恩（古尔维奇），费多尔·伊里奇（Дан（Гурвич），Федор Ильич 1871—1947）——俄国孟什维克领袖之一；职业是医生。1894年参加社会民主主义运动，加入彼得堡工人阶级解放斗争协会。1896年8月被捕，监禁两年左右，1898年流放维亚特卡省，为期三年。1901年夏逃往国外，加入《火星报》柏林协助小组。1902年作为《火星报》代办员参加了俄国社会民主工党第二次代表大会的筹备会议，会后再次被捕，流放东西伯利亚。1903年9月逃往国外，成为孟什维克。俄国社会民主工党第四次（统一）代表大会和第五次（伦敦）代表大会及一系列代表会议的参加者。斯托雷平反动时期和新的革命高涨年代在国外领导取消派，编辑取消派的《社会民主党人呼声报》。第一次世界大战期间是社会沙文主义者。1917年二月革命后任彼得格勒苏维埃执行委员会委员和第一届中央执行委员会主席团委员，支持资产阶级临时政府。十月革命后反对苏维埃政权，1922年被驱逐出境，在柏林领导孟什维克进行反革命活动。1923年参与组织社会主义工人国际。同年被取消苏联国籍。——175、176、177。

提赫文斯基，М.М.（Тихвинский，М.М. 1868—1921）——俄国化学工程师，教授。1899—1911年在基辅工学院工作，同布尔什维克有联系。1912年起任诺贝尔兄弟公司总化学师。十月革命后任彼得格勒工艺学院和矿业学院教授、最高国民经济委员会石油总委员会实验室管理处主任。1921年参加反对苏维埃政权的阴谋，根据彼得格勒肃反委员会的决定被枪决。——315。

托尔斯泰，列夫·尼古拉耶维奇（Толстой，Лев Николаевич 1828—1910）——俄国作家。出身贵族。他的作品深刻地反映了俄国社会整整一个时代

(1861—1905)的矛盾,列宁称托尔斯泰为"俄国革命的镜子"。作为天才的艺术家,托尔斯泰创作了无与伦比的俄国生活的图画,创作了世界文学中第一流的作品,对俄国文学和世界文学产生了巨大影响;同时他的作品又突出地表现了以宗法制社会为基础的农民世界观的矛盾:一方面无情地揭露沙皇专制制度和新兴资本主义的种种罪恶,另一方面又鼓吹"不用暴力抵抗邪恶",鼓吹不问政治和道德上的自我修养。列宁在一系列著作中评述了托尔斯泰的世界观,并对他的全部活动作了评价。——21。

托洛茨基(**勃朗施坦**),列夫·达维多维奇(Троцкий(Бронштейн),Лев Давидович 1879—1940)——1897 年参加俄国社会民主主义运动。在俄国社会民主工党第二次代表大会上是西伯利亚联合会的代表,属火星派少数派。1905 年同亚·帕尔乌斯一起提出和鼓吹"不断革命论"。斯托雷平反动时期和新的革命高涨年代,打着"非派别性"的幌子,实际上采取取消派立场。1912 年组织"八月联盟"。第一次世界大战期间持中派立场。1917 年二月革命后参加区联派,在党的第六次代表大会上随区联派集体加入布尔什维克党,当选为中央委员。参加十月武装起义的领导工作。十月革命后任外交人民委员,1918 年初反对签订布列斯特和约,同年 3 月改任共和国革命军事委员会主席、陆海军人民委员等职。参与组建红军。1919 年起为党中央政治局委员。1920 年起历任共产国际执行委员会候补委员、委员。1920—1921 年挑起关于工会问题的争论。1923 年起进行派别活动。1925 年初被解除革命军事委员会主席和陆海军人民委员职务。1926 年与季诺维也夫结成"托季联盟"。1927 年被开除出党,1929 年被驱逐出境,1932 年被取消苏联国籍。在国外组织第四国际。死于墨西哥。——8、60、124、152、154、155、164、169、201—225、235、236、237、238、239、240、242、243、244、247—263、266—309、310、404—409、410、420、423、434—452、454、456、457。

托姆斯基(**叶弗列莫夫**),米哈伊尔·巴甫洛维奇(Томский(Ефремов),Михаил Павлович 1880—1936)——1904 年加入俄国社会民主工党。1905—1906 年在党的雷瓦尔组织中工作,开始从事工会运动。1907 年当选为党的彼得堡委员会委员,任布尔什维克的《无产者报》编委。曾参加党的第五次(伦敦)代表大会的工作。多次被捕和流放。1917 年二月革命后任党的彼得堡委员会执行委员会委员。十月革命后任莫斯科工会理事会主席。1919年起任全俄工会中央理事会主席团主席。1920年参与创建红色工会国际,1921年工会国际成立后担任总书记。在党的第八至第十六次代表大会上当选为中央委员,1923—1930年为中央政治局委员。1920年起任全俄中央执行委员会主席团委员,1922年12月起任苏联中央执行委员会主席团委员。支持民主集中派,坚持工会脱离党的领导的"独立性"。1929年被作为"右倾派别集团"领袖之一受到批判。1934年当选为候补中央委员。1936年因受政治迫害自杀。1988年恢复党籍。——204、208—209、235、240、248、249、250、251、252、253、257、269、270、273、276、307、405、436、438、454、456、457。

W

万德利普,弗兰克·阿瑟(Vanderlip,Frank Arthur 1864—1937)——美国银行家,写有一些经济问题的著作。1901—1909年任纽约花旗银行副董事长,1909—1919年任该行董事长。——24、64、65、70、72。

万德利普,华盛顿·B.(Vanderlip,Washington B.生于1866年)——美国工业界代表,工程师。1920年和1921年曾访问苏维埃俄国,建议苏俄和美国签订堪察加石油和煤炭租让合同。——42、64、65、66—67、68、83、99、100、102—103、104、105、113、130、162、163、170。

威尔逊,伍德罗(Wilson,Woodrow 1856—1924)——美国国务活动家。1910—1912年任新泽西州州长。1913年代表民主党当选为美国总统,任期至1921年。任内镇压工人运动,推行扩张政策,对拉丁美洲各国进行武装干涉,并促使美国站在协约国一方参加第一次世界大战。俄国十月革命后是武装干涉苏维埃俄国的策划者之一。1918年提出帝国主义的和平纲领"十四点",妄图争夺世界霸权。曾率领美国代表团出席巴黎和会(1919—1920)。1920年总统竞选失败,后退出政界。——70。

X

希费尔斯(Шиферс)——1921年1月是出席矿工第二次代表大会的西伯利亚切列姆霍沃区代表。——456、458。

谢德曼，菲力浦（Scheidemann, Philipp 1865—1939）——德国社会民主党右翼领袖之一。1903 年起参加社会民主党国会党团。1911 年当选为德国社会民主党执行委员会委员，1917—1918 年是执行委员会主席之一。第一次世界大战期间是社会沙文主义者。1918 年 10 月参加巴登亲王马克斯的君主制政府，任国务大臣。1918 年十一月革命期间参加所谓的人民代表委员会，借助旧军队镇压革命。1919 年 2—6 月任魏玛共和国联合政府总理。1933 年德国建立法西斯专政后流亡国外。——326。

谢尔盖耶夫，费·安·——见阿尔乔姆。

谢列布里亚科夫，列昂尼德·彼得罗维奇（Серебряков, Леонид Петрович 1888—1937）——1905 年加入俄国社会民主工党。1917 年任科斯特罗马工人代表苏维埃委员。十月革命后任党的莫斯科区域委员会委员、全俄中央执行委员会秘书。1919—1920 年任党中央委员、中央委员会书记、全俄工会中央理事会南方局主席、南方面军革命军事委员会委员、工农红军政治部主任。1921 年起在交通人民委员部系统担任领导职务。1920—1921 年工会问题争论期间支持托洛茨基的纲领。1923 年起是托洛茨基反对派的骨干分子。1927 年被开除出党，1930 年恢复党籍，1936 年被再次开除出党。——168、218、220、241、269、277、408。

谢列达，谢苗·帕夫努季耶维奇（Середа, Семен Пафнутьевич 1871—1933）——1903 年加入俄国社会民主工党。曾在斯摩棱斯克、基辅、卡卢加做党的工作。1917 年二月革命后任梁赞省工兵农代表苏维埃执行委员会委员。十月革命期间任党的梁赞省委员会和市委员会委员、省军事革命委员会委员。1918—1921 年任俄罗斯联邦农业人民委员，1921 年起先后任最高国民经济委员会和国家计划委员会主席团委员、俄罗斯联邦中央统计局副局长和局长，1930 年起任国家计划委员会副主席。——15、184。

Y

雅柯夫列娃，瓦尔瓦拉·尼古拉耶夫娜（Яковлева, Варвара Николаевна 1884—1941）——1904 年加入俄国社会民主工党。在莫斯科做党的工作。1917 年二月革命后任党的莫斯科区域局书记。十月革命期间是莫斯科领导武装起义的党总部成员、莫斯科军事革命委员会委员。十月革命后从事苏维埃和党的工作,历任内务人民委员部部务委员、粮食人民委员部部务委员、最高国民经济委员会办公厅主任、党的莫斯科委员会书记、党中央委员会西伯利亚局书记。1922—1929年在俄罗斯联邦教育人民委员部工作,起初任职业教育总局局长,后任副教育人民委员。1929年起任俄罗斯联邦财政人民委员。1918年参加"左派共产主义者"集团。1920—1921年工会问题争论期间属"缓冲派"。1923年参加托洛茨基反对派,后同反对派决裂。曾任全俄中央执行委员会和苏联中央执行委员会委员。——241。

叶戈罗夫,И.Г.(Егоров,И.Г. 1884—1936)——圣彼得堡普梯洛夫工厂工人,布尔什维克。1918年起任副国家救济人民委员,是该人民委员部中工会的组织者。后在俄罗斯联邦劳动人民委员部工作。——456。

叶姆沙诺夫,亚历山大·伊万诺维奇(Емшанов,Александр Иванович 1891—1941)——1917年加入俄国社会民主工党(布),是铁路运输部门工作人员。1917—1920年先后任彼尔姆铁路局工会筑路委员会主席和该铁路局局长。1920—1921年任交通人民委员,1921—1922年任副交通人民委员。后来在交通人民委员部系统工作。——154。

伊格纳托夫,叶菲姆·尼古拉耶维奇(Игнатов,Ефим Николаевич 1890—1938)——1912年加入俄国社会民主工党。1917年二月革命后任莫斯科苏维埃执行委员会委员和主席团委员。十月革命后任党的莫斯科委员会委员、全俄工会中央理事会主席团委员。1920—1921年工会问题争论期间曾结成以他为首的无政府工团主义派别,即所谓的"伊格纳托夫派",支持工人反对派的主张。党的第十次代表大会后伊格纳托夫派停止活动。此后在党的维捷布斯克省委员会工作,任维捷布斯克省执行委员会主席。1929年起任全俄中央执行委员会苏维埃建设高级学校校长。——38、163、241、244、410。

伊先科,А.Г.(Ищенко,А.Г.生于1895年)——1917年4月加入俄国社会民主工党(布)。1917年7月任水运工会中央委员会委员,同年10月任驱逐舰舰队政委。1919—1921年和1924—1927年任水运工会中央委员会主席。1923年起是托洛茨基反对派的骨干分子。1927年被开除出党,1929年11月恢复党籍,1935年2月被再次开除出党。——219、408。

尤诺夫,Ю.М.(Юнов,Ю.М. 1895—1937)——崩得成员。1919年加入俄共

（布）。1920—1923 年任矿工工会尤佐夫卡区委员会副主席。1921 年 1 月起为工会中央委员会委员，后为中央委员会南方局成员和顿涅茨克省分会委员。——456。

Z

佐夫，维亚切斯拉夫·伊万诺维奇（Зоф, Вячеслав Иванович 1889—1937）——1910 年参加俄国革命运动，1913 年加入布尔什维克党。第一次世界大战期间在谢斯特罗列茨克兵工厂当钳工，领导该厂的布尔什维克地下组织。1917 年二月革命后领导谢斯特罗列茨克的布尔什维克组织，是彼得格勒苏维埃代表。列宁转移到拉兹利夫时，负责列宁同中央委员会的联系。十月革命后参加国内战争，任旅和师的政委、波罗的海舰队革命军事委员会委员和彼得格勒防卫委员会委员。1920 年先后任水运总政治部部务委员和主任。1921—1924 年任共和国海军司令部政委，1924—1926 年任海军司令和苏联革命军事委员会委员。1927 年起任苏联商船管理局局长、副交通人民委员、副水运人民委员等职。——277、278、443、444、446。

文 献 索 引

阿尔汉格尔斯基,尼·《[〈向全俄苏维埃第八次代表大会作的报告〉一书的] 序言》(Архангельский, Н. Предисловие [к книге: «Отчет VIII-му Всероссийскому съезду Советов». 19 декабря 1920 г.]. — В кн. : Отчет VIII-му Всероссийскому съезду Советов. М. , 1920, стр. 3. (ВСНХ)) —— 287。

奥维狄乌斯《变形记》(Овидий. Метаморфозы) —— 440。

[巴洛德,卡·]《社会主义国家的生产和消费》([Ballod. K.] Produktion und Konsum im Sozialstaat. Mit einer Vorrede von K. Kautsky. Stuttgart, Dietz, 1898. 104 S. Перед загл. авт. : Atlantikus) —— 352。

——《未来的国家。社会主义国家的生产和消费》(Der Zukunftstaat. Produktion und Konsum im Sozialstaat. 2. vollst. umgearb. Aufg. Stuttgart, Dietz, 1919. IV, 240 S.) —— 352。

波波夫,帕·《有关俄罗斯联邦经济和苏维埃建设的一些数字》(Попов, П. Несколько цифр о хозяйстве РСФСР и советском строительстве. — «Известия ВЦИК Советов Рабочих, Крестьянских, Казачьих и Красноарм. Депутатов и Моск. Совета Рабоч. и Красноарм. Депутатов», 1920, №287 (1134), 21 декабря, стр. 3) —— 151。

[布勃诺夫,安·等人]《论工会》([Бубнов, А. и др.] О профсоюзах. (Тезисы группы товарищей, стоящих на платформе демократического централизма). — «Правда», М. , 1921, №10, 16 января, стр. 1—2) —— 241、244、245、410。

布哈林,尼·伊·《工团主义和共产主义》(Бухарин, Н. И. Синдикализм и коммунизм. (По поводу фельетона тов. Ленина). — «Правда», М. , 1921, №15, 25 января, стр. 1) —— 307—308。

——《论工会的任务》(О задачах профессиональных союзов. (Содоклад, про-

читанный на собрании активных работников Петроградской организации
РКП 3 января 1921 года). Изд. коммунистич. фракции Петроградского
бюро Цектрана. Пг. ,1921.15 стр.)——291—293、299—300、448、450。

[布哈林,尼·等人]《论工会的任务与结构》([Бухарин,Н. и др.] О задачах и
структуре профсоюзов. —«Правда»,М.,1921,№10,16 января,стр.2—3)
——237、240—241、243、293、295、296、410—411、443—444。

布哈林,尼·伊·和普列奥布拉任斯基,叶·阿·《共产主义 ABC》(Бухарин,Н.
И. и Преображенский, Е. А. Азбука коммунизма. Популярное объяснение
программы Российской Коммунистической партии большевиков. М. ,
Госиздат,1920.341 стр.(РКП(б)))——158、207。

多勃列尔,弗·爱·《现代图书馆网》(Доблер,Ф.Э. Современная библиотечная
сеть. —«Правда»,М.,1921,№24,4 февраля,стр.2—3)——339。

哥尔布诺夫,伊·费·《在驿站》(Горбунов, И. Ф. На почтовой станции)
——244。

格里鲍耶陀夫,亚·谢·《智慧的痛苦》(Грибоедов,А.С. Горе от ума)——220。

古谢夫,谢·伊·《经济建设的当前问题(关于俄共中央的提纲)》(Гусев,С.
И. Очередные вопросы хозяйственного строительства. (О тезисах ЦК
РКП). Материалы к 9-му съезду РКП. Изд. РВС Кавказфронта. Б. м.,
тип. штаба Кавказского фронта,[1920].30 стр.)——155、165—166。

——《统一的经济计划和统一的经济机关》(Единый хозяйственный план и
единый хозяйственный аппарат. Харьков, изд-во Поюжа, 1920. 72 стр.；1
л.схем)——155、164、165—166、394。

哈特,威·《雷蒙·罗宾斯自传》(Hard, W. Raymond Robins' own Story, by
William: with many Illustrations from Photographs. New York—
London, Harper,[1920].4,I,248 p.)——60。

[季诺维也夫,格·叶·]《季诺维也夫同志在大剧院作的关于独立党哈雷代
表大会的报告》([Зиновьев, Г. Е.] Доклад тов. Зиновьева в Большом
театре о съезде независимых в Галле. —«Правда»,М.,1920,№245,2
ноября,стр.2)——3。

——《我们党的新任务》(Новые задачи нашей партии. (От войны к хозяйству).Речь, произнесенная на общем собрании членов партии, кандидатов и сочувствующих Петербургского района 28 января 1920 г. Пг., Госиздат, 1920.31 стр.)——283。

加米涅夫,列·波·《论工会的作用和意义》(Каменев, Л. Б. О роли и значении профсоюзов.(Доклад и заключительное слово на заседании Московского комитета РКП 17 января 1921 г.).М., Изд. бюро фракции МГСПС, 1921. 24 стр.(Только для членов РКП))——243。

凯恩斯,约·梅·《和约的经济后果》(Keynes, J. M. The Economic Consequences of the Peace. London, Macmillan, 1919. 279 p.)——70、72。

克里茨曼,列·《论经济计划》(Крицман, Л. О хозяйственном плане.— «Экономическая Жизнь», М., 1920, №281, 14 декабря, стр. 1; №289, 23 декабря, стр. 1; 1921, №28, 9 февраля, стр. 2; №34, 16 февраля, стр. 1; №38, 20 февраля, стр. 1)——348。

库拉耶夫,瓦·弗·《把种子交到公共粮仓》(Кураев, В. В. Ссыпка семян в общественные амбары.— «Правда», М., 1920, №286, 19 декабря, стр. 1; №287, 21 декабря, стр. 1; №288, 22 декабря, стр. 1)——148、183。

拉林,尤·《制定统一经济计划的方法》(Ларин, Ю. Методы разработки единого хозяйственного плана.— «Экономическая Жизнь», М., 1921, №38, 20 февраля, стр. 2)——348。

李可夫,阿·伊·《工业的状况和恢复工业的措施》(Рыков, А. И. Положение промышленности и меры к ее восстановлению.— «Известия ВЦИК Советов Рабочих, Крестьянских, Казачьих и Красноарм. Депутатов и Моск. Совета Рабоч. и Красноарм. Депутатов», 1920, №287 (1134), 21 декабря, стр. 2—3)——152、394。

[列宁,弗·伊·]《俄共中央委员会给教育人民委员部党员工作人员的指示(关于人民委员部的改组)》([Ленин, В. И.] Директивы ЦК РКП коммунистам—работникам Наркомпроса (в связи с реорганизацией комиссариата).— «Правда», М., 1921, №25, 5 февраля, стр. 3)——330、331、332、334。

——[《关于苏维埃政权的当前任务的提纲》]([Шесть тезисов об очередных

задачах Советской власти].—В кн.: Ленин, В. И. Очередные задачи Советской власти. М., изд-во ВЦИК, 1918, стр. 28 — 30, в предписании Президиума ВЦИК «Всем губернским, уездным, волостным Совдепам, всем, всем...» Перед загл. кн. авт.: Н. Ленин)——140、393。

—《关于租让的报告[1920 年 12 月 6 日在俄共(布)莫斯科组织积极分子大会上]》——见列宁，弗·伊·《列宁同志[在俄共(布)莫斯科组织积极分子大会上]的报告》。

—《关于租让问题》(О концессиях. (Доклад на фракции РКП VIII-го съезда Советов). М., Госиздат, 1920. 29 стр. (РСФСР. Речи и беседы пропагандиста. №18))——122、123、163。

—《列宁同志论对波战争和世界政治》(Т. Ленин о войне с Польшей и мировой политике. (Краткий отчет о речи тов. Ленина на 1-м заседании Всеросс. конференции РКП).—«Правда», М., 1920, №216, 29 сентября, стр. 1. Под общ. загл.: Всероссийская конференция РКП)——30。

—《列宁同志[在俄共(布)莫斯科组织积极分子大会上]的报告》(Выступление т. Ленина [на собрании актива Московской организации РКП (б)].—«Красная Газета» Пг., 1920, №275(856), 7 декабря, стр. 1. Под общ. загл.: Выгодны ли для нас концессии?)——81、99、103、105。

—《列宁同志[在共产国际第二次代表大会上关于民族和殖民地问题]的讲话》(Речь тов. Ленина [по национальному и колониальному вопросам на II конгрессе Коммунистического Интернационала].—« Вестник 2-го конгресса Коммунистического Интернационала», 1920, №6, 7 августа, стр. 2, в ст.: 26 июля. Приложение к газ. «Правда», М., 1920, №173, 7 августа)——73。

—《列宁同志在莫斯科河南岸区全体共产党员大会上》[报告](Тов. Ленин на общем собрании коммунистов Замоскворечья. [Доклад].—«Правда», М., 1920, №273, 4 декабря, стр. 4, в отд.: Партийная жизнь)——50。

—《列宁同志在莫斯科省的会议上的讲话》(Речь т. Ленина на московском губ. совещании.—«Правда», М., 1920, №232, 17 октября, стр. 3)——78。

—《列宁同志在莫斯科组织支部书记会议上的讲话》(Речь т. Ленина на

собрании секретарей ячеек Московской организации.—«Правда»,М.,
1920,№269,30 ноября,стр.2)——59。

—《列宁同志[在全俄矿工第二次代表大会俄共(布)党团会议上]的报告》
（Речь тов. Ленина［на заседании фракции РКП(б) II Всероссийского
съезда горнорабочих］.—« Бюллетень 2-го Всероссийского Съезда
Горнорабочих»,М.,1921,№1,25 января,стр.1—2)——258。

—《论工会、目前局势及托洛茨基同志的错误》(О профессиональных сою-
зах,о текущем моменте и об ошибке тов.Троцкого. Речь на дискуссионном
собрании членов фракции РКП 8-го Всероссийского съезда Советов 30
декабря 1920 г.Пг.,Госиздат,1921.32 стр.(РСФСР))——237、239、252、
266—267、271、279、281、287、304、444。

—《民族和殖民地问题委员会的报告》——见列宁,弗·伊《列宁同志[在
共产国际第二次代表大会上关于民族和殖民地问题]的讲话》。

—《苏维埃政权的当前任务》(Очередные задачи Советской власти.М.,изд-
во ВЦИК,1918.30 стр.Перед загл. кн.авт.:Н.Ленин)——28、140、393。

—[《在俄共(布)第八次代表大会上所作的关于农村工作的报告(1919 年 3
月 23 日)》]([Доклад о работе в деревне 23 марта 1919 г.на VIII съезде
РКП(б)].—В кн.: VIII съезд Российской Коммунистической партии
(большевиков). Москва,18 — 23 марта 1919 года. Стеногр. отчет. М.,
«Коммунист»,1919,стр.294—306.(РКП(б)))——178。

—《在俄共(布)第九次代表会议上所作的俄共(布)中央委员会政治报告
(1920 年 9 月 22 日)》——见列宁,弗·伊《列宁同志论对波战争和世
界政治》。

—《在代表大会共产党党团会议上关于工会的作用和任务的报告》——见
列宁,弗·伊《列宁同志[在全俄矿工第二次代表大会俄共(布)党团会
议上]的报告》。

—《在莫斯科省的县、乡、村执行委员会主席会议上的讲话》——见列宁,
弗·伊《列宁同志在莫斯科省的会议上的讲话》。

—[《在全俄中央执行委员会会议上关于苏维埃政权的当前任务的报告
(1918 年 4 月 29 日)》]([Доклад об очередных задачах Советской власти

на заседании ВЦИК 29 апреля 1918 г.].—В кн.: Протоколы заседаний Всероссийского Центрального Исполнительного Комитета 4-го созыва. (Стеногр. отчет).М.,Госиздат,1920,стр.206 — 219.(РСФСР))——28。

——《在苏维埃第八次代表大会俄共（布）党团会议上关于租让问题的报告》——见列宁，弗·伊《关于租让问题》。

——[《在苏维埃第八次代表大会上全俄中央执行委员会和人民委员会关于对外对内政策的报告》]（[Доклад ВЦИК и СНК о внешней и внутренней политике на VIII съезде Советов].—В кн.: Восьмой Всероссийский съезд Советов рабочих, крестьянских, красноармейских и казачьих депутатов. Стеногр. отчет.(22 — 29 декабря 1920 года).М., Госиздат,1921, стр.8 — 32.(РСФСР))——122、162、164、176、192、215 — 216、254。

卢那察尔斯基，阿·瓦·《[〈1917 年 10 月—1920 年 10 月〉一书的]代序》（Луначарский, А. В. Вместо предисловия [к книге: «1917 —октябрь— 1920»].—В кн.:1917 —октябрь— 1920. (Краткий отчет). М., Госиздат, 1920,стр.3 — 14.(РСФСР. Нар. ком. по просвещению))——334。

鲁祖塔克，扬·埃·《工会在生产中的任务》（Рудзутак, Я. Э. Производственные задачи профсоюзов.(Тезисы доклада т. Рудзутака).—«Правда», М.,1921, №13,21 января, стр.2)——279。

——[《关于工会在生产中的作用的提纲》]（载于列宁，弗·伊·《论工会、目前局势及托洛茨基同志的错误》一书）（[Тезисы о производственной роли профсоюзов].—В кн.: Ленин, В. И. О профессиональных союзах, о текущем моменте и об ошибке тов. Троцкого. Речь на дискуссионном собрании членов фракции РКП 8-го Всероссийского съезда Советов 30 декабря 1920 г. Пг., Госиздат, 1921, стр. 25 — 30. (РСФСР)) —— 239、279。

——[《关于工会在生产中的作用的提纲》]（载于《全俄工会第五次代表会议（1920 年 11 月 3 — 7 日）》一书）（[Тезисы о производственной роли профсоюзов].—В кн.: Пятая Всероссийская конференция профессиональных союзов.(3—7 ноября 1920 г.). Стеногр. отчет.М., 1921, стр. 71 — 74)—— 224、235、239、243、253、280 — 281、283 — 284、285、411、444。

洛莫夫.阿·《[小册子〈论租让〉的]序言》(Ломов, А. Предисловие [к брошюре «О концессиях»].—В кн.: О концессиях. Декрет Совета Народных Комиссаров от 23 ноября 1920 г. Текст декрета. Объекты концессий. Карты. М., Госиздат, 1920, стр. 3—4. (РСФСР))——81。

[洛佐夫斯基,索·阿·]《苏维埃俄国的工会》([Лозовский, С.А.] Профес-сиональные союзы в Советской России. Изд. ВЦСПС. М., 1920. 64 стр. Перед загл. авт.: А.Лозовский(С.А.Дридзо))——204、208、405、436。

马克思,卡·和恩格斯,弗·《共产党宣言》(Маркс, К. и Энгельс, Ф. Манифест Коммунистической партии. Декабрь 1847 г.—январь 1848 г.)——73—74。

——《神圣家族,或对批判的批判所做的批判。》(Святое семейство, или Критика критической критики. Против Бруно Бауэра и компании. Сентябрь—ноябрь 1844 г.)——394。

[米柳亭,弗·巴·]《制定统一经济计划的方法》]([Милютин, В.П. Методы разработки единого хозяйственного плана].—«Экономическая Жизнь», М., 1921, №37, 19 февраля, стр. 2. Под общ. загл.: Проблема единого хозяйственного плана)——348。

涅列金斯基-梅列茨基,尤·亚·《诗歌一首》("我走向小河畔⋯⋯")(Неле-динский-Мелецкий, Ю.А. Песня(«Выйду я на реченьку...»))——215。

[饶尔丹尼亚,诺·尼·]《诺·饶尔丹尼亚在1920年10月26日人民近卫军第二次代表大会上的报告》([Жордания, Н.Н.] Доклад Н. Жордания. (На втором съезде Народной гвардии 26 октября). (Стенографический отчет).—«Эртоба» («Единство»), Тифлис, 1920, №247, 30 октября, стр. 2—3; №248, 31 октября, стр. 2—3. На груз. яз.)——74。

[斯克沃尔佐夫-斯捷潘诺夫,伊·伊·]《对什么人不应该实行租让!》([(Скворцов-Степанов, И.И.] Кому не следует выдавать концессии! —«Правда», М., 1920, №274, 5 декабря, стр. 1. Подпись: И. Степанов)——59、76。

——《对什么人可以实行租让?》(Кому можно выдавать концессии? —«Правда», М., 1920, №275, 7 декабря, стр. 1. Подпись: И. Степанов)——76。

——《关于对外租让》(Об иностранных концессиях.—«Правда», М., 1920,

№271,2 декабря,стр.1.Подпись:И.Степанов)——76。

——《关于堪察加的租让》(О камчатских концессиях.—«Правда»,М.,1920,№279,11 декабря,стр.1.Подпись:И.Степанов)——76。

——《为什么他们需要租让》(Для чего им нужны концессии.—«Правда»,М.,1920,№272,3 декабря,стр.1.Подпись:И.Степанов)——76。

——《为什么我们需要租让》(Для чего нам нужны концессии? —«Правда»,М.,1920,№273,4 декабря,стр.1.Подпись:И.Степанов)——76。

——《租让是否会巩固资本主义制度》(Не упрочивают ли концессии капиталистического строя.—«Правда»,М.,1920,№278,10 декабря,стр.1.Подпись:И.Степанов)——76。

斯帕戈,约·《布尔什维主义》(Spargo, J. Bolshevism. The Enemy of Political and Industriai Democracy. New York—London, Harper, 1919.10, 389 p.)——25。

——《历史上最大的失败》(«The Greatest Failure in all History». A Critical Examination of the Actual Workings of Bolshevism in Russia. New York—London, 1920. XVII, 486 p.)——25。

——《布尔什维主义的心理学》(The Psychology of Bolshevism. New York, 1920.150 p.)——25。

——《俄国是美国的一个问题》(Russia as an American Problem. New York—London, Harper, 1920.10, 444 p.)——25。

斯维杰尔斯基,阿·伊·《粮食战线三年》(Свидерский,А.И. Три года продовольственного фронта.—В кн.:Три года борьбы с голодом. Краткий отчет о деятельности Народного комиссариата по продовольствию за 1919 — 20 год.М.,1920,стр.III—X.(Изд.отдел Наркомпрода))——150。

孙中山《中国革命的社会意义(在南京同盟会会员饯别会上的演说节录)》(Сун Ят-сен. Социальное значение китайской революции.—« Невская Звезда»,Спб.,1912,№17,15 июля,стр.1)——296。

索罗金,皮·和罗戈夫,米·《余粮收集制还是实物税》(1921 年 2 月 17 日《真理报》第 35 号)(Сорокин,П. и Рогов,М. Разверстка или налог.—«Правда»,М.,1921,№35,17 февраля,стр.1)——373。

——《余粮收集制还是实物税》(1921 年 2 月 26 日《真理报》第 43 号)

（Разверстка или налог.—«Правда», М., 1921, №43, 26 февраля, стр. 1）
——373。

［托洛茨基，列•达•］《答彼得格勒的同志们》（［Троцкий, Л. Д.］Ответ пе-
троградским товарищам.—«Правда», М., 1921, №9, 15 января, стр. 3, в
отд.: Партийная жизнь. Под общ. загл.: К дискуссии о профсоюзах）
——273。

—《工会的作用和任务（为党的第十次代表大会而作）》（Роль и задачи
профессиональных союзов（к 10-му съезду партии). М., Госиздат, 1920. 32
стр.（РСФСР））——201、202、203—204、205、206、208、209—210、211、
212、213、214、215、217、237、239、247—249、250、252、253、254—255、
260、263、266、267、268、269、270、271、273、279、280—281、284、286—
287、288、290、291、296、297、298、299、301—302、304、305、306、404、405、
406、407、434、435、436、437、438、439、440、441、442、443、444、445、446、
447、448、449、450、451、453。

—《［〈工会的作用和任务〉一书的］代序》（Вместо предисловия［к книге
«Роль и задачи профессиональных союзов». 25 декабря 1920 г.].—В кн.:
Троцкий, Л. Д. Роль и задачи профессиональных союзов（к 10-му съезду
партии). М., Госиздат, 1920, стр. 3.（РСФСР））——266、434。

—《工会及其今后的作用》（Профессиональные союзы и их дальнейшая
роль.（Первоначальный набросок тезисов, внесенный в Пленум ЦК РКП
9 ноября 1920 г. т. Троцким).—В кн.: Партия и союзы.（К дискуссии о
роли и задачах профсоюзов). Сборник статей и материалов под ред. Г.
Зиновьева. Пг., Госиздат, 1921, стр. 354—360.（РСФСР））——201、218、
221、224、225、235、236、268、407、408。

—《生产民主》（Производственная демократия.—«Правда», М., 1921, №5,
11 января, стр. 2—3）——281。

托姆斯基，米•巴•《劳动军事化》（Томский, М. П. Милитаризация труда.—
«Вестник Труда», М., 1920, №1, октябрь, стр. 20—24）——204、208—
209、405。

万德利普，弗•阿•《欧洲纪事》（Vanderlip, F. A. What happened to Europe.

New York, Macmillan, 1920. XVIII, 188 p.）——64—65。

［叶姆沙诺夫，亚·伊·和托洛茨基，列·达·］《叶姆沙诺夫同志和托洛茨基同志关于运输业的报告提纲》（［Емшанов, А. И. и Троцкий, Л. Д.］ Тезисы по докладу о транспорте т. Емшанова и т. Троцкого.—«Известия ВЦИК Советов Рабочих, Крестьянских, Казачьих и Красноарм. Депутатов и Моск. Совета Рабоч. и Красноарм. Депутатов», 1920, №288（1135）, 22 декабря, стр. 1—2）——154。

［伊格纳托夫·Г.等人］《工会的当前任务》（［Игнатов, Г. и др.］ Очередные задачи профессиональных союзов.—«Правда», М., 1921, №12, 19 января, стр. 2）——241。

*　　　*　　　*

《北部地区电气化设计基础》（Основания проекта электрификации Северного района. Сост. Гос. комис. по электрификации России. Пг., Науч. хим.-техн. изд., 1920. 74 стр.; 1 л. карт.（РСФСР. Научи.-техн. отд. ВСНХ））—8、32、84、351。

《彼得格勒真理报》（«Петроградская Правда», 1921, №4, 6 января, стр. 2）——240、266。

《党内国民教育问题研讨会》（Партийное совещание по вопросам народного образования. ［Отчет］.—В кн.: Приложение к бюллетеню VIII съезда Советов, посвященное партийному совещанию по вопросам народного образования. Изд. ВЦИК. М., 10 января 1921, стр. 8—12）——330。

《党内研讨会的决议》（Резолюции партийного совещания.—В кн.: Приложение к бюллетеню VIII съезда Советов, посвященное партийному совещанию по вопросам народного образования. Изд. ВЦИК. М., 10 января 1921, стр. 12—15）——330。

《第七届全俄中央执行委员会关于俄罗斯电气化的决议》（Резолюция об электрификации России, принятая Всероссийским Центральным Исполнительным Комитетом VII созыва.（1-я сессия 2—7 февраля 1920 г.）.—«Бюллетени Государственной Комиссии по Электрификации России»,

М.,1920,№1,24 апреля,стр.3)——349、396。

《东方民族》杂志(巴库)(«Народы Востока»,Баку.)——73。

《[俄共(布)彼得格勒组织]告全党书[1921年1月3日市、区党组织代表的讨论会通过])(Обращение к партии [Петроградской организации РКП (б), принятое на дискуссионном собрании представителей городских, районных партийных организации 3 января 1921 г.].—«Правда», М., 1921,№7,13 января,стр.3,в отд.:Партийная жизнь)——240、266、407。

[《俄共(布)中央九月全会关于工会工作的决议》(1920年)]([Резолюция о работе профсоюзов, принятая на сентябрьском Пленуме ЦК РКП(б). 1920 г.].—«Известия ЦК РКП(б)», М.,1920,№26,20 декабря,стр.2,в ст.:Отчет о работе ЦК РКП за время с 15 сентября по 15 декабря)——210、218。

《俄共(布)中央通报》(莫斯科)(«Известия ЦК РКП(б)», М.,1920,№24,12 октября,стр.2—5)——34、43—44。

——1920,№26,20 декабря,стр.2—3.——207—208、215、405。

《俄共党团关于工会运动的任务的决议[1920年11月9日俄共(布)中央全会通过]》(载于1920年11月13日《真理报》第255号)(Резолюция фракции РКП о задачах профдвижения, [принятая на пленуме ЦК РКП(б) 9 ноября 1920 г.].—«Правда», М.,1920,№255,13 ноября,стр.2,в отд.: Профессиональное движение.Под загл.:5-я Всеросс.конференция профсоюзов)——210、218—219、236、306、407。

[《俄共党团关于工会运动的任务的决议(1920年11月9日俄共(布)中央全会通过)》](载于1920年12月20日《俄共(布)中央通报》第26号)([Резолюция фракцци РКП о задачах профдвижения, принятая на пленуме ЦК РКП(б) 9 ноября 1920 г.].—«Известия ЦК РКП(б)», М., 1920,№26,20 декабря,стр.2—3,в ст.:Отчет о работе ЦК РКП за время с 15 сентября по 15 декабря)——210。

《俄共第九次代表大会的决议和决定》(Резолюции и постановления IX съезда РКП.—В кн.:Девятый съезд Российской Коммунистической партии. Стеногр.отчет.(29-го марта—4 апреля» 1920 г.).М., Госиздат, 1920, стр.

369—397.(РКП(б)))——11、269。

《俄共第十次代表大会关于工会的作用和任务问题的决定草案(由一批中央委员和中央工会问题委员会委员提交俄共中央审议)》(1921 年莫斯科苏维埃出版的单行本)(Проект постановления X съезда РКП по вопросу о роли и задачах профессиональных союзов, внесенный на рассмотрение ЦК РКП группой членов ЦК и членов профессиональной комиссии при ЦК.М.,Моск.Совет р.,к. и к. д.,1921.23 стр.(РСФСР))——240、257、276—277。

《俄共第十次代表大会关于工会的作用和任务问题的决定草案(由一批中央委员和中央工会问题委员会委员提交俄共中央审议)》(载于 1921 年 1 月 18 日《真理报》第 11 号)(Проект постановления X съезда РКП по вопросу о роли и задачах профсоюзов,(внесенный на рассмотрение ЦК РКП группой членов ЦК и членов проф. комиссии при ЦК).—«Правда»,М.,1921,№11,18 января,стр.1—2)——240。

《俄共全国代表会议》(9 月 23 日会议)(Всероссийская конференция РКП.(Заседание 23-го сентября).—«Правда»,М.,1920,№213,25 сентября, стр.1—2)——36。

《俄共全国代表会议》(9 月 24 日上午会议)(Всероссийская конференция РКП. Утреннее заседание 24-го сентября. Доклад об оздоровлении партии.—«Правда»,М.,1920,№215,28 сентября,стр.1—2)——275。

《俄共中央关于水运员工共产党员和运输工会中央委员会会议共产党党团之间的冲突问题的决议》(载于《论工会在生产中的作用》一书)(Резолюция ЦК РКП по вопросу о конфликте между коммунистами-водниками и коммунистической фракцией совещания Цектрана.(Принята в пленарном заседании 7-го декабри 1920 г.).—В кн.: О роли профессиональиых союзов в производстве.Доклады тт.Зиновьева и Троцкого,речь т.Ленина, содоклады тт. Бухарина, Ногина, Шляпникова и Рязанова и заключительные слова тт. Троцкого и Зиновьева на соединенном заседании делегатов 8-го съезда Советов,ВЦСПС и МГСПС—членов РКП 30-го декабря 1920 г. М.,1-я Образцовая тип. МСНХ, 1921, стр. 78. (Бюро фракции РКП ВЦСПС. Только для членов РКП)）——276、277。

《俄共中央关于水运员工共产党员和运输工会中央委员会会议共产党党团之间的冲突问题的决议》(载于 1920 年 12 月 14 日《真理报》第 281 号)(Резолюция ЦК РКП по вопросу о конфликте между коммунистами-водниками и коммунистической фракцией совещания Цектрана. (Принята в пленарном заседании 7-го декабря 1920 г.). —«Правда», М., 1920, №281, 14 декабря, стр. 2, в отд. : Партийная жизнь）——209、210、215—216、221、224、225、236、237、250、279、281、283、306、437、440。

[《俄共中央关于水运员工共产党员和运输工会中央委员会会议共产党党团之间的冲突问题的决议》] (载于 1920 年 12 月 20 日《俄共（布）中央通报》第 26 号)([Резолюция ЦК РКП по вопросу о конфликте между коммунистами-водниками и коммунистической фракцией совещания Цектрана. Принята в пленарном заседании 7-го декабря 1920 г.]. —«Известия ЦК РКП(б)», М., 1920, №26, 20 декабря, стр. 3, в ст. : Отчет о работе ЦК РКП за время с 15 сентября по 15 декабря）——210、407。

《俄国共产党(布尔什维克)第八次代表大会》》(VIII съезд Российской Коммунистической партии (большевиков). Москва, 18 — 23 марта 1919 года. Стеногр. отчет. М., «Коммунист», 1919, стр. 294 — 306. (РКП (б))）——178。

《俄国共产党(布尔什维克)纲领》(1919 年 3 月 18—23 日党的第八次代表大会通过)(Программа Российской Коммунистической партии (большевиков). Принята 8-м съездом партии 18—23 марта 1919 г. М. —Пг., «Коммунист», 1919. 24 стр. (РКП(б))）—— 33、80、158、161、170、171、207、228、242、258、259、260、261、299、301、302 — 303、308、328、330 — 331、338 — 339、345、356、405、410、435、444、445、449、471。

《俄国共产党(布尔什维克)章程》(Устав Российской Коммунистической партии (большевиков). М., Госиздат, 1920. 16 стр. (РСФСР))——193、194。

《俄国社会民主工党关于全俄中央执行委员会和人民委员会在全俄苏维埃第八次代表大会上的报告的决议》(Резолюция РСДРП по докладам ВЦИК и Совнаркома на 8-м Всероссийском съезде Советов. —В кн. :

Восьмой Всероссийский съезд Советов рабочих, крестьянских, красноар-мейских и казачьих депутатов. Стеногр. отчет. (22 — 29 декабря 1920 года). М., Госиздат, 1921, стр. 54 — 57. (РСФСР)) —— 172、174 — 175、176。

《俄国新闻简报》(«Russische Korrespondenz», Berlin, 1921, Nr. 1 — 2, Januar—Februar, S. 86 — 87) —— 111。

《俄罗斯国家电气化委员会公报》(莫斯科)(«Бюллетени Государственной Комиссии по Электрификации России», М., 1920, №1, 24 апреля, стр. 3, 4) —— 157 — 158、349 — 350、395。

《俄罗斯国家电气化委员会条例》(Положение о Государственной комиссии по электрификации России (ГОЭЛРО). — « Бюллетени Государственной Комиссии по Электрификации России». М., 1920, №1, 24 апреля, стр. 4) —— 349、395。

《俄罗斯联邦电气化计划》(План электрификации РСФСР. Доклад 8-му съезду Советов Государственной комиссии по электрификации России. М., Гостехиздат, 1920. 669 стр. разд. паг.; 14 л. схем и карт. (РСФСР. Науч.-техн. отд. ВСНХ)) —— 31、32、72、74 — 75、115、157、158、159、160 — 161、186、195、197、348 — 349、350 — 351、354、395。

[《俄罗斯联邦外交人民委员致大不列颠外交大臣寇松的照会》(1920 年 7 月 1 日)]([The Noten of the People's Commissar of Foreign affairs of the RSFSR to Curzon, Foreign Minister of Great Britain. 1. Juli 1920]. — «Soviet Russia», New York, 1920, vol. III, No 7, August 14, p. 151) —— 108、136。

《俄罗斯社会主义联邦苏维埃共和国宪法(根本法)》(Конституция (Основной закон) Российской Социалистической Федеративной Советской Республики. Опубликована в №151 «Известий Всерос. Центр. Исп. Комитета» от 19 июля 1918 г. М., Гиз, 1919. 16 стр. (РСФСР)) —— 108、167、175、317、319、384。

《俄罗斯意志报》(布拉格)(«Воля России», Прага) —— 323。

《伏尔加河沿岸区的电气化》(Электрификация Приволжского района. Сост. Гос. комис. по электрификации России. М., 1920. 45 стр.; 1 л. карт. (Науч.-

техн. отд. ВСНХ))——32、351。

《高加索地区的电气化》(Электрификация Кавказского района. Сост. Гос. комис. по электрификации России. М., 1920. 49 стр.; 1 л. карт. (Науч.-техн. отд. ВСНХ))——32、351。

《告全党书》(Обращение к партии. На собрании активных работников Петербургской организации РКП 3 января... принято следующее обращение к партии.—«Петроградская Правда», 1921, №4, 6 января, стр. 2. Подпись: Петербургская организация РКП)——240、266。

格林柯同志的文章——见《乌克兰教育改革的经验》。

《给铁路各部门的命令》(1920 年 5 月 22 日第 1042 号)(Приказ по дорогам всей сети. 22 мая 1920 г., №1042. План ремонта паровозов на 2-ую половину 1920 г.—«Бюллетень Народного Комиссариата Путей Сообщения», М., 1920, №43, 22 мая, стр. 2 — 3, в отд.: Приказы и распоряжения по НКПС)——154、160。

《工农政府法令汇编》(«Собрание Узаконений и Распоряжений Рабочего и Крестьянского Правительства», М., 1918, №№87 — 88, 10 декабря, ст. 905, стр. 1099 — 1114)——82 — 83、113、125。

　　—1919, №56, 22 ноября, ст. 537, стр. 572 — 573.—— 205、224 — 225。

[《"工人反对派"的纲领》]([Платформа «рабочей оппозиции»].—В кн.: О роли профессиональных союзов в производстве. Доклады тт. Зиновьева и Троцкого, речь т. Ленина, содоклады тт. Бухарина, Ногина, Шляпникова и Рязанова и заключительные слова тт. Троцкого и Зиновьева на соединенном заседании делегатов 8-го съезда Советов, ВЦСПС и МГСПС—членов РКП 30-го декабря 1920 г. М., 1-я Образцовая тип. МСНХ, 1921, стр. 59 — 61. (Бюро фракции РКП ВЦСПС. Только для членов РКП))——237、238。

《工人纪律同志审判会条例》——见《人民委员会的法令》。

《工人、农民、哥萨克和红军代表苏维埃全俄中央执行委员会及莫斯科工人和红军代表苏维埃消息报》(«Известия ВЦИК Советов Рабочих, Крестьянских, Казачьих и Красноарм. Депутатов и Моск. Совета Рабочих и Красноарм. Депутатов»)——16、97、336、339、389、464。

—1920, №157(1004), 18 июля, стр. 1.——163。

—1920, №249(1096), 6 ноября, стр. 4.——334。

—1920, №265(1112), 25 ноября, стр. 4.——58。

—1920, №281(1128), 14 декабря, стр. 3 — 4. —— 79、146、147、148、149、151、158、178、179、181、182—183、184、185、189、190、191、394。

—1920, №287(1134), 21 декабря, стр. 2—3.——151、152、394。

—1920, №288(1135), 22 декабря, стр. 1—2.——154。

《工人、士兵、农民和哥萨克代表苏维埃全俄中央执行委员会决议(1918 年 4 月 29 日会议根据列宁同志〈关于苏维埃政权的当前任务〉的报告通过)》 (Резолюция Всероссийского Центрального Исполнительного Комитета рабоч., солдат., крест. и казач. депутатов, принятая в заседании от 29-го апреля 1918 года, по докладу тов. Ленина «Об очередных задачах Советской власти». — В кн.: Ленин, В. И. Очередные задачи Советской власти. М., изд-во ВЦИК, 1918, стр. 27. Перед загл. кн. авт.: Н. Ленин)——140、393。

[《共产国际第二次代表大会的决议和决定》(1920 年)]([Резолюции и постановления второго конгресса Коминтерна. 1920 г.]. — В кн.: 2-й конгресс Коммунистического Интернационала. Стеногр. отчет. Пг., изд-во Коммунистич. Интернационала, 1921, стр. 542—658)——256。

《共产国际第二次代表大会关于政党作用的提纲》——见《关于共产党在无产阶级革命中的作用的决议[共产国际第二次代表大会通过]》。

《共产国际第二次代表大会通报》(莫斯科)(«Вестник 2-го конгресса Коммунистического Интернационала», 1920, №6, 7 августа, стр. 2. Приложение к газ. «Правда», М., 1920, №173, 7 августа)——73。

《共产国际》杂志(莫斯科—彼得格勒)(«Коммунистический Интернационал», М.—Пг., 1920, №13, 28 сентября, стлб. 2387—2392)——107。

《共产主义劳动报》(莫斯科)(«Коммунистический Труд», М., 1920, №204, 23 ноября, стр. 3)——38—39。

—1920, №207, 26 ноября, стр. 2.——103。

《关于颁发劳动红旗勋章》(Об Ордене Трудового Красного Знамени. [Постановление VIII Всероссийского съезда Советов. 1920 г.]. — В кн.: Восьмой

Всероссийский съезд Советов рабочих, крестьянских, красноармейских и казачьих депутатов. Стеногр. отчет. (22 — 29 декабря 1920 года). М., Госиздат, 1921, стр. 276. (РСФСР))——187。

《关于党的哈雷非常代表大会谈判的记录》(Protokoll über die Verhandlungen des ausserordentlichen Parteitages in Halle. Vom 12. bis 17. Oktober 1920. Berlin, «Freiheit», [1920]. 312 S.)——174—175。

《关于党的建设的当前任务》(决议)(Очередные задачи партийного строительства. (Резолюция). —«Правда», М., 1920, №219, 2 октября, стр. 1. Под общ. загл.: Всероссийская конференция РКП)——11、33、210、262、304、305、360、407。

《关于工会的作用和任务》——见《俄共第十次代表大会关于工会的作用和任务问题的决定草案(由一批中央委员和中央工会问题委员会委员提交俄共中央审议)》。

《关于工会和工会的组织问题》(По вопросу о профессиональных союзах и их организации. [Резолюция, принятая на IX съезде РКП(б). 1920 г.]. —В кн.: Девятый съезд Российской Коммунистической партии. Стеногр. отчет. (29-го марта— 4 апреля 1920 г.). М., Госиздат, 1920, стр. 383 — 387. (РКП(б)))——11—12、204、215、406。

《关于共产党在无产阶级革命中的作用的决议[共产国际第二次代表大会通过]》(Резолюция о роли коммунистической партии в пролетарской революции, [принятая на втором конгрессе Коминтерна]. —В кн.: 2-ой конгресс Коммунистического Интернационала. Стеногр. отчет. Пг., изд-во Коммунистич. Интернационала, 1921, стр. 568—579)——202、258。

《关于加强和发展农民农业经济的措施》(О мерах укрепления и развития крестьянского сельского хозяйства. [Резолюция, принятая на VIII Всероссийском съезде Советов. 1920 г.]. —В кн.: Восьмой Всероссийский съезд Советов рабочих, крестьянских, красноармейских и казачьих депутатов. Стеногр. отчет. (22—29 декабря 1920 года). М., Госиздат, 1921, стр. 267—271. (РСФСР))——198。

《关于经济建设的当前任务》(Об очередных задачах хозяйственного строительства.〔Резолюция, принятая на IX съезде РКП(б).1920 г.〕.—В кн.: Девятый съезд Российской Коммунистической партии.Стеногр.отчет.(29-го марта— 4 апреля 1920 г.).М., Госиздат, 1920, стр.371 — 383.(РКП (б)))——204、218、221、406。

《关于克尔日扎诺夫斯基同志的电气化问题的报告》(По докладу т.Кржижановского об электрификации.〔Резолюция, принятая на VIII Всероссийском съезде Советов. 1920 г.〕.—В кн.: Восьмой Всероссийский съезд Советов рабочих, крестьянских, красноармейских и казачьих депутатов. Стеногр. отчет.(22 — 29 декабря 1920 года).М., Госиздат, 1921, стр.271 — 272. (РСФСР))——348、353、354 — 355、386。

《关于实物奖励的暂行条例》(Временное положение о натуральном премировании. 〔Декрет СНК от 23 октября 1920 г.〕.—«Экономическая Жизнь», М., 1920, №243,30 октября, стр.4, в отд.:Официальный отдел)——148、392。

《关于租让》(О концессиях.Декрет Совета Народных Комиссаров от 23 ноября 1920 г. Текст декрета. Объекты концессий. Карты. М., Госиздат, 1920. 23 стр.;3 л.карт.(РСФСР))——71、73、78、79、81 — 85、98、111、113、114、 137、138、160、162、163、376、393。

《红色日报》(彼得格勒)(«Красная Газета», Пг., 1920, №275(856), 7 декабря, стр.1)——81、99、103、105。

《加入共产国际的条件》(Условия приема в Коммунистический Интернационал.—«Коммунистический Интернационал», М.—Пг., 1920, №13, 28 сентября, стлб.2387 — 2392)——107。

《交通人民委员部公报》(莫斯科)(«Бюллетень Народного Комиссариата Путей Сообщения», М., 1920, №43,22 мая, стр.2 — 3)——154、160。

《教育人民委员部简要报告(1917 年 10 月—1920 年 10 月)》——见《1917 年 10 月—1920 年 10 月》。

《经济生活报》(莫斯科)(«Экономическая Жизнь», М., 1920, №243. 30 октября, стр.4)——151、394。

—1920, №281,14 декабря, стр.1; №289, 23 декабря, стр.1; 1921, №28,9 февраля, стр. 2; №34, 16 февраля, стр.1; №38, 20 февраля, стр. 1.

——348。

—1921,№37,19 февраля,стр.2.——348。

—1921,№38,20 февраля,стр.2.——348。

《九月决议》——见《关于党的建设的当前任务》。

《决议[俄共(布)第九次全国代表会议通过(1920年)]》(Резолюции,[приня-
тые на IX Всероссийской конференции РКП(б).1920 г.].—«Известия
ЦК РКП(б)»,М.,1920,№24,12 октября,стр.2—5)——33、44。

[《决议(1920年11月9日十位中央委员的会议通过)》]([Резолюция,
принятая на совещании 10 членов ЦК 9 ноября 1920 г.].—В кн.:О роли
профессиональных союзов в производстве. Доклады тт. Зиновьева и Троцкого,
речь т.Ленина,содоклады тт. Бухарина,Ногина,Шляпникова и Рязанова и
заключительные слова тт. Троцкого и Зиновьева на соединенном заседании
делегатов 8-го съезда Советов,ВЦСПС и МГСПС—членов РКП 30-го
декабря 1920 г.М.,1-я Образцовая тип. МСНХ,1921,стр.19—20.(Бюро
фракции РКП ВЦСПС.Только для членов РКП))——235—236。

《克里木的灾难》(Le Désastre de Crimée.—«Le Temps»,Paris,1920,N.21656,
16 novembre,p.1,в отд.:Bulletin du Jour)——20。

《劳动法典》(Кодекс законов о труде.—«Собрание Узаконений и Распоряже-
ний Рабочего и Крестьянского Правительства»,М.,1918,№№87—88,
10 декабря,ст.905,стр.1099—1114)——82—83、113、125。

《劳动通报》(莫斯科)(«Вестник Труда»,М.,1920,№1,октябрь,стр.20—24)
——204、208—209、405。

《卢那察尔斯基同志的引言》——见《社会教育的新提法》。

《论工会在生产中的作用》(О роли профессиональных союзов в производстве.
Доклады тт. Зиновьева и Троцкого,речь т. Ленина,содоклады тт. Буха-
рина,Ногина,Шляпникова и Рязанова и заключительные слова тт. Троц-
кого и Зиновьева на соединенном заседании делегатов 8-го съезда
Советов,ВЦСПС и МГСПС—членов РКП 30-го декабря 1920 г.М.,1-я
Образцовая тип. МСНХ,1921,79 стр.(Бюро фракции РКП ВЦСПС.Только
для членов РКП))——237、238、249、266、267、268、270、271、273—274、

РКП Всеросс. Центр. Сов. Проф. Союзов. 6 января 1920 г. —В кн.: О роли профессиональных союзов в производстве. Доклады тт. Зиновьева и Троцкого, речь т. Ленина, содоклады тт. Бухарина, Ногина, Шляпникова и Рязанова и заключительные слова тт. Троцкого и Зиновьева на соединенном заседании делегатов 8-го съезда Советов ВЦСПС и МГСПС—членов РКП 30-го декабря 1920 г. М., 1-я Образцовая тип. МСНХ, 1921, стр. 3 — 4. (Бюро фракции РКП ВЦСПС. Только для членов РКП)) ——266。

《全俄工人、农民、红军和哥萨克代表苏维埃第八次代表大会》(Восьмой Всероссийский съезд Советов рабочих, крестьянских, красноармейских и казачьих депутатов. Стеногр. отчет. (22 — 29 декабря 1920 года). М., Госиздат, 1921. 299 стр. (РСФСР)) —— 121、157、162、164、165、172、174 — 175、176、187、192、195、198、216、254、262、347、352、353 — 354、386。

《全俄矿工第二次代表大会俄共(布)党团会议》(1 月 23 日下午会议)(Заседания фракции РКП (большевиков) 2-го Всероссийского съезда горнорабочих. Вечернее заседание 23-го января. —«Бюллетень 2-го Всероссийского Съезда Горнорабочих», М., 1921, №1, 25 января, стр. 1 — 4) —— 258、259、260、261 — 262、308 — 309。

《全俄矿工第二次代表大会俄共(布)党团会议》(1 月 24 日上午会议)(Заседания фракции РКП (большевиков) 2-го Всероссийского съезда горнорабочих. Утреннее заседание 24-го января. —«Бюллетень 2-го Всероссийского Съезда Горнорабочих», М., 1921, №2, 26 января, стр. 2 — 4) —— 258、304、308 — 309。

《全俄矿工第二次代表大会公报》(莫斯科)(«Бюллетень 2-го Всероссийского Съезда Горнорабочих», М., 1921, №1, 25 января, стр. 1 — 4) —— 258、259、260、261 — 262、308 — 309。

—№2, 26 января, стр. 2 — 4. —— 258、304、308 — 309。

《全俄中央执行委员会主席团[关于全俄苏维埃第八次代表大会议程]的决定》(Постановление Президиума ВЦИК [о порядке дня VIII Всерос-

сийского съезда Советов].—«Правда», М., 1920, №251, 9 ноября, стр. 1)
——30、33。

《人民委员会的法令》[1919 年 11 月 14 日](Декрет Совета Народных Комис-
саров. О рабочих дисциплинарных товарищеских судах (положение). [14
ноября 1919 г.].—«Собрание Узаконений и Распоряжений Рабочего и
Крестьянского Правительства», М., 1919, №56, 22 ноября, ст. 537, стр.
572—573)——205、225。

《[人民委员会]关于集中管理俄罗斯联邦图书馆工作的法令》[1920 年 11 月
3 日](Декрет [СНК] о централизации библиотечного дела в РСФСР. [3
ноября 1920 г.].—«Известия ВЦИК Советов Рабочих, Крестьянских,
Казачьих и Красноарм. Депутатов и Моск. Совета Рабоч. и Красноарм.
Депутатов», 1920, №249 (1096), 6 ноября, стр. 4, в отд.: Действия и
распоряжения правительства)——334。

《人民委员会[关于租让]的决定》[1920 年 11 月 23 日](Постановление Совета
Народных Комиссаров [о концессиях. 23 ноября 1920 г.].—«Известия
ВЦИК Советов Рабочих, Крестьянских, Казачьих и Красноарм. Депутатов и
Моск. Совета Рабоч. и Красноарм. Депутатов», 1920, №265 (1112), 25
ноября, стр. 4, в отд.: Действия и распоряжения правительства)——58。

《人民委员会关于租让的法令[1920 年 11 月 23 日]》(Dekret des Rates der
Volkskommissare über Konzessionen [23. November 1920]. —«Russische
Korrespondenz», Berlin, 1921, Nr. 1 — 2, Januar—Februar, S. 86 — 87)
——111。

《人民委员会提请全俄中央执行委员会主席团提交全俄苏维埃第八次代表大
会的法案》(Законопроект, внесенный СНК в Президиум ВЦИК для
внесения на Всероссийский съезд Советов. О мерах укрепления и развития
крестьянского сельского хозяйства. —«Известия ВЦИК Советов Рабо-
чих, Крестьянских, Казачьих и Красноарм. Депутатов и Моск. Совета
Рабоч. и Красноарм. Депутатов», 1920, №281 (1128), 14 декабря, стр. 3 —
4)——79、146、147、148、149、151、158、178、179、181、182 — 183、184、
185、189、190、191、394。

《社会革命党人的决议》——见《社会革命党少数派在全俄苏维埃第八次代表
　　大会上的声明》。

《社会革命党少数派在全俄苏维埃第八次代表大会上的声明》（Декларация
　　меньшинства партии социалистов-революционеров на 8 Всероссийском
　　съезде Советов.—В кн.: Восьмой Всероссийский съезд Советов рабочих,
　　крестьянских, красноармейских и казачьих депутатов. Стеногр. отчет.
　　(22—29 декабря 1920 года). М., Госиздат, 1921, стр. 49—52. (РСФСР))
　　——172、174—176。

《社会教育的新提法》（Новая постановка социального воспитания. (Беседа с
　　наркомом по просвещению тов. А. В. Луначарским).—В кн.: Приложение
　　к бюллетеню VIII съезда Советов, посвященное партийному совещанию по
　　вопросам народного образования. Изд. ВЦИК. М., 10 января 1921, стр. 1—
　　2)——330。

《省代表会议关于俄共莫斯科委员会的工作报告的决议》（Резолюция, приня-
　　тая губконференцией по отчету о деятельности МК РКП.—«Комму-
　　нистический Труд», М., 1920, №204, 23 ноября, стр. 3. Под общ. загл.:
　　Московская губернская конференция РКП. (2-й день, 21 ноября))——
　　38—39。

《十二月会议》——见《俄共中央关于水运员工共产党员和运输工会中央委员
　　会会议共产党党团之间的冲突问题的决议》。

《十一月决议》——见[《俄共党团关于工会运动的任务的决议（1920 年 11 月
　　9 日俄共(布)中央全会通过)》]。

《时报》（巴黎）(«Le Temps», Paris)——20。
　　—1920, N. 21656, 16 novembre, p. 1.——20。

《水运总管理局最高局务委员会委员维·伊·佐夫在玛丽亚区水运管理局代
　　表会议上的通告（1920 年 5 月 3 日)》（Сообщение члена Верховной коллегии
　　Главвода В. И. Зофа на совещании представителей Рупводов Мариинской
　　области водного транспорта 3-го мая 1920 г.—«Бюллетень Мариинского
　　Областного Управления Водного Транспорта», Пг., 1920, №5, 21 мая, стр. 1,
　　в отд.: Действия и распоряжения правительства)——277。

《苏维埃第八次代表大会公报附录(关于党内国民教育问题研讨会)》(Прило-
жение к бюллетеню VIII съезда Советов, посвященное партийному совещанию
по вопросам народного образования. Изд. ВЦИК. М., 10 января 1921. 16 стр.)
——330。

《苏维埃俄国》杂志(纽约)(«Soviet Russia», New York, 1920, vol. III, No 7,
August 14, p.151)——108、136。

《同饥饿斗争的三年》(Три года борьбы с голодом. Краткий отчет о деятельности
Народного комиссариата по продовольствию за 1919 — 20 год. М., 1920.
XVIII, 124 стр. (Изд. отдел Наркомпрода))——150。

《统一报》(梯弗利斯)(«Эртоба» («Единство»), Тифлис, 1920, №247, 30 октября,
стр. 2 — 3; №248, 31 октября, стр. 2 — 3. На груз. яз.)——74。

《土地社会化基本法》[1918 年 1 月 27 日(2 月 9 日)](Основной закон о
социализации земли. [27 января (9 февраля) 1918 г.].—«Известия ЦИК
Советов Крестьянских, Рабочих и Солдатских депутатов и Петроградского
Совета Рабочих и Солдатских Депутатов», 1918, №28(292), 19(6) февраля,
стр. 3, в отд.: Действия и распоряжения правительства)——181、182。

《土耳其斯坦地区的电气化》(Электрификация Туркестанского района. Сост.
Гос. комис. по электрификации России. М., 1920. 37 стр.; 1л. карт. (Науч.-
техн. отд. ВСНХ))——32、351。

《乌克兰教育改革的经验》(Украинский опыт реформы просвещения. (Беседа с
наркомом просвещения Украины тов. Гринько).—В кн.: Приложение к
бюллетеню VIII съезда Советов, посвященное партийному совещанию по
вопросам народного образования. Изд. ВЦИК. М., 10 января 1921, стр. 7 —
8)——330。

《乌拉尔地区的电气化》(Электрификация Уральского района. Сост. Гос. комис.
по электрификации России. М., 1920. 26 стр.; 1 л. карт. (Науч.-техн. отд.
ВСНХ))——32、351。

《西伯利亚西部的电气化》(Электрификация Западной Сибири. Сост. Гос. комис. по
электрификации России. М., 1920. 24 стр.; 1 л. карт. (Науч.-техн. отд.
ВСНХ))——32、351。

《向全俄苏维埃第八次代表大会作的报告》(Отчет VIII-му Всероссийскому съезду Советов. М. , 1920. 71 стр. ; 4 л. карт. (ВСНХ)) ——287。

《1917 年 10 月—1920 年 10 月》(1917—октябрь—1920. (Краткий отчет). М. , Госиздат, 1920. 112 стр. (РСФСР. Нар. ком. по просвещению)) ——333。

《1920 年底巴库地区的石油工业状况》(Положение нефтяной промышленно-сти Бакинского района к концу 1920 года. Доклад уполномоченного Сове-та Труда и Рабоче-Крестьянской обороны по добыче и вывозу нефти. Баку, «Азерцентропечать», 1920. 88 стр. ; 3 л. прил. и карт. (Азербайдж. нефт. ком.)) ——343、344。

《一位美国金融家谈列宁》(Американский финансист о Ленине.—«Коммунисти-ческий Труд», М. , 1920, №207, 26 ноября, стр. 2) ——103。

《一月告全党书》——见《[俄共(布)彼得格勒组织]告全党书[1921 年 1 月 3 日市、区党组织代表的讨论会通过]》。

《英国的最后通牒和我们的答复》(Ультиматум Англии и наш ответ. От Народ-ного комиссариата по иностранным делам.—«Известия ВЦИК Советов Рабочих, Крестьянских, Казачьих и Красноарм. Депутатов и Моск. Совета Рабоч. и Красноарм. Депутатов», 1920, №157 (1004), 18 июля, стр. 1) ——163。

《运输工会中央委员会彼得格勒常务局的共产党党团的按语》(От коммунис-тической фракции Петроградского бюро Цектрана.—В кн. : Бухарин, Н. И. О задачах профессиональных союзов. (Содоклад, прочитанный на соб-рании активных работников Петроградской организации РКП 3 января 1921 года.) Изд. коммунистич. фракции Петроградского бюро Цектрана. Пг. , 1921, стр. 2) ——291。

《真理报》(莫斯科) («Правда», М.) —— 16、59、97、129、336、337、339、340、389、464。

—1920, №213, 25 сентября, стр. 1—2. ——36。

—1920, №215, 28 сентября, стр. 1—2. ——275。

—1920, №216, 29 сентября, стр. 1. ——30。

—1920, №219, 2 октября, стр. 1. ——11、33、210、262、304、305、360、407。

—1920，No232，17 октября，стр.3.——78。

—1920，No245，2 ноября，стр.2.——3。

—1920，No251，9 ноября，стр.1.——30、33。

—1920，No255，13 ноября，стр.2.——210，218—219、236、306、407。

—1920，No269，30 ноября，стр.2.——59。

—1920，No271，2 декабря，стр.1.——76。

—1920，No272，3 декабря，стр.1.——76。

—1920，No273，4 декабря，стр.1，4.——50、76。

—1920，No274，5 декабря，стр.1.——59、76。

—1920，No275，7 декабря，стр.1.——76。

—1920，No278，10 декабря，стр.1.——76。

—1920，No279，11 декабря，стр.1.——76。

—1920，No281，14 декабря，стр.2.—— 209、210、215 — 216、221、224、225、236、237、250、279、282、283、306、437、440。

—1920，No286，19 декабря，стр. 1；No287，21 декабря，стр. 1；No288，22 декабря，стр.1.——148、183。

—1921，No5，11 января，стр.2—3.——281。

—1921，No7，13 января，стр.3.——240、266、407。

—1921，No9，15 января，стр.3.——273。

—1921，No10，16 января，стр.1—3.——237、240—241、243、244、245、293、295、296、410—411、443—444。

—1921，No11，18 января，стр.1—2.——240。

—1921，No12，19 января，стр.2.——241。

—1921，No13，21 января，стр.2.——279。

—1921，No15，25 января，стр.1.——308。

—1921，No24，4 февраля，стр.2—3.——340。

—1921，No25，5 февраля，стр.3.——330、331、332、334。

—1921，No35，17 февраля，стр.1.——373。

—1921，No43，26 февраля，стр.1.——373。

《中部工业区的电气化》(Электрификация Центрально-Промышлен. района.

Сост. Гос. комис. по электрификации России. М. , 1920. 118 стр. ; 1. л. карт.
（Науч.-техн. отд. ВСНХ））——32、351。

《综合技术教育或专业技术教育》（Политехническое или монотехническое
образование.（Беседа с зам. пред. Главпрофобра тов. О. Ю. Шмидтом).—В
кн.: Приложение к бюллетеню VIII съезда Советов, посвященное партий-
ному совещанию по вопросам народного образования. Изд. ВЦИК. М. , 10
января 1921, стр. 4—5)——331。

《租让法令》——见《关于租让》。

《最高国民经济委员会关于国家电气化委员会组成的决定》——见《最高国民
经济委员会主席团1920年2月21日会议记录摘录》。

《最高国民经济委员会向全俄苏维埃第八次代表大会作的报告》——见《向全
俄苏维埃第八次代表大会作的报告》。

《最高国民经济委员会主席团1920年2月21日会议记录摘录》（Выписка из
протокола заседания Президиума ВСНХ от 21 февраля 1920 года. [О
составе Государственной комиссии по электрификации]. (П. 1361).—
«Бюллетени Государственной Комиссии по Электрификации России»,
М. , 1920, №1, 24 апреля, стр. 3)——157、349、395。

《佐夫同志的命令》——见《水运总管理局最高局务委员会委员维·伊·佐夫
在玛丽亚区水运管理局代表会议上的通告》（1920年5月3日）。

年　表

（1920 年 11 月 6 日—1921 年 3 月 7 日）

1920 年

11 月 6 日

在莫斯科苏维埃全会、俄共（布）莫斯科委员会和莫斯科省工会理事会举行的庆祝十月革命三周年大会上讲话。

就关于恢复国民经济的基本任务的报告写信给俄共（布）中央委员。

致函俄罗斯国家电气化委员会主席格·马·克尔日扎诺夫斯基，谈俄罗斯国家电气化委员会的任务。

同人民委员会负责向国外订购铁路器材的全权代表尤·弗·罗蒙诺索夫谈话。

主持人民委员会会议；对人民委员会关于实行工人供应基本标准的决定草案作补充；修改关于苏维埃机关职工供应的决定草案。会议讨论关于向顿巴斯派遣全权委员会、关于通过简报向各人民委员通报粮食收购和运输情况、关于保护乌克兰的食糖、关于主要原料标准化、关于莫斯科苏维埃代表加入工人供给委员会等问题，以及实物奖励委员会主席阿·季·哥尔茨曼关于小人民委员会拖延审查《违反劳动纪律惩治法规》的说明、劳动国防委员会 1920 年 10 月 1 日关于供给红军战士口粮的决定。

11 月 6 日或 9 日

同法国社会党人叶列娜·布里翁谈话，并在谈话时作记录。

11 月 7 日

在索科利尼基区苏维埃全会、莫斯科市工厂委员会代表和企业管理委员会代表联合庆祝十月革命三周年大会上讲话，强调指出战胜国际资产阶级是进行和平经济建设的首要任务。

同娜·康·克鲁普斯卡娅一起出席克里姆林宫工人大会,并就国际形势和国内形势发表讲话;同工人谈话。

同费·埃·捷尔任斯基和尼·伊·穆拉洛夫一起参加莫斯科骑兵学校毕业典礼;向毕业生表示祝贺,发表关于十月革命三周年的讲话,号召红军指挥员同国内外反革命势力作斗争。

不晚于 11 月 8 日

草拟《工会的任务及其实现的方法》决议,为全俄工会第五次代表会议俄共(布)党团 1920 年 11 月 8 日通过的关于工会运动任务的决议提供了基础。

11 月 8 日

出席俄共(布)中央全会会议。会议讨论并基本通过列宁拟定的工会运动的任务提纲;选举列宁参加决议起草委员会;在讨论全俄工会第五次代表会议问题时,全会委托列宁向代表会议作报告;全会还讨论了关于铁路和水路运输联合工会中央委员会主席团在工会第五次代表会议上的报告以及其他问题。

11 月 9 日

出席俄共(布)中央全会会议。会议讨论 11 月 9 日全俄工会第五次代表会议俄共(布)党团会议议程问题;全会决定建立专门委员会来进一步详细讨论工会运动的问题。

出席俄共(布)中央全会会议。会议讨论关于莫斯科党组织、关于全俄苏维埃第八次代表大会等问题。

11 月 10 日以前

同副教育人民委员米·尼·波克罗夫斯基谈关于立即腾出被占用的乌拉尔大学校舍的问题。

11 月 10 日

出席俄共(布)中央全会会议。对关于小人民委员会的决议草案第二项提出补充意见。会议讨论中央监察委员会的报告、关于免去弗·德·邦契-布鲁耶维奇人民委员会办公厅主任职务等问题。

签署给叶卡捷琳堡省执行委员会、俄共(布)中央乌拉尔区域局、第

1 劳动军委员会的电报,命令立即把占用的乌拉尔大学校舍腾出来,没有中央红军营房分配委员会的指示,今后不得占用任何大学校舍。

出席俄共(布)中央全会会议;在讨论无产阶级文化协会同教育人民委员部合并的形式问题时,起草俄共(布)中央全会关于无产阶级文化协会的决定;根据阿尔乔姆(费·安·谢尔盖耶夫)所作的关于请德国工会监督俄国订货完成情况的报告,草拟俄共(布)中央全会关于起草给外贸工作人员的指示的决定。全会讨论调查外交人民委员部工作情况的专门委员会的报告,关于国际工会、关于共和国政治教育总委员会、关于在乌克兰建立陆军人民委员部和交通人民委员部、关于红军中大龄士兵的复员、关于派俄共(布)中央代表出席乌克兰共产党代表会议等问题。

11 月 10 日和 14 日之间

读俄共(布)中央根据中央全会 10 月 10 日决定草拟的《关于无产阶级文化协会》一信,作修改和写批语。

11 月 11 日

接见法国社会党人昂·吉尔波;在谈话过程中写便条给俄共党员同志们和在苏维埃机关中工作的同志们,向他们介绍吉尔波的情况,请他们为吉尔波了解情况提供方便。

11 月 12 日

致函工人供给委员会的尼·巴·布留哈诺夫、帕·伊·波波夫、瓦·亚·阿瓦涅索夫和米·费·弗拉基米尔斯基,提出关于工人供应基本定量问题的建议。

致函南方面军革命军事委员会,就弗兰格尔投降的条件作指示。

同全俄中央执行委员会主席米·伊·加里宁谈租让问题。

写便条给米·伊·加里宁,告知关于西伯利亚租让的几项决定将在下周提交人民委员会批准,指出粮食方面的租让问题研究得不够细致,请他再下点功夫。

主持劳动国防委员会会议。会议讨论关于莫斯科的饲料供应、关于机车由烧木柴改为烧石油、关于用陆军人民委员部的储备向各个生产部门提供工作服和鞋、关于彼得格勒造币厂制造"红旗勋章"的 150 名工人按红军标准供应口粮等问题,以及关于防止在燃料部门和铁路部门工作的红军战士开小差的措施。

11月13日

接见格罗兹尼工人代表 Π.K.扎伊采夫。扎伊采夫把矿工工会格罗兹尼分会的信交给了列宁,请求为他们提供工作用书和资料。

致电政治局委员约·维·斯大林,了解高加索剿匪斗争的进展情况和巴库附近的设防情况,请他就能否和平调整苏维埃俄国同格鲁吉亚和亚美尼亚的关系的问题提出意见。

致函最高国民经济委员会科学技术局发明处,了解该处成立以来审查发明报告的情况。

11月14日

同娜·康·克鲁普斯卡娅一起参加莫斯科省沃洛科拉姆斯克县亚罗波列茨乡卡希诺村电站的落成典礼;同农民谈话;发表关于国际形势和电气化对国民经济的意义的讲话;同农民合影留念。

晚上出席亚罗波列茨乡民众文化馆的农民大会。

审阅娜·康·克鲁普斯卡娅对俄共(布)中央《关于无产阶级文化协会》公开信草稿的意见和补充,同意克鲁普斯卡娅的修改意见,提议把"政治教育工作和科学教育工作相结合"这一点补充进去。

11月15日

接见伊万诺沃-沃兹涅先斯克省执行委员会主席格·库·科罗廖夫,同他谈话,了解当地工业的情况;签署给劳动人民委员部部务委员阿·莫·阿尼克斯特的电话稿,委托阿尼克斯特于11月16日召集由科罗廖夫和粮食人民委员部、燃料总委员会、石油总委员会和其他部门代表参加的会议,就伊万诺沃-沃兹涅先斯克省执行委员会提出的各类问题作出明确的决定。

写便条给农业人民委员谢·帕·谢列达,询问能否给伊万诺沃-沃兹涅先斯克、舒亚和基涅什马提供电犁。

出席俄共(布)中央政治局会议。会议讨论同瑞典订立的购买机车的合同、关于俄罗斯联邦同外国谈判的代表团团长和团员之间相互关系的指示草案、关于克里姆林宫革命委员会的组成以及其他问题。

11月16日

同领导下诺夫哥罗德无线电实验室的无线电技术专家彼·阿·奥斯特

里亚科夫谈无线电实验室的情况;打电话给副财政人民委员谢·叶·丘茨卡耶夫,谈给无线电实验室拨款的问题;打电话给副邮电人民委员阿·莫·柳博维奇,建议把这个问题提交劳动国防委员会11月17日会议讨论。

同卡卢加省莫萨利斯克县农民代表尼·谢·博佳科夫谈余粮收集制问题;谈话过程中记下农民需要解决的问题;致函农业人民委员谢·帕·谢列达和副粮食人民委员尼·巴·布留哈诺夫,询问能否满足农民的请求。

接见瑞士女记者 A.吕埃格。

同全俄工会中央理事会主席米·巴·托姆斯基谈组织生产宣传的问题。

主持人民委员会会议;起草人民委员会关于租让问题的决定。会议决定列宁参加修改租让法令草案。会议还讨论了关于停止实行承包制的法令草案、关于拨款给合作社、关于容许美国人经营机耕业务的计划、关于贷款给农业人民委员部保护畜牧业、关于批准小人民委员会新班子等问题。

11月16日和18日之间

写《关于生产宣传的提纲》的要点。

11月16日和23日之间

同俄罗斯国家电气化委员会主席格·马·克尔日扎诺夫斯基谈关于他在即将召开的苏维埃代表大会上作电气化报告的问题。

11月17日

同教育人民委员部部务委员兼政治教育总委员会副主席叶·亚·利特肯斯谈话。

主持劳动国防委员会会议;通报已成立专门委员会来讨论劳动国防委员会燃料特派员工作会议的决议;签署关于供应伊万诺沃-沃兹涅先斯克省各纺织工厂石油、重油和粮食的决定。会议讨论关于供应彼得格勒燃料的问题、关于共和国铁路部门贯彻抗雪灾和防春汛的措施不力的调查报告。

打电话给副邮电人民委员阿·莫·柳博维奇,对他没有在11月

17日把下诺夫哥罗德无线电实验室的问题提交劳动国防委员会讨论表示气愤。

11月18日

写《关于生产宣传的提纲(草稿)》。

出席俄共(布)中央政治局会议。会议讨论关于中央召开的有莫斯科省党代表会议代表参加的工作会议、关于白俄罗斯、关于格鲁吉亚等问题。

接见俄罗斯和乌克兰对波和谈代表团团长阿·阿·越飞。

出席巴乌曼区党组织代表会议;在讨论俄共(布)区委会的工作和莫斯科党组织工作情况的报告时发言。

11月19日

出席俄共(布)中央政治局会议。会议讨论莫斯科党委的组成问题和1920年11月18日莫斯科河南岸区党组织代表会议的问题。

致函外交人民委员格·瓦·契切林,谈同英国签订贸易协定的问题。

在莫斯科省党代表会议代表的协商会议上讲话;提出决议草案。会议讨论俄共(布)莫斯科委员会委员候选人问题。

修改和签署给克里木各革命委员会的电报,指示清点克里木战役中缴获的物资,并登记造册,妥加保管,严防被盗。

11月20日

写便条给普遍劳动义务制推行总委员会副主席阿·莫·阿尼克斯特,请他召集有关部门代表开会,调查没有执行劳动国防委员会1920年10月8日关于向顿巴斯矿工供应服装的决定的原因,采取紧急措施尽快执行这一决定。

同莫斯科省沃洛科拉姆斯克县卡希诺村的农民、曙光农业协作社电站工程管理委员会委员 C.A.库尔科夫谈话。库尔科夫向列宁汇报了修建区发电站的计划,并请求帮助设法弄到一台发电机。列宁写便条给莫斯科国民经济委员会电力局,询问"狄纳莫"工厂能否生产发电机。

主持人民委员会会议;修改关于报道远东共和国政府主席亚·米·克拉斯诺晓科夫就远东共和国货币流通和经济状况的来电的决定草案。

会议讨论社会保障法草案、卫生人民委员部 1920 年的预算、交通人民委员部给水运职工预算外拨款、给合作社拨款等问题。

11 月 21 日

出席俄共（布）莫斯科省代表会议，发表关于国内外形势和党的任务的讲话；参加代表们讨论俄共（布）莫斯科委员会人选的协商会议，并就莫斯科委员会的选举问题发表讲话。

11 月 22 日

参加修订租让法令草案的工作。

11 月 23 日

主持人民委员会会议；在讨论顿涅茨煤田全权委员会关于发展顿巴斯煤炭工业的报告时，修改关于这一问题的决定草案。会议讨论研究租让问题的委员会的报告，关于增加木材出口的法令草案，关于卡尔梅克族自治州和马里族自治州、沃特（乌德穆尔特）自治州和阿斯特拉罕省区划的决定草案，关于恢复棉纺业的措施，关于最高国民经济委员会印刷局的改组，关于"福勒"式犁生产情况的报告以及其他问题。

不晚于 11 月 23 日

致函小人民委员会，请他们于 11 月 23 日以前研究为农业人民委员部订购电耕农具的问题。

11 月 23 日和 12 月 6 日之间

审阅即将付印的小册子《关于租让。人民委员会 1920 年 11 月 23 日法令。法令条文。租让项目。地图》，发现有疏漏；在小册子最后一页上写批语给最高国民经济委员会主席团委员弗·巴·米柳亭，建议处分对此负有责任的人员。

11 月 23 日以后

同被任命为沃罗涅日省和奥廖尔省粮食会议主席的尼·亚·米柳亭谈话。

11 月 24 日

出席俄共（布）中央政治局会议。会议讨论关于成立专门委员会研究制定教育人民委员部机构的改组计划、关于顿巴斯、关于苏维埃第八次代表大会、关于生产宣传、关于分配从部队复员的共产党员、关于执行俄共

(布)第九次全国代表会议的各项决定、关于《争论专页》、关于乌克兰共产党(布)第五次代表会议的报告、关于军事等问题,以及格·瓦·契切林关于俄罗斯联邦同远东共和国签订条约的建议。

签署给各省执行委员会、省林业委员会、铁路委员会、劳动国防委员会燃料特派员的电报,指示采取紧急措施执行劳动国防委员会1920年10月6日和23日关于向铁路部门供应燃料的决定。

11月25日

在莫斯科印刷业工厂委员会代表会议上发表关于苏维埃共和国国内外形势和工人阶级当前任务的讲话;讲话后回答代表提出的问题。

同小人民委员会副主席弗·亚·安东诺夫-奥弗申柯谈话。

11月26日以前

同副民族事务人民委员阿·扎·卡缅斯基谈话,指出出版民族问题书籍的必要性。

11月26日

在俄共(布)莫斯科组织支部书记会议上讲话。

收到阿·扎·卡缅斯基关于国家出版社迟迟不出版苏维埃政权关于民族问题的决议汇编的信以后,在信上批示,要求国家出版社按时出书。

主持劳动国防委员会会议。会议讨论重点企业条例草案、粮食人民委员部部务委员阿·巴·哈拉托夫就执行劳动国防委员会10月29日关于供应扫盲指导员防寒衣服和鞋子的决定所作的报告、关于从速研究红军和红海军统计调查资料的决定草案,以及关于供应南方各重点工厂燃料、关于宣布察里津省戒严、关于给部队的装卸工人供应制服和鞋子等问题。

同英国共产党人威廉·波尔谈话。

11月26日和28日之间

读教育人民委员部改组工作委员会委员叶·亚·利特肯斯制定的改组教育人民委员部的提纲草案和该委员会的另一名委员瓦·伊·索洛维约夫制定的教育人民委员部条例草案,并写对这两个草案的意见。

11月27日

出席俄共(布)中央政治局会议;起草关于支援阿塞拜疆的决定、对全俄苏维埃第八次代表大会上关于改进苏维埃机关工作和同官僚主义作斗争的报告提纲的意见。会议委托列宁最后审定中央关于无产阶级文化协会的通告信。会议还讨论了外交人民委员格·瓦·契切林关于波兰问题的建议、俄共(布)中央专门委员会关于各级党组织调查结果的报告和关于大龄士兵复员的可能性和复员办法的报告,以及关于星期六义务劳动等问题。

11 月 28 日

读电力托拉斯 1920 年 11 月 25 日向最高国民经济委员会提出的关于为农业人民委员部订制电耕农具的报告,在报告上写批语给农业人民委员谢·帕·谢列达,询问他们的订货单复制得对不对,是否有订货工作进展情况的材料。

同教育人民委员部改组工作委员会委员叶·亚·利特肯斯谈话,指出教育人民委员部条例草案的不足之处。

列宁的《马克思和恩格斯通信集》一文在恩格斯诞生一百周年之际第一次在《真理报》第 268 号上发表。

11 月 29 日

致函教育人民委员阿·瓦·卢那察尔斯基,批评叶·亚·利特肯斯和瓦·伊·索洛维约夫拟定的教育人民委员部条例的两个草案,对改组教育人民委员部的问题提出自己的设想。

在莫斯科河南岸区全体共产党员大会上作关于 11 月 20—22 日举行的莫斯科省党代表会议的报告和总结发言;回答递上来的条子,详细地谈了有关租让的问题。

就外交人民委员格·瓦·契切林提出的暂时从英国召回列·波·克拉辛的建议起草政治局的决定。

下午 1 时 30 分,接见教育人民委员阿·瓦·卢那察尔斯基。

下午 3 时,接见彼得格勒苏维埃主席格·叶·季诺维也夫。

11 月 30 日

起草人民委员会关于直接税的决定。

分别接见西方面军第 3 集团军革命军事委员会委员康·亚·梅霍诺申、中央政治局委员约·维·斯大林、运输工会中央委员会主席阿·

巴·罗森霍尔茨、全俄肃反委员会主席费·埃·捷尔任斯基。

主持人民委员会会议;修改关于停止实行承包制的法令草案。会议讨论战争和封锁造成的损失调查委员会的报告、民族事务人民委员部驻各自治共和国和自治州的特派员问题委员会的报告,以及关于批准粮食人民委员部新班子等问题。

11月

写俄共(布)中央关于教育人民委员部设立人民委员助理的决定草案。

12月1日

主持人民委员会经济委员会第二次会议;写人民委员会经济委员会的决定草案。

同第13集团军政治部成员A.A.列别捷夫谈话。

12月2日

致电亚美尼亚革命军事委员会主席萨·卡西扬,祝贺苏维埃亚美尼亚摆脱帝国主义压迫,获得解放。

同全俄工会中央理事会主席米·巴·托姆斯基谈话。

12月3日

出席全俄工会中央理事会、五金工人工会中央委员会、市政工人工会中央委员会以及彼得格勒五金工人、伊万诺沃-沃兹涅先斯克纺织工人的代表关于粮食人民委员部工作问题的讨论会;听代表发言时作笔记。

主持劳动国防委员会会议;在听取运输总委员会关于运输工具修理工作、造船工作和铁路部门燃料供应工作情况的报告后起草有关决定的第一项。会议讨论最高铁路运输委员会关于弗拉基高加索铁路运输的报告,关于乌克兰的剿匪斗争和内务部队管理的决定草案,以及解除东南劳动军的作战任务等问题。

12月4日

签署共产国际执行委员会给德国独立社会民主党(左派)和德国共产党统一代表大会的德文贺信。

出席俄共(布)中央政治局会议;起草俄共(布)中央政治局关于对英通商条约的决定。会议讨论关于援助拉脱维亚和立陶宛、关于同波斯(伊朗)的条约、关于俄共(布)中央下次全会等问题。

　　　主持人民委员会会议;写《对制定加强和发展农民农业经济的措施
的法令草案的意见》。会议讨论关于统一协调经济系统各人民委员部工
作的决定草案、关于拨出一部分粮食同拉脱维亚和立陶宛进行商品交
换、关于确定一批重点高等师范院校等问题。

12 月 5 日

　　　致函副教育人民委员米·尼·波克罗夫斯基,祝贺他的《俄国历史概要》
一书出版,建议他为该书补充编年索引等资料。

12 月 6 日

　　　签署人民委员会 1920 年 12 月 3 日关于庆祝尼·叶·茹柯夫斯基教授
从事科学活动 50 周年的决定。

　　　写《给全俄各省妇女工作部工作会议的贺词》。

　　　在俄共(布)莫斯科组织积极分子大会上作关于租让的报告和总结
发言。

　　　主持人民委员会经济委员会第三次会议。会议讨论分委员会关于
把劳动国防委员会工作重心转移到经济建设任务上来的措施的报告。

12 月 7 日

　　　签署给各省执行委员会、省农业局、省粮食委员会的电报,通报人民委员
会将提交全俄苏维埃第八次代表大会审议的《关于加强和发展农民农业
经济的措施》法令草案,建议对草案的基本论点进行广泛的讨论并为代
表大会准备材料和提案。

　　　出席俄共(布)中央全会会议。会议讨论水运工会同运输工会中央
委员会的冲突问题,审议格·瓦·契切林关于巴统、关于同土耳其签订
条约、关于同波斯签订条约的原则等建议,以及关于中央全会下次会议、
关于调整俄罗斯联邦同乌克兰苏维埃社会主义共和国之间的国际关系
和法律关系等问题。

不晚于 12 月 8 日

　　　就人民委员会办公厅主任人选问题同尼·彼·哥尔布诺夫和帕·彼·
哥尔布诺夫谈话。

12 月 8 日

　　　出席俄共(布)中央全会会议;写《对俄共(布)中央全会关于生产宣传的

决定草案的意见》、《俄共(布)中央全会关于改组教育人民委员部的决定草案》。会议讨论关于任命国家档案馆馆务委员会、关于建立"世界上第一个马克思主义博物馆"等问题,以及关于在苏维埃第八次代表大会前恢复运输的提纲、关于政治教育总委员会的报告。

晚上,继续出席俄共(布)中央全会会议;与其他中央委员一起提出关于在1921年2月初召开党的第十次代表大会的建议。会议讨论列宁关于任命尼·彼·哥尔布诺夫为人民委员会办公厅主任的请求、全俄无产阶级文化协会中央主席团关于在《真理报》上刊登俄共(布)中央《关于无产阶级文化协会》一信的说明的请求、关于星期六义务劳动的提案、关于马赫诺分子的报告、关于俄共(布)第十次代表大会召开的日期,以及关于劳动人民委员部等问题。

12月9日

出席俄共(布)中央全会会议。会议讨论农业人民委员谢·帕·谢列达关于农业生产的提纲,委托全俄工会中央理事会监督贯彻中央全会关于运输工会中央委员会和水运工会的冲突问题的决定的建议,提交全俄苏维埃第八次代表大会的关于同官僚主义作斗争的提纲,关于加强全俄工会中央理事会主席团、关于俄共(布)中央给乌克兰共产党中央委员会的政治指示、关于俄共(布)第十次代表大会及其议程等问题。

12月10日

接见阿里·戈利汗·莫沙韦尔-奥尔-麦马列克大使率领的波斯(伊朗)政府代表团,同他们谈苏维埃俄国与波斯(伊朗)之间的关系问题。

同罗马尼亚社会党代表格·克里斯捷斯库、科·波波维奇等人谈话,他们来俄国是为了了解俄国情况并同共产国际执行委员会谈判加入共产国际问题的。

接见西班牙社会主义工人党代表团成员费尔南多·德洛斯·里奥斯和丹尼尔·安吉亚诺,同他们谈西班牙社会主义工人党加入共产国际等问题,以及苏维埃俄国的情况。

12月11日

主持人民委员会经济委员会第四次会议。会议继续讨论司法人民委员德·伊·库尔斯基提出的关于劳动国防委员会的决定草案。

为《论意大利社会党党内的斗争》一文写代后记《关于自由的假话》。

主持人民委员会会议;介绍莫斯科消费公社主席阿·叶·巴达耶夫关于取缔苏哈列夫卡市场的请示;修改《关于加强和发展农民农业经济的措施》法令草案和劳动国防委员会条例草案。会议讨论关于召开组织问题研讨会和成立编制委员会的决定草案、关于给合作社拨款的法令草案、关于泥炭水力开采管理局的工作进展情况,以及关于向丹麦"大北方电讯公司"提供租让项目等问题。

12 月 13 日以前

同彼得格勒"新列斯纳"工厂工人、劳动国防委员会驻北方铁路燃料特派员 C.K.沃龙科夫谈话。

12 月 13 日

同顿巴斯中央煤炭工业管理局局长格·列·皮达可夫谈话。

同粮食人民委员亚·德·瞿鲁巴谈话。

同亚美尼亚革命委员会委员萨·米·捷尔-加布里耶良和 A.姆拉维扬谈苏维埃亚美尼亚的政治和经济形势,答应支援亚美尼亚。

接见孟什维克执政的格鲁吉亚的大使 Г.马哈拉泽,同他谈苏维埃俄国与格鲁吉亚之间的相互关系问题。

写便条给俄共(布)中央书记尼·尼·克列斯廷斯基,反对他想把雅·阿·雅柯夫列夫从政治教育总委员会调走,要求他不要改变中央通过的决定。

主持人民委员会经济委员会第五次会议。会议讨论分委员会关于经济系统各人民委员部之间的组织联系问题的报告以及其他问题。

12 月 14 日

致函粮食人民委员亚·德·瞿鲁巴,指出粮食人民委员部分配局的工作不能令人满意,建议在粮食人民委员部下面设立一个专门委员会,吸收一些有一定粮食工作经验的工人参加,以便改进工作。

主持人民委员会会议;修改全俄中央执行委员会关于在各自治共和国和自治州成立民族事务人民委员部代表处的法令草案。会议讨论关于支持种植烟草的法令草案以及关于实物奖励等问题。

12 月 14 日和 22 日之间

起草《在全俄苏维埃第八次代表大会上关于对外对内政策的报告的提纲》。

12 月 15 日

前往莫斯科省韦列亚县博戈罗茨克乡莫杰诺沃村附近打猎；在莫杰诺沃、沙利科沃和其他村举行的农民大会上作关于当前国内外形势的报告，谈对波和谈、结束国内战争、复员军队、恢复经济、电气化计划、世界革命运动等问题。报告以后，回答农民提出的各种问题。农民反映莫杰诺沃村征粮过多，列宁建议他们派代表前往莫斯科解决这一问题。

同外交人民委员格·瓦·契切林谈苏维埃俄国同土耳其关系问题。

不早于 12 月 15 日

同阿塞拜疆石油委员会主席亚·巴·谢列布罗夫斯基谈话，了解石油工业情况。

12 月 16 日

主持劳动国防委员会会议。会议讨论关于减少从西伯利亚调运货物的问题。

12 月 17 日

出席俄共（布）中央全会会议。会议决定列宁参加农业人民委员部提纲起草委员会。会议还讨论了关于苏维埃第八次代表大会及其议程、关于俄共（布）第十次代表大会的代表名额、关于派中央代表出席民族事务人民委员部召开的各地民族事务局局长讨论民族政策的会议、关于从技术上改进首都报纸、关于军事运输等问题。

12 月 18 日

同无产阶级文化协会全俄理事会中央全会代表团成员瓦·普列特涅夫、Φ.沃尔金、Φ.布拉贡拉沃夫和伊·尼基京谈无产阶级文化建设的问题。

得知捷列克州的阿拉吉尔村 1919 年受反革命匪帮迫害而外逃的 300 多户难民处境艰难的消息，致电弗拉基高加索革命委员会，指示火速救济这些难民，为他们安排固定的住处。

主持人民委员会会议，就免交国有和市有房屋房租以及使用市政公用设施的费用的法令草案作说明；写对《关于国立高等美工学校》决定草案的修改意见。会议讨论关于在克里木建立劳动者疗养所的决定草案、关于把国家特列季亚科夫画廊的建筑物收归国有的法令草案、关于签署有关农业专家的决定的通报以及其他问题。

12 月 19 日

同内务人民委员部部务委员瓦·尼·雅柯夫列娃谈话。

出席全俄苏维埃第八次代表大会农业委员会会议。

12 月 20 日

出席俄共(布)中央全会会议；在讨论关于全俄苏维埃第八次代表大会的问题时，把自己起草的《关于把决议提交苏维埃代表大会表决的程序》的建议提交全会讨论；起草关于在同英国进行贸易谈判时对外贸易人民委员列·波·克拉辛和外交人民委员格·瓦·契切林之间的关系问题的决定；在讨论全俄工会中央理事会关于创办专门的生产性机关报的建议时，写对关于这个问题的决定草案的补充。会议委托列宁和叶·阿·普列奥布拉任斯基最后审批农业问题纲领；会议决定由列宁在全俄苏维埃第八次代表大会开幕式上作报告。会议还讨论了运输工会提出的在苏维埃代表大会上作关于组织地方运输的报告的建议、全俄工会中央理事会关于派代表参加教育人民委员部改组工作委员会的建议、全俄苏维埃第八次代表大会告俄罗斯联邦劳动群众书，以及关于设"劳动红旗"勋章等问题。

同法国社会党人昂·吉尔波谈话。

12 月 21 日

全俄苏维埃第八次代表大会各代表团代表协商会议推荐列宁为俄共(布)党团委员会和代表大会主席团成员的候选人。

出席全俄苏维埃第八次代表大会俄共(布)党团会议，作关于租让问题的报告和总结发言。

12 月 21 日和 29 日之间

起草全俄苏维埃第八次代表大会俄共(布)党团决议。

致函俄罗斯国家电气化委员会主席格·马·克尔日扎诺夫斯基，指示在居民中宣传和普及电的知识，制定俄罗斯联邦实现每一幢房屋用电照明的计划和一个简略的电气化计划。

12 月 22 日—29 日

领导全俄苏维埃第八次代表大会的工作。代表大会的议程有：全俄中央执行委员会和人民委员会关于对外对内政策的报告、关于俄罗斯电气化、关于恢复工业和运输、关于发展农业生产和支援农民经济、关于改善中央和地方苏维埃机关的工作以及同官僚主义作斗争、选举全俄中央执行委员会等问题。

12 月 22 日

出席全俄苏维埃第八次代表大会第一次会议；被选入代表大会主席团；作全俄中央执行委员会和人民委员会关于对外对内政策的报告。

出席苏维埃第八次代表大会非党农民代表会议。会议讨论《关于加强和发展农民农业经济的措施》法案。列宁非常注意农民的争论，作发言摘要；写便条给中央委员和人民委员，把摘记的非党农民会议发言推荐给他们。

晚上，出席苏维埃第八次代表大会俄共（布）党团会议；在讨论全俄中央执行委员会和人民委员会关于对外对内政策的报告时作笔记；即席答复代表们在讨论报告时提出的意见。

12 月 23 日

上午，出席全俄苏维埃第八次代表大会第 2 次会议；作关于对外对内政策的报告的总结发言。

12 月 24 日

出席苏维埃第八次代表大会俄共（布）党团会议；在讨论人民委员会《关于加强和发展农民农业经济的措施》法案时讲话。

出席俄共（布）中央全会会议。会议讨论关于全俄中央执行委员会人选、关于变更俄共（布）第十次代表大会召开日期、关于俄罗斯联邦和乌克兰苏维埃社会主义共和国的条约、关于撤销交通人民委员部总政治部和交通人民委员部水运总政治部、关于开展党代表大会议程的讨论、关于工会的报刊等问题。

主持劳动国防委员会会议。会议讨论关于粮食运输，关于莫斯科、彼得格勒、伊万诺沃-沃兹涅先斯克和喀琅施塔得的节日供应等问题。

12 月 25 日以前

为纪念 1905 年莫斯科十二月武装起义 15 周年写《给红色普列斯尼亚工人的信》。

12 月 27 日

出席俄共（布）中央全会会议；提出苏维埃第八次代表大会关于电气化报

告的决议草案；在讨论苏维埃第八次代表大会关于农业问题的决议草案时，写《对农业问题决议的补充》。全会确定列宁在苏维埃第八次代表大会俄共（布）党团会议上就农业问题作报告。会议还讨论了关于裁减军队的政府通告草案、关于设劳动红旗勋章的决定草案，以及关于劳动国防委员会的问题列入苏维埃第八次代表大会议程、关于崩得等问题。

晚上，出席苏维埃第八次代表大会俄共（布）党团会议，就《关于加强和发展农民农业经济的措施》法案的补充意见发表讲话，并回答了代表们提出的问题。

12 月 28 日

上午，出席全俄苏维埃第八次代表大会第 6 次会议。会议讨论关于改进苏维埃机关工作和同官僚主义作斗争等问题。

致函人民委员会办公厅主任尼·彼·哥尔布诺夫，托他关心一下电犁的生产，并请他与最高国民经济委员会主席团有关委员商谈这件事。

12 月 29 日

读列·达·托洛茨基《工会的作用和任务》小册子，并在上面作批注。

在全俄苏维埃第八次代表大会第 7 次会议上当选为第八届全俄中央执行委员会委员。这次会议通过列宁起草的关于电气化报告的决议。

12 月 30 日

在苏维埃第八次代表大会俄共（布）党员代表、全俄工会中央理事会党员委员及莫斯科省工会理事会党员委员联席会议上发表题为《论工会、目前局势及托洛茨基同志的错误》的讲话。

12 月 31 日以前

读教育人民委员部部务委员娜·康·克鲁普斯卡娅关于综合技术教育的提纲，并写了对这一提纲的意见。

12 月 31 日

第八届全俄中央执行委员会第一次会议一致选举列宁为人民委员会主席。

列宁致电莫斯科和彼得格勒两市制造电犁的企业，指示尽一切努力在 1921 年 4 月 1 日以前完成农业人民委员部订购的 22 部电耕农具及其零件的生产任务。

12 月底

写《关于经济建设任务的意见》。

同卡累利阿劳动公社主席爱·居林谈在卡累利阿建立造纸工业和建设水电站的问题;委托秘书把卡累利阿劳动公社的经济计划找出来,让人民委员会办公厅主任尼·彼·哥尔布诺夫帮助爱·居林制定出公社电气化计划。

12 月

致函俄罗斯国家电气化委员会主席格·马·克尔日扎诺夫斯基,建议在全俄苏维埃第八次代表大会以后,立即向劳动国防委员会阐明电气化运动的实际计划。

写《关于电气化的意见。1.电气化的意义》。

1921 年

1 月 1 日—22 日

在哥尔克休假;写《党内危机》一文和《再论工会、目前局势及托洛茨基同志和布哈林同志的错误》这本小册子的大部分。

1 月 1 日

同西伯利亚革命委员会主席伊·尼·斯米尔诺夫谈话,审阅他关于西伯利亚消灭高尔察克军队后政治和经济形势的报告。

就向西伯利亚和吉尔吉斯两地移民问题致函农业人民委员谢·帕·谢列达,委托他当日就同吉尔吉斯人民委员会主席拉杜斯-曾科维奇谈妥向吉尔吉斯移民的数量。

1 月 2 日

读瑞典红十字会中央委员会的来信,信中请求允许生理学家、科学院院士伊·彼·巴甫洛夫去瑞典,说那里可以为巴甫洛夫的科学研究工作提供良好和安静的环境。列宁认为这是一件丢人的事情,把信批给人民委员会办公厅主任尼·彼·哥尔布诺夫,请他同卫生人民委员尼·亚·谢马什柯和副教育人民委员米·尼·波克罗夫斯基商量,代拟复信稿。

1 月 3 日

中午 12 时 20 分,从哥尔克返回莫斯科。

委托人民委员会办公厅主任尼·彼·哥尔布诺夫询问最高国民经
济委员会科学技术局,能否从青铜中提炼纯铜。

1月4日

上午11时至下午4时,出席俄共(布)中央全会会议;起草俄共(布)中央
全会关于农业人民委员部的决定的第4条。会议讨论关于远东共和国、
关于乌梁海边疆区(图瓦)等问题。

下午6时,主持劳动国防委员会会议。会议讨论关于莫斯科苏维埃
同粮食人民委员部工人供给委员会的分歧、燃料状况以及其他问题。

晚上9时,去哥尔克。

1月5日

读教育人民委员部业务指导中心顾问 Э.C.延奇缅给副教育人民委员
米·尼·波克罗夫斯基的报告,报告反映伊·彼·巴甫洛夫的生活和工
作条件都很困难,要求尽快落实列宁关于为巴甫洛夫进行正常科学实验
工作创造条件的指示。

1月6日

签署全俄中央执行委员会和人民委员会关于建立乡执行委员会劳动科
的决定。

同莫斯科省博戈罗茨克乡莫杰诺沃村农民代表谈减少余粮征收额
问题;批示尼·彼·哥尔布诺夫研究该村农民的请求并帮助他们解决问
题,询问粮食人民委员部能否减少该村农民上缴粮食的数量。

读尼·彼·哥尔布诺夫代拟的给瑞典红十字会中央委员会的复信
稿;批示尼·彼·哥尔布诺夫在信上补充:我们已给伊·彼·巴甫洛夫
一些优待,他不愿离开苏维埃俄国。

1月9日

签署给土耳其大国民议会主席穆斯塔法·基马尔(阿塔图克)的电报,对
基马尔高度评价苏维埃共和国的民族政策表示满意,希望俄罗斯联邦同
土耳其建立相互谅解和相互信任的关系。

出席莫斯科省波多利斯克县哥尔克村农民大会;作关于苏维埃共和
国国内外形势的报告,谈全俄苏维埃第八次代表大会的决议、即将举行
的党的第十次代表大会、电气化的计划、集体经济的优越性等问题。

1 月 10 日

下午 3 时 40 分,从哥尔克回到莫斯科。

下午 6 时,主持劳动国防委员会全体会议;在讨论彼得格勒燃料状况问题时作笔记;把高加索劳动军委员会副主席亚·格·别洛博罗多夫对总司令关于从高加索劳动军抽调战士补充野战军的命令的异议提交会议研究。

晚上 8 时 50 分,去哥尔克。

1 月 11 日

签署农业人民委员部与粮食人民委员部起草的给各省执行委员会、粮食委员会和农业局的通电,提出在各地成立播种委员会并开展播种运动。

委托尼·彼·哥尔布诺夫了解卫生人民委员尼·亚·谢马什柯对 B.A.格罗莫夫医生由卡梅什洛夫寄给列宁的关于环境保护和卫生教育工作的材料的看法、进一步了解工程师彼·阿·科兹明在 1920 年 12 月 2 日给列宁的信中提到的关于利用风力解决农村照明和关于 H.A.阿尔捷米耶夫发明的新式保温器的问题,向莫斯科苏维埃和卫生人民委员部了解检疫站筹建委员会主席弗·德·邦契-布鲁耶维奇反映的莫斯科车站的检疫站缺少燃料的问题。

1 月 12 日

上午 11 时,从哥尔克回到莫斯科。

上午 11 时至下午 4 时,主持俄共(布)中央全会会议;在讨论关于党的第十次代表大会问题时,投票赞成中央委员会的决议草案。中央的这一决议草案支持俄共(布)彼得格勒组织 1921 年 1 月 3 日发表的《告全党书》,谴责莫斯科党委会追随托洛茨基主张的决议,认为这一决议对民主集中制基本原则作了官僚主义的歪曲。会议讨论关于国民经济委员会代表大会等问题。

写便条给人民委员会办公厅主任尼·彼·哥尔布诺夫,委托他打电话给莫斯科省国民经济委员会电力局,要他们尽快解决哥尔克村的电力照明问题。

同美国女记者路易丝·布赖恩特谈话;为她在中亚旅行开证明,请党和苏维埃机关尽量为她提供方便。

下午 6 时,主持俄共(布)中央全会会议;代表八个中央委员提议重新表决布哈林的决议案。全会决定列宁在俄共(布)第十次代表大会上代表中央作政治报告和关于经济建设当前任务的报告。会议还讨论了农民的情绪、乌克兰共产党中央全会关于成立乌克兰最高铁路运输委员会必要性的报告、中央组织局关于取消全俄中央执行委员会哥萨克局的决定以及其他问题。

晚上 11 时,去哥尔克。

1 月 13 日

致函《全俄中央执行委员会消息报》编辑尤·米·斯切克洛夫,肯定他为法国社会党在图尔召开的代表大会所写的《在公社的祖国》一文,建议他写关于法国社会主义运动的小册子。

1 月 14 日

主持俄共(布)第十次代表大会关于工会的作用和任务问题的决议起草委员会会议。决议草案拟成后,同格·叶·季诺维也夫和约·维·斯大林等 9 人在草案上签字。

1 月 16 日和 21 日之间

读外交人民委员部部务委员、俄罗斯联邦驻爱沙尼亚全权代表马·马·李维诺夫 1 月 16 日给外交人民委员格·瓦·契切林的电报,电报说,荷兰石油工业辛迪加——荷兰皇家石油公司要求得到苏维埃俄国石油和煤油的出口垄断权和未开发的石油区的承租权。列宁批示谈判要极其谨慎。

1 月 18 日

审阅劳动国防委员会负责燃料总委员会工作的特派员亚·弗·埃杜克写的关于苏维埃共和国燃料供应现状和前景的报告和调查材料以后,写便条给人民委员会办公厅主任尼·彼·哥尔布诺夫,请他研读这些材料,同埃杜克商议改进燃料采购工作的实际建议。

不晚于 1 月 19 日

写《党内危机》一文和该文最后部分的草稿。

1 月 19 日

写完《党内危机》一文;将该文连同全俄工会中央理事会总书记扬·埃·

鲁祖塔克《工会在生产中的任务》提纲以及关于制定这一提纲的经过的
材料一起寄给《真理报》编辑部,要求发表这些材料。

1月20日

下午2时20分,从哥尔克返回莫斯科。

　　下午4时至6时,同人民委员会办公厅主任尼·彼·哥尔布诺夫谈
话,请他注意研究和推动泥炭水力开采管理局的工作,放映《泥炭水力开
采法》这部影片时要加有趣而通俗的解说词;认真研究精简莫斯科多余
的机关,了解莫斯科精简委员会的工作并为其增加干部;着手劳动国防
委员会专家委员会的筹建工作。

　　签署尼·彼·哥尔布诺夫代拟的给弗拉基高加索铁路普罗列塔尔
斯卡亚车站的职工和党支部的信,感谢他们派代表给莫斯科劳动者送来
的礼物(小麦、大麦、面粉),希望他们办好农业公社,在生产上取得实际
成绩,同周围农民建立最良好的关系。

1月20日或21日

尼·彼·哥尔布诺夫受列宁之托,把列宁1921年1月20日的信转交给
弗拉基高加索铁路普罗列塔尔斯卡亚车站的职工和党支部代表团,并告
诉他们,莫斯科工人们感谢车站职工的礼物,向他们回赠15 000俄尺布
匹及俱乐部的设备和书籍。

1月21日

得知萨拉托夫省谢尔多布斯克县巴库雷乡某些粮食工作人员进行反革
命活动的消息后,致函俄共(布)巴库雷乡组织,要他们竭尽全力同反革
命分子作斗争,把反革命分子送交革命法庭惩处。

　　责成尼·彼·哥尔布诺夫同最高国民经济委员会主席阿·伊·李
可夫协商后,起草给外交人民委员部部务委员兼俄罗斯联邦驻爱沙尼亚
全权代表马·马·李维诺夫的指示,答复他1月16日来电。

　　读最高国民经济委员会副主席兼林业总委员会主席格·伊·洛莫
夫1921年1月14日来信,信中反映外交人民委员部经常不让前来谈判
有关租让问题的外国辛迪加代表入境。列宁把此信批给人民委员会办
公厅主任尼·彼·哥尔布诺夫,托他给外交人民委员部和全俄肃反委员
会打电话,解决这个问题。

1 月 21 日—25 日

写对托洛茨基《工会的作用和任务》小册子的意见、《再论工会、目前局势及托洛茨基同志和布哈林同志的错误》小册子的提纲、《政治和经济。辩证法和折中主义》及《辩证法和折中主义。"学校"和"机关"》两部分的提纲、结论的提纲。

1 月 22 日

下午 5 时，从哥尔克返回莫斯科，把《再论工会、目前局势及托洛茨基同志和布哈林同志的错误》小册子的前一部分交秘书打字，并说这"暂时要绝对保密"。

深夜，去哥尔克。

1 月 23 日

在全俄矿工第二次代表大会俄共（布）党团会议上作关于工会的作用和任务的报告。

不早于 1 月 23 日

读"工人反对派"首领之一亚·加·施略普尼柯夫的《工会的任务》提纲，在《再论工会、目前局势及托洛茨基同志和布哈林同志的错误》小册子中对这一提纲的工团主义倾向作了批判。

1 月 24 日

在全俄矿工第二次代表大会俄共（布）党团会议上作关于工会的作用和任务的报告的总结发言。

主持劳动国防委员会全体会议；在讨论彼得格勒燃料状况问题时作笔记。会议讨论最高运输委员会关于开采和装运煤炭的报告，粮食人民委员部部务委员阿·巴·哈拉托夫关于向中部地区运送粮食和肉的报告，伊万诺沃-沃兹涅先斯克、弗拉基米尔、特维尔、下诺夫哥罗德、科斯特罗马等省的粮食状况，军队复员的进展情况，改善铁路运营的措施，以及关于莫斯科近郊煤矿区等问题。

同刚从彼得格勒来的阿·马·高尔基谈彼得格勒学者生活改善委员会的工作、帮助伊·彼·巴甫洛夫院士改善生活条件等问题。

1 月 25 日

写完《再论工会、目前局势及托洛茨基同志和布哈林同志的错误》

小册子。

写便条给人民委员会办公厅主任尼·彼·哥尔布诺夫,传达人民委员会的一项决定:责成哥尔布诺夫负责监督人民委员会各项决定的执行。

委托尼·彼·哥尔布诺夫为列宁收到的俄罗斯联邦地图补充最新资料,把这些地图挂到人民委员会的各个办公室和以列宁的名义赠送给莫斯科的各个工人俱乐部。

签署人民委员会1921年1月24日关于保证伊·彼·巴甫洛夫院士及其助手从事科学工作的条件的决定。

主持人民委员会会议;反对小人民委员会关于修改实物奖励暂行条例的决定。会议讨论关于批准播种计划、关于违反劳动纪律惩治法规、关于批准同外国签订条约的程序、关于储存种子方法的指示以及其他问题。

不早于1月25日

签署共产国际执行委员会为祝贺意大利共产党成立给该党的贺信。

1月26日

读电气工程师彼·阿·奥斯特里亚科夫关于安装无线电话的书面报告,报告请求帮助排除安装工作中遇到的困难和批准关于在莫斯科建立无线电话站的法令草案。列宁把这个报告批给人民委员会办公厅主任尼·彼·哥尔布诺夫,要他专门关心这件事,由小人民委员会尽快通过所附的这一法令草案,并要他每月两次向列宁报告工作的进展情况。

签署给下诺夫哥罗德省索尔莫沃工厂的电报,请该厂在4月份为泥炭水力开采管理局制造一台履带式起重机,以便5月初在国营"输电"发电站对这台起重机进行全面测试。

主持俄共(布)中央全会会议;起草俄共(布)中央全会关于格鲁吉亚的决定。在讨论教育人民委员部改组条例时,会议决定成立由列宁主持的专门委员会负责解决这一问题。会议讨论关于业务指导中心和职业技术教育总委员会的法令草案、中央监察委员会关于今后允许它的成员出席中央全会和政治局会议的申请报告、关于世界文学出版社的改组、关于陆军人民委员部在国外的订货、关于同英国签订贸易协定、关于布

哈拉、关于全俄工会中央理事会的日报、关于工会国际代表会议、关于红
军状况、关于工会提纲等问题。全会快结束时,把刚刚印完的《再论工
会、目前局势及托洛茨基同志和布哈林同志的错误》小册子分发给即将
去各省参加工会争论的中央委员。

1 月 26 日和 27 日

列宁的《再论工会、目前局势及托洛茨基同志和布哈林同志的错误》小册
子出版。

1 月 26 日和 2 月 18 日之间

同电气工程师彼·阿·奥斯特里亚科夫谈话,奥斯特里亚科夫向列宁汇
报安装无线电话工作中出现的困难,列宁打电话给财政人民委员部,要
他们拨给必要的资金。

1 月 27 日

致函最高国民经济委员会副主席弗·巴·米柳亭,询问他为向国外公布
关于租让的法令做了哪些工作。

下午 1 时 30 分,接见美国世界产业工人联合会总书记乔·哈迪,向
他了解美国工人运动、宣传工作的形式和方法、工人的情绪等方面的
情况。

下午 2 时 30 分,接见阿·马·高尔基和彼得格勒科学机关和高等
学校联合委员会代表团成员谢·费·奥登堡教授、弗·安·斯切克洛夫
教授和弗·尼·通科夫教授,同他们谈关于在苏维埃共和国创造科学研
究工作条件的问题。谈话时学者们向列宁递交了关于保证苏维埃共和
国科研工作的法令草案。

打电话给人民委员会办公厅主任尼·彼·哥尔布诺夫,要他在 1 月
29 日把关于保证科学研究工作的法令草案提交小人民委员会讨论。

晚上 7 时,接见外交人民委员部和对外贸易人民委员部驻德国全权
代表维·列·柯普。

晚上 9 时 30 分,接见对外贸易人民委员列·波·克拉辛。

签署劳动国防委员会 1921 年 1 月 26 日关于空军总部下设航空技
术和航空建设最高纲领起草委员会的决定。

1 月 28 日

致函副教育人民委员米·尼·波克罗夫斯基和教育人民委员部部务委

员叶·亚·利特肯斯和奥·尤·施米特,请他们派人在晚上8时以前把关于各类学校的现行法令、决议、工作细则等材料送来。

出席俄共(布)中央政治局和组织局的联席会议。会议讨论关于乌拉尔问题,决定由劳动国防委员会派遣全权委员会去乌拉尔,为发展冶金工业和燃料采掘工业创造良好的条件。

主持劳动国防委员会会议。会议讨论共和国革命军事委员会副主席埃·马·斯克良斯基关于军队复员进展情况的报告、关于奖励生产电犁的职工的决定草案、关于向乌拉尔派遣全权委员会的决定草案、关于区域经济机构、关于部队的电报通信、关于粮食状况、关于铁路燃料等问题。

1月28日和2月2日之间

在克里姆林宫两次同全俄矿工第二次代表大会代表合影留念。

1月29日

读瓦·瓦·沃罗夫斯基1921年1月28日来信,信中支持彼得格勒"电力"厂提出的给已故电力工程师и.д.叶夫宁的家属发放口粮和补助金的申请。列宁将信批给尼·彼·哥尔布诺夫,请他把这个问题转交小人民委员会研究,并指出瓦·瓦·沃罗夫斯基是一个老马克思主义者和老布尔什维克,他对人的了解是完全信得过的。

起草教育人民委员部条例。

主持俄共(布)中央教育人民委员部改组工作委员会会议。

1月30日

同特维尔省斯塔里察县利戈沃村农民亚·伊·古谢夫谈话。古谢夫是受省非党农民代表会议的委托来莫斯科的,他反映,省非党农民代表会议希望召开全俄非党农民代表大会。

同副农业人民委员恩·奥新斯基谈改善农业人民委员部工作和吸收农民参加该人民委员部工作等问题。

1月31日

中午12时,接见芬兰共产党中央委员埃·阿·拉希亚和最高国民经济委员会主席团秘书亚·瓦·绍特曼。

中午12时30分,接见全俄中央执行委员会中央出版物发行处处长波·费·马尔金。

下午1时15分,接见全俄中央执行委员会主席团委员彼·格·斯米多维奇。

下午2时,接见全俄中央执行委员会最高法庭成员伊·巴·茹柯夫。

下午3时,接见教育人民委员部部务委员弗·威·林格尼克。

乌克兰中央执行委员会委员米·A.克鲁钦斯基致函列宁,反映农业人民委员部工作中的缺点,特别是对副农业人民委员恩·奥新斯基的工作不满意。列宁复函,请他就改善农业人民委员部的工作提出具体意见和建议。

起草俄共(布)中央政治局关于运输工会中央委员会工作人员的申请的决定。

签署粮食人民委员部起草的给巴库阿塞拜疆人民委员会主席纳·纳·纳里曼诺夫的电报,告知已派人去巴库和彼得罗夫斯克调整里海鱼品工业的组织。

把矿工代表 Г.И.科特利亚罗夫关于采矿场缺少技术设备的信批给尼·彼·哥尔布诺夫,指示搜集情况,设法支援采矿业。

委托尼·彼·哥尔布诺夫向最高国民经济委员会科学技术局了解1月28日《真理报》提到的机械化采伐木柴方面的三项发明,并检查人民委员会1921年1月24日关于保证伊·彼·巴甫洛夫院士及其助手从事科学工作的条件的决定的执行情况。

主持劳动国防委员会会议。会议讨论关于铁路运输情况危急的报告、莫斯科等地的粮食状况以及其他问题。在讨论粮食问题时,决定成立由列宁主持的粮食工作委员会,以检查和协调向中部地区运粮的直达列车的运营,保证运粮直达列车所需物资的供应。

主持俄共(布)中央教育人民委员部改组工作委员会会议。

读出席全俄矿工第二次代表大会代表彼·伊·梅什科夫的来信,信中报告他们用星期六和星期日义务劳动为莫斯科工人采煤3万普特,因劳动国防委员会要求将煤留在原地而未能装运。列宁把信批给人民委员会办公厅主任尼·彼·哥尔布诺夫,委托哥尔布诺夫去督促煤炭总委员会,并把梅什科夫的信送去发表。

2月1日

上午11时,主持俄共(布)中央教育人民委员部改组工作委员会会议。会议除了研究其他问题以外,还重新研究了叶·亚·利特肯斯的任命问题。

下午3时,接见国家出版社国外部主任萨·马·扎克斯(格拉德涅夫),听取他关于国外图书出版工作情况的汇报。

下午3时30分,接见中央统计局局长帕·伊·波波夫。

致函粮食人民委员部部务委员兼粮食人民委员部驻北高加索特派员莫·伊·弗鲁姆金,严厉批评乌克兰中央统计局局务委员(原资产阶级临时政府粮食部长)阿·瓦·彼舍霍诺夫的行为,指出乌克兰在粮食工作中"闹独立"是不能允许的,必须彻底查清事情的真相。

晚上6时至10时,主持人民委员会会议;起草人民委员会关于石油租让的决定和人民委员会关于检查各人民委员部执行劳动国防委员会和人民委员会的决定和任务情况的决议。会议讨论关于纪律审判会法令的实际效力、关于实物奖励、关于在国外为彼得格勒采购石煤、关于保障苏维埃俄国科学教育机关和科学技术机关正常工作等问题。

修改教育人民委员部条例草案。

晚上10时,主持劳动国防委员会粮食工作委员会会议。

2月2日以前

致函马克思恩格斯研究院院长达·波·梁赞诺夫,询问研究院图书馆里有没有搜集到各种报纸和杂志上发表的马克思和恩格斯的全部通信,这些书信是否编了目录,目录能否借阅。

2月2日

主持人民委员会经济委员会第七次会议。

出席俄共(布)中央政治局会议;建议由扬·埃·鲁祖塔克代替不在莫斯科的米·巴·托姆斯基参加教育人民委员部改组工作委员会,建议赋予该委员会代表党中央向教育人民委员部部务委员会下达指示的全权。会议讨论专门委员会关于救济灾区农民的报告、关于农村状况的报告、关于手工业合作社的提案、提交俄共(布)第十次代表大会的关于政治教育总委员会和鼓动宣传工作的提纲,以及关于向高加索运送部队和从高加索运出粮食、关于西伯利亚状况、关于农业人民委员部等问题。

致函马克思恩格斯研究院院长达·波·梁赞诺夫,向他了解搜集和保存马克思和恩格斯遗著的情况以及在国外搜集新文献的可能性。

致函小人民委员会副主席亚·格·哥伊赫巴尔格,请他特别注意检查各人民委员执行劳动国防委员会和人民委员会的决定和任务的情况,强调目前最迫切的问题是莫斯科的住房问题,指示派人检查住房分配情况和监督各人民委员部裁减职员的工作。

同农业人民委员部负责西伯利亚事务的特派员、西伯利亚革命委员会委员 B.H.索柯洛夫谈话,了解西伯利亚农村实行余粮收集制以后的情况,听取索柯洛夫关于改变余粮收集制形式,使农民有权处理余粮的意见;建议索柯洛夫在农业人民委员部作报告、同亚·德·瞿鲁巴谈话、通过直达电报同西伯利亚联系、写关于西伯利亚土地规划和粮食政策提纲和决定草案并把这些材料提交党中央全会研究。

接见俄罗斯国家电气化委员会主席格·马·克尔日扎诺夫斯基和工程师 C.И.鲁日奇卡。

审阅电气工程师彼·阿·科兹明对俄罗斯国家电气化委员会计划的意见后,委托尼·彼·哥尔布诺夫请科兹明在俄罗斯国家电气化委员会作有关农村风力发电和建立内燃机发电的小电站的报告。

两次主持俄共(布)中央教育人民委员部改组工作委员会会议。

2月3日

分别签署给乌克兰人民委员会主席克·格·拉柯夫斯基和各省执行委员会、省革命委员会、西伯利亚革命委员会、巴什基尔革命委员会、吉尔吉斯革命委员会、土耳其斯坦革命委员会、鞑靼革命委员会、阿塞拜疆革命委员会主席的电报,指示全力协助省统计局编制 1920 年的普查材料的工作。

致函乌克兰肃反委员会中央管理局局长瓦·尼·曼采夫,指出乌克兰共产党一部分中央委员受了阿·瓦·彼舍霍诺夫等人的欺骗,使俄共(布)中央政治局关于把彼舍霍诺夫等人从哈尔科夫清除出去的指示无法贯彻,要求监视彼舍霍诺夫的活动,让他立即退职并把他送往莫斯科。

2月4日

中午12时,接见最高国民经济委员会副主席弗·巴·米柳亭。

下午2时,接见瑞典左派社会民主党驻共产国际执行委员会代表卡·基尔布姆和瑞典左派社会民主党人、芬兰工人阿·乌塞尼乌斯,同他们谈斯堪的纳维亚的经济和政治形势以及瑞典左派社会民主党的工作。

下午3时,接见俄罗斯国家电气化委员会主席格·马·克尔日扎诺夫斯基。

在莫斯科五金工人扩大代表会议上讲话。

同粮食人民委员亚·德·瞿鲁巴谈粮食人民委员部的干部情况。

主持劳动国防委员会会议;转达西伯利亚革命委员会主席伊·尼·斯米尔诺夫请求按前线标准供给西伯利亚部队口粮的电报;在讨论加速生产电耕农具和发动机的措施时,要求对最高国民经济委员会主席团委员彼·阿·波格丹诺夫指挥不力提出严重警告。会议讨论区域经济机构条例草案、关于军队复员情况的报告、关于劳动部队的决定草案、关于加强罐头工厂工作的措施、关于彼得格勒的燃料状况以及其他问题。

主持劳动国防委员会粮食工作委员会会议。会议讨论关于彼得格勒的粮食供应问题。

2月5日

列宁起草的《中央委员会给教育人民委员部党员工作人员的指示》发表在《真理报》第25号上。

主持人民委员会经济委员会第八次会议。

下午1时至5时,出席俄共(布)中央政治局会议。会议讨论关于最高运输委员会、关于石油租让、关于全俄服装工业工人第四次代表大会俄共(布)党团内部的冲突等问题。

晚上8时,出席俄共(布)中央政治局会议;修改俄共(布)中央给粮食工作者的通告信草稿。在讨论民族事务人民委员约·维·斯大林提交党的第十次代表大会的关于民族问题的提纲时,政治局决定成立一个由列宁、斯大林和布哈林组成的专门委员会来审定提纲。会议还讨论了关于民族事务人民委员部所属民族委员会和训练班等问题。

2月6日

在全俄服装工业工人第四次代表大会第9次全体会议上讲话。

委托秘书打电话给全俄中央执行委员会中央出版物发行处处长波·费·马尔金,请他扼要地重新写出他关于组织该处的实际建议,供教育人民委员部研究。

接见萨马拉—兹拉托乌斯特铁路局办公室主任阿·安·普列奥布拉任斯基。

致函共和国革命军事委员会副主席埃·马·斯克良斯基,批评剿匪不力,要求总司令把目前情况作一简短报告。

2月7日

同莫斯科国民教育局图书馆科科长瓦·亚·莫杰斯托夫通电话,谈莫斯科市和莫斯科省图书馆的工作。

写《论教育人民委员部的工作》一文。

致函副教育人民委员米·尼·波克罗夫斯基,请他对波·费·马尔金的建议发表意见。

分别接见最高国民经济委员会主席阿·伊·李可夫、小人民委员会副主席亚·格·哥伊赫巴尔格。

出席俄共(布)中央政治局专门委员会会议,审定提交党的第十次代表大会的关于民族问题的提纲。

2月8日

出席俄共(布)中央政治局会议;在讨论春播运动和农民生活状况时,写《农民问题提纲初稿》。会议讨论关于运输状况、关于剿匪等问题。

晚上6时至10时,主持人民委员会会议;修改关于解除副劳动人民委员和普遍劳动义务制推行总委员会主席列·彼·谢列布里亚科夫的职务的决定草案,关于建立满足学校、医院等单位需要的地方粮食储备的决定草案。会议讨论关于4月1日在莫斯科召开全俄电力工业代表大会的决定草案、关于俄罗斯联邦中央统计局同其他共和国统计局合并的决定草案、战争和封锁造成的损失调查委员会的报告、关于莫斯科同志纪律审判会的工作、违反劳动纪律惩治法规以及其他问题。

晚上10时至11时30分,主持劳动国防委员会全体会议。会议讨论关于向东南铁路派遣特派员以推动粮食运送工作的问题,批准粮食人民委员部部务委员阿·巴·哈拉托夫同共和国武装力量总司令谢·谢·加米涅夫关于红军中央军事交通部加强对铁路(主要是东南铁路)运粮直达列车监督的协议。会议还讨论了关于莫罗佐夫斯卡亚—察里津铁路投入运营等问题。

不早于2月8日

写《关于电气化的意见。2.关于电气化》。

2月9日

上午11时45分,接见副农业人民委员恩·奥新斯基。

中午12时15分,同工农检查院院务委员A.K.派克斯谈有关向新经济政策过渡的问题。

中午12时30分,接见共产国际执行委员会书记库恩·贝拉。

下午1时15分,同伊尔库茨克省农民О.И.切尔诺夫谈话,听切尔诺夫读他写的关于农民生活状况和西伯利亚用粮食税代替余粮收集制的可能性的报告。列宁要他把报告送《真理报》发表。

下午1时30分,接见副教育人民委员米·尼·波克罗夫斯基。

下午2时,同全俄肃反委员会主席费·埃·捷尔任斯基谈话。

下午2时45分,接见俄罗斯联邦驻拉脱维亚全权代表雅·斯·加涅茨基。

下午3时至4时30分,同印度共产党人马·罗易谈话,罗易介绍了近东国家形势以及中亚和印度劳动者的状况。

德国工程师J.L.施泰因贝格来信建议用租让办法在摩尔曼斯克沿岸修建鱼类罐头工厂和在阿克莫林斯克州恢复肉类罐头工厂,列宁阅后指示秘书把信及有关材料发给最高国民经济委员会主席阿·伊·李可夫,请他尽快提出意见。

主持劳动国防委员会会议;提议成立由伊·捷·斯米尔加、亚·弗·埃杜克和弗·斯·叶尔马柯夫参加的三人小组,负责东南铁路和弗拉基高加索铁路燃料和粮食的运输。会议讨论关于防止顿巴斯燃料被盗的措施的决定草案、关于协助农业人民委员部开展播种运动的措施、关于燃料状况的报告以及其他问题。

2 月 9 日和 12 日之间

读对外贸易人民委员列·波·克拉辛《关于油田丧失的危险性以及巴库和格罗兹尼的租让》报告书,石油工业总管理局局长季·尼·多谢尔和专家伊·米·古布金、И.Н.斯特里若夫、А.И.策夫钦斯基、Н.Н.斯米尔诺夫关于油井淹水问题和关于油田淹水的威胁问题的报告,以及《1920年底石油工业状况》报告书;在这些报告上作标记和写批注。

2 月 10 日

主持劳动国防委员会粮食工作委员会会议。会议研究彼得格勒和莫斯科粮食供应的前景问题。列宁记下已运到、已采购和已上交的粮食数;拟定关于运粮进展情况报表的格式。

2 月 11 日

主持人民委员会经济委员会第九次会议。

下午 1 时 30 分,接见对外贸易人民委员列·波·克拉辛,同他谈关于石油租让、关于与英国签订贸易协定的谈判等问题。

下午 2 时,接见小人民委员会副主席亚·格·哥伊赫巴尔格。

下午 3 时至 4 时,同法国社会党人昂·吉尔波和法国劳动总联合会委员阿·罗斯梅尔谈话。

读阿·伊·李可夫和列·波·克拉辛给人民委员会的关于俄罗斯联邦驻德经济代表处设立外国科学技术局的报告,委托人民委员会办公厅主任尼·彼·哥尔布诺夫把这个问题先交中央政治局,必要时交中央全会审议。

签署教育人民委员部条例。

主持劳动国防委员会全体会议;修改和补充劳动国防委员会关于克服燃料危机问题的决定草案;修订关于加强石油外运措施的决定草案。会议讨论关于实施劳动和畜力运输义务制、关于建立燃料总委员会计划机关、关于利用油库储备、关于剿匪斗争、关于成立专门委员会制定克服食盐危机的措施等问题。

2 月 12 日

就石油租让问题致函政治局委员及最高国民经济委员会主席阿·伊·李可夫。

致函共和国革命军事委员会副主席埃·马·斯克良斯基,尖锐批评同军队的通讯联络不畅这一糟糕状况,要求立即排除障碍。

同民族事务人民委员约·维·斯大林通电话,斯大林请列宁接见达吉斯坦代表团。

接见达吉斯坦代表团成员 д.科尔克马索夫、M.希兹罗耶夫、A.塔霍-戈季,听取他们关于达吉斯坦共和国情况的介绍;简要记下达吉斯坦对粮食、纺织品及运输、邮电等方面的需要。

接见即将赴任的苏维埃俄国驻波斯(伊朗)全权代表费·阿·罗特施坦。

接见芬兰共产党中央委员埃·拉希亚。

接见全俄中央执行委员会主席团委员彼·格·斯米多维奇。

接见共产国际执行委员会委员卡·拉狄克。

同对外贸易人民委员列·波·克拉辛谈话。

2月13日

在全俄工会中央理事会副主席扬·埃·鲁祖塔克和弟弟德·伊·乌里扬诺夫陪同下,去莫斯科省布龙尼齐县巴乌利诺村附近打猎,后赴十月革命工厂,同工人谈话,在俱乐部举行的会议上讲话。

2月14日

分别接见副内务人民委员米·费·弗拉基米尔斯基、小人民委员会主席季·弗·萨普龙诺夫、小人民委员会副主席亚·格·哥伊赫巴尔格。

致函教育人民委员阿·瓦·卢那察尔斯基,请他提供一份在普通教育工作方面特别是在职业技术教育工作方面具有丰富实践经验的教育家的名单,并简要注明他们有哪些著作和为苏维埃工作了几年。

接见印度革命协会会长阿卜杜拉布。

同俄共(布)坦波夫省委书记 H. M.涅姆佐夫谈话,涅姆佐夫奉命来莫斯科向列宁报告,由于该省遭到安东诺夫匪帮的严重破坏,省委于2月8日决定在本省不征余粮。晚上,列宁再次同涅姆佐夫和坦波夫省农民代表谈关于余粮收集制、关于对待苏维埃政权态度等问题,记下坦波夫省的情况。

出席俄共(布)中央政治局和组织局联席会议;在讨论格鲁吉亚问题

时,向会议提交以中央名义起草的给高加索方面军第 11 集团军革命军事委员会的电报。会议讨论关于剿匪斗争、关于军队中共产党员暂停复员、关于俄共(布)莫斯科组织和党的积极分子会议、关于批准在驻德经济代表处设立外国科学技术局等问题。

2 月 15 日

出席俄共(布)中央政治局会议。在讨论格鲁吉亚形势时,会议决定用列宁 2 月 14 日起草的给第 11 集团军革命军事委员会的电报答复中央高加索局委员格·康·奥尔忠尼启则的请示。

给小人民委员会副主席亚·格·哥伊赫巴尔格寄去关于莫斯科一些大学中工人预科学生生活困难的材料,在附函中建议专门研究一下工人预科的问题并尽可能改善他们的生活状况。

签署给粮食人民委员部驻北高加索特派员莫·伊·弗鲁姆金的电报,要求加强高加索的粮食采购和装运工作。

主持人民委员会会议;在讨论弗·巴·米柳亭关于印刷厂集中情况的报告时,记下印刷厂缩减的数目;起草人民委员会关于进口计划的决定;修订关于撤销编制委员会和苏维埃机关组织精简研讨会的决定草案。会议讨论关于西伯利亚租让问题委员会的报告、关于梅季希工厂工人奖金分配、关于对外贸易、关于防止顿巴斯燃料被盗等问题。

主持劳动国防委员会粮食工作委员会会议。会议讨论粮食人民委员部部务委员阿·巴·哈拉托夫关于 3 月 1 日之前粮食可望运到中部地区的报告,决定采取一系列措施加强粮食的装运工作。

2 月 16 日

出席俄共(布)中央政治局会议。会议讨论关于石油租让、关于坦波夫省委书记 H.M.涅姆佐夫的工作、关于在《真理报》上开展以实物税代替余粮收集制的讨论以及其他问题。

为在俄共(布)莫斯科委员会会议上讲话拟提纲。

在有党的积极分子参加的俄共(布)莫斯科委员会会议上讲话。

同对外贸易人民委员列·波·克拉辛谈话。

签署给西伯利亚粮食委员会主席 Π.Κ.卡冈诺维奇、粮食人民委员部驻北高加索特派员莫·伊·弗鲁姆金和交通人民委员部部务委员谢·德·马尔柯夫的电报,指示加紧向中部地区运送粮食,以缓和粮食供应紧张状况。

2月17日

同格·马·克尔日扎诺夫斯基一起拟定和讨论国家计划委员会委员的初步名单;起草劳动国防委员会关于国家计划委员会的决定中的一个主要条款;致函劳动国防委员会委员,建议他们审阅这些材料,在劳动国防委员会2月18日会议之前准备好自己的修改意见或另拟草案。

修改最高国民经济委员会科学技术局改组方案,指示人民委员会办公厅主任尼·彼·哥尔布诺夫把方案送科学技术局作进一步修改。

2月18日

主持人民委员会经济委员会第十次会议。

致电在叶卡捷琳堡的劳动人民委员瓦·弗·施米特,拒绝签署小人民委员会关于劳动人民委员部同普遍劳动义务制推行总委员会合并的决定。

审阅俄罗斯国家电气化委员会条例草案,作标记并写对草案的意见。

同刚被美国政府驱逐回国的俄罗斯联邦非官方代表路·卡·马尔滕斯谈话,了解美国工人运动、在美俄侨、苏维埃俄国同美国建立经济和政治关系的可能性等问题。

主持劳动国防委员会全体会议;把国家计划委员会条例草案提交会议讨论,记录会议关于这个问题的讨论情况,作总结发言;修改关于用本身的维修器材装备水运部门的决定草案和关于为不定期休假的红军战士提供保健条件的决定草案。会议讨论关于缩短莫斯科和彼得格勒电灯照明时间的决定草案、关于加紧从高加索运出粮食的措施以及关于在布良斯克工厂生产电犁等问题。

签署给东南劳动军委员会主席伊·捷·斯米尔加的电报,要求统一粮食人民委员部和交通人民委员部的地方机关的粮食采购、收存和向中部地区运送的工作。

签署给切列波韦茨、沃洛格达、科斯特罗马、维亚特卡、梁赞、彼尔姆、叶卡捷琳堡、喀山、奥廖尔、库尔斯克、沃罗涅日省党委会、省执行委员会和粮食领导机关的电报,指出在国家粮食非常困难的情况下决不允许截留向中部地区运粮的车皮。

同即将赴伦敦的对外贸易人民委员列·波·克拉辛谈同英国签订贸易协定的问题。

同申请出国工作的格·李·什克洛夫斯基谈话。

2 月 18 日或 19 日

签署给马里州革命委员会主席、维亚特卡省和科斯特罗马省粮食委员的电报,指示必须立即完成为科斯特罗马省运送 185 000 普特粮食的任务。

2 月 19 日

同即将赴格鲁吉亚参加革命委员会工作的菲·耶·马哈拉泽谈话,要他首先注意解决民族问题和农民土地问题。

同副对外贸易人民委员安·马·列扎瓦谈派格·李·什克洛夫斯基去柏林工作一事;致函列·波·克拉辛,请他安排什克洛夫斯基去柏林工作。

出席俄共(布)中央政治局会议。会议讨论关于即将召开的中央全会的问题以及其他事项。

把最高国民经济委员会副主席弗·巴·米柳亭关于制定统一经济计划方法问题的报告送给格·马·克尔日扎诺夫斯基提意见。在给克尔日扎诺夫斯基的信中,批评米柳亭关于制定计划的错误观点,认为最大的危险就是计划工作官僚主义化。

2 月 20 日以前

写便条给约·维·斯大林,请他为《真理报》写一篇文章,谈国家电气化计划的重要性以及普及电气化的必要性。

2 月 21 日

写《论统一的经济计划》一文。

2 月 21 日或 22 日

签署给维亚特卡、科斯特罗马、喀山、奥廖尔、辛比尔斯克等省党委会、执行委员会、粮食委员会的电报,指示给指定的车站运去 5 万普特燕麦,以保证马车运出木柴。

2 月 22 日

主持人民委员会会议;把关于国家计划委员会条例草案和该委员会委员
名单提交会议审批;修改关于人民委员、副人民委员和人民委员部代表
参加人民委员会的决定草案。会议讨论关于统一整个俄罗斯联邦的建
设、关于医院和学校的供应等问题,以及关于铺设韦舒亚窄轨铁路、关于
保护和发展粗羊毛业等法令草案。

2 月 23 日

致函石油总委员会专家伊·米·古布金、А.И.策夫钦斯基、И.Н.斯特里
若夫、Н.Н.斯米尔诺夫,鉴于送交石油总委员会的报告谈到油井淹水以
及由此可能产生的严重后果,请他们把手头保存的国外或当地有关惩办
不封闭油井的石油工业家的法律或法规等材料送来。

委托人民委员会办公厅主任尼·彼·哥尔布诺夫设法让从美国归
来的侨民工人小组管理莫斯科"阿莫"工厂和彼得格勒的一个工厂,组织
汽车零件的示范性生产,并在晚上 10 时把最高国民经济委员会中央汽
车处同这个小组草签的合同送来。

出席俄共(布)中央和莫斯科委员会联席会议。会议讨论莫斯科粮
食和燃料危机问题。

主持劳动国防委员会会议。会议讨论红军战士复员后的供给问题。

同粮食人民委员部部务委员阿·巴·哈拉托夫谈话。

签署给乌克兰人民委员会主席克·格·拉柯夫斯基的电报,由于严
重缺粮,命令乌克兰粮食人民委员部每天按时向中部地区发运 40 车皮
粮食。

2 月 24 日

出席俄共(布)中央全会会议。会议讨论莫斯科的状况,实物税代替余粮
收集制问题委员会的报告,全俄中央执行委员会主席团设立的专门委员
会关于审查社会保障人民委员部、对外贸易人民委员部、内务人民委员
部、工农检查人民委员部、民族事务人民委员部的人员组成的报告以及
其他问题。

在莫斯科市党的积极分子会议上讲话。

委托人民委员会办公厅主任尼·彼·哥尔布诺夫提请劳动国防委

员会 2 月 25 日会议讨论普遍劳动义务制推行总委员会副主席阿·莫·阿尼克斯特关于从美国归来的侨民工人的报告、小人民委员会关于由内务人民委员部代替普遍劳动义务制推行总委员会负责归侨接待工作和由归侨共产党员小组管理莫斯科"阿莫"工厂的决定。

晚上，出席俄共(布)中央全会会议。会议讨论关于石油租让、关于莫斯科党委会改选等问题。

读乌克兰人民委员会主席克·格·拉柯夫斯基的来信，信中建议把乌克兰的现有储备粮基本用于地方需要，少部分用于同外国交换农业机器。列宁复电指示：储备粮的 $3/4$ 给中部地区，$1/4$ 用于乌克兰的城市需要；对农民要坚决实行奖励政策。

2 月 24 日和 28 日之间

写《在莫斯科工农代表苏维埃全体会议上的讲话的要点》。

2 月 25 日

致函国家计划委员会主席格·马·克尔日扎诺夫斯基，谈委员会的机构、成员和工作组织等问题。

致函乌克兰人民委员会主席克·格·拉柯夫斯基，请他转达对全乌克兰苏维埃第五次代表大会的祝贺。

出席俄共(布)中央全会会议。会议讨论尼·伊·布哈林拟提交俄共(布)第十次代表大会的关于党的建设的提纲、燃料状况、就水路和铁路运输工作问题告各级党组织书草稿、西伯利亚开出的运粮直达列车的保卫工作、军队复员、格鲁吉亚等问题。

主持劳动国防委员会会议；在讨论尼·博·埃斯蒙特关于为复员红军战士生产布匹的报告时作摘记。会议讨论关于莫斯科和彼得格勒工人供应工作的决定草案、关于保障乌拉尔建筑工程劳动力的决定草案、区域经济机关条例草案、关于由美国归侨共产党员小组管理莫斯科"阿莫"工厂、关于高加索方面军各部队的口粮标准、关于顿巴斯的状况等问题。

2 月 25 日夜

同娜·康·克鲁普斯卡娅一起前往国立高等美工学校宿舍看望学生，同学生们谈学习、文学和艺术等问题。

2月25日或26日

写《给全乌克兰苏维埃第五次代表大会的贺词》。

2月26日

中午12时,同全俄工会中央理事会主席团委员尤·赫·卢托维诺夫谈话,听取他关于全俄工会中央理事会工作情况的汇报;谈话时作笔记。

中午12时15分,接见副农业人民委员恩·奥新斯基。

中午12时45分,同工程师 С.И.鲁日奇卡谈他的国外之行。

下午1时30分,主持原料工作会议;写《关于资源利用问题的笔记》。开会期间读秘书玛·伊·格利亚谢尔的便条,便条告知莫斯科省非党工农妇女代表会议派两位代表来克里姆林宫,再三请求列宁同代表们见面并讲话。列宁在便条上答复:如果能推迟接见土耳其代表团的时间,可在下午2时45分去代表会议讲话。

同最高国民经济委员会主席阿·伊·李可夫和主席团委员维·巴·诺根谈话。

在莫斯科省非党工农妇女代表会议上讲话,强调加强城市同农村联盟的必要性。

接见土耳其代表团,同他们谈签订条约的问题。

接见教育人民委员阿·瓦·卢那察尔斯基和副教育人民委员米·尼·波克罗夫斯基。

晚上7时,接见农业人民委员部部务委员伊·阿·泰奥多罗维奇。

晚上8时,同共产国际执行委员会书记库恩·贝拉谈话。

委托人民委员会办公厅主任尼·彼·哥尔布诺夫:通过副对外贸易人民委员安·马·列扎瓦检查在国外为彼得格勒紧急购买1 500万金卢布煤炭一事;请 М.М.提赫文斯基教授根据列宁手头现有的石油工业材料对向外国租让油田、油井淹水、保全油井措施等问题提出意见;整理一份材料,说明劳动国防委员会三个月来收到多少需要答复的请求和问题,答复了多少,何时答复的,有如拖延是谁的责任;帮助下诺夫哥罗德无线电实验室的发明家从国外订阅3 000万—4 000万马克的必要材料。

2月27日

去哥尔克村,拜访在疗养院休养的《真理报》诗歌部主任 И.Г.菲力浦琴科,并把玛·伊·乌里扬诺娃的包裹和便条交给他。

2月28日

出席俄共(布)中央政治局会议;在讨论列·达·托洛茨基提交俄共(布)
第十次代表大会的关于改组军队的报告提纲初稿时起草决定。会议讨
论燃料状况、莫斯科和彼得格勒状况等问题。

起草劳动国防委员会关于改善工人供应的决定;指示秘书立即用向
劳动国防委员会各委员征求意见的方式对这个草案进行表决,以便在第
二天的报上发表。

在莫斯科工农代表苏维埃全体会议上讲话。

同副农业人民委员恩·奥新斯基谈话。

接见弗拉基米尔省戈罗霍韦茨县弗明基村农民代表伊·阿·切库
诺夫和H.A.加尼亚文,向他们了解农村的情况,并告知即将以实物税代
替余粮收集制。他们向列宁转交了村民大会记录(其中包括他们发展农
业的计划),对改变肉类征购办法提出意见。谈话结束后,列宁委托秘书
向谢·帕·谢列达要1919年4月切库诺夫送来的关于召开劳动农民代
表大会的计划。

写便条给卫生人民委员尼·亚·谢马什柯,要他帮伊·阿·切库诺
夫配一副好一点的眼镜;委托秘书负责检查这件事。

2月下半月

起草《给巴库同志们的信的提纲》。

2月

写便条给粮食人民委员亚·德·瞿鲁巴,征求他对俄罗斯联邦取消余粮
收集制的时间的意见。

写便条给亚·德·瞿鲁巴,批评粮食人民委员部部务委员会的工作
作风。

同阿·马·高尔基谈创办文学艺术杂志《红色处女地》的问题。

3月1日

致函副农业人民委员恩·奥新斯基,提出要恢复农民群众对苏维埃政权
的信任,吸收像伊·阿·切库诺夫这样有丰富实践经验的非党农民参加
农业人民委员部的工作。

　　签署给乌法省执行委员会主席的电报,要他邀请乌法县布尔加科夫乡别克托沃村农民阿·罗·沙波什尼科夫和 T.И.康德罗夫立即到莫斯科商谈有关农民和农民经济的问题。

　　分别接见副工农检查人民委员瓦·亚·阿瓦涅索夫、全俄中央执行委员会秘书阿·萨·叶努基泽、全俄肃反委员会主席团委员维·鲁·明仁斯基、副对外贸易人民委员安·马·列扎瓦等人。

　　主持人民委员会会议。会议讨论关于实行实物奖励的成效、关于撤销普遍劳动义务制推行总委员会和各地方委员会以及改组劳动人民委员部的决定草案、关于按照全俄苏维埃第八次代表大会的决定重新调整经济系统各人民委员部的工作、关于原料工作会议等问题。

　　写便条给副交通人民委员瓦·瓦·佛敏,询问为加快运粮直达列车的周转所采取的措施。

3 月 2 日

分别接见德国共产主义工人党党员 A.戈尔德施泰因、芬兰共产党中央委员奥·威·库西宁。

　　致函中央高加索局委员格·康·奥尔忠尼启则,向格鲁吉亚共产党员和格鲁吉亚革命委员会委员热烈祝贺苏维埃格鲁吉亚成立。

　　委托人民委员会办公厅主任尼·彼·哥尔布诺夫把彼得格勒学者协会提出的关于借外债为彼得格勒提供粮食的建议书送给尼·伊·布哈林审阅,认为这一建议原则上是可行的。

3 月 3 日

接见副教育人民委员叶·亚·利特肯斯。

　　同副内务人民委员米·费·弗拉基米尔斯基谈话。

　　致函俄共(布)中央政治局,由于俄共(布)第十次代表大会将要研究粮食状况问题,建议全俄工会中央理事会党团委员会不再讨论这一问题。

　　审阅俄共(布)中央关于以粮食税代替余粮收集制的决定草案,写修改意见;写便条给亚·德·瞿鲁巴,请他召集专门委员会会议讨论这些修改意见。

3 月 4 日

写《国际劳动妇女节》一文。

主持劳动国防委员会会议;修改关于改组铁路警卫队以加强剿匪斗争的决定草案。会议讨论关于劳动部队、关于在国外购买载重汽车、关于发展电机工业的措施、关于为莫斯科"阿莫"工厂500名工人按前线红军战士标准提供口粮、关于莫斯科近郊煤矿区工作进展情况以及其他问题。

3月4日和7日之间

起草俄共(布)中央向第十次代表大会作的政治工作报告的两个提纲。

3月5日

写《对人民委员会关于高等学校必修科目的决定草案的补充》。

主持劳动国防委员会粮食工作委员会会议。会议讨论关于改进粮食运送的措施和顿巴斯的粮食供应问题。

3月7日

出席俄共(布)中央全会会议。在讨论关于即将召开的俄共(布)第十次代表大会的问题时,全会赞同列宁关于中央委员会政治工作报告的提纲。为最后审定以实物税代替余粮收集制的决定草案,全会成立一个有列宁参加的专门委员会。会议还讨论了关于全俄中央执行委员会三月会议的议程、关于延期召开铁路员工代表大会的提案、中央组织局关于3月18日召开俄国共产主义青年团全国代表会议的决定、向俄共(布)第十次代表大会提出的关于党的建设的报告和题为《资本主义包围下的苏维埃共和国》的报告的提纲以及关于武装共产党员等问题。

读1921年3月7日小人民委员会副主席亚·格·哥伊赫巴尔格的报告,报告说,外交人民委员部违反了人民委员会1920年11月30日关于不准另设平行机构来统计战争和封锁给苏维埃俄国造成的损失的决定。列宁批示外交人民委员格·瓦·契切林和副外交人民委员列·米·卡拉汉要十分明确地提出意见,不要绕开人民委员会的决定,不要躲躲闪闪。

填写俄共(布)第十次代表大会代表登记表。

签署给各省粮食会议主席和省粮食委员的电报,指示适时开展播种运动和建立种子储备,并要求在5天内报送材料。

项目统筹：崔继新
责任编辑：崔继新
装帧设计：石笑梦
版式设计：周方亚
责任校对：马　婕

图书在版编目（CIP）数据

列宁全集.第40卷/（苏）列宁著；中共中央马克思恩格斯列宁斯大林著作编译局编译.
——2版（增订版）-北京：人民出版社，2017.3（2024.7重印）
ISBN 978-7-01-017124-1

Ⅰ.①列…　Ⅱ.①列…②中…　Ⅲ.①列宁著作-全集　Ⅳ.①A2

中国版本图书馆 CIP 数据核字（2016）第 316440 号

书　　名	列宁全集
	LIENING QUANJI
	第四十卷
编 译 者	中共中央马克思恩格斯列宁斯大林著作编译局
出版发行	人民出版社
	（北京市东城区隆福寺街 99 号　邮编 100706）
邮购电话	（010）65250042　65289539
经　　销	新华书店
印　　刷	北京新华印刷有限公司
版　　次	2017 年 3 月第 2 版增订版　2024 年 7 月北京第 2 次印刷
开　　本	880 毫米×1230 毫米 1/32
印　　张	21.125
插　　页	3
字　　数	551 千字
印　　数	3,001—6,000 册
书　　号	ISBN 978-7-01-017124-1
定　　价	52.00 元

ISBN 978-7-01-017124-1